新时代旅游学科精品规划教材

旅游实用礼仪
LüYOU SHIYONG LIYI

主　编　朱玉华
副主编　李　丹　林　丹

旅游教育出版社
·北京·

图书在版编目（CIP）数据

旅游实用礼仪 / 朱玉华主编. -- 北京：旅游教育出版社，2025. 2. -- ISBN 978-7-5637-4759-7

Ⅰ．F590.63

中国国家版本馆CIP数据核字第2024NR2178号

旅游实用礼仪

朱玉华　主　编

李　丹　林　丹　副主编

责任编辑	施云峰
出版单位	旅游教育出版社
地　　址	北京市朝阳区定福庄南里1号
邮　　编	100024
发行电话	（010）65778403　65728372　65767462（传真）
本社网址	www.tepcb.com
E - mail	tepfx@163.com
排版单位	北京旅教文化传播有限公司
印刷单位	唐山玺诚印务有限公司
经销单位	新华书店
开　　本	710毫米×1000毫米　1/16
印　　张	22.75
字　　数	310千字
版　　次	2025年2月第1版
印　　次	2025年2月第1次印刷
定　　价	45.00元

（图书如有装订差错请与发行部联系）

FOREWORD 前 言

在这个日新月异的时代，旅游已不再仅仅是地理空间的跨越，它更是一种文化的交流与情感的共鸣。作为连接世界的桥梁，旅游业的蓬勃发展不仅促进了经济的繁荣，更深刻地影响着人们的生活方式。旅游礼仪如同一抹不可或缺的亮色，它不仅关乎个人形象的塑造，更是跨文化交流能力的体现，是旅游服务质量与品质的直接反映。

本书分为通用篇和专业篇，共设11章，旨在为旅游管理、酒店管理、会展管理等专业的学生提供一本既具理论深度又富实践指导意义的教材。本书在内容上突出实用性，紧密贴合旅游行业的实际需求，全方位构建了旅游实用礼仪的知识体系。从旅游从业人员的职业形象、仪态举止、服务语言到日常交往礼仪，再到酒店、会展及导游服务礼仪规范，以及跨文化沟通策略，均进行了系统而详尽的阐述，既有理论又有实践。在编排与设计上，巧妙地将思想政治教育元素渗透于各章节之中，引导学生树立正确的价值观与责任感。同时，充分利用数字技术的最新成果，如二维码链接、在线资源链接等，为学习提供丰富多样的体验，激发学生的创新思维与实践能力。通过本书的学习，使旅游从业人员能够迅速掌握礼仪精髓，提升职业素养，从而在未来的工作岗位上游刃有余，快速适应并胜任各项旅游服务工作，为旅游行业的持续发展贡献力量。

　　本书是校企合作的成果，由闽江学院旅游系专业教师和福建鲤鱼洲酒店餐饮部经理蔡舒鹏共同完成书稿创作。具体分工如下：第一章至第五章由朱玉华编写，第六章、第七章由李丹编写，第八章由李丹、蔡舒鹏编写，第九章至第十一章由林丹编写。

　　本书在写作和出版过程中得到了校企合作企业和众多师生的帮助，感谢福州世纪金源大饭店、福建鲤鱼洲酒店提供照片及视频拍摄场地，感谢郑振达、肖倩、周蜜、刘旺金、郑炳辉等授权拍摄图片，感谢杨谨畅协助数字资料收集与PPT制作。

　　本书在编写过程中参考了国内外专家学者的书籍和文献资料，在此，向这些资料的作者表示诚挚的谢意。虽然在编写过程中大家尽心竭力，但仍存在不足和遗漏之处，恳请专家学者和广大读者批评指正。

编者

2024 年 12 月

CONTENTS 目 录

通用篇

第一章　旅游礼仪概述 …………………………………………………… 3
　　第一节　礼仪的起源与本质 ………………………………………… 4
　　第二节　礼仪的特征与作用 ………………………………………… 10
　　第三节　旅游礼仪与服务 …………………………………………… 13

第二章　旅游从业人员仪容仪表规范 …………………………………… 22
　　第一节　旅游行业仪容仪表的重要性 ……………………………… 23
　　第二节　旅游从业人员工作制服规范 ……………………………… 24
　　第三节　旅游从业人员商务正装规范 ……………………………… 26
　　第四节　旅游从业人员职业妆容规范 ……………………………… 27
　　第五节　旅游从业人员个人卫生与配饰规范 ……………………… 38

第三章　旅游从业人员仪态举止规范 …………………………………… 44
　　第一节　规范的站姿礼 ……………………………………………… 45
　　第二节　稳健的行姿礼 ……………………………………………… 50
　　第三节　得体的坐姿礼 ……………………………………………… 54

第四节　大方的蹲姿礼 ……………………………………… 56
  第五节　从容的鞠躬礼 ……………………………………… 62
  第六节　手势的艺术礼 ……………………………………… 65
  第七节　真挚的表情礼 ……………………………………… 68

第四章　旅游从业人员语言规范与沟通技巧 …………………… 79
  第一节　语言基础 …………………………………………… 80
  第二节　服务语言沟通技巧 ………………………………… 82
  第三节　对客服务中的语言 ………………………………… 86

第五章　旅游常用会面礼仪 ……………………………………… 96
  第一节　称呼礼仪 …………………………………………… 97
  第二节　介绍礼仪 …………………………………………… 99
  第三节　握手礼仪 …………………………………………… 102
  第四节　名片礼仪 …………………………………………… 108

专业篇（酒店服务礼仪）

第六章　酒店前厅服务礼仪规范 ………………………………… 117
  第一节　酒店礼宾（门童）迎送服务礼仪 ………………… 118
  第二节　行李员服务礼仪 …………………………………… 127
  第三节　总机话务员服务礼仪 ……………………………… 133
  第四节　总台接待服务礼仪 ………………………………… 141
  第五节　大堂副理服务礼仪 ………………………………… 148

第七章　客房服务礼仪规范 ……………………………………… 155
  第一节　客房楼层台班服务礼仪 …………………………… 156
  第二节　客房楼层清洁服务礼仪 …………………………… 165
  第三节　公区卫生保洁员服务礼仪 ………………………… 167

第八章　餐饮服务礼仪规范 …… 172
第一节　中餐服务礼仪 …… 173
第二节　西餐服务礼仪 …… 191
第三节　自助餐、酒吧服务礼仪 …… 196

专业篇（导游服务礼仪）

第九章　导游接待服务礼仪 …… 207
第一节　导游人员的迎客服务准备和接站服务礼仪 …… 208
第二节　导游人员送站服务礼仪 …… 213
第三节　参观游览服务礼仪 …… 216
第四节　与导游相关的其他服务礼仪 …… 220
第五节　特殊游客的服务礼仪 …… 226

第十章　我国主要客源国和地区的服务礼仪 …… 245
第一节　主要客源国和地区的礼仪习俗 …… 246
第二节　外事礼仪 …… 282

专业篇（会展礼仪规范）

第十一章　会展礼仪规范 …… 303
第一节　会展活动现场礼仪 …… 304
第二节　常见会展的接待礼仪 …… 329

参考文献 …… 354

通用篇

在当今追求个性化与高品质体验的时代，旅游业已发展成涵盖观光游览、休闲度假、文化交流、商务考察等多维度的综合性产业。它不仅是连接不同地域文化的桥梁，更是展现国家形象与民族风采的重要窗口。在此背景下，旅游服务礼仪作为连接游客与服务提供者之间的情感纽带，其重要性愈发凸显。它不仅承载着传承文明、促进和谐的重任，更在特定服务场景下，展现出独特的时代性、情境性、互动性与文化性，成为衡量旅游服务质量的重要标尺。正如一位资深旅游管理者所言："优质的旅游体验始于细微之处的礼仪展现，它如同一股无形的力量，引领着每一次旅行的美好启程。"众多知名旅游企业，无不将礼仪培训视为提升服务品质、增强竞争力的法宝，不断在员工中深化礼仪文化的精髓。

旅游服务礼仪，既是服务人员的行为指南，也是提升游客满意度的关键要素。它通过规范从业人员的仪容仪表、仪态举止与服务语言，塑造出专业、亲切的服务形象，让游客在每一次接触中都能感受到尊重与关怀，深刻体验"以客为尊，服务至上"的核心理念。它鼓励从业人员敏锐捕捉游客需求，灵活应对各种情况，以个性化服务创造惊喜，留下深刻而美好的旅行记忆，从而有效增强游客的忠诚度与口碑传播。

同时，旅游服务礼仪也是品牌差异化竞争的有力武器。它通过独特的礼仪展现，让旅游品牌在众多竞争者中脱颖而出，吸引更多游客的关注与选择。它通过优化游客体验，促进旅游消费，提升目的地形象，为旅游业的繁荣与发展铺设了坚实的基石。其核心价值在于——深度人性化、高度灵活性、文化敏感性与持续创新性，共同引领着旅游服务品质的飞跃，确保旅游业在不断变化的市场环境中保持竞争力，赢得游客的广泛赞誉与忠诚追随。

本篇章内容包括旅游礼仪概述、旅游从业人员仪容仪表规范、旅游从业人员仪态举止规范、旅游从业人员服务语言规范等内容，所有旅游企业和旅游从业人员通过礼仪学习与实践，不仅可以提升从业人员的专业素养，还能促进团队凝聚力与整体形象的提升，为旅游企业的可持续发展注入强大动力。

第一章
旅游礼仪概述

学习目标

知识目标

1. 能够阐述"礼仪"一词的基本含义,并理解其在不同文化和社会背景下的多样性。
2. 了解礼仪在儒家哲学中的地位,以及它如何体现个人的道德修养和社会责任感。学生应认识到礼仪在维护社会秩序、促进社会和谐以及文化传承中的作用。
3. 熟悉礼仪的特征与作用。
4. 掌握旅游礼仪与服务的内涵。

能力目标

1. 能够将在课堂上学到的礼仪知识应用到实际情境中,包括日常生活和专业服务中。
2. 能理解和尊重不同文化背景下的礼仪差异。
3. 能够运用所学知识与不同性格的客人进行有效沟通。

思政目标

1. 培养对维护社会秩序和促进社会和谐的责任感。
2. 培养批判性思维能力,能够分析和评估不同礼仪规范的适用性和合理性。
3. 引导学生理解并践行社会主义核心价值观,特别是在旅游服务中体现尊重、友善、诚信等原则,形成良好的职业道德观念。

> 礼，经国家，定社稷，序民人，利后嗣者也。
> ——《左传》

礼仪，是人类文明的产物，也是人类文化的体现。在人类社会的发展过程中，礼仪不断地演变和创新，适应了不同的历史时期、不同的社会制度、不同的民族风俗、不同的宗教信仰、不同的生活方式。礼仪是人与人、人与自然、人与社会和谐关系的重要保障，是人的思想道德、审美情趣、人格修养的外在表现，是人的交际能力、沟通技巧、创造力的重要素养。旅游是一种文化交流的活动，也是一种文明展示的方式。在旅游过程中，我们不仅要欣赏美丽的风景，体验异域的风情，还要遵守一定的礼仪规范，尊重不同的文化习俗，展现良好的素养和风度。旅游实用礼仪，是指在旅游活动中，旅游者和旅游从业者应该遵循的行为准则和礼貌方式，它涉及个人形象、日常交往、饮食习惯、宗教信仰、服务规范等方面，是旅游文化的重要组成部分。

第一节　礼仪的起源与本质

一、礼仪的起源

礼仪，作为人类社会文明的重要标志，其深厚的历史底蕴和丰富的文化内涵值得我们深入探讨。追溯礼仪的起源，我们不难发现，它既是人类为协调主客观矛盾、维护社会秩序的智慧结晶，也是原始宗教祭祀活动中不可或缺的一部分。从古至今，礼仪伴随着人类社会的发展而不断演变，成为连接过去与现在、沟通不同文化与民族的重要桥梁。

（一）礼仪起源于人类为协调主客观矛盾的需要

1. 为维持"人伦秩序"而产生礼

人伦秩序，简言之，是指人与人之间基于道德、伦理和亲情关系所形成的一种有序状态。在人类社会的早期，随着家族、部落的形成，人们开始意识到维持内部和谐与秩序的重要性。例如，在古代社会中，尊老爱幼、长幼有序被视为基本的人伦道德。为了体现和强化这种道德观念，人们制定了相应的礼仪规范，如尊敬长辈的礼节、家族聚餐时的座位安排等。这些礼仪不仅有助于培养个体的道德意识，还促进了家族成员之间的和谐共处，从而维护了整个人伦秩序的稳定。礼仪，作为一种外在的表现形式，逐渐成为调节人际关系、维护社会稳定的重要手段。

2. 为"止欲制乱"而制礼

人类作为有欲望的生物，其内在的欲望往往与外在的社会规范、道德准则产生冲突。当这种冲突达到一定程度时，就可能引发社会混乱。因此，为了制止欲望的过度膨胀和防止社会混乱的发生，人们制定了礼仪来规范个体的行为。礼仪在这里起到了双重作用：一方面，它通过外在的仪式和规矩，对个体的行为进行约束和引导，使其符合社会的道德标准；另一方面，礼仪也通过内在的教化作用，培养个体的自律意识和道德观念，使其能够在没有外在监督的情况下也能自觉遵守社会规范。例如，在古代社会中，为了避免因争夺资源而引发的冲突和战争，人们制定了关于分配、交换和继承的礼仪规范。这些规范不仅确保了资源的合理分配和利用，还维护了社会的和平与稳定。同样地，在现代社会中，礼仪仍然发挥着重要的作用，其帮助人们处理各种社会关系，避免冲突和误解的发生。

（二）礼仪起源于原始的宗教祭祀活动

礼仪，这一贯穿古今、蕴含深厚文化底蕴的社会行为规范，其起源可追溯至远古时期的祭祀活动。在那个时代，人类对自然界的认知尚显粗浅，风雨雷电、山川河流、日月星辰等自然现象均被视为神圣而不可侵犯的存在。为了表达对天地鬼神的敬畏之情，以及祈求风调雨顺、五谷丰登、族群安康的美好愿望，人们开始按照一定的程序和仪式，举行盛大的祭祀活动。这些祭祀活动，不仅是对未知力量的虔诚膜拜，更是社会成员间团结协作、共同面对自然挑战的重要体现。在祭祀过程中，人们逐渐形成了一系列复杂而精细的礼仪规范，如选择吉日良辰、准备祭品、穿戴特定服饰、诵读祷文、跳祭祀舞蹈等。

在《说文解字》中，东汉学者许慎对"礼"的解释强调了其与祭祀活动的紧密联系。他指出"礼"字的构成与祭祀用的器皿有关，表明了"礼"在古代与祭祀神灵和祖先的活动相关联。祭祀活动中的礼仪，如对祭祀对象的敬拜、祭祀程序的遵循、祭祀用品的选择与摆放等，都体现了一种对神灵和祖先的尊敬以及对自然和社会秩序的敬畏。

祭祀礼仪的起源和发展，不仅体现了古人对于宇宙自然和社会秩序的理解，也反映了他们对于道德规范和行为准则的追求。随着社会的发展，这些祭祀活动中的礼仪逐渐演化成更为广泛的社会礼仪，影响了后世的礼仪制度和文化传统。正如《礼记·礼器》中"礼也者，合于天时，设于地财，顺于鬼神，合于人心，理万物者也"。礼仪不仅是古代文明的瑰宝，更是连接过去与未来，沟通天地人神的桥梁，其深远意义值得我们不断探索与传承。

（三）礼仪起源于人类表达感情

自古以来，人们便通过各种行为方式，细腻而精准地传递着对他人或事物的情感——无论是深沉的信任、崇高的尊重、心悦诚服的臣服，还是由衷的祝贺，这些情感如同涓涓细流，汇聚成礼仪的海洋。在我国悠久的历史长河中，磕头、鞠躬、拱手、握手等礼仪形式，不仅仅是简单的身体动作，其还承载了深厚的文化意蕴和丰富的情感色彩。磕头，象征着对至高无上的敬畏与臣服；鞠躬，则是谦逊与敬意的完美结合；拱手，以双手合抱之姿，传递出友好与尊重；而握手，则在现代社会中成为平等与合作的象征。这些礼仪形式，如同一个个生动的语言符号，跨越时空的界限，诉说着人类共有的情感故事。

礼仪不仅仅是外在的规范与形式，更是内在情感与道德品质的真实写照。它如同一面镜子，清晰地映照出人们的内心世界，展现出每个人的品格修养与道德情操。在礼仪的实践中，人们学会了如何更好地表达自己的情感，如何以更加谦逊、尊重、真诚的态度去对待他人，从而促进了社会的和谐与进步。

二、礼仪的本质

礼仪，作为社会交往中的一种艺术，不仅是一种行为规范，更是一种文化和精神的体现。它在不同的社交场合中，如个人生活、商务交流、国际交往等，都扮演着至关重要的角色。礼仪的核心在于促进相互理解、尊重与和谐，其表现形式多样，包括但不限于礼貌、礼节、仪表、仪式等。

（一）尊重——礼仪的基石

尊重不仅是对他人的基本礼貌，更是一种深刻的人文关怀和文明的体现。在旅游活动中，这一原则表现得尤为明显，它要求我们以开放的心态去接纳和理解不同的文化和价值观。

1. 人格与文化尊重

尊重对方的人格和尊严是礼仪的基础。旅游从业者应提供适宜的服务，满足不同游客的需求，同时保护他们的隐私和权利。对文化和习俗的尊重意味着理解和接纳不同的生活方式和价值观，如在不同文化背景下的旅游推广中，强调对目的地文化的学习和尊重，避免文化冲突。

2. 选择与差异性尊重

尊重游客的意愿和选择，意味着在旅游服务中提供个性化选项，允许游客根据自己的喜好作出决定。同时，尊重差异和多样性，认识到每个人独特的背景和需求，如为残障游客提供便利，或为不同信仰的游客安排适宜的参观路线等。

3. 法律与环境尊重

遵守规则和法律是维护旅游秩序的关键。旅游从业者应确保所有活动都符合当地法规，并积极推广环保意识，如在生态旅游中引导游客保护自然环境。此外，尊重环境和资源还包括合理利用和节约资源，支持可持续发展的旅游实践。

4. 历史与创新尊重

对历史和传统的尊重体现在保护文化遗产和促进其传承。作为旅游目的地的工作人员在带团的过程中不仅要自己注重历史建筑和传统的维护，同时也要求游客的配合。在尊重创新和发展的过程中，我们可以采用新技术和方法来提升旅游体验，如利用虚拟现实技术为游客提供创新体验，同时推动旅游业的持续创新和进步。

旅游活动不仅能够促进不同文化和个体之间的和谐交流，还能够推动旅游业的可持续发展，实现文化和生态的保护，以及社会整体的和谐共生。

（二）美化——礼仪的外在品质

美化作为礼仪的外在品质，不仅关乎外在形象的塑造，更体现了个体的内在素养和审美追求。在社会交往中，美化的礼仪主要表现在以下几个方面。

1. 仪容仪表的美化

一个人的穿着打扮是礼仪的第一印象。例如，一位职场新人在参加行业会议时，选择穿着得体的职业装，既展现了专业形象，也表达了对会议和其他与会者的尊重。适当的仪容仪表可以增强个人自信，同时也会使他人感到舒适和被尊重。

2. 交往沟通的美化

礼仪中的美化还体现在人际交往的沟通艺术上。通过礼貌的用语、温和的语调、亲切的微笑，人们可以建立起积极的互动关系。例如，一位酒店经理在接待客人时，总是以礼貌和专业的态度进行沟通，这不仅为客人提供了愉快的体验，也反映了酒店的高标准服务。

3. 情商与行为的美化

美化的礼仪还涉及情商的培养，即在不同情境下展现适宜的情绪反应和管理能力。例如，一个团队的领导在项目遇到挑战时，能够保持冷静，用积极的态度鼓励团队成员，展现出高情商的领导力，这有助于增强团队的凝聚力和解决问题的能力。

4. 仪式的美化

在特定的社会仪式中，美化的礼仪体现在对仪式的精心策划和执行上。如在一场婚礼上，从场地布置到流程设计，每一个细节都追求美观与和谐，这不仅为新人和宾客提供了难忘的体验，也体现了对这一重要时刻的尊重和庆祝。

礼仪不仅仅是一种形式上的表现，更是一种深入人心的修养和文化。它让美成为社会交往中的自然流露，增强了人与人之间的相互理解和尊重，提升了社会的整体文明程度。

（三）谦逊——礼仪的内在品质

谦逊是一种深刻影响人际关系和社会交往的态度。它不仅是个人品德的体现，更是促进和谐社会关系的重要因素。在旅游礼仪的实践中，谦逊要求我们展现出一种不张扬、不自大的人格魅力，它让我们在与他人交往时更加谨慎和自省。

1. 适度表达个人成就

谦逊的态度首先体现在对个人成就的适度表达上。在旅游交往中，我们应当认识到自己的成就固然值得自豪，但同样重要的是以一种平和的心态去分享，避免过度夸耀或在他人面前显得过于自负。这种适度的自我展示能够减少他人的不适感，增加他人对我们的好感和尊重。

2. 展现开放和学习姿态

谦逊还要求我们在与他人交流时展现出开放和学习的姿态，这意味着我们应该倾听他人的意见和看法，即使这些意见与我们的观点不同。通过虚心接受他人的建议和批评，我们不仅能够丰富自己的知识和经验，还能够展现出一种成熟和包容的人格特质。

3. 尊重并认可他人

谦逊还体现在对他人的尊重和认可上，在任何旅游社交场合，我们都应该避免轻视或贬低他人，无论他们的社会地位、年龄或背景如何。通过平等对待每一个人，我们能够建立起更加稳固和真诚的人际关系。在旅游礼仪的实践中，谦逊还意味着在面对荣誉和成就时保持谦卑。即使在成功和得到认可的时候，我们也应当保持内心的平和与谦逊，将成就视为团队努力的结果，而非个人独占的荣耀。

谦逊是一种力量，它能够帮助我们在复杂的社会环境中保持平衡，避免过度自我膨胀。拥有谦逊的态度，我们即能够建立起更加和谐的人际关系，促进社会的稳定与发展。谦逊不仅是一种礼仪的内在品质，更是一种生活的智慧和艺术。

（四）和谐——礼仪的社会价值

和谐作为礼仪的核心价值和社会价值，是文明社会追求的理想状态。它不仅在社会交往中起到润滑作用，还促进了不同个体、群体以及人与自然环境之间的平衡与协调。在旅游行业中，和谐原则同样具有深远的意义和得到实际应用。

1. 促进人际和谐与社会稳定

旅游行业中，礼仪的实践有助于减少游客与当地居民、游客与旅游从业者之间的冲突。例如，游客在参观景点时遵守当地的文化习俗和礼仪规范，可以减少误会和矛盾，能够相互理解和增进友谊；游客在排队时保持安静、不在公共场所大声喧哗；等等。这不仅提升了游客的体验，也促进了当地社会的和谐稳定。

2. 推动环境保护与可持续发展

礼仪强调人与自然的和谐，在旅游活动中体现在对自然环境的尊重和保护上。游客遵守环保礼仪，如不乱扔垃圾、不破坏自然景观，要求遵守严格的环保规定，这种礼仪的实践不仅体现了对自然的尊重，也推动了旅游业的可持续发展。

3. 提升个人修养与社会整体进步

旅游不仅是放松和娱乐的方式，也是提升个人修养和拓宽视野的机会。通过学习和实践旅游礼仪，游客可以在享受旅行的同时，提升自己的文化素养和社交能力。例如，在旅游时参观博物馆或其他历史文化遗址过程中被要求不乱涂乱画、不用手触摸展品等，这种礼仪的实践不仅提升了游客的个人修养，也体现了对文化遗产的尊重和保护。

4. 促进国际交流与合作

在全球化的背景下，旅游成为促进不同文化之间交流与理解的重要途径。游客在旅行中遵守当地礼仪，可以增进与当地人的友好关系，推动国际交流与合作。例如，中国的"一带一路"倡议促进了共建国家的旅游交流与合作。游客在访问这些国家时，通过学习和实践当地礼仪，不仅提升了自身的跨文化交际能力，也促进了中国与共建国家之间的友好关系和文化交流。据中国国家旅游局的数据，"一带一路"共建国家的游客数量显著增加，同时游客对当地礼仪文化的了解和尊重也促进了更深入的文化交流和合作。

和谐作为礼仪的灵魂，在旅游行业中同样具有深远的意义和实际应用。通过礼仪的学习和实践，旅游从业人员和游客不仅能够在个人层面上提升自我修养和文化素养，还能在社会层面上促进人际和谐、环境保护、社会整体进步以及国际交流与合作，共同创造一个更加美好的旅游世界。

第二节　礼仪的特征与作用

一、礼仪的特征

（一）规范性

礼仪规范是人们在社会交往中普遍遵循的文明行为准则或规范，它体现了人们对道德、法律、风俗等的尊重和遵守。《礼记·曲礼上》记载了孔子对礼仪规范的重视。有一次，孔子在鲁国的城门外遇到了齐国的使者，他下车向使者行礼，然后再上车。孔子的弟子问他为什么要这样做，孔子说："我是一个鲁国人，鲁国的礼仪是下车行礼，齐国的礼仪是不下车行礼。我既不能违背我的国家的礼仪,也不能让齐国的使者觉得我轻视他,所以我下车行礼,然后再上车。"孔子通过个人行为展现了礼仪的规范性不仅在于其固定的形式,更在于其背后所蕴含的深厚道德与文化内涵。

(二)操作性

礼仪规范以人为本,重在实践,人人可学,习之易行,行之有效。例如,中国传统的问候礼仪,有一定的操作方法,如见面时打招呼,相互介绍姓名、身份、关系等,以及使用恰当的称呼、敬语、礼貌用语等,这些操作方法可以增进人们的沟通和友谊。中华小故事中有"孔子拜月"的故事,讲述了孔子在拜月时,按照礼仪规范,先洗手,后拜月,然后祈祷,表达了对天地的敬畏和感恩。

(三)差异性

礼仪规范约定俗成,不同国家、不同地区,由于民族特点、文化传统、宗教信仰、生活习惯不同,往往有着不同的礼仪规范。例如,中国的餐桌礼仪,与西方的餐桌礼仪有很大的差异,如中国人使用筷子,而西方人刀叉,吃饭时是否发出声音,是否夹菜给他人,是否敬酒等。这些差异需要人们增加了解,尊重差异,不可强加自己的习惯于他人。正所谓:礼异而和,违则纷乱;尊差异,共融安。

(四)时代性

礼仪一旦形成,则具有世代相传、共同实践的特点。但是礼仪并非一成不变,而是随着时代的发展变化而吐故纳新,随着内外交往日益频繁而互相借鉴吸收。例如,中国的拜年礼仪,就随着社会的变迁而发生了一些变化,如从亲自拜访到打电话、发短信、发微信等,从送实物礼物到送现金、红包、购物卡等,从说固定的祝福语到说个性化的祝福语等。又如,成年礼是人生仪礼的重要环节,传统冠礼虽然已经大面积消失,但传统的成年礼俗还不同程度存在,如广东汕尾、潮汕地区的"出花园"、中国台湾地区台南市"做十六岁"等,依然是家庭大事。但当代社会的成人目标已经发生重大改变,生命个体的成长更多面向社会。在城市中学,往往流行十八岁成年礼,作为个体生命走向社会生命标志的成年礼,需要有特定的仪式,以文化象征的提示促成青年的自我觉醒,进而实现其人生价值与意义。这些变化反映了时代的进步和人们的创新。正所谓:礼随时变,古韵新声共悠扬;传承创新,方显华夏礼仪长。

二、礼仪的作用

在全球化日益加深的今天，礼仪不仅仅是个人修养的体现，更是连接不同文化、促进社会进步的强大力量。

（一）跨文化交流与个人形象塑造

旅游礼仪如同一座精心构建的桥梁，跨越了语言与文化的鸿沟，让来自五湖四海的游客和从业人员能够相互理解、相互尊重。其要求每一位参与者具备开放的心态，积极学习并适应不同文化的习俗与规范，从而在尊重差异中寻求共识。在这一过程中，良好的旅游礼仪不仅展现了个人的专业素养与文化底蕴，还极大地增强了游客对旅游从业人员的信任感，使得每一次交流都充满温暖与和谐，个人形象因此得以熠熠生辉。

（二）提升服务质量与维护旅游秩序

旅游礼仪如同一股无形的力量，推动着服务质量不断提升。它通过一系列精细化的服务标准与流程，确保了服务行为的规范性与一致性，为游客提供了更加贴心、专业的服务体验。同时，在旅游高峰期，礼仪的规范作用更加凸显，它引导游客与从业人员共同维护旅游秩序，减少因无序行为而产生的冲突与混乱，确保旅游活动能够顺畅进行。这种有序与和谐，不仅提升了游客的满意度，也为旅游业的健康发展奠定了坚实的基础。

（三）保护环境与促进可持续发展

在享受旅游带来的乐趣时，旅游礼仪也时刻提醒我们关注环境保护的紧迫性。其倡导绿色旅游理念，鼓励游客与从业人员做出环保行为，如减少废弃物产生、参与垃圾分类、节约能源等。这些看似微小的举动，却汇聚成了保护自然环境和文化遗产的强大力量。通过旅游礼仪的引导，我们不仅能够减少对旅游目的地产生负面影响，还能促进旅游业的可持续发展，为后代留下更加美丽、宜居的地球家园。

（四）增强社会和谐与提升国家形象

旅游礼仪的深远影响还体现在社会和谐与国家形象的塑造上。它通过规范个人行为，促进了社会成员之间的相互尊重与理解，减少了因文化差异或误解而产生的摩擦与冲突。在国际旅游领域，良好的旅游礼仪更是提升国家形象的重要窗口。它展示了

文化之桥——
李明的导游之旅

一个国家的文化底蕴、民族风貌以及人民的精神风貌,吸引了来自世界各地的游客前来探访、交流。这种正面的国际形象不仅提升了国家的国际地位与影响力,还为旅游业的发展注入了新的活力与动力。

第三节　旅游礼仪与服务

一、从"一次特殊的入住"看服务的真谛

【案例导入】

一个傍晚,某五星级饭店的前台接待员小陈正在值班。她看到一个外国青年背着一个很大的背包走进大堂,看了看四周,又看看自己很脏的旅游鞋,他停住了脚步。犹豫了一会儿,他还是走到了总台:"请问,这儿有比较廉价的房间吗?"说完,还未等小陈回答,他又说道:"我想你们这边一定没有我要的那种房间了。"听完该青年的话,小陈友好地对他说:"也许我们酒店没有您需要的房间,但是我们还有另外一家酒店。"听到这里,青年充满了希望地问:"那么单人间住一晚要多少钱?""大概200元,您觉得怎么样?"青年的脸上露出了一丝为难,说:"我是一个穷留学生,要住好几天,这个房价恐怕还是偏高,我看算了。"说着就要往外面走。看着天色已晚,客人又是一个人生地不熟的外国客人,要找一个廉价的住处,太不容易了。小陈想了想,然后追了上去:"请等一等,我知道这附近小巷里有一家不错的青年旅馆,单人间的房价在60元左右,如果您愿意的话,我可以立即派一名行李员带您过去。"青年听到这个消息,脸上立刻露出了笑容:"啊,真是太好了,太感谢你了。我以后一定给你个惊喜。"小陈又说:"不必客气,能给您提供帮助我感到很荣幸,再说这些都是我应该做的。"

几周后的一天,饭店总台来了一老一少两个外宾。正在值班的小陈惊奇地发现,那个年轻的外宾正是那天的那个穷留学生,只是今天他一身整齐的西装,与那天的情况完全不同。见到小陈,年轻的外宾说:"谢谢你,那天要不是你,我可能要流落街头了。这是我父亲,他在中国有一家不错的药品分公司,

不过我还是靠自己打工留学的。正好，过几天我父亲的公司有一个为期三天的重要会议要召开。我向他介绍了你们饭店，今天过来看看，同时要把公司的会议安排在这边。我父亲说了如果这次感觉很好，以后有活动都可以放在这边。"听到了年轻外宾的一番话，小陈连忙说："谢谢你们如此关照，同时我代表饭店感谢您的信任，我们一定会尽全力地做到让您满意。"随后，给客人办理了预订。

在这个案例中，前台工作人员小陈从看见年轻人走进大堂至告诉他有200元/晚的房间可以提供，但客人住不起再到主动为客人推荐一家60元/晚的青年旅馆，并安排一名行李员带他过去，从而帮助客人解决了住宿难题，小陈不但能够按照酒店的操作规范要求，完成对客人的服务，而且还能够为客人提供延伸的服务，从而在更高的层次上满足客人的服务要求。

在深入探讨旅游服务领域的精髓时，我们常被一系列问题所萦绕：效率与规范的服务细节何以并重？旅游行业的服务标杆何在？我们的服务优势如何凸显？服务的意义是什么？以及何为上乘的服务体验，尤其是在住宿领域，怎样才算真正的舒适？

在追寻这些答案的征途上，首先来深入剖析"服务"这一概念的本质。《辞海》以"为集体或为别人工作"精炼概括，强调服务的内涵及特征。而西方文化则巧妙地将Service（服务）拆解，每个字母都承载着服务的深层意义与追求，共同绘制出一幅服务艺术的蓝图，更强调"服务"的过程和效果。

服务的第一个字母S，即SMILE（微笑）。微笑，是服务的第一张名片，它无须成本却价值连城。它不仅代表着友好与欢迎，更是情感交流的桥梁，能够瞬间拉近与宾客的距离，让宾客感受到宾至如归的温暖。真诚的微笑能够缓解旅途的疲惫，为宾客的旅行增添一抹亮色。

服务的第二个字母E，即EXCELLENT（出色）。出色，是对服务品质的不懈追求。它要求我们在每一个服务细节上都力求完美，无论是客房的清洁度、餐饮的口味，还是解决问题的效率，都要超越宾客的期望。出色的服务能够让顾客感受到被重视和尊重，从而建立起对品牌的忠诚。

服务的第三个字母R，即READY（准备好）。准备好，是一种积极的服务态度，它意味着我们随时处于待命状态，确保每一次服务都能迅速响应，满足宾客的即时需求。这种准备不仅包括物质上的准备（如充足的库存、整洁的环境），更包括心理上的准备（如积极的心态、敏锐的洞察力）。

服务的第四个字母V，即VIEWING（看待）。看待，是一种将宾客视为独特个体的服务观念。它要求我们以个性化的视角去理解每一位宾客的需求和偏好，从而提供更加贴心和个性化的服务。这种看待不仅体现在服务的细节上（如记住顾客的姓名、喜好等），更体现在对顾客情感的理解和尊重上。

服务的第五个字母是I，即INVITING（邀请）。邀请，是一种建立长期关系的服务策略。它不仅仅是一句简单的"欢迎再次光临"，更是一种通过优质服务让顾客愿意再次选择我们的承诺和信心。邀请的背后是品牌对顾客忠诚度的重视和对服务质量的持续追求。

服务的第六个字母是C，即CREATING（创造）。创造，是服务中的创新元素。它要求我们在遵循服务标准的同时，勇于尝试新的服务方式和理念，为顾客带来前所未有的服务体验。创造不仅体现在服务的形式上（如主题晚宴、特色活动等），更体现在服务的内涵上（如文化体验、情感共鸣等）。

服务的第七个字母E，即EYE（眼睛）。眼睛，是服务的观察与洞察，它要求我们用敏锐的目光去捕捉顾客的需求和情绪变化，以便及时提供有针对性的服务。同时，眼睛也代表着我们对顾客的关注和尊重，通过眼神交流传递出我们的真诚和关心。

至此，服务的真谛跃然纸上——"用心、用爱"，辅以标准化的服务礼仪与个性化的细节关怀。旅游服务礼仪，正是这一理念的实践指南，它不仅塑造了旅游从业者的专业素养与形象，更铸就了旅游行业独特而持久的竞争优势。在"心与爱"的引领下，共同书写着旅游服务的新篇章。

二、旅游服务意识与角色定位

旅游从业人员的职业素养中，最核心的是其服务意识。这种意识源于对服务价值和意义的深入理解，以及对游客需求的持续关注和优先考虑。在旅游服务中，从业者的角色定位至关重要，它清晰地界定了在服务流程中的身份与职责。他们可能扮演信息的提供者，为游客答疑解惑；或是作为文化的传播者，向游客介绍丰富多彩的地域文化；抑或成为体验的创造者，为游客设计别具一格的旅游体验。无论扮演何种角色，旅游从业人员都应以专业、热情、周到的服务态度，为游客提供超越预期的高品质服务。这样的服务意识和明确的角色定位，不仅有助于建立融洽的服务关系，更能极大地丰富游客的旅游体验，进而为旅游企业塑造出卓越的品牌形象。同时，这种职业素养也是旅游行业持续健康发展的有力保障。

（一）深化旅游服务意识

旅游行业的服务品质不仅体现在对客户微笑的迎送之间，还体现在工作人员对服务的深刻理解和行为表现中。在服务工作中，服务意识是一种无形的资产，对于旅游从业人员而言，其重要性不亚于任何具体的工作技能。所以要求从业人员具备双向互动和无处不在的服务精神。要培养这种服务意识，旅游从业人员需注意以下几个方面。

1. 服务意识的内涵

服务意识不仅仅是一种工作态度，也是一种深入骨髓的职业素养，是旅游从业人员与宾客建立信任和尊重的基础。在旅游服务中，服务意识体现为对工作的热情、对宾客的关怀以及对服务质量的持续追求。这种意识能够使从业人员在面对各种服务场景时，都能够保持专业、耐心和细心，确保宾客的每一次体验都能感受到温馨和舒适。

2. 树立正确的服务观念

服务观念是服务意识的核心，其要求旅游从业人员认识到每一项服务工作的价值和重要性。正如历史上的伟人所言，每一份工作都是社会大机器中的一个齿轮或螺丝钉，缺一不可。因此，旅游从业人员应该对自己的工作持有一种神圣感和崇高感，并认识到服务工作不分贵贱，每一项服务都是对宾客的尊重和对社会的贡献。

3. 展现同理心和细致的观察力

在服务过程中，旅游从业人员需要展现出高度的同理心，主动倾听宾客的声音，细心观察他们的行为和反应。例如，在某酒店的餐厅里，有三位宾客在讨论工作上的问题。其中一位宾客因为餐厅太吵而没有听清朋友的话，就大声地要求对方重复一遍。他的要求刚好被路过的服务员听到了。服务员找到相关部门经理，为宾客申请一个免费的包厢，以便宾客讨论问题。事后，酒店总经理收到宾客寄来的感谢信，信中感谢了酒店提供的优质服务，称赞酒店的服务是世界上最好的，并且夸奖了主动服务的员工。后来，总经理把这名服务员提升为部门领班。这种同理心和观察力能够帮助从业人员更全面地理解宾客的需求，包括那些未被直接表达出的潜在需求。通过对宾客情绪、语言和非语言行为的敏感捕捉，从业人员能够提供更加个性化和贴心的服务。

4. 体现尊重与个性化服务

了解并尊重游客的个性和差异是提供优质服务的基础。真正的尊重不仅限于表面的礼貌和流程，更体现在对游客独特性的深刻理解和服务策略的个性化调整上，这能够显著提升游客的满意度和忠诚度，为服务品牌积累良好的口碑。

5. 注重服务的细节和持续性

服务的细节往往决定了服务的成败。一个具有良好服务意识的旅游从业人员会关注服务过程中的每一个小细节，无论是对宾客的问候、对环境的布置，还是对服务流程的执行。这种对细节的关注能够使服务更加完善，更能打动宾客的心。同时，服务的持续性也是提升服务品质的关键，从业人员需要持之以恒地提供高质量的服务，不断优化和改进，以赢得宾客的长期信任和支持。

（二）角色定位新视角

《韩非子·扬权》："故审名以定位，明分以辩类。"定位，一般是指将人或者事物放在一定的位置，并据此作出相应的评价。角色定位，实际上就是在社会环境中，社会舆论对于某一特定位置之人的常规要求、限制和看法。在服务行业，尤其是旅游服务领域，从业人员必须在与宾客的互动中，迅速而准确地识别和适应各自的角色。这种角色的识别不仅限于对自身职责的理解，更涉及对服务对象需求的洞察和对环境变化的敏感性。

1. 旅游从业人员对自身的角色定位

在旅游服务礼仪中，角色定位理论主要针对旅游从业人员，要求旅游从业人员在为服务对象提供服务之前，必须准确地确定好在特定的时间及环境中，双方各自扮演什么样的角色。角色定位还要求从业人员具备高度的自我认知能力，了解自己的优势和局限，以便在服务过程中发挥自己的长处，同时不断学习和提升，以适应不断变化的服务需求。这种自我认知和角色适应的过程，不仅有助于提升服务质量，也是旅游从业人员个人职业发展的重要组成部分。

礼仪小故事：

　　小胡是某酒店的一名实习生，刚开始，她被分配到客房部做客房清洁工作。小胡工作上进，每天都能认真地做好客房清洁工作，赢得不少宾客的好评。这天，酒店住进了一名年轻女士，每次当小胡完成工作后，这名女士都要仔细检查一遍，如果哪个角度有灰尘，她马上就把小胡叫来劈头盖脸地一通骂，然后叫小胡返工。小胡想，宾客也不是天天住在这里，自己能忍就忍。可是，这名女士在这里住了一个月，依旧没有要走的意思，还让小胡每天都去收拾脏乱的房间，直到自己满意为止。尽管小胡常常累得大汗淋漓，可是这位女士像故意刁难她似的，经常让她返工。最后，小胡实在忍受不了，她不愿意再为这样一名刁蛮的女士服务，于是她对领班常姐说，以后她再也不去打扫了，谁愿意去谁去。听了小胡的抱怨，常姐语重心长地说："小胡啊，记住，你是一名酒店工作人员！不管宾客说什么或做什么，你都要做好你的工作，并以应有的礼貌为宾客服务。"小胡听后，仔细想了一个晚上，想通了，于是主动询问了宾客需要她重点清洁的位置。小胡了解到，这位女士不喜欢角落里有灰尘，可是劳累的小胡每次对角落都是一扫而过，找到原因的小胡此后重点清扫角落，而这位女士再也没有叫她返工，最后走的时候，还夸奖小胡工作用心。

（资料来源：蔡楠著《经营一家最赚钱的酒店》）

2. 旅游从业人员对服务对象的角色定位

　　"事事留心皆学问"，在实际工作中，一名优秀的旅游从业人员不但要对自身进行准确定位，而且要学会注意观察。角色定位的准确性直接影响着服务的个性化和专业性，因此要求旅游从业人员在服务前对宾客的期望、偏好以及文化背景进行深入的了解和分析，从而在服务过程中展现出与宾客角色相匹配的行为和态度。例如，在接待外国游客时，从业人员可能需要展现出更多的文化敏感性和语言沟通能力，而在为商务客户提供服务时，则需要展现出专业和高效的服务特质。只有对宾客进行了准确的角色定位，旅游从业人员为宾客服务时才能真正做到"投其所好"。只有这样，双方才更容易沟通，并使宾客得到较好的服务感受，提高宾客的满意度。

当然，旅游从业人员在服务过程中对于自己与服务对象所进行的角色定位也不是一成不变，随着与服务对象相互接触的加深和服务工作的持续进行，旅游从业人员对于自身与服务对象所进行的角色定位应该随之有所变化。

【本章小结】

本章深入探讨了礼仪的起源、本质、特征与作用及其在旅游行业中的重要性。强调礼仪不仅是一套行为规范，更是文化传承和个人道德修养的体现。通过学习，我们了解到礼仪在促进社会和谐、维护社会秩序、传承文化价值以及塑造个人形象方面发挥着关键作用。同时，我们也认识到了礼仪在不同文化和宗教背景下的多样性，以及在旅游行业中的实际应用。礼仪的学习是一个终身过程，需要我们在日常生活中不断实践和提升。

【本章思考题】

1. 简述礼仪的起源说？
2. 在旅游行业中，尊重原则具体体现在哪些方面？
3. 简述礼仪的四个基本特征。
4. 礼仪中的"SMILE"原则代表什么？它在旅游服务中的重要性体现在哪里？
5. 论述礼仪在跨文化旅游交流中的重要作用，并举例说明。
6. 分析旅游服务意识对提升旅游服务质量的重要性，并结合具体案例说明如何培养旅游服务意识。

【实训项目】

项目一：礼仪规范创新设计

实训目的：

通过本项目，旨在激发学生的创造性思维能力，使其能够针对不同场合的特定需求，设计出既符合社会文化又具有创新性的礼仪规范。同时通过实际操作，让学生深入理解礼仪在社交、旅游活动组织中的重要作用，提升其制定并执行礼仪规范的能力和团队意识。

实训内容：

学生需首先选择一个虚构或实际可行的活动场景作为设计背景，如开学典礼、音乐会、志愿者服务活动、商务会议等。对选定场景进行深入研究，了解该场合的历史背景、文化意义、参与人群特点以及有礼仪要点，同时制定礼仪规范。

实训要求：

1. 团队合作：学生须以小组为单位完成项目，明确分工，确保每位成员都能积极参与并贡献自己的智慧。

2. 充分调研：在设计前进行充分的调研，确保设计出的礼仪规范符合目标场景的实际需求和文化背景。

3. 清晰表达：提交的报告或PPT须逻辑清晰、条理分明，能够准确传达设计思路和成果内容。

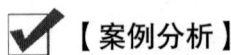【案例分析】

家庭旅游团的贴心服务

小李在海滨度假酒店工作，今天接待了一个由三代人组成的张先生家庭旅游团。他首先观察到这个家庭旅游团成员年龄跨度较大，迅速进行了角色定位：祖父母、中年的父母以及年幼的孩子。在接待第一天，小李主动询问是否有任何特殊需求，并根据角色定位提供了以下服务：首先，为祖父母提供了更为安静且舒适的休息区域信息，并推荐了较为轻松的休闲活动；其次，为中年父母提供了酒店附近的亲子活动信息，并告知儿童看护服务的详情；最后，为孩子们准备了欢迎小礼物，如小玩具和绘画册，并安排了儿童俱乐部的活动。

在家庭旅游团后期的服务中，小李继续展现出对细节的关注和对家庭成员个性化需求的理解。根据客人的情况，他做了如下安排。第一，个性化餐饮服务。了解到孩子们可能有特殊的饮食需求，小李提前与酒店餐厅沟通，准备了适合儿童的餐点，同时向祖父母推荐了软食或健康餐选项。第二，活动安排。小李根据家庭成员的兴趣和年龄，推荐了不同的活动。例如，为喜欢户外活动的父亲安排了潜水课程，为热爱文化的祖母安排了当地文化体验活动。第三，提供便捷设施。考虑到祖父母可能需要休息，小李提供了便携式躺椅，让他们在海滩或泳池边能够更加舒适地放松。第四，紧急需求响应。小李始终保持高度警觉，随时准备应对任何紧急情况。例如，当发现孩子不慎轻微晒伤时，小李迅速提供了晒后修复的护肤品，并建议家长如何照顾孩子。第五，纪念品推荐。在旅行结束前，小李为家庭推荐了当地特色的纪念品，帮助他们挑选适合各个年龄段家庭成员的礼物。第六，深入交流。小李在与家庭成员的交流中展现出真诚和友好，他们耐心倾听家庭成员的意见和建议，并在服务中不断进行调整和优化。

家庭旅游团对小李细致入微的观察和贴心的服务感到非常满意。他们认为小李不仅关注到了每个家庭成员的需求，还提前考虑到了他们考虑不到的细节。张先生家庭旅游团对小李提供的服务感到非常满意。他们特别赞赏小李能够考虑到每个家庭成员的需求，使他们的假期变得更加轻松愉快。家庭成员们纷纷表示，这次旅行是他们经历过的最贴心、最难忘的体验之一。

案例思考题：

1. 如何根据家庭旅游团成员的不同年龄和需求，提供个性化的贴心服务？

2. 在家庭旅游服务中，如何通过细节关注和紧急需求响应提升客户满意度？

3. 在接待家庭旅游团时，如何通过深入交流和调整服务来不断优化客户体验？

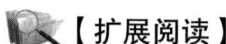【扩展阅读】

礼仪的发展历程

第二章 旅游从业人员仪容仪表规范

学习目标

知识目标

1. 理解仪容仪表在旅游行业中对于塑造专业形象和给人留下第一印象的关键作用。
2. 掌握旅游从业人员应遵循的基本仪容仪表规范，包括着装、个人卫生和发型等。
3. 了解不同工作场合和社交活动中的着装规范和期望。

能力目标

1. 能够在实际工作中展现符合行业标准的仪容仪表。
2. 能够根据不同的工作场合和客户需求，调整自己的着装以适应环境。
3. 培养自我形象管理的能力，包括日常的仪容维护和应对紧急情况下的外观调整。
4. 能够在多元文化环境中适应并尊重不同的着装习惯。

思政目标

1. 培养学生的自我意识，展现专业精神，通过仪容仪表体现对工作的尊重和认真态度。
2. 提升个人的审美和品位，选择适合自己角色和场合的着装风格。
3. 培养对个人仪容仪表持续改进的意识，以适应行业的发展和个人职业成长。

> 衣贵洁，不贵华，上循分，下称家。
>
> ——《弟子规》

在旅游行业中，仪容仪表是旅游从业人员的第一张名片。它不仅传递着专业与尊重，更是服务质量的直观体现。良好的仪容仪表能够无声地诉说着服务者的态度和专业性，为旅游体验增添一份信任与安心。从整洁的着装到得体的举止，从微笑的服务到细致的关怀，每一个细节都彰显着对客户的尊重和对职业的热爱。

第一节 旅游行业仪容仪表的重要性

在旅游行业中，仪容仪表不仅是个人外在形象的体现，更是职业素养和专业性的直接映射。它对旅游从业人员在客户心中的第一印象起着决定性的作用，同时也与个人乃至企业的职业形象密切相关。

一、仪容仪表在旅游业中的作用

（一）仪容仪表对第一印象的影响

第一印象往往是深刻且持久的，而仪容仪表则是构成第一印象的关键因素。美国心理学家和传播学家艾伯特·梅拉比安提出了决定人第一印象的"55387定律"，即决定一个人的印象的55%体现在外表和仪态，38%是语言语调，7%是说话的内容。所以当旅游从业人员与客户初次接触时，整洁的着装、得体的妆容和自信的仪态能够迅速建立起客户的好感，得到其信任。例如，一位着装规范、精神饱满的导游会给游客留下专业可靠的第一印象，为后续的旅游服务打下良好的基础。

（二）仪容仪表与职业形象的关联

良好的仪容仪表不仅影响第一印象，而且与职业形象的塑造息息相关。在旅游业中，从业人员的仪容仪表反映了其对工作的尊重和对客户的重视。一个注重仪容仪表的旅游从业人员能够展现出对职业的热爱和对服务质量的追求。

这种积极的职业形象有助于提升客户满意度，提升旅游企业的品牌形象。

二、仪容仪表与服务品质

在旅游行业中，仪容仪表不仅关乎个人的外在形象，更直接影响着服务体验的质量和客户对服务的信任感。

（一）仪容仪表对服务体验的贡献

仪容仪表是服务体验的重要组成部分。当旅游从业人员以整洁、专业的外表出现时，能够立即传达出对工作的认真态度和对客户的尊重。良好的仪容仪表能够营造出积极的服务氛围，使客户感受到被重视和尊敬。例如，一位着装得体、外表整洁的酒店前台员工，能够给客人留下专业可靠的第一印象，从而提升客户的住宿体验。此外，良好的仪容仪表还能够在无形中提升服务标准，鼓励从业人员在日常工作中保持高标准的职业行为，进一步提升服务质量。

（二）专业仪容仪表对客户信任感的建立

专业仪容仪表对建立客户信任感至关重要。在旅游服务中，客户往往根据从业人员的外观和行为来判断其专业性和可信度。当从业人员展现出专业和规范的仪容仪表时，客户更容易产生信任感，相信他们能够提供高质量的服务。例如，一位穿着正式、举止得体的导游，能够使游客感到安心，相信他们能够获得一次愉快和安全的旅行体验。此外，专业仪容仪表还能够体现旅游企业的品牌形象和价值观，增强客户对企业的信任和忠诚度。

第二节　旅游从业人员工作制服规范

制服，作为旅游从业人员职业风采的直观展现，其设计融合了专业性与美学考量。它不仅是身份的象征，更是服务质量与企业文化的重要载体。制服旨在塑造出统一、专业且富有魅力的职业形象，通过精心挑选的材质、恰到好处的色彩搭配以及符合岗位特性的款式设计，为游客带来更加舒适、愉悦的旅游体验。同时，它也承载着企业对员工的关怀与尊重，激励每一位从业者以最佳状态投入工作，共同推动旅游行业的繁荣发展。

一、制服的选择与合身性

制服作为旅游从业人员的外在标志，其选择与合身性是展现专业形象的第一步。制服的设计应与企业品牌形象相契合，反映企业文化和价值观。在选择制服时，应考虑其样式、颜色、面料以及与企业色彩的协调性。例如，高端酒店可能偏好经典而优雅的制服设计，以传达其奢华和专业服务的理念；而户外旅游导游的制服则可能更注重舒适度和耐磨性，以适应多变的户外环境。

制服的合身性同样至关重要，不合身的制服不仅影响穿着者的活动自由，也会给客户留下不专业的印象。因此，企业在为员工定制制服时，应确保尺寸的精确测量和合身剪裁。此外，制服的维护也不容忽视，定期清洗和熨烫是保持制服整洁的必要措施，这不仅体现了员工的个人素养，也是对客户的尊重。

二、制服的整洁与维护

制服的整洁与维护是保持专业外观持续性的关键。无论制服的材质如何，保持其清洁无瑕是基本要求。这意味着从业人员需定期清洗制服，以去除污渍和异味，确保每次穿着时都呈现出最佳状态。此外，熨烫也是制服维护中不可或缺的一环，它能够去除衣物上的褶皱，使制服看起来更加挺括和专业。

在维护制服时，还应注意避免不必要的损坏，如钩破、褪色或变形。这要求从业人员在穿着和存放制服时都要格外小心，避免与粗糙表面摩擦或过度拉伸。对于制服的长期保养，建议采用温和的洗涤方式，并按照衣物标签上的指示进行清洗和熨烫，以延长制服的使用寿命。

三、制服的穿着规范

制服的穿着规范体现了职业行为的标准。在穿着制服时，从业人员应严格按照企业规定的着装要求，包括上衣、裤子或裙子、帽子、领带或领结等。这些规定不仅确保了团队的统一性和识别度，也反映了企业对专业形象的重视。配套穿着的制服有助于强化企业形象，同时也让从业人员在客户心中建立起专业可靠的形象。

在穿着制服时，还应注意季节性的调整。例如，冬季，可能需要在制服外套上大衣或风衣以保暖；夏季则可能需要选择透气性较好的面料，以确保从业人员在高温环境下仍能保持舒适和专业。此外，制服的穿着规范也应考虑到不同场合的需求，如正式场合可能需要更加保守和正式的着装，而休闲场合则可以适当放松要求。

四、鞋袜与制服的搭配

鞋袜与制服的搭配在细节中体现了专业的要求。合适的鞋袜不仅能够保证从业人员在工作时的舒适度，也能够与制服整体风格相协调，进一步强化专业形象。在选择鞋子时，应考虑其与制服的颜色、款式是否搭配，以及是否适合工作场合的需求。例如，皮鞋通常是正式场合的首选，而休闲鞋则更适合较为轻松的旅游活动。

袜子的选择也不容忽视。深色或与制服颜色协调的袜子能够保持整体的统一性，避免因颜色不搭配或过短的袜子而造成的不专业形象。此外，还应考虑袜子的材质，以确保在长时间站立或行走时仍能保持舒适。

第三节　旅游从业人员商务正装规范

一、商务正装的选择与搭配原则

商务正装是旅游从业人员在正式商务场合中的标准着装，它传达出专业性和对场合的尊重。正确的选择与搭配原则对于塑造专业形象至关重要。

在选择商务正装时，首先应考虑服装的款式、颜色和面料。传统的商务正装包括西装外套、衬衫、长裤或及膝裙，以及领带或领结。颜色通常以黑、灰、蓝等中性或深色调为主，这些颜色给人以稳重、专业的感觉。面料则应选择质感优良、透气性好的材质，如羊毛或混纺面料，以确保穿着舒适且外观挺括。

搭配方面，西装外套应与长裤或裙子颜色一致，形成套装效果。衬衫宜选择浅色系，以白色最为常见，也可选择淡蓝色或淡粉色等柔和色调。领带应与西装颜色协调，可选择带有微妙图案的款式，以增加细节感。鞋履则以简洁大方的皮鞋为宜，颜色最好与西装或皮带相呼应。

此外，正装的搭配还应考虑到季节和气候因素。在温暖季节，可选择轻薄面料的西装；而在寒冷季节，则可在外面搭配大衣或风衣，并配以适宜的保暖配件，如围巾。

二、商务正装的穿着规范与细节处理

商务正装的穿着规范不仅体现在服装的选择上，更在于对细节的精心处理。这些细节包括服装的合身度、整洁度以及与个人职业形象的匹配度。

首先，合身度是衡量正装是否得体的关键。西装外套的肩部应恰好贴合肩膀，袖长应至手腕，衬衫袖口则应略长于西装袖口。外套长度应至臀部最高点，裤长则以站立时裤脚刚好触地为宜。裙子则应保持在及膝或稍高于膝盖的位置，不宜过短或过长。

其次，整洁度是展现专业形象的基本要求。正装应定期清洗和熨烫，避免出现皱褶、污渍或破损。此外，穿着时应检查衣物是否平整，纽扣是否齐全，拉链是否顺畅，确保在任何时候都能保持最佳状态。

最后，正装的细节处理还应考虑到个人职业形象的展现。例如，女性从业人员可搭配简约的首饰，如小珍珠耳饰或细链项链，以增添女性魅力而不失专业感；男性则可选择袖扣、领带夹等小配件，展现精致品位。

在商务正装的穿着中，细节决定成败。从合身度的把握到整洁度的维护，再到个人形象的精心打造，每一个环节都体现了旅游从业人员的专业态度和对职业形象的重视。通过这些细节的处理，可以确保在商务场合中给客户留下深刻而专业的印象。

第四节　旅游从业人员职业妆容规范

在旅游行业中，化妆不仅仅是个人形象的展示，更是职业素养的体现。化妆的基本规范要求从业人员在化妆时保持自然、专业，同时兼顾个人特点和职业需求。

一、化妆步骤

（一）皮肤准备与底妆

在化妆的初始阶段，皮肤的准备工作至关重要。首先，使用适合自己肤质的洁面产品，彻底清洁面部，去除多余油脂和污垢。其次，使用化妆水或爽肤水进行二次清洁并平衡肌肤的pH，为肌肤补充水分，使其保持水润状态。再次，涂抹适量的保湿乳液或面霜，锁住水分，为肌肤打造一个滋润的底妆。如果需要外出，别忘了涂抹防晒霜，以保护肌肤免受紫外线的伤害。最后，使用妆前乳或隔离霜，这不仅能保护肌肤免受彩妆和外界污染的伤害，还能提升底妆的贴合度和持久度。在这一步骤中，要确保每一层产品都被肌肤充分吸收，避免底妆出现搓泥或不均匀的现象。

（二）遮瑕与底妆完善

遮瑕是打造无瑕底妆的关键。使用遮瑕膏或遮瑕棒针对痘痘、黑眼圈、色斑等局部问题进行遮盖。选择比肤色稍深或接近的遮瑕产品，以自然覆盖瑕疵。用指尖或遮瑕刷轻轻点涂在需要遮盖的区域，然后轻轻拍开，与周围的肌肤融为一体。完成遮瑕后，使用散粉或蜜粉轻扫面部，帮助底妆固定，同时控制油光，延长妆容的持久度。在定妆时，要注意用量适中，避免过量的散粉造成妆感过重或皮肤干燥。

图2-1　遮瑕

（三）眼妆打造

眼妆能够显著提升面部的立体感和表情的丰富性。首先，选择中性或暖色系的眼影，根据场合和个人风格，由浅到深逐层晕染，从眼睑到眼窝，创造出自然的渐变效果。接着，使用眼线笔或眼线液细致勾勒眼线，提升眼部轮廓，注意眼线不宜过粗，以免显得过于夸张。然后，使用睫毛夹使睫毛卷翘，再适量刷上睫毛膏，避免结块或粘连，使睫毛看起来根根分明和自然。打造眼妆时，要注意颜色的搭配和层次感的塑造，使眼妆既精致又和谐。

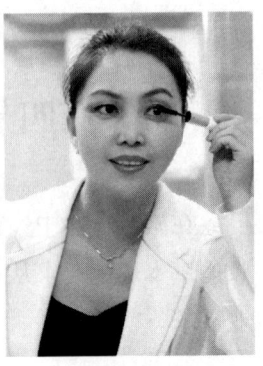

图2-2　眼妆

（四）腮红与唇妆

腮红和唇妆是妆容的点睛之笔。在微笑时，将腮红轻扫在苹果肌上，选择与整体妆容协调的颜色，增添面部气色，注意颜色不宜过重。唇妆部分，先使用唇线笔描绘唇形，确保唇妆的整洁和对称，再涂抹接近自然唇色的唇膏或唇彩，使唇部看起来健康而有光泽。在选择唇色时，要考虑肤色、服装颜色和场合的协调性，避免过于艳丽或不搭配的颜色。

图2-3 唇妆

（五）细节修饰与整体检查

在完成基础妆容后，细节的修饰和整体检查是不可或缺的。使用眉笔或眉粉轻轻填充眉毛，按照眉毛的自然生长方向描绘，保持眉形的自然流畅。最后，使用定妆喷雾，帮助妆容更加持久，避免脱妆或晕染。在喷洒定妆喷雾时，要保持一定的距离，让喷雾均匀地覆盖面部。完成妆容后，退后一步，检查妆容是否均匀，是否与肤色、服装和场合协调。此外，还要注意面部表情的自然，避免因过度紧张或不自然的表情影响妆容效果。

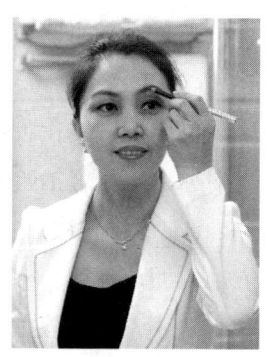

图2-4 画眉

二、整体化妆的注意事项

旅游从业人员在化妆过程中，除了关注流程的规范，还要注意以下几点细节。

第一，选择适合自己肤色和肤质的化妆品，避免使用不适合的产品导致肌肤问题。

第二，保持化妆工具的清洁，定期清洗或更换，避免细菌感染。

第三，注意化妆环境的光线，确保在自然光下化妆，避免色差。

第四，化妆时动作要轻柔，避免拉扯或压迫肌肤，尤其是眼部和唇部等敏感区域。

第五，保持整体妆容的协调性，注意颜色的搭配和层次感的塑造。

第六，完成化妆后，要进行充分的面部表情练习，确保妆容在各种表情下都能保持自然和持久。

三、化妆工具与使用方法

（一）化妆棉/化妆纸

1. 材质选择

优质的化妆棉或化妆纸应质地柔软且不易掉屑，以确保在清洁肌肤时不会造成不必要的刺激或摩擦。

2. 使用方法

卸妆：将适量的卸妆液均匀地倒在化妆棉上，轻柔地按压在眼部、唇部等彩妆较为浓重的区域，随后轻轻擦拭，直至彩妆完全溶解并被彻底清洁掉。对于全脸卸妆，可以结合擦拭与轻拍的手法，确保面部的每一个角落都得到充分的清洁。

清洁皮肤：化妆棉也可用于涂抹化妆水或爽肤水，帮助肌肤进行二次清洁与补水。采用轻拍的方式，可以促进化妆水更好地被肌肤吸收。

（二）棉花棒

1. 用途细化

除了常规的擦拭细节部位外，棉花棒还可以用来细心清理耳洞、鼻翼两侧的油脂和黑头。但使用时需注意方法和力度，避免对皮肤造成伤害。

2. 使用方法

蘸取适量的卸妆液或清洁液，轻轻滚动擦拭需要清洁的部位，直至污垢被完全清除。对于难以触及的角落，可以稍微加大力度，但仍需保持轻柔。

（三）海绵扑

海绵扑是化妆过程中不可或缺的工具，尤其对于底妆的打造起着至关重要的作用。选择合适的海绵扑并掌握正确的使用技巧，能够让底妆更加贴合、自然。

1. 湿润程度

在使用海绵扑之前，将其打湿并拧至微湿状态是关键步骤。这样做不仅可以帮助底妆更加贴合肌肤，还能打造出自然无瑕的妆感。如果海绵扑过于湿润，可能会吸收过多的粉底液或 BB 霜，导致浪费并影响妆效；而如果海绵扑过于干燥，则可能使底妆显得厚重不均。因此，掌握适当的湿润程度是打造完美底妆的第一步。

对于不同肤质和底妆需求，湿润程度也可以有所调整。例如，干性肌肤可以选择稍微湿润一些的海绵扑，以增加底妆的滋润度；而油性肌肤则可以选择相对干燥一些的海绵扑，以避免底妆过于油腻。

2. 拍打技巧

使用海绵扑时，正确的拍打技巧同样重要。应该轻轻拍打粉底液或BB霜于面部，而不是涂抹。这样可以避免底妆过于厚重或产生刷痕，使妆效更加自然。拍打时，从面部中央向外侧轻轻进行，以确保底妆均匀分布并营造出自然的妆效。

此外，还可以根据需要在不同部位采用不同的拍打力度和频率。例如，在需要遮瑕的部位可以稍微加大力度并多次拍打，而在需要保持轻薄的部位则可以减少拍打次数并减小力度。

3. 海绵扑的选择

市面上海绵扑的种类繁多，选择适合自己的产品也是打造完美底妆的关键。一般来说，优质的海绵扑应该具有柔软的质地、良好的吸水性以及耐用性。

对于干性肌肤来说，可以选择质地更加细腻、吸水性适中的海绵扑，以增加底妆的滋润度和贴合度；而对于油性肌肤来说，则可以选择质地相对粗糙、吸油效果好的海绵扑，以更好地控制油光并保持底妆的清爽感。

此外，还可以根据个人喜好和底妆需求选择不同形状和大小的海绵扑。例如，斜面海绵扑更适用于面部轮廓的拍打和遮瑕，而圆形海绵扑则更适合用于大面积底妆的均匀拍打。

总之，选择合适的海绵扑并掌握正确的使用技巧是打造完美底妆的关键。通过调整湿润程度、掌握拍打技巧以及选择适合自己的海绵扑产品，可以轻松打造出自然无瑕的妆感。

（四）眉笔/眉粉刷

眉部妆容对于整个面部的妆容效果有着至关重要的影响。选择合适的眉笔和眉粉刷，并掌握正确的使用技巧，能够让眉毛看起来更加浓密、自然，从而提升整个妆容的精致度。

1. 眉笔选择

选择与发色相近的眉笔颜色是关键。这样做可以确保画出的眉毛与发色相协调，呈现出更加自然的效果。对于发色较浅的人来说，可以选择浅棕色或灰色的眉笔；而对于发色较深的人来说，则可以选择深棕色或黑色的眉笔。

此外，不同品牌的眉笔也有其独特的特点和适用人群。例如，某品牌的防水眉笔因其出色的防水性能而备受好评，适合在潮湿环境下使用；而另一品牌的自动眉笔则以其便捷的旋转设计和自然的画眉效果受到了广泛欢迎。

除了颜色，眉笔的质地和持久度也是选择时需要考虑的因素。优质的眉笔应该具有柔软的质地，易于上色且不易脱妆。持久度好的眉笔则能够确保妆容长时间保持美观。

2. 眉粉刷使用

使用眉粉刷时，先轻轻蘸取适量眉粉，然后在纸上抖掉多余的粉末。这样可以避免刷涂时眉粉过多，导致眉毛看起来过于浓重或不自然。接下来，顺着眉毛生长的方向轻轻刷涂，填补眉毛间的空隙。利用刷子的尖端可以更加精准地填补空隙，使眉毛看起来更加浓密、自然。

不同品牌和类型的眉粉刷也有其独特的使用效果和适用人群。例如，某些品牌的斜面眉粉刷更适合于填补眉毛空隙和打造自然眉形，而另一些品牌的螺旋形眉粉刷则更适用于梳理眉毛和晕染眉粉。

总之，选择合适的眉笔和眉粉刷并掌握正确的使用技巧是打造完美眉部妆容的关键。通过选择与发色相近的眉笔颜色、利用眉粉刷顺着眉毛生长方向轻轻刷涂以及根据个人肤质和妆容风格选择适合的产品，可以轻松打造出浓密、自然的眉部妆容。

（五）眼线笔/眼线液/眼线膏

眼线是眼妆中不可或缺的一部分，它能够突出眼神，让眼睛更加明亮有神。选择合适的眼线产品并掌握正确的使用技巧，是打造完美眼妆的关键。

1. 眼线笔

种类与特点：眼线笔是最常见的眼线产品之一，通常带有笔芯和类似铅笔的外壳。其质地柔软，颜色丰富，可以根据发色和眼睛的颜色选择色号。常见的颜色有黑色、棕色、灰色以及各种彩色。

使用方法：旋出适量的眼线笔芯，从内眼角开始，向外眼角分段描画眼线，将各段眼线连接起来，形成流畅的线条，可以在眼线上方叠加眼影，使眼妆更加持久。

优缺点：优点——易于上手，适合初学者。颜色丰富，选择多样，价格相对亲民。

缺点——可能不如眼线液持久，某些品牌的眼线笔可能容易晕染。

眼线笔适合日常妆容和初学者使用，其柔软的质地让画眼线变得简单快捷。对于想要尝试不同眼妆风格的人来说，眼线笔也是一个很好的选择。

2. **眼线液**

种类与特点：眼线液通常带有细长的刷头和装有液体的容器。其质地水润，颜色鲜艳且持久。眼线液的颜色范围也很广，如黑色、棕色及各种彩色。

使用方法：摇匀眼线液，确保刷头充分蘸取液体。从内眼角开始，向外眼角描画眼线，以在眼线上方叠加眼影，增加眼妆的层次感。注意控制用量，避免眼线过粗。

优缺点：优点——颜色鲜艳，持久不脱妆，线条流畅，易于打造专业眼妆。

缺点——需要一定的技巧，初学者可能难以掌握。价格相对较高。

眼线液适合需要长时间保持眼妆的人群，如参加派对、演出等。其鲜艳的颜色和持久的性能能够确保眼妆一整天都保持完美。

3. **眼线膏**

种类与特点：眼线膏通常装在小盒子或罐子里，质地柔软且易于推开。其颜色丰富，可以根据个人喜好选择。眼线膏的优点在于其既可以像眼线笔一样描画眼线，也可以像眼影一样晕染开来。

使用方法：使用眼线刷蘸取适量的眼线膏，从内眼角开始，沿着睫毛根部向外眼角描画眼线。可以在眼线上方叠加眼影，使眼妆更加自然。使用完毕，要及时盖紧眼线膏的盖子，避免干燥。

优缺点：优点——质地柔软，易于推开和晕染。颜色丰富，选择多样，既可以描画眼线，也可以作为眼影使用。

缺点——需要使用眼线刷配合，相对麻烦一些。个别品牌的眼线膏可能容易干。

眼线膏适合想要打造多样化眼妆的人群。其柔软的质地和丰富的颜色使得它既可以作为眼线使用，也可以作为眼影晕染开来，为眼妆增添更多的层次感和趣味性。对于喜欢尝试不同眼妆风格的人来说，眼线膏是一个很好的选择。

总之，选择合适的眼线产品并掌握正确的使用技巧是打造完美眼妆的关键。通过分段描画眼线、使用眼线刷配合眼线膏，以及根据个人肤质和妆容风格选择适合的产品和颜色，可以轻松打造出精致、持久的眼妆效果。

（六）眼影刷

眼影刷是眼妆中不可或缺的工具，它能够帮助我们将眼影均匀、自然地涂抹在眼皮上，打造出丰富多彩、层次分明的眼妆效果。

1. 刷头选择

选择合适的眼影刷刷头对于打造完美眼妆至关重要。一般来说，我们需要根据眼影的颜色和涂抹区域来选择合适的刷头大小。

大号刷头：大号刷头通常用于打底和晕染。它的刷毛面积较大，能够迅速将眼影涂抹在眼皮上，为眼妆打下良好的基础。同时，大号刷头也适合用于晕染眼影的边缘，使颜色过渡更加自然。

小号刷头：小号刷头则主要用于细节描绘。它的刷毛面积较小，能够精确地控制眼影的涂抹范围和颜色深浅，适用于打造眼妆的细节部分，如眼窝折线处、眼尾等。

在选择刷头时，除了考虑大小之外，还需要注意刷毛的质地和密度。优质的刷毛应该柔软且密集，能够轻松蘸取眼影并均匀地涂抹在眼皮上。

2. 晕染技巧

晕染是眼妆中非常关键的一步，它能够使眼影的颜色过渡更加自然、和谐。以下是一些常用的晕染技巧。

浅色打底：在涂抹眼影时，先用浅色眼影打底。这能够为眼妆提供一个良好的基础，并使后续叠加的深色眼影更加鲜艳、持久。

深色叠加：在浅色眼影的基础上，用深色眼影叠加在眼窝折线处。这能够突出眼窝的立体感，使眼睛更加深邃。

轻轻晕染：使用晕染刷轻轻晕染眼影的边缘，使颜色过渡更加自然。在晕染时，可以沿着眼窝的轮廓进行，避免将眼影晕染到眼皮的其他区域。

3. 眼影刷的种类和使用方法

打底刷：打底刷通常具有较大的刷头，用于将浅色眼影均匀地涂抹在眼皮上。使用时，将打底刷蘸取适量浅色眼影，从眼窝处向着眼球上方涂抹，为眼妆打下良好的基础。

晕染刷：晕染刷具有适中的刷头大小，既可用于晕染眼影的边缘，也可用于涂抹深色眼影。使用时，将晕染刷蘸取适量深色眼影或浅色眼影，轻轻晕染眼影的边缘，使颜色过渡更加自然。

细节刷：细节刷通常具有较小的刷头，用于打造眼妆的细节部分。使用时，将细节刷蘸取适量眼影，精确地涂抹在眼窝折线处、眼尾等需要强调的细节部分。

4. 其他注意事项

在蘸取眼影前，先轻轻抖掉刷毛上的多余粉末，避免涂抹时出现飞粉。涂抹眼影时，要保持手稳，轻轻涂抹，避免用力过猛导致眼影涂抹不均匀。使用完毕，要及时清洗眼影刷，避免刷毛上的残留眼影影响下次使用。

总之，选择合适的眼影刷并掌握正确的使用方法和晕染技巧是打造完美眼妆的关键。通过不断练习和尝试，就可以轻松掌握眼影刷的使用技巧，打造出丰富多彩、层次分明的眼妆效果。

（七）睫毛夹

睫毛夹，作为美妆界的小巧工具，其重要性不言而喻。它能帮助化妆者将直直的睫毛变得卷翘有型，从而让眼睛看起来更加明亮有神。

1. 睫毛夹的用途

睫毛夹的主要用途是使睫毛卷翘，增加眼睛的立体感和魅力。无论是日常妆容还是特殊场合的妆容，睫毛夹都是打造完美眼妆的重要步骤。

2. 使用方法

预热：在使用睫毛夹之前，可以先用吹风机将其稍微加热。这样做的好处是，温热的睫毛夹能更好地贴合睫毛，使睫毛达到更加卷翘、持久的效果。但务必注意，不要过热以免烫伤皮肤。

夹取顺序：从睫毛的根部开始，将睫毛夹轻轻贴合，然后用力夹住几秒钟。之后，逐渐向外移动睫毛夹，并重复夹取的动作。每次夹取时都要保持几秒钟，以便让睫毛充分定型。例如，可以先将睫毛夹放在睫毛的根部，夹住5秒钟；然后稍微松开，将睫毛夹向外移动一点，再夹住5秒钟；重复这个过程，直到夹完整个睫毛。

3. 注意事项

在使用睫毛夹之前，确保眼部没有残留的化妆品或油脂，这样可以使睫毛夹更好地发挥作用。夹睫毛时，力度要适中，过轻的力度可能无法使睫毛卷翘，而过重的力度则可能损伤睫毛或眼皮。避免频繁使用睫毛夹，以免对睫毛造成过度的压力或损伤。定期清洁睫毛夹，以保持其卫生和有效性。

睫毛夹是打造迷人卷翘睫毛的必备工具。通过正确的使用方法和注意事项，化妆者可以轻松拥有令人羡慕的美丽眼妆。

（八）腮红刷／胭脂刷

腮红刷，又称胭脂刷，是打造自然好气色妆容不可或缺的工具。选择合适的腮红刷并掌握正确的上色技巧，能够让你的脸颊焕发健康光彩，为整体妆容增添一抹生动。

1. 刷头选择

在选择腮红刷时，刷头的质地和形状至关重要。柔软且毛质密实的刷头能够更好地贴合肌肤，控制上色范围和力度。确保刷毛的触感与你的肤色相协调，避免选择过于突兀的颜色，但也要确保其不会过于自然以至于无法显现效果。对于敏感肌肤，选择天然毛质的刷头更为适宜，以减少刺激。

2. 上色技巧

掌握正确的上色技巧是打造自然腮红的关键。首先，将腮红刷轻轻蘸取适量腮红粉，然后在纸巾或手背上抖掉多余粉末，以避免上色过重。接下来，从颧骨的最高处开始，轻轻向外侧扫刷，注意保持手法的轻柔与均匀。为了营造自然的晕染效果，可以将刷头轻轻旋转，以打圈的方式向外扩散颜色。记住，少量多次地上色更容易打造出自然的好气色，避免一次上色过重导致的不自然感。

3. 注意事项

选择适合肤色的腮红：腮红的颜色应与肤色相协调。浅肤色者可以选择淡粉色或桃粉色，而深肤色者则更适合选择橙红色或珊瑚色。

避免过浓的效果：初学者往往容易上色过重，导致腮红看起来过于浓重。记得每次蘸取腮红粉后都要抖掉多余粉末，并逐层上色，以达到自然的效果。

根据脸型调整上色位置：不同的脸型适合不同的上色位置。例如，圆脸可以将腮红扫在颧骨下方，以拉长脸型；而长脸则可以将腮红扫在颧骨上方，以缩短脸型。

定期清洁刷具：为了保持腮红刷的卫生和有效性，记得定期用专业的刷具清洁剂或温和的洗发水进行清洁，并用干毛巾轻轻擦干。

通过选择合适的腮红刷、掌握正确的上色技巧以及注意相关事项，可以轻松打造出自然迷人的腮红效果，为整体妆容增添一抹亮色。

（九）唇刷

唇刷小巧的刷头能够贴合唇部的每一个细微曲线，让你随心所欲地勾勒出理想的唇形轮廓。无论是想要打造丰盈的嘟嘟唇，还是优雅的M唇，唇刷都能帮你轻松实现。

1. 选择唇刷的小技巧

想要唇刷发挥最佳效果，选择一把合适的唇刷至关重要。首先，刷毛要柔软且密集，这样才能更好地贴合唇部肌肤，同时确保口红或唇釉能够涂抹均匀。其次，刷柄要易于握持，长度适中，这样在使用时才能更加顺手。

2. 使用唇刷的小贴士

在使用唇刷时，还有一些小技巧可以帮助化妆者更好地画出完美的唇形。首先，在涂抹口红或唇釉之前，可以先用唇刷蘸取一些润唇膏或唇部打底产品，这样可以更好地滋润唇部肌肤，同时使唇妆更加持久。其次，在涂抹时，可以从唇部的中央开始，然后向外侧涂抹，这样可以更好地控制唇形的轮廓。再次，如果想要尝试不同的唇色搭配，只需将不同颜色的口红或唇釉混合在一起，用唇刷均匀地涂抹于唇部，就能轻松打造出独一无二的唇妆效果。无论是渐变色、撞色还是其他创意唇妆，唇刷都能帮你轻松实现。最后，记得定期清洁唇刷，以保持其卫生和有效性。

（十）散粉刷/粉扑

1. 散粉选择的艺术

选择散粉时，颜色是关键。为了与皮肤完美融合并达到理想的定妆效果，务必选择与肤色相近的散粉颜色。这样不仅能有效定妆，还能让妆容看起来更加自然无瑕。无论是浅肤色还是深肤色，都有适合其的散粉颜色，确保妆容既持久又自然。

2. 使用方法

散粉刷：使用散粉刷时，先轻轻抖落适量散粉在刷上，避免过多堆积。然后，以轻柔的手法，采用打圈或轻拍的方式，将散粉刷扫在面部需要定妆的部位。这样可以让散粉更好地贴合皮肤，从而打造出自然无瑕的妆感。无论是T区还是脸颊，都能得到均匀的定妆效果。

粉扑：粉扑是局部定妆或补妆的绝佳选择。将适量的散粉粘在粉扑上后，轻轻按压在面部需要定妆的部位。粉扑的柔软质地和适中的大小，使得其非常适用于局部定妆，如鼻翼两侧、眼下等容易脱妆的部位。同时，粉扑也便于携带，随时随地都能进行补妆，方便快捷。

无论是散粉刷还是粉扑，都是打造完美妆容不可或缺的工具。掌握正确的使用方法，选择适合自己的散粉颜色，就能轻松拥有持久无瑕的妆容。

第五节 旅游从业人员个人卫生与配饰规范

一、个人卫生与护理

个人卫生不仅是个人习惯的问题，更是职业素养的体现，它直接关系到客户对旅游从业人员的专业印象和信任度。因此，旅游从业人员必须严格遵守个人卫生标准，确保在任何时候都能以最佳状态迎接客户。

除了日常的基本卫生习惯，如洗澡、刷牙和洗手外，旅游从业人员还应特别注意工作前后的个人卫生。在工作前，从业人员应进行全面的清洁，包括但不限于更换干净的衣物、梳理整齐的发型以及确保口腔清新无异味；在工作后，从业人员也应及时清洁身体，去除因工作可能沾染的异味或污渍，以保持个人形象的整洁与专业。

头发的护理同样重要，旅游从业人员应根据职业要求选择合适的发型，并确保头发的清洁与整齐。指甲的修剪也是不可忽视的细节，过长的指甲不仅容易藏污纳垢，还可能给客户带来不适感。因此，从业人员应定期修剪指甲，保持其短而干净。

皮肤护理方面，旅游从业人员应根据个人肤质选择合适的护肤产品，确保面部和手部皮肤的健康与清洁。特别是在面对客户时，健康的皮肤状态能够传递出积极、专业的形象。

二、饰品与配件的佩戴

饰品与配件的佩戴是旅游从业人员形象塑造中的一环。虽然简约和专业是基本要求,但适当的饰品和配件能够在细节中展现出从业人员的个性与品位。

在选择饰品时,旅游从业人员应遵循"简约而不简单"的原则。过于夸张或烦琐的设计可能会分散客户的注意力,甚至造成不必要的干扰。因此,从业人员应选择设计简约、精致大方的饰品,如简单的耳环、项链或领夹、袖扣等。这些饰品不仅能够体现个人的独特品位,还能够在细节中彰显其对工作的认真态度和专业精神。

同时,配件的选择也应与制服风格相协调。领带、领结、胸针等配件应严格按照企业规定佩戴,以体现团队的统一性和专业性。此外,从业人员还应根据工作性质和个人气质选择合适的饰品与配件。例如,负责接待外宾的酒店经理可能需要选择更为精致和高档的饰品,以展现其专业地位;而户外导游则可能更适合选择简单实用的配件,以适应其工作性质和环境。

总之,通过精心选择和佩戴饰品与配件,旅游从业人员能够在保持专业形象的同时,展现出个性化的服务风格。这不仅能够提升客户的满意度和信任度,还能够为旅游行业树立良好的形象。

【本章小结】

本章详细阐述了旅游从业人员仪容仪表的重要性及具体规范。从工作制服、商务正装、职业妆容到个人卫生与配饰,全面覆盖了旅游从业人员的外在形象塑造。强调了第一印象、职业形象与服务质量的关系,以及如何在不同场合调整着装以适应环境。通过学习和实践这些规范,旅游从业人员能够展现出专业、得体的职业形象,提升客户满意度,促进旅游行业的整体发展。

【本章思考题】

1. 简述仪容仪表在旅游行业中的重要性。
2. 商务正装通常由哪些部分组成?请列举至少三项。
3. 职业妆容的基本步骤包括哪些?
4. 在选择配饰时,旅游从业人员应遵循哪些原则?

5. 简述保持工作制服整洁的重要性及日常维护方法。

【实训项目】

项目一：旅游从业人员商务正装着装规范研究

实训目的：

1. 加深学生对商务正装着装规范的理解与认识。
2. 探讨商务正装在不同商务场合的适用性与灵活性。

实训内容：

1. 研究商务正装的基本组成要素，包括西装、衬衫、领带、鞋子等，总结商务正装穿着的注意事项与禁忌。
2. 分析不同性别、职位、季节的商务正装差异。

实训要求：

1. 案例分析：每位学员需选取至少一个具体商务场合的着装案例，分析其着装是否得体，并阐述原因。要求学员结合商务正装的规范，对案例中人物的着装进行客观评价，并提出改进建议。

2. 小组讨论与指南制定：学员将被分成若干小组，每组需选取一个特定旅游接待与拜访场景（如商务会议、宴会、客户拜访等）。小组需共同研究该场景下的商务正装着装要求，制定一份详细的着装指南。指南应涵盖该场景下商务正装的颜色搭配、款式选择、配饰搭配等方面，并注明注意事项与禁忌。小组讨论过程中，鼓励学员积极发言，共同探讨，确保指南的全面性和实用性。

项目二：旅游从业人员职业妆容技巧演示

实训目的：

1. 提升学生的实际操作能力和审美水平。
2. 强化学生对旅游行业职业形象重要性的认识。

实训内容：

1. 学习职业妆容的基本原则，如自然、持久、提升气色。
2. 演示并实践底妆、眼妆、唇妆、腮红等步骤的技巧。

实训要求：

1. 示范学习与记录：学生需认真观看教师或专业人士的妆容演示，记录关键步骤和技巧要点，确保理解并掌握职业妆容的基本原则。

2. 实践操作与互评：学生需进行实际操作练习，互相作为模特进行妆容打造。在练习过程中，学生需注重细节处理，力求妆容自然、持久、提升气色。完成妆容后，学生间需进行互评，提出建设性建议，共同进步。

项目三：旅游从业人员配饰选择与搭配

实训目的：

1. 教授学生如何根据职业形象选择合适的配饰。
2. 培养学生的审美搭配能力和细节关注能力。
3. 强调配饰在职场形象塑造中的重要作用。

实训内容：

1. 研究不同职业场合（办公室、商务会议、客户接待等）的配饰选择原则。
2. 实践为特定职业场合选择和搭配配饰，并阐述选择理由。

实训要求：

1. 案例分析与总结：学生需分析成功与失败的配饰搭配案例，提炼出配饰选择的原则和搭配技巧，形成自己的见解和认识。

2. 实践操作与方案设计：学生需根据个人特点和特定职业场合，设计并实践配饰搭配方案。方案需包括配饰选择、搭配细节、适用场合及设计理念等内容。在实践过程中，学生需注重细节处理，确保配饰与整体职业形象的协调统一。

3. 报告撰写与反馈：学生需提交配饰选择与搭配的说明报告，详细阐述设计方案的理念、搭配细节、适用场合及自我评价。教师将对报告进行审阅，并给予反馈和建议，帮助学生不断提升配饰选择与搭配的能力。

【案例分析】

自尊心被自己重重地伤了一回

（张女士　26岁　杂志社记者）

说起穿衣礼仪，有一段至今让我无法忘记的尴尬经历，从某种程度上来讲甚至是一种屈辱。记得我刚进杂志社不久，领导安排我去采访一位某民营企业的老总，女性。听说这是一个既能干又极有魅力的女性，对工作一丝不苟，对生活却是极其享受，最关键的是，即使再忙，她也不会忽视身边美好的东西，尤其对时尚非常敏感，对自己的衣着及其礼仪要求极高。这样的女性，会让很多人产生兴趣，还未见到她，仅仅是介绍，我已经开始崇拜她了，所以我非常高兴能由我来做这个专访。我事先做了大量的准备工作，采访纲要修改了多次，内心被莫名的激动驱使着。那几天，我始终处于兴奋状态。到了采访当天，穿什么衣服却让我犯愁。要面对这样一位重量级的人物，尤其是位时尚女性，当然不能太落伍了。

说实在的，我从来就不是个会打扮的女孩，因为工作和性格关系，平时穿衣都是怎么舒服、方便就怎么穿。时尚杂志倒也看，但也只是凑热闹而已。现在，还真不知道应该穿什么衣服才能让我在这样一位女性面前显得更时尚些。终于在杂志上看到女孩穿吊带装，那清纯可人的形象打动了我，于是迫不及待地开始模仿起来。那天采访，我穿了一件紧身小可爱，热裤（虽然我的腿看起来有点粗壮），打了个在家乡极其流行的髻，兴冲冲地直奔采访目的地。当站在该公司前台说明自己的身份和来意时，我明显看到了前台小姐那不屑的眼神。我再三说明身份，并拿出工作证，她才勉强地带我进了老总的办公室。

眼前的这位女性，高挑的身材，优雅的举止，得体的穿着，让我怎么看怎么舒服。虽然我不是很精通衣着，但在这样的场合，面对这样的对象，我突然感觉自己的穿着就像个小丑，来时的兴奋和自信全没了。还好，因为采访纲要准备还算充分，整个采访过程还比较顺利。结束前，我问她，日常生活中，她是如何理解和诠释时尚、品位和魅力的。她告诉我，女人的品位和魅力是来自内心，没有内涵的女人，是散发不出个人魅力，也无法凸显品位的。而时尚不等同于名牌、昂贵和时髦，那是一种适合与得体。说完这话，她微笑地看着我。此时我的眼睛看到的只有眼前自己那两条粗壮的腿，心里纳闷：这腿为什么会长得如此壮实，做热裤的老板一定很赚钱，因为太省布料了⋯⋯我感觉自己无法正视她，采访一结束，逃似的奔离了她的办公室。

案例思考题：

1. 案例中的张小姐在准备采访着装时存在哪些问题，这些问题如何影响了她的专业形象？

2. 分析案例，得体的仪容仪表对于职场人士，特别像张小姐这样的杂志社记者,具有怎样的重要性?

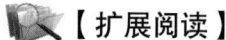【扩展阅读】

南开镜箴

第三章
旅游从业人员仪态举止规范

学习目标

知识目标

1. 掌握仪态举止在服务行业中的概念及其重要性。
2. 了解站姿、行姿、蹲姿、坐姿等标准规范。
3. 掌握在服务中使用手势和目光交流的正确方法。
4. 认识到鞠躬礼在不同文化中的意义和应用。

能力目标

1. 能够在服务中展示规范的站姿、行姿和坐姿。
2. 在服务过程中恰当地使用手势和控制目光接触。
3. 根据不同场合和客户需求，正确执行鞠躬礼。
4. 能够在不同文化背景下调整自己的仪态举止。

思政目标

1. 通过学习仪态举止规范，使学生深刻认识到尊重他人是建立良好人际关系的基础，同时展现出旅游从业人员的良好素质。
2. 通过学习，学生能够意识到个人形象不仅关乎自身形象，更关系到所在组织的形象和声誉，更加深入地理解服务行业的内涵和要求，增强服务意识，以更加专业的态度和精神投入工作。
3. 规范的仪态举止也能够展现出学生的专业素养和敬业精神，提升服务质量，赢得客户的信任和好评。

第三章　旅游从业人员仪态举止规范

> 步从容，立端正，揖深圆，拜恭敬。
>
> ——《弟子规》

旅游从业人员在工作场合所展现的仪态和风度，包括站立、落座、行走、蹲下、手势以及面部表情等元素。仪态，作为非言语的沟通方式，传达着丰富的内在信息。常言"行为举止是心灵的表现"，一个人的举止是否优雅得体，是其内在修养的直接体现；而举止的规范性，则直接影响他人对其的第一印象和评价。旅游从业人员应致力于培养端庄、文雅、自然大方的仪态。这种仪态不仅能够提升个人形象，还能在与宾客的互动中留下积极、深刻的印象，从而赢得他人的尊重与喜爱，对增强宾客满意度和忠诚度具有重要意义。

第一节　规范的站姿礼

在旅游行业的日常工作中，站姿是服务人员最常保持的姿态。"站如松"不仅是一种姿态，更是服务人员修养的体现。正确的站姿能够体现服务人员精神饱满、热情服务的形象，给宾客以美好的感受。由于性别差异，站姿所展现的美感各有特色。男性服务人员应展现出阳刚之美，站姿要求刚劲而挺拔；而女性服务人员则应体现出柔美与优雅，给人以亭亭玉立的印象。规范的站姿不仅能够提升服务人员的专业形象，还能够增强宾客的舒适感和满意度。因此，旅游从业人员应重视站姿的培养与练习，以展现最佳的服务风貌。

一、常用标准站姿

标准站姿也称垂臂式站姿，垂臂式站姿是一种在服务行业中广泛推崇的姿态，它不仅体现了服务人员的专业形象，也传达了尊重和热情的服务精神。

（一）头部与面部要求

1. 目光平视

服务人员在与宾客交流时，应保持目光平视前方，既不仰视也不俯视。这种目光交流方式不仅有助于维持一个自信、专业的形象，还能够更好地捕捉宾客的微妙表情和肢体语言，从而更准确地理解他们的需求和意图。平视的目光还能传递出尊重和平等的信息，让宾客感受到被重视和关怀。

2. 面部表情

站立时下颌微收，使面部轮廓更加清晰，同时保持面部肌肉的自然放松状态，避免紧张或僵硬的表情影响宾客的感受。微笑是面部表情中不可或缺的一部分，它能够迅速拉近服务人员与宾客之间的距离，展现出服务人员的友好、亲切和热情。一个真诚的微笑往往能够化解宾客的疑虑和不满，为服务过程增添温馨和愉悦的氛围。

（二）肩部与背部要求

1. 肩部放松

站立时双肩应保持打开状态，自然放松，避免因为紧绷而显得不自然或造成肌肉疲劳。肩部放松不仅有助于服务人员保持舒适的姿态，还能够让宾客感受到服务人员的轻松和自在，从而更加信任和依赖他们的服务。

2. 背部直立

站立时肩胛骨收紧并稍向后下方下沉，使背部呈现直立和优雅的姿态。这种背部姿势不仅有助于提升服务人员的整体形象，还能够增强他们的自信心和稳定性，为宾客提供更加专业、可靠的服务体验。

（三）手臂与手部要求

1. 手臂下垂

站立时两臂应自然下垂至身体两侧，避免僵硬或不自然的姿态。手臂下垂不仅有助于服务人员保持平衡和稳定，还能够展现出他们的自在和从容，让宾客感受到他们的专业和自信。

2. 手部姿势

站立时双手中指轻触裤缝或裙缝，手部姿势为半握拳状，虎口向前，手指微曲。这种手部姿势既专业又不会显得过于随意，能够传递出服务人员对工作的认真和专注，同时也能够保持手部的舒适和灵活。

（四）躯干与下肢要求

1. 躯干直立

站立时胸部挺直，腹部收紧，使躯干呈现直立和稳定的姿态。这种躯干姿势有助于服务人员保持良好的呼吸和稳定的姿态，同时也能够传递出他们的自信和力量，为宾客提供更加有力和可靠的支持。

2. **身体协调性**

站立时耳朵、手腕、踝关节应呈一直线，这种直线性展现了身体的协调性和均衡美。身体协调性的提升不仅有助于服务人员保持优雅的姿态，还能够提高其工作效率和准确性，为宾客提供更加流畅和舒适的服务体验。

（五）腿部与脚部要求

1. **女士脚位**

女士站立时，可以选择双腿直立，双脚并拢的姿势，这种姿势能够展现出她们的端庄和专业。或者脚跟并拢，两脚呈"V"形夹角，夹角约呈15度，这种姿势既稳定又优雅，能够凸显女士的柔美和细腻。

2. **男士脚位**

男士站立时，双脚应略展开，不超过肩宽，这种姿势能够展现出他们的稳重和力量。或者采用两脚呈"V"形夹角状，夹角约呈60度，这种姿势既舒适又自信，能够凸显男士的阳刚和大气。无论选择哪种脚位，都应保持脚部的稳定和平衡，为宾客提供更加坚实和稳重的服务。

二、服务岗位站姿

（一）男士前腹式站姿

男性工作人员在执行工作任务时，前腹式站姿不仅展现了谦逊和专业，还体现了一种开放和友好的态度。

1. 基础站姿。前腹式站姿从基础站姿开始，胸部挺直，腰部直立，保持脊椎的自然曲线，避免僵硬。

2. 腿部姿势。双腿分开不超过肩宽，两脚平行站立，脚跟靠拢或略微展开，脚尖向外展开60~70度，这有助于提高站立时的稳定性和持久性。

3. 手部姿势。双手动作为右手（左手）五指并拢，轻轻搭在左手（右手）手腕上，这种手势可以根据服务场景灵活调整，以适应不同的宾客需求，展现出服务的灵活性和适应性。

图3-1　男士前腹式站姿

（二）男士后背式站姿

后背式站姿是男性工作人员在不同服务场合常用的一种姿态，包括双臂后背式和单臂后背式两种，以展现不同的服务风格和态度。具体要求如下。

1. 双臂后背式。常见于保安等岗位，通过双臂后背的姿势，展现出力量感和威严，传递出一种"阳刚"之美，同时也体现了岗位的严肃性和专业性。

2. 单臂后背式。适用于需要长时间站立等候服务的场合，如餐厅、酒店等。左手自然垂直于身体一侧，右手轻放在身体后侧的腰部位置，这种站姿能够传递出挺拔的精神状态和随时准备服务的工作态度。

（三）女士丁字式站姿

丁字式站姿是女性服务人员常用的一种姿态，尤其在迎宾和恭候宾客时使用，以展示挺拔的精神面貌。具体站姿要求如下。

1. 脚部姿势。站立时，一脚略微前伸，脚跟轻靠在另一脚的内侧，形成稳定的支撑点。

2. 脚尖展开。双脚脚尖向外展开，角度不超过45度，形成斜写的"丁"字形，这不仅展现了优雅的姿态，也有助于保持身体的平衡。

3. 手部姿势：双手在腹部前方轻轻相交，身体重心可均匀分配在两脚上或根据需要转移至一只脚上，以减轻长时间站立带来的疲劳。

图 3-2　女士丁字式站姿

（四）女士小 V 字式站姿

小 V 字式站姿适用于服务过程或与宾客交流时，能够体现服务人员的谦恭和随时准备服务的态度。具体站姿要求如下。

1. 脚部姿势。在保持基本站姿的基础上，脚跟紧密靠拢，两膝轻轻并拢，两脚略微分开，角度约为15度，形成小写的"V"字形，这种姿势既优雅又便于移动。

2. 手部姿势。双手自然交叉，垂放于小腹前或侧放于身体两侧，四指并拢，右手在上，左手在下，右

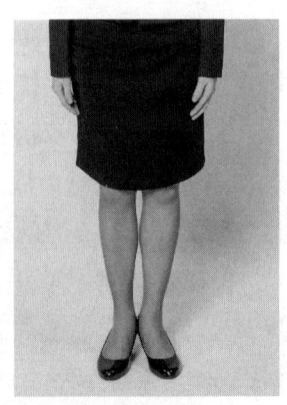

图 3-3　女士小 V 字式站姿

手食指轻触左手指根，拇指自然放置于手心，展现出一种优雅而专业的姿态。

三、站姿注意事项

（一）服务场景的适应性

旅游工作人员在实际工作中，应根据服务场景和宾客需求，灵活运用和调整站姿，以展现专业性和适应性。除了前搭手式和后背式站姿外，服务人员还应掌握其他站姿变体，如侧搭手式、交叉臂式等，以适应不同的服务环境和个人特点。

（二）站姿训练的重要性

站姿的稳定性和持久性对于服务人员来说至关重要。因此，在日常训练时，应加强站姿的练习，以确保长时间保持正确的站姿而不易疲劳。正确的站姿不仅能够提升服务人员的专业形象，还能够提高宾客的舒适感和满意度，从而提升整体的服务质量。

（三）站姿细节与禁忌

1. 面对服务对象

旅游从业人员在服务宾客时，必须始终保持面对服务对象的姿势，无论是男性还是女性，都不可将自己的背部对着宾客。这是因为背部朝向宾客会给人一种冷漠、不礼貌的感觉，甚至可能让宾客觉得被忽视或不受尊重。因此，服务人员应时刻注意自己的站位，确保能够正面迎接每一位宾客，展现出热情、周到的服务态度。

2. 保持身体挺拔

服务人员站立时，身体必须保持挺拔，不可东倒西歪、弯腰驼背。不然这样的站姿不仅显得颓废、自由散漫，还会给宾客留下不专业的印象。同时，服务人员也绝不可坐在桌子上或椅背上，这种行为不仅违反了服务行业的职业操守，还会对宾客造成极大的困扰和不适。因此，服务人员应时刻保持身体的稳定性和挺拔感，为宾客提供最佳的服务体验。

3. 灵活变换脚姿

服务人员站立的时间过长时，为了缓解脚部疲劳和保持站姿的优雅，可以适当变换脚姿。具体来说，一是两脚分开，两脚外沿宽度以不超过两肩的宽度站立，这样既能保持身体的稳定性，又能减轻脚部的压力；二是可以以一只脚为重心支撑站立，另一只脚稍息，然后轮换，但需注意上半身应保持直立状态，不可因为脚部的变化而影响整体姿态的优雅和端庄。

4. 留意周围情况

站立时，工作人员应时刻保持警觉，留意周围宾客或同事的招呼及合作需求。如果站立时间过长，且在不影响整体"阵容"的情况下，可以灵活应变，如为宾客提供指引、解答疑问等，以展现自己的专业素养和服务能力。同时，这种积极主动的服务态度也能让宾客感受到更加贴心和周到的服务体验。

第二节 稳健的行姿礼

行姿不仅延续了站姿的静态美，更在动态中展现出人的风采。正确的行姿能够彰显个人的风度、优雅和魅力。旅游从业人员在行走时，应展现出专业风采和个人素养，给予他人轻松、愉悦和舒适的感觉。

一、服务规范行姿

旅游从业人员在行走时应遵循"行如风"的原则，保持轻盈而稳重的步伐，上身保持稳定，双肩不摇摆，靠右行走，保持良好的精神状态。

（一）步态要求

1. 上体的直立与优雅

保持上体正直是步态优雅的基础。胸部自然挺起，腹部收紧，这不仅有助于保持良好的呼吸，也能够展现自信的态度。双肩轻微向后拉，有助于打开胸腔，使整个上体显得更为开阔和舒展。

2. 手臂的摆动与角度

掌心向内，手指自然弯曲，这种手部的姿态能够避免显得紧张或僵硬。头部保持正直，视线平直，这样有助于维持身体平衡，同时也能够展现出专注和尊重的态度。摆动时，手臂以身体为中心，肩关节为轴，手臂与身体之间保持10~15度。向后摆动时，手臂外展不超过30度，前后摆动幅度控制在30~40厘米。这种精细的角度控制不仅能够避免过度摆动造成的不稳定，也能够使步态显得更加稳重和自信。

3. 重心的平稳与轨迹

身体重心的平稳转移是步态流畅的关键。行走时，脚尖朝向正前方，脚跟先着地，然后利用后腿的力量将重心推向前脚掌，带动身体向前移动。这种重心的转移不仅能够保证行走的稳定性，也能够使步伐显得更加轻盈和有节奏。两脚行走的轨迹应形成一条直线或两条紧邻的平行线，这有助于保持身体的直立和平衡。双臂自然摆动，与身体的协调运动不仅能够增加行走的协调性，也能够使整个步态显得更加和谐和优雅。手臂摆动要注意角度的控制。

4. 步伐的均匀性与流畅

步伐的均匀性和节奏的流畅性是步态美观的重要因素。步伐应均匀，节奏流畅，这不仅能够减少行走时的疲劳，也能够使行走显得更加从容和自如。展现出精神饱满、充满活力的状态，这不仅能够提升个人的形象，也能够给周围的人带来积极的影响。

（二）步幅要求

1. 步幅的适宜性

步幅，即每一步行走时两脚间的距离，是步态协调性的关键因素。步幅应与个人的腿部长度相匹配，确保行走时跨步的均匀性和自然性。适宜的步幅不仅能够避免行走时的局促感，还能减少疲劳，使服务人员在长时间站立或行走的服务工作中保持舒适。

2. 标准步幅的测量

标准步幅的测量通常是根据脚的长度来决定的，一般推荐步幅为脚长的1~1.5倍。这样的步幅既不会过大导致身体前倾，也不会过小显得步伐局促。在服务行业中，这一标准有助于保持服务人员的专业形象和优雅姿态。

3. 性别差异的考量

在旅游行业中，男性工作人员和女性工作人员的步幅通常会有所区别。男性工作人员的步幅约为40厘米，而女性工作人员则约为30厘米。这种差异不仅考虑到了性别带来的生理结构差异，也考虑到了服务场合中对性别角色的期望。

（三）步速要求

1. 步速的控制

工作人员在行走时的步速控制对于营造和谐的氛围至关重要。适宜的步速能够避免身体摇晃，维持一种平稳和自信的仪态，这对于保持宾客心境的平和有着直接的影响。

2. 步速与宾客感受

过快或过慢的步速都可能对宾客的感受产生负面影响。步速过慢可能会给宾客留下懒散的印象，而过快则可能使宾客感到紧张或急迫，甚至可能增加服务过程中出现差错的风险。

3. 标准步速的设定

一般而言，男性工作人员的步速应控制在每分钟100~110步，女性工作人员为每分钟110~120步。这样的步速平均每两秒走三步，既不会过快也不会过慢，能够展现出服务人员的精神饱满和充满活力的状态。

4. 步速的适应性

服务人员应根据具体的服务场景和宾客的需求灵活调整步速。例如，在引导宾客时，应适当降低步速以确保宾客能够轻松跟随；在需要快速响应宾客需求时，则可以适当加快步速。

二、不同着装的行姿要求

在旅游行业，制服不仅是区分不同部门职能的标志，也是展现机构形象和员工精神风貌的重要元素。不同的制服款式和着装规范，要求员工在行走时展现出与之相匹配的行姿。

（一）着西装行姿要求

西装作为旅游员工的标准制服，其行姿要求体现其专业与稳重。穿着西装时，员工应保持身姿挺拔，背部平直，膝盖伸直，双肩平衡，避免肩部晃动。手臂应自然放松，摆动时幅度适中，以展现自信和大气。男性员工在穿着西装时，步伐应坚定有力，体现权威感。对于女性员工，行走时手臂摆动不宜过大，应注重步伐的轻盈与柔和，以保持专业和庄重的形象。

（二）着裙装行姿要求

裙装作为部分女性员工的制服，其行姿要求更注重端庄与优雅。穿着裙装时，步幅不宜过大，应避免过于张扬的动作以保持服装的整洁和形象的端庄。行走时应保持直线，展现稳重的姿态，行走时应注意保持腿部线条的流畅，体现女性的柔美。对于有下摆的裙，步幅可适当增大，以展现女性的灵动

（三）着旗袍行姿要求

旗袍作为旅游迎宾员的特色制服，其行姿要求体现了东方女性的优雅与含蓄。穿着旗袍时要求步幅适中，不宜过大，以免影响旗袍的端庄和美观，应保持身姿挺拔，行走时两脚跟前后应走在一条直线上，脚尖轻微向外，注意保持身体的平衡，双肩放松，双臂在身体两侧自然摆动，以展现东方女性的优雅。

（四）着装与行姿的综合考量

制服的不同款式对行姿有着直接的影响。旅游从业人员在穿着不同制服时，应根据服装的特点和场合的要求，调整自己的行走姿势。无论是西装的稳重、裙装的端庄，还是旗袍的优雅，正确的行姿都能够增强服务的专业性和亲和力。

通过这些细致的着装和行姿训练，旅游从业人员可以在各种服务场合中展现出适宜的仪态，提升服务质量，提高宾客的满意度和信任感。

三、行姿须知与禁忌

在旅游服务行业中，正确的行姿不仅体现了员工的专业素养，也是对宾客尊重和礼貌的基本表现。以下是行姿的注意事项和应避免的禁忌。

（一）避免不雅步态

行姿应避免出现"内八字"或"外八字"的步态，这些姿势不仅不雅观，也可能影响身体健康。行走时，腿部应伸直，步伐要稳健，避免显得蹒跚或不稳定。手部不宜随意插入裤袋，这会给人一种不专业或不礼貌的印象。

（二）避免制造噪声

旅游从业人员在行走时应控制脚步声，避免过重的脚步声或不必要的噪声。应避免穿着带有钉子或金属鞋掌的鞋子，这些鞋子在硬质地面上行走时可能会产生响声。避免拖着脚行走，这不仅会产生噪声，也会影响行走的美观。

（三）遵守行走秩序

在酒店或其他服务场所，旅游从业人员应遵守行走秩序，避免横冲直撞或与人抢道。行走时应留意周围环境，避免阻挡通道或妨碍他人行走。当在过道遇到宾客时，应主动行"避让礼"，让宾客先行，展现尊重和礼貌。

正确的行姿是旅游从业人员专业形象的重要组成部分。通过避免不雅步态、控制行走噪声、遵守行走秩序，旅游从业人员可以在提供服务的过程中，给宾客留下良好的印象，提升服务质量和宾客满意度。

第三节 得体的坐姿礼

坐姿是一个人静态时的姿态，不仅关系到个人的舒适度，更是其内在素质和气质的外在表现。正确的坐姿能够彰显稳重和尊重，对于男士而言，更是要体现出"坐如钟"的端庄与稳重，避免不良的坐姿，如弓腰、腿部颤动或身体歪斜等。正确的坐姿不仅能够展示出端庄的气质，还能传达出尊重和专注的态度。

一、优雅入座的流程

（一）入座前的准备

根据习惯，通常从座椅的左侧入座。因为对于大多数人来说，右手是主导手，使用起来更加方便和自然。此外，在公共场合，从左侧入座也更容易观察到周围环境，增加了安全性。同时，从左侧入座可以避免直接从尊贵的右侧越过，这被认为是一种礼貌的行为。入座前需要在座椅前半步的位置站立，调整身体与座椅的距离，为入座做好准备。

（二）入座时的仪态

在入座前，应先整理服装，特别是女性若着裙装，需用双手将裙摆优雅地向前拢，以保持端庄。入座时，身体重心应垂直下落，臀部轻触椅面，避免发出不必要的声响。

（三）入座后的调整

入座后不宜坐满整个座椅，一般占据座椅的 2/3，以保持身体的灵活性和端庄。面带微笑，上身自然挺直，腹部收紧，腰部直立，展现出专业和尊重的姿态。双膝略微分开，但不应超过肩膀的宽度，双脚脚跟着地，双脚平放，双肩放松下沉，两臂自然弯曲，双手可置于膝上。

（四）入座后的专注

入座后，身体应略微前倾，面向服务对象，展现出倾听和关注的态度。坐姿要稳定，避免频繁调整位置或晃动身体，以保持专注和尊重。即使在长时间保持坐姿的情况下，也应寻求自然舒适的姿势，避免僵硬。

二、坐姿的基本规范

坐姿是服务行业中展现专业形象的重要方面，正确的坐姿能够传达出尊重、专注和舒适的感觉。

（一）男性坐姿要点

1. 稳重的入座姿态。男性工作人员在入座时，应保持身体的重心垂直向下，确保两脚平放于地面，展现出稳重的姿态。这种姿态不仅有助于保持身体的健康，也是对宾客的尊重。

2. 西装的穿着规范。穿着西装时，应解开上衣的纽扣，以便于保持自然的体态，避免坐下时衣物紧绷，影响形象。

3. 腰部的挺直与腿部的摆放。腰部自然挺直，双腿略分开，与肩膀宽度相当，这样的坐姿有助于保持身体的平衡，同时也显得自信和从容。

图3-4　男士坐姿

4. 手臂与手部的放置。手臂自然弯曲，手部可半握拳放置于腿上或椅子扶手，掌心向下，以示谦逊。这种手势展现了男性工作人员的礼貌和专业。

（二）女性坐姿要点

1. 优雅的姿态展现。女性坐姿多样，但服务工作中常用的有几种基本坐姿，每种都要求上身挺直，双腿并拢，展现出优雅的姿态。

2. 标准式坐姿的端庄。标准式坐姿要求小腿垂直于地面或轻微前伸，保持端庄。这种坐姿适用于正式场合，能够展现出女性的专业和尊重。

3. 侧点式坐姿的线条美。侧点式坐姿通过侧放双腿和微微倾斜的身姿，展现出柔和的线条美。这种坐姿适合较为轻松的场合，能够传达出女性的亲和力。

4. 小"丁"字式坐姿的精致。小"丁"字式坐姿通

图3-5　女士坐姿

过精确的脚部位置，展现出精致与专注。这种坐姿适合需要集中注意力的场合，如会议或商务洽谈。

5. 后交叉式坐姿的含蓄。后交叉式坐姿则通过双腿的交叉，展现出含蓄与内敛。这种坐姿适合长时间坐着的场合，既舒适又保持了女性的优雅。

三、坐姿的禁忌与注意事项

（一）避免懒散坐姿

坐姿懒散，如瘫坐在椅子上或过度后仰，可能会给人留下不专业或不尊重的印象。正确的坐姿应该是保持身体的直立和端正，即使在放松的环境下也应避免失去仪态。例如，在西方国家，尤其是在商务环境中，端正的坐姿被视为专业和自信的表现。而在中东地区，坐姿端正同样重要，因为那里的文化强调尊严和尊重。

旅游从业人员在座椅上大幅叉开双腿或将腿伸得过远，不仅可能占用过多空间，影响他人，还可能被视为缺乏教养。在亚洲的一些国家，如日本，其空间较为有限，因此人们通常习惯于更加节省空间的坐姿。

（二）文化差异下的坐姿要求

不同文化背景下，坐姿的要求可能有所不同。例如，在东南亚佛教国家，如泰国，人们通常盘腿而坐或跪坐，这是对佛教文化的尊重。在与这些国家人士交往时，应避免使用可能被视为不礼貌或侮辱性的姿势，如将脚底指向他人，这在佛教文化中是非常不敬的行为。

（三）避免分散注意力的小动作

在坐姿中出现的摇腿、抖脚等小动作，不仅可能分散自己和他人的注意力，还可能影响交流效果。在正式场合中，这些小动作可能会被视为紧张或不自信的表现。而在一些拉丁美洲国家，如巴西，人们对于肢体语言非常敏感，频繁的小动作可能会被认为是不耐烦或不尊重。

第四节 大方的蹲姿礼

在旅游交往的工作中，蹲姿不仅是一种简单的身体动作，更是一种深含文化意蕴的非语言交流形式。在服务行业中，蹲姿的恰当运用，往往能够在无声中传递出尊重与谦逊，展现出服务人员的专业与周到。从捡拾地面的物品到为宾客提供服务，一个得体的蹲姿，能够让人感受到服务的温度，拉近心与心的距离。

一、男性工作人员蹲姿规范

（一）标准蹲姿

男性工作人员在实施高低式蹲姿时，需精准把握每一个动作细节，并遵循以下步骤以确保整体动作的规范性和外在表现的优雅性。

1. 站立姿势的端正

站立是蹲姿的起始姿态。男性工作人员首先应笔直站立，如同一棵挺拔的树木，双脚并拢，以此展现稳重的气质。双肩自然放松，避免因紧张而耸肩，保持头部的直立，目视前方。

2. 脚步定位的精准

在准备下蹲之前，脚步的定位至关重要。一只脚需向前迈出一个适中的步伐，另一只脚则稍向后撤。这样的步态不仅为下蹲提供了稳定的支撑，也体现了准备动作的谨慎。

3. 腿部动作的协调

下蹲时，前脚掌需完全着地，后脚跟轻轻提起，双腿略微张开同时弯曲。这一连贯的动作要求腿部肌肉的协调工作，以确保身体能够平缓而稳定地下降至蹲姿。

4. 膝盖位置的分明

膝盖的位置决定了蹲姿的舒适度和外观。前膝应高于后膝，形成清晰的高低差。后膝可以尽量接近地面，但需保持安全距离，避免接触地面造成身体不稳。前膝则保持适度的弯曲，以展现蹲姿的自然和优雅。

5. 上身姿态的挺拔

即使在蹲姿中，上身的姿态也不容忽视。背部需保持挺直，如同一堵墙，避免因前倾或后仰而失去平衡。双肩应保持水平，不要耸肩，展现出男性工作人

图 3-6　男士蹲姿

员的自信与专业。

6. 视线控制的得体

在蹲姿中，视线的控制同样重要。头部自然抬起，视线略微向下，展现出对宾客的尊重。同时，避免俯视，以免给宾客带来压迫感或不尊重的印象。

（二）情境应用

男性工作人员在服务行业中扮演着重要角色，他们的每一个动作都代表着专业形象和对宾客的尊重。在不同的服务情境下，蹲姿的选择和应用显得尤为关键。

1. 捡拾物品时

在日常服务中，不可避免地会遇到需要捡拾地面上物品的情况。此时，男性工作人员应迅速采取蹲姿，以保证动作的敏捷性和稳定性。稳健的蹲姿不仅避免了长时间弯腰可能造成的身体不适，也体现了对当前情境的快速响应。在执行这一动作时，应注意下蹲和起立的流畅性，确保整个过程中保持优雅的姿态。

2. 服务宾客时

在为宾客提供服务时，尤其是需要接近地面或低处的服务，如整理鞋带、拾取掉落的物品等，男性工作人员应采用蹲姿来保持与宾客的视线交流。这种适度的视线接触有助于建立亲切感和尊重感，同时也方便进行沟通和提供帮助。在这一过程中，工作人员应确保蹲姿的自然和得体，避免出现任何尴尬或不尊重的动作。

3. 环境整理时

在工作环境中，整理和清洁是常规的工作内容。男性工作人员在摆放物品或进行清洁工作时，合理运用蹲姿可以提高工作效率，减少频繁起身的次数，从而降低身体疲劳。蹲姿的稳定性使得在进行细致工作时更加得心应手。此外，正确的蹲姿也有助于保护腰部和膝盖，避免因长时间工作而导致职业伤害。

二、女性工作人员的蹲姿规范

（一）标准蹲姿

女性工作人员在执行高低式蹲姿时，应展现出既专业又优雅的体态，需注意以下标准动作和身体姿态。

1. 起始站立

站立是蹲姿的起始点，也是展现姿态的第一步。女性工作人员应首先确保头部保持正直，视线平直，这有助于维持颈部的自然曲线，避免颈部疲劳。肩膀应放松下沉，避免耸肩，背部自然挺直，腹部微收，以维持良好的身体线条。双脚并拢或轻微分开，根据个人舒适度和稳定性需求调整，以确保整个身体平衡。

2. 脚步调整

脚步的调整对于蹲姿的稳定性至关重要。左脚向前迈出一小步，大约与肩同宽，右脚则置于后方。这样的步态有助于提供更宽广的支撑基础，使蹲姿更加稳定。

3. 身体下降

随着腿部的弯曲，身体重心应随之后移并略微前倾，以保持平衡。脊柱保持直立，避免过分前倾，这有助于维持身体的自然形态，减少背部肌肉的紧张。

4. 膝盖与脚尖

在蹲姿中，膝盖的正确位置对于保护关节和保持姿态至关重要。膝盖应垂直位于脚尖的正上方，避免前伸超过脚尖，这样可以减少膝关节的压力，避免因长时间保持蹲姿而造成的不适。

5. 手臂位置

手臂的位置也是蹲姿的一部分，可以根据实际需要进行适当调整。手臂可以轻轻交叠于身前，或者自然下垂至身体两侧。交叠手臂时，应保持手腕放松，手指自然弯曲，避免紧握或显得僵硬。

图 3-7　女士蹲姿

（二）形象维护

在服务行业中，女性工作人员的形象不仅反映了个人的专业素养，也是服务质量的重要组成部分。

1. 服装选择

合适的工作服是形象维护的第一步。女性工作人员应选择既专业又便于活动的服装，避免穿着过于紧身或过于宽松的服饰。工作服的裙长或裤长应适宜，以保证在下蹲时不会走光或造成束缚。此外，服装的颜色和样式应符合工作环境的要求，展现出整洁和专业的形象。

2. 姿态控制

在采用蹲姿时，姿态的控制对于形象的塑造至关重要。头部应保持正直，颈部与肩部保持自然曲线，避免因下蹲而出现颈部前伸或肩部耸起的情况。正确的姿态不仅能够展现优雅，也能够减轻身体负担，避免因长时间保持不良姿势而造成的疲劳或伤害。

3. 表情管理

表情是沟通的第一语言。女性工作人员在蹲姿时应保持微笑，眼神应温和而友好，这不仅能够传递出尊重和欢迎的信息，也能够缓解宾客的紧张感，营造出轻松愉悦的氛围。同时，应避免在蹲姿过程中出现皱眉、嘟嘴等消极表情，以免给宾客留下不良印象。

4. 动作流畅性

蹲姿的流畅性直接影响到形象的专业度。下蹲和站起的动作应平稳而连贯，避免急促或笨拙，这不仅能够展现出服务人员的自信和从容，也能够减少因动作过快而可能造成的意外。在实践中，可以通过反复练习来提高动作的熟练度和流畅性。

（三）身体力学

在执行蹲姿时，身体力学的正确应用对于保持姿势的稳定性和舒适性至关重要。

1. 重心分配

正确的重心分配是保持蹲姿稳定性的关键。下蹲时，应感觉双脚均衡地承担体重，避免将重心过度偏向某一侧，这可能导致姿势不稳或增加摔倒的风险。通过均匀分配重心，可以有效地提高平衡感，减少摔倒的可能性。

2. 腿部支撑

腿部是蹲姿中的主要支撑点。膝盖弯曲时，大腿和小腿肌肉需要适度紧张以支撑身体重量。这种适度的紧张状态有助于保持腿部的稳定性，同时避免因肌肉过度用力而产生的疲劳。正确的腿部支撑还能减少对膝关节的压力，预防长时间工作后产生的不适。

3. 背部直立

保持背部直立不仅有助于维持整体平衡，还能减少脊椎的负担。在蹲姿中，背部肌肉应保持轻微的紧张，以支撑脊柱的自然曲线，避免背部弯曲或过度拱起。直立的背部有助于呼吸顺畅，同时也传递出自信和专业的形象。

4. 臀部控制

臀部的位置和控制对于蹲姿的优雅性至关重要。下蹲时，臀部应适度下沉至膝盖以下，但不应过分突出或下沉过低，以免影响形象或造成身体负担。正确的臀部控制有助于维持身体的自然线条，同时也能保持身体的稳定性。

5. 协作用力

蹲姿的稳定性和舒适性需要身体各部分的协同工作。腹部肌肉的轻微收缩可以帮助稳定核心，背部肌肉的适当紧张有助于支撑脊柱，而臀部肌肉的控制则有助于调整身体的姿态。这些肌肉群的协作不仅能提高蹲姿的稳定性，还能减少单个肌肉群的负担，避免局部疲劳。

三、蹲姿礼仪与注意事项

（一）时机选择

在服务过程中，选择下蹲的时机极为重要。服务人员应避免在人流密集或宾客不注意时突然下蹲，以免造成意外碰撞或不尊重的感觉。正确的时机选择可以展现服务人员的专业度和对场合的敏感度。

（二）空间意识

下蹲时，服务人员需具备强烈的空间意识。在狭窄或拥挤的环境中，应注意自己与他人的距离，确保动作不会引起他人的不便或不安。在多人同时下蹲的情况下，更需注意保持适当的空间，避免相互干扰。

（三）位置选择

当在宾客身旁下蹲时，正确的位置和身体朝向对于维护宾客的舒适感至关重要。服务人员应选择侧身相向的位置，避免正面面对或背对宾客，以免造成不必要的尴尬或失礼。

（四）细节处理

在蹲姿时，衣着、姿态和隐私保护的细节处理尤为关键。服务人员应确保衣着得体，避免因下蹲而暴露不适宜的部位。同时，应保持姿态的优雅和自然，避免不雅或过分夸张的动作。

（五）场合适宜性

蹲姿的使用需考虑场合的适宜性。在正式或商务场合，蹲姿可能不太适宜，而在需要捡拾物品或进行低处服务的情境下，则显得必要。服务人员应根据场合的性质和宾客的期望，判断蹲姿的使用是否恰当。

（六）频率控制

蹲姿的使用频率也需得到控制。过度使用蹲姿可能会给宾客留下不专业或不尊重的印象。服务人员应根据实际需要，合理控制蹲姿的使用频率，以免影响职业形象。

第五节　从容的鞠躬礼

鞠躬，这一看似简单的动作，实则蕴含着深厚的文化意涵和社交智慧。在旅游行业中，它不仅是一种对宾客的尊重和欢迎，更是一种服务态度和企业文化的体现。无论是在迎接远道而来的游客，还是在为宾客提供细致周到的服务时，一个恰当的鞠躬，往往能够无声地传达出我们的诚意和敬意。

一、鞠躬礼的分类

鞠躬礼并非一成不变。在不同的文化和场合中，鞠躬的深度、方式和时机都有所不同。因此，掌握鞠躬礼的正确运用，对于旅游行业的从业者来说，是一项必不可少的技能。它不仅能够提升服务质量，更能增强宾客的满意度和忠诚度。

日常中最常用的鞠躬分为15度、30度、45度和90度。15度鞠躬礼通常用于日常的问候和致意，如工作人员在楼道遇到宾客时的简单问候，这种鞠躬礼体现了基本的尊重和礼貌。30度鞠躬礼适用于较为正式的场合，如迎宾员在欢迎宾客时使用，表示对宾客的热烈欢迎和尊重。45度鞠躬礼是最深程度的鞠躬礼，通常用于表达极高的敬意或在重要的仪式和活动中使用，如欢送重要宾客或表达诚挚的感谢。90度鞠躬礼是一种表达极高敬意和诚挚歉意的礼节，通常用于表达对某人或某事的最高敬意，如对尊贵的客人、长辈或在重要仪式上。在某些情况下，90 度鞠躬也用来表达深深的歉意，尤其是在犯了严重错误或需要表达深切悔意时。

二、鞠躬礼的标准姿势

（一）站姿

鞠躬站立时，身体应保持自然直立，脊柱伸展，避免僵硬或懒散的姿态。双脚并拢，或根据文化习惯和舒适度，双脚可以略微分开，通常不超过肩宽。膝盖应伸直，但不要过度紧绷，保持轻微的弹性，以便于执行鞠躬动作。

（二）手部姿势

男性在鞠躬时，双手可以自然下垂于身体两侧，或者一只手轻握另一只手腕，放在背后。女性可以选择将双手轻轻交叠于身前，手指可以轻微触碰，但不要握紧，以展现优雅和尊重。无论是男性还是女性，手部动作都应保持自然，避免僵硬或过于刻意。

图 3-8　鞠躬正面

（三）鞠躬动作

以腰部为轴心，利用腹部和背部肌肉控制上身的倾斜，而非仅仅依靠颈部或头部的移动。上身向前倾斜时，保持头部、颈部和背部在一条直线上，形成流畅的弧线，避免出现断层或弯曲。

（四）视线

在鞠躬过程中，视线的控制同样重要，它传达了尊重和专注。15 度鞠躬时，可以保持平视或略微向下，以示礼貌。30 度鞠躬时，视线应跟随身体下移，但不要过低，以免显得过于谦卑，最佳视线由对方脸上落至自己的脚前 1~1.5 米处。45 度鞠躬时，视线应下移至地面附近，但避免直接看向地面，以保持尊严视线，最佳视线由对方脸上落至自己的脚前 1 米位置。90 度从腰部开始向前弯腰，直到身体与地面平行，头部、颈部和背部保持在一条直线上，避免背部拱起或头部抬起。

图 3-9　鞠躬侧面

(五)结束姿势

鞠躬结束后,缓缓抬起身体,恢复到起始的站姿。在起身过程中,保持身体的控制,避免过快或过慢,以展现从容和自信。

三、鞠躬礼仪的禁忌

鞠躬礼仪,作为一种源远流长的传统礼节,是人们在交往过程中表达尊重和敬意的重要方式。然而,在不同的文化和场合中,执行鞠躬礼时也需格外谨慎,以免因不慎触犯禁忌而造成误解或显得不尊重。以下是一些在执行鞠躬礼仪时应特别注意的禁忌。

(一)不恰当的深度

鞠躬的深度是传达敬意和尊重程度的关键。过深的鞠躬可能被视为过分谦卑或有所企求,而过浅的鞠躬则可能显得敷衍了事、不够真诚。因此,在选择鞠躬深度时,必须根据鞠躬的对象和场合进行恰当调整。对于长辈、上级或尊贵客人,应选择较深的鞠躬以表达敬意;而对于平辈或熟人,则可选择适度的鞠躬以示友好。

(二)身体不协调

鞠躬时,身体的协调性至关重要。背部应保持平直,头部自然下垂,双手可轻轻交叠于身前或自然下垂于身体两侧。避免出现背部弯曲、头部抬起过高或身体扭曲等不雅观的动作,这些都会破坏鞠躬的整体美感,甚至可能传达出轻浮或不尊重的信息。

(三)视线不当

在鞠躬时,视线也是传达敬意和尊重的重要方式。应避免直视对方,以示谦逊;但同时也不应过分低头,以免显得过于谦卑或不自信。正确的做法是,在鞠躬过程中,将视线略微下垂,注视对方脚下的地面或自己的脚尖,以表达出恰到好处的敬意和尊重。

(四)戴帽子鞠躬

在鞠躬时,如果戴着帽子,应将帽子摘下。因为戴帽子鞠躬既不礼貌,也容易在鞠躬过程中滑落,使自己处于尴尬境地。摘下帽子后,应将其置于适当位置,如左手托帽、右手行礼,以展现整洁、得体的形象。

（五）不适当的速度

鞠躬的动作应平稳而有节奏，避免过快或过慢。过快的鞠躬可能显得仓促、不真诚；而过慢的鞠躬则可能显得拖沓、不尊重。因此，在执行鞠躬礼时，应控制好速度，使鞠躬动作既显得庄重又不失优雅。

（六）不恰当的语言表达

在鞠躬时，除了身体动作外，语言表达也是至关重要的。应避免使用不恰当的语言或做出不恰当的手势，以免造成误解或冒犯。例如，在鞠躬时说出轻浮或调侃的话语，或做出夸张的手势，都会破坏鞠躬的严肃性和尊重感。正确的做法是，在鞠躬时保持沉默或轻声说出表达敬意和尊重的话语，以传达出真诚和友善的信息。

第六节　手势的艺术礼

在旅游行业，手势是跨越语言障碍的通用语言，它传递着热情与尊重，构建起服务与宾客之间的第一印象。细微的手势，如同精心编织的非言语诗篇，能够无声地表达欢迎、引导、尊敬和告别。在多元文化的交流中，得体的手势更是尊重与理解的象征，它不仅增强了服务的专业度，也丰富了旅游体验的深度，成为连接不同文化和背景人们心灵的纽带。

一、手势定义与表达

手势是非言语交流的一种形式，它通过手和手臂的动作来传达信息、情感和态度。在旅游行业中，手势的使用可以提升语言的表达力，帮助解释说明，甚至在语言不通的情况下也能有效地沟通。

不同文化背景下，相同的手势可能具有不同的含义。例如，在一些文化中，伸出大拇指表示赞扬或满意，而在另一些文化中，这可能是一种冒犯的手势。因此，了解和尊重文化差异对于旅游行业的服务人员来说至关重要。假设一位来自北美的游客入住亚洲的一家酒店。在办理入住手续时，前台服务人员用手掌向上的手势邀请游客坐下，这是一种在许多亚洲文化中表示尊重和邀请的动作。然而，如果服务人员仅用食指指向座位，这在北美文化中可能被视为不礼貌或命令式的行为。

手势不仅能够传递信息，还能够表达情感。例如，张开双臂可以表示欢迎或热情，而紧握拳头可能表示决心或愤怒。在旅游服务中，服务人员通过温暖和开放的手势，可以营造出友好和热情的氛围。同时在旅游行业中，专业和得体的手势能够提升服务人员的专业形象。例如，服务人员在介绍景点时使用清晰和准确的手势，可以帮助游客更好地理解信息，同时也展现出服务人员的专业素养。

二、旅游行业中手势应用

在旅游行业中，手势的运用不仅是一种日常的礼节行为，更是一门艺术，它能够在无声中传递出服务的温度和专业性，不同的手势有不同的要求。

（一）迎接宾客手势

图3-10 迎宾手势

在迎接宾客时，"迎客进门"的手势是给客人的第一印象。工作人员应站立端正，面带微笑，目光亲切地注视着来宾。手掌自然伸直，五指并拢，手心斜向上，肘关节微曲，手臂从身体的一侧优雅地摆动至另一侧，示意宾客进入。这个动作不仅展现了开放和欢迎的姿态，也体现了对宾客的尊重和期待。在不同的文化中，手势的幅度和方式可能有所变化，但核心的欢迎信息是共通的。例如，在一些东方文化中，手势可能更为含蓄和温和，而在西方文化中，可能更为明显和开放。

（二）引导入座手势

当宾客到达座位区时，"请客入座"的手势则显得尤为重要。工作人员应主动上前，用双手轻轻扶住椅背，将椅子向后拉出，为宾客留出足够的空间。随后，工作人员可以曲臂，以肘关节为轴，前臂自然向下伸出，手掌向上，示意宾客入座。这个动作不仅帮助宾客更方便地就座，也传递出服务的周到和细心。在执行这一手势时，工作人员应确保动作的流畅和自然，避免生硬或过于夸张，以免给宾客带来不舒适的感觉。

（三）指示方向手势

在服务过程中，为宾客指示方向是一项常规但至关重要的服务。工作人员在指引时，应保持五指并拢，掌心斜向上，手腕略打开，曲肘将胳膊从身前抬起至略低于肩部，然后伸出前臂指向目标方向。这个动作需要准确而稳定，避免手势晃动或指向错误，以免给宾客造成混淆。同时，工作人员在指示时，应保持身体的直立和头部的转向，以表示对宾客的尊重。这种手势的准确性和尊重感能够让宾客感受到被重视和理解。

（四）告别宾客手势

当宾客结束服务准备离开时，告别宾客的手势是服务的完美收官。工作人员应站立在适当的位置，保持身体直立，目视宾客，手臂前伸，掌心向外，轻轻挥手。这个动作表达了对宾客的感谢和期待再次光临的愿望。在告别时，工作人员的微笑和眼神交流同样重要，它们能够传递出真诚的情感和良好的祝愿。此外，告别手势的适时和适度也非常关键，既不能过于急切，也不能过于迟缓，以免给宾客带来不适当的感受。

三、手势的须知与禁忌

在国际旅游服务行业中，手势作为一种非语言交流方式，承载着丰富的文化意义。了解并遵守手势的须知与禁忌，对提供专业和尊重的服务至关重要。

（一）适度的手势使用

旅游从业人员在工作中应控制手势的数量和幅度，以避免过度表现或造成误解。例如，在意大利，过于夸张的手势可能被视为不礼貌或戏剧化。在打招呼时，手势的力度和速度应适中，如在日本，温和的手势和缓慢的点头是表示尊重的常见方式。

（二）避免指责性手势

在与宾客交流时，应避免用手指直接指向宾客或对其进行指点，这在许多文化中都被视为不礼貌的行为。例如，在泰国，使用食指指向他人或神圣的佛像被认为是极度不敬的。

（三）防止不雅手势

服务人员应避免在公共场合进行搔头、掏耳朵、剔牙或将手插在口袋中，这些手势在大多数文化中都被认为是不雅或不专业的。在印度，这些手势可能被认为是缺乏教养的表现。

（四）尊重的手势表达

在介绍、引路或指示方向时，使用掌心向上的手势，同时上体稍前倾，这在许多文化中都是尊重和谦逊的表达。例如，在中东地区，掌心向上并配合适当的鞠躬，是表示敬意的传统方式。

（五）国际交流中的手势与禁忌

了解手势的须知与禁忌，有助于旅游从业人员在跨文化交流中展现尊重和专业，避免不必要的误解和冲突。比如鞠躬是日本文化中的一种重要礼仪，根据鞠躬的深度可以表达不同程度的尊敬和歉意。在法国，挥手时通常伴随着轻微的上臂动作，避免过度挥手，这被认为是粗鲁的。在希腊，摆手是一种具有强烈负面含义的手势，类似于用手掌对着某人的脸，表示不满或鄙视。在泰国，避免使用脚指向任何人或物体，因为脚被认为是身体最低下的部分。

在与国际友人交流时，应避免使用可能具有负面含义的手势。例如："OK"手势：在美国表示赞同，但在巴西和土耳其则可能具有侮辱性。"V"形手势：在英国表示胜利或和平，但手背向外时，在澳大利亚和南非则是一种粗鲁的侮辱。伸出拇指手势：在许多西方国家表示赞赏，但在尼日利亚和一些中东国家则可能被视为粗俗的手势。

第七节　真挚的表情礼

在人际交往中，表情是我们情感的直观映射，是心灵沟通的无声诗篇。正如古人所言的"言为心声，相由心生"，真挚的表情，无须华丽辞藻的修饰，便能传递出最深切的情感和最真挚的心意。它如同春风化雨，润物无声，悄然间拉近了人与人之间的距离，温暖了彼此的心灵。在旅游行业中，它更是一张无形的名片，传递着热情与友好，展现着专业与诚信。旅游工作人员通过真挚的表情，构建和谐的服务关系，提升交流的质量，让每一次的服务都成为心与心交流的美好体验。

一、微笑的力量

（一）微笑的内涵

微笑首先是一种情感的自然流露。它能够表达出愉悦、满意、欢迎等积极情绪，使得他人能够感受到我们内心的善意和温暖。正如英国诗人雪莱所言："微笑，是开在人们脸上的一朵花，时刻散发着芬芳。"微笑能够感染他人，激发工作热情，提升创造力。例如，在莫斯科，一项名为"百万人微笑"的行动，以"微笑是无价之宝，是催生幸福的永动机"为口号，鼓励人们敞开心扉，用微笑营造友好的社会氛围。

在不同的文化背景下，微笑承载着不同的意义。在东方文化中，微笑常常代表着谦逊和含蓄，而在西方文化中，则更多地表达着开朗和自信。微笑作为一种跨文化的通用语言，能够跨越语言和种族的界限，连接不同的人群。

微笑也是一种有效的社交工具。在服务行业中，微笑能够缓解紧张的气氛，缩短与宾客之间的距离，建立起信任和友好的关系。它能够使服务人员显得更加亲切和专业，从而提升服务质量和宾客满意度。

（二）微笑服务的艺术

微笑是人们内心喜悦情感的自然外露，在旅游从业中微笑是一种特殊的"情绪语言"。它是服务态度中最基本的标准，能使人时刻保持良好的工作情绪，以提供周到细致的服务。谈到微笑的经典对白，旅游业人都会想到美国希尔顿旅馆业的创始人康纳·希尔顿对下属常说的一句话："今天你微笑了吗？"他确信微笑将有助于希尔顿旅馆业取得世界性的发展，所以在世界经济危机时，希尔顿的微笑挽救了经济大萧条大危机时代的希尔顿旅游，造就了今天遍及世界五大洲、近百家的五星级希尔顿旅游集团。

旅游从业人员为了更好地表达自己的情感，微笑服务应该符合以下几点要求。

1. 真诚的笑容源自内心

服务人员在与客户互动时，应保持真诚的笑容。这种笑容应源自内心的愉悦和对服务工作的热爱。微笑时，应放松面部肌肉，让嘴角自然上扬，形成柔和的弧形；目光应温和而友好，眉毛自然舒展，传达出积极的情绪。真诚的笑容能够感染他人，带来愉悦的氛围。

2. 把握时机，展现适宜的微笑

微笑的展现需要考虑时机和情境的适宜性。服务人员应根据客户的情绪和需求灵活调整自己的表情。例如，在客户遇到不快或悲伤时，应避免不合时宜的微笑，而应展现出同情和理解的表情。同时，避免在未完全理解客户意图时过早地微笑，以免造成误解。

3. 保持一致性，展现始终如一的微笑

在工作场合，服务人员的微笑应保持一致，无论是面对客户还是同事，都应展现出同样的热情和友好。避免在客户面前展现微笑，而在背后则立即消失，这样的不一致会给人以不真诚的印象。此外，服务人员应确保对所有客户都给予平等的微笑和尊重，体现公平和专业。

（三）微笑自我训练

1. 镜像练习

每日清晨，立于镜前，开启一天的微笑练习。首要任务是寻找并练习那个令自己最满意的笑容。通过放松面部肌肉，实现不露齿或轻微露齿，嘴角轻轻上扬，以达到一个既不夸张也不造作的笑容。持续练习，直至这一表情成为自然反应。记住，微笑的关键在于捕捉那份最阳光、最灿烂的感觉，并将其内化为自我表达的一部分。

2. 情绪记忆法

利用情绪记忆法，将个人经历中的喜悦时刻储存在记忆中。在需要展现微笑的场合，调动这些积极情绪，让笑容自然浮现。特别是眼神的笑意，可以通过遮挡下半脸，专注于回忆快乐往事，让内心的喜悦透过眼睛传递出来。

3. 口型训练法

微笑的形态可以通过口型训练进行微调。闭唇或微张的嘴唇，配合嘴角的轻微上扬，构成了微笑的基本形态。可以利用特定字词的发音练习，如"茄子""姐姐""钱"，这些字词在发音时形成的口型，有助于找到微笑的最佳状态。

微笑没有统一的标准，不应局限于"露出八颗牙齿"的固定模式。每个人的脸型、嘴型不同，适合的微笑形态也各异。北方人可能适合露出牙齿的微笑，而南方人可能更适合含蓄的微笑。关键在于找到最适合自己的微笑方式，让微笑成为个人魅力的一部分。

二、目光表达力

眼睛常被誉为"灵魂之镜",它们能够传递复杂、微妙且深刻的情感。这扇窗户不仅展示了个人的内心世界,也反映了思维的流转与情感的深度。透过目光,我们能够感知并响应他人的情感状态,洞察对方的心灵。

在服务行业中,服务人员的目光交流对宾客的体验至关重要。服务人员的表情和神态不仅是对工作热情的体现,也是对宾客尊重和关注的表现。宾客往往会通过服务人员的目光来判断其服务态度和专业性。

(一)目光的注视区域

目光注视对方身体的不同位置,传达的信息会有差别,造成的气氛也有差别。不同的场合和对象,目光所及之处应有所不同。

1. 社交注视

社交注视适用于广泛的社交环境,其注视区域集中在对方双眼至唇部形成的倒三角形内。这种注视方式能够营造出一种舒适和礼貌的氛围,让人感到尊重和放松。在旅游服务行业中,从业人员可以通过这种目光交流,传递友好和热情的服务态度。

2. 亲密注视

亲密注视通常发生在亲密关系中,如家人或恋人之间,注视区域从对方的双眼延伸至胸部。在服务行业中,服务人员应避免使用这种注视方式,因为它可能会被误解为不恰当或具有侵犯性,从而损害专业形象。

3. 公务注视

公务注视则常见于正式的商务场合,如会议、谈判等。注视区域界定在对方双眼至额头的三角形范围内。这种注视方式能够传达出严肃、认真和诚意的态度,使对方感受到即将讨论的事务的重要性。在商务洽谈中,这种注视有助于建立信任并维持对话的主动权。

(二)目光的注视方向

在服务行业中,目光的注视方向对于沟通的效果至关重要。旅游从业人员在与宾客互动时,应掌握不同注视方向的运用,以传递恰当的信息和情感。

1. 俯视

俯视,即从上向下的目光接触,可能无意中营造出权威感,有时也可能形成交流障碍。在服务场合，从业人员应避免使用俯视，以免给宾客带来压迫感。在需要处理高低差异的服务场景时，可采用半蹲或弯腰的方式，以减少高度差，保持亲切感。

2. 平视

平视，即目光与对方处于同一水平线上，通常传达出平等、公正和自信的态度。例如，旅游前厅大堂经理在与宾客进行交流时，应多采用平视，以展现尊重和专业，同时也有助于建立信任和亲切感。

3. 仰视

仰视，即从下向上的目光接触，往往表达尊敬、崇拜或期待的情感。在会议或活动中，主席台的设置通常会高于观众席，以仰视角度体现对台上宾客的尊重。服务人员在与宾客交流时，适当使用仰视可以表达敬意和重视。

4. 斜视

斜视，即视线从一侧斜向对方，这种注视方式可能被解读为怀疑或不信任。在服务过程中，应避免使用斜视，因为这可能让宾客感到不被尊重或受到质疑。

（三）眼神训练方法

眼神是沟通中的强大工具，能够传递丰富的情感和信息。有效的眼神训练方法，旨在增强眼部肌肉的灵活性和表达力，同时也有助于缓解眼部疲劳。

1. 眉毛运动

目的：通过眉毛的上下运动，锻炼上眼睑肌肉，提升眼部表情的灵活性。

方法：轻轻抬起眉毛，然后缓慢下降，重复此动作5次。即使动作不完全标准，只要感觉到上眼睑肌肉的收缩即可。

2. 眼球旋转

目的：通过眼球的旋转运动，促进眼部血液循环，有效缓解长时间用眼导致的疲劳。

方法：将视线焦点上移至最大限度，然后缓慢地按顺时针方向旋转眼球，完成5圈后，再逆时针方向旋转5圈。

3. 对眼练习

目的：通过集中视线的练习，提升眼肌的控制能力，提高眼神的聚焦和集中力。

方法：将食指置于双眼中间，保持手臂伸直，尝试将双眼焦点集中在食指上，保持10秒，然后放松，重复5次。

4. 侧视练习

目的：通过侧视练习，锻炼眼肌的协调性和控制力，使眼神更加灵活和有表现力。

方法：将两手食指分别置于双眼左右两侧，保持手臂伸直。尝试将眼珠向左右两侧移动，尽量不直接看向手指，保持10秒后放松，重复5次。

5. 远近焦点切换

目的：通过远近焦点的切换，训练眼睛的调节能力，有助于改善视力和减少眼睛疲劳。

方法：选择一个远处的静止目标，凝视10秒，然后将视线快速切换至近处的物体，如手指或书籍，再凝视10秒，重复5次。

6. 眼部放松

目的：通过放松练习，减轻眼部肌肉的紧张，预防眼部疲劳和压力。

方法：轻轻闭上双眼，用手掌轻轻覆盖在眼睛上，感受手掌的温度，深呼吸，保持30秒至1分钟。

（四）避免目光误会的准则

在服务行业中，正确的目光交流对建立积极的客户关系至关重要。以下是避免目光交流中产生误会的几条准则。

1. 避免过度凝视

服务人员在服务过程中应避免长时间地凝视宾客，尤其是不要紧紧盯住对方的眼睛或脸上的某个部位。过度凝视可能会使宾客感到不适、不安，甚至觉得受到了侮辱。这种不必要的对视可能会引起宾客的敌意，导致情绪上的抵触，影响服务体验。

2. 控制眼睛转动的速度

服务人员在服务过程中应注意眼睛转动的幅度和速度，保持适度。适度快速的眼睛转动可以展现出聪明和活力。然而，如果转动过快，可能会给宾客留下不真诚或不稳重的印象。特别是在对方表达错误或感到尴尬时，应立即避免快速转移视线，而应以亲切、柔和、理解的目光继续注视对方，以避免给宾客留下高傲或讽刺的印象。

3. 避免负面目光

服务人员应避免使用眯视、斜视、瞟视或瞥视等目光。这些目光可能会被解读为轻蔑、傲慢或漠不关心的态度。例如，眯视可能会给人一种居高临下或冷漠的感觉，这不仅不礼貌，还可能损害与宾客的关系。

正确的目光交流是服务行业从业人员必须掌握的一项技能。通过避免过度凝视、控制眼睛转动的速度，并避免使用可能产生误会的目光，服务人员可以更好地与宾客建立信任和尊重的关系，从而提升服务质量和宾客满意度。

【本章小结】

本章深入探讨了旅游从业人员在工作场合应展现的全方位仪态举止规范，涵盖了从静态的站姿、坐姿到动态的行姿、蹲姿，再到细腻的手势运用、目光交流与鞠躬礼仪等多个维度。每一部分都详尽描述了标准动作、注意事项及文化敏感性，旨在通过细致入微的指导，帮助从业人员塑造出专业、优雅且富有亲和力的职业形象。通过这些规范的学习与实践，不仅能够提升服务品质，增强宾客的舒适感与信任度，还能在跨文化交流中展现出尊重与理解，为旅游行业树立良好的品牌形象。

【本章思考题】

1. 站姿的分类有哪些？
2. 旅游从业人员在行走时，应遵循哪些基本步态要求？
3. 旅游从业人员在入座时应注意哪些细节？
4. 在旅游服务中，鞠躬礼有哪些常见的度数分类？并简述其应用场景。
5. 旅游从业人员在引导宾客时，应如何正确使用手势？
6. 旅游从业人员在服务过程中，如何通过目光交流建立良好的客户关系？

【实训项目】

项目一：站姿基础训练

实训目的：

通过站姿基础训练，使旅游从业人员掌握正确的站姿要领，提高身体协调性和稳定性，从而在工作场合中展现出专业、优雅且自信的形象，增强宾客的舒适感和信任度，提升整体服务质量。

实训内容：

1. 学习标准站姿：了解并记住站姿的头部、面部、肩部、背部、手臂、腿部等各部位的正确姿势。

2. 观看示范：观看标准站姿的示范视频或现场演示，注意模仿并理解每个细节。

3. 分组练习：分组进行站姿练习，每组相互监督，确保每个人都能保持正确的站姿。

实训要求：

1. 认真学习理论知识：学员需仔细阅读教材或讲义，全面理解站姿的标准要求和重要性。

仔细观察示范动作：在观看示范视频或现场演示时，学员需保持高度专注，注意模仿示范者的每一个细节动作。

2. 积极参与分组练习：学员需积极参与分组练习，轮流进行站姿展示，并接受其他成员的监督和指导。

3. 及时纠正错误姿势：在练习过程中，学员需相互监督，一旦发现错误姿势，应立即指出并帮助纠正。

4. 持续保持正确站姿：学员须在日常生活中时刻保持正确的站姿习惯，将其内化为自然行为，以展现专业、优雅且自信的形象。

项目二：步态纠正与练习

实训目的：

通过步态纠正与练习，纠正旅游从业人员的不雅步态，提高行走的协调性和自然度，从而在工作场合中展现出专业、优雅且自信的步态，增强宾客的舒适感和信任度，提升整体服务质量。

实训内容：

1. 练习避免"内八字"或"外八字"步态，确保行走时脚部正确着地。

2. 进行腿部力量和协调性训练，以保证行走时腿部伸直，步伐稳健。

3. 录制自己行走的视频，自我评估并纠正行走姿势。

实训要求：

1. 自我观察与纠正：在练习过程中，不断通过镜子或自我录像进行自我观察，发现不良步态并及时纠正。

2. 同伴互助：分组进行练习，同伴间相互观察、指出并纠正彼此的步态问题。通过同伴的反馈，更全面地了解自身步态的优缺点，促进共同进步。

项目三：坐姿与服务场景结合

实训目的：

通过本实训，旨在将正确的坐姿应用到具体的服务场景中，使旅游从业人员能够在不同服务环境下展现出专业、优雅的坐姿，从而提升服务的专业性和亲和力，增强宾客的舒适感和满意度，进一步提高整体服务质量。

实训内容：

1. 在模拟的服务场景中练习坐姿，如前台接待、餐桌服务等。

2. 练习在不同服务场景下变换坐姿以适应不同的宾客需求。

3. 收集同事或模拟宾客的反馈，评估坐姿对服务效果的影响。

实训要求：

1. 情景模拟：详细介绍每个模拟服务场景的背景和要求，确保每位参与人员都明确自己在该场景中的角色和任务。按照预定计划，依次进入每个模拟场景进行坐姿练习。

2. 坐姿调整与演示：在模拟场景中，旅游从业人员根据具体情境调整坐姿，展示如何在不同服务需求下保持优雅的坐姿。强调坐姿的细节处理，如上身挺直、目光交流、手部和腿部姿势等，确保每个动作都符合专业要求。

项目四：微笑自拍挑战

实训目的：

通过微笑自拍挑战，帮助学生练习并找到自己最自然、最具亲和力的微笑方式，提升在服务过程中的微笑表达能力，增强与客户之间的情感连接，从而提高客户满意度和服务质量。

实训内容：

1. 日常微笑练习：学生需每天在不同的时间段（如早晨、午后、傍晚）自拍一张微笑照片，连续进行一周。在拍摄过程中，尝试不同的微笑方式，包括轻微笑、露齿笑、闭眼笑等，以发现哪种微笑最符合自己的面部特征和气质。

2. 观察与分析：对每天拍摄的照片进行仔细观察，分析每种微笑方式的特点和效果。思考在不同服务场景下，哪种微笑方式更能体现出专业、友好和亲切的形象。

实训要求：

1. 定时拍摄：设置每天固定的拍摄时间，确保一周内能够持续进行练习。

2. 多样化尝试：在拍摄过程中，尝试不同的微笑表情和角度，如微微上扬的嘴角、露齿的笑容、眼神的配合等。注意保持面部的自然放松，避免刻意或僵硬的微笑。

3. 记录与反思：每天拍摄后，及时记录当天的拍摄时间和微笑感受。每周结束后，对整个挑战过程进行总结和反思，分析哪种微笑方式最受自己和他人喜爱，以及如何在服务过程中更好地运用这种微笑。

✓【案例分析】

微笑也要有分寸

某日华灯初上，一家饭店的餐厅里客人满座，服务员来回穿梭于餐桌和厨房之间，一派忙碌气氛。这时一位服务员跑去向餐厅经理汇报，说客人投诉有盘海鲜菜中的蛤蜊不新鲜，吃起来有异味。

这位餐厅经理自信颇有处理问题的本领和经验，于是不慌不忙地向投诉的客人所在餐桌走去。一看，那不是熟主顾老食客张经理吗！他不禁心中有了底，于是迎上前去一阵寒暄："张经理，今天是什么风把您吹来了，听服务员说您老对蛤蜊不大对胃口……"这时张经理打断他说："并非对不对胃口，而是我请来的香港客人尝了蛤蜊后马上讲这道菜千万不能吃，有异味，变了质的海鲜，吃了非出毛病不可！我可是东道主，自然要向你们提意见。"餐厅经理接着面带微笑，向张经理进行解释，蛤蜊不是鲜货，虽然味道有些不纯正，但吃了不会有问题的，希望他和其余客人谅解、包涵。

不料此时，在座的那位香港客人突然站起来，用手指指着餐厅经理的鼻子大骂起来，意思是，你还笑得出来，我们拉肚子怎么办？你应该负责任，不光是为我们配药、支付治疗费而已。这突如其来的兴师问罪，使餐厅经理一下子怔住了！他脸上的微笑一下子变成了哭笑不得。到了这步田地，他揣摩着如何下台阶，他在想，总不能让客人误会刚才我面带微笑的用意吧，又何况微笑服务是饭店员工首先应该做到的。于是他仍旧微笑着准备再作一些解释，不料，这次的微笑更加让那位香港客人恼火，甚至流露出想动手的架势，幸亏张经理及时拉拉餐厅经理的衣角，示意他赶快离开现场，否则难以收场了。

事后，这一微笑终于使餐厅经理悟出了一些道理来。

（资料来源：微笑服务案例——微笑也要有分寸，百度文库）

案例思考题：

1. 分析上述案例，出现错误的主要原因是什么？
2. 如果你是餐厅经理，你会如何做？

【扩展阅读1】

坐姿的文化差异与细节

【扩展阅读2】

中外手势含义有哪些不同？

第四章
旅游从业人员语言规范与沟通技巧

∽ 学习目标 ∾

▎知识目标

1. 理解在旅游行业中,规范的语言对于提供高质量服务和建立专业形象的重要性。

2. 掌握行业内的专业术语、礼貌用语和常用表达方式。

3. 学习不同文化背景下的语言习惯和交流方式,以及如何在跨文化沟通中适应和尊重差异。

▎能力目标

1. 能够在不同服务场景中,准确、得体地运用规范语言与客户进行沟通。

2. 能够根据不同客户的需求和文化背景,灵活调整语言和沟通方式。

3. 培养解决语言障碍和误解的能力,包括运用辅助沟通工具和策略。

▎思政目标

1. 培养学生尊重客户并展现同理心的态度,确保在所有交流中都能体现对客户的理解和关怀。

2. 提升学生的语言表达能力和职业素养,使其能够在语言中展现专业性和自信。

3. 培养学生对语言学习和沟通技巧持续改进的态度,以适应不断变化的行业需求。

> 言之无文，行而不远。
> ——《左传·襄公二十五年》

语言作为旅游服务的第一印象，承载着建立信任、传递信息、展示尊重和促进交流的多重使命。良好的语言能够拉近与游客的距离，增强旅游体验的愉悦感，提升旅游服务的专业度。相反，不当的语言可能导致误解、降低服务质量，甚至影响旅游目的地的形象。

在全球化的背景下，旅游从业人员的语言规范显得更加重要。它要求我们不仅要清晰、准确地传达信息，还要展现跨文化交流的敏感性和适应性。每一位从业人员都应成为语言的艺术家，用恰当的言辞、得体的表达和真诚的沟通，为游客打造一段难忘的旅程。

第一节 语言基础

一、语言的重要性

语言不仅是沟通的工具，更是文化的载体。在旅游业中，语言的作用尤为显著。它不仅是传递信息的媒介，还是建立信任、展示专业和提供个性化服务的关键。对旅游专业的学生来说，掌握良好的口语能力是进入旅游行业的第一步。

（一）语言在旅游业中的重要作用

1. 语言是沟通的桥梁

在旅游业中，语言是连接游客与服务人员的桥梁。它帮助游客了解目的地的文化、历史和地理信息，同时也是解决疑问和提供帮助的主要方式。例如，一位导游在介绍故宫时，如果能够运用生动、准确的语言，就能让游客更深刻地感受到故宫的宏伟与历史沉淀。

语言示例：

"各位尊敬的游客，大家好！我是您的导游张华，非常荣幸今天能带领大家参观这座世界文化遗产——故宫。在接下来的时间里,我将与您一同探索这座拥有六百年历史的皇家宫殿,让我们开始这段穿越时空的旅程吧!"

2. 语言与职业形象的构建

语言不仅传递信息,更构建了职业形象。一个专业的旅游从业人员,其语言应该是清晰、礼貌、准确和适应性强的。例如,一位酒店前台接待员在回答客人关于房间服务的问题时,使用礼貌且专业的语言,能够让客人感受到尊重和重视,从而提升客人的整体满意度。

语言示例:

"欢迎您入住我们的酒店,我是前台服务员李明。请问有什么可以帮助您的吗?"

(二)语言规范的基本原则

1. 清晰性

无论是口头交流还是书面沟通,清晰表达自己的意思,确保信息准确无误地传达给对方,是旅游从业人员必须掌握的技能,是语言规范中最基本的要求。例如,当一位旅行社的客服人员在电话中向客户解释旅游套餐时,必须确保自己的语言简洁明了,避免使用行业术语或复杂的表述,以免造成客户的困惑。又如,当客户询问旅游路线时,客服可以回答:"我们的'魅力江南'五日游包括苏州、杭州和上海三个城市,涵盖了园林、西湖和外滩等著名景点,全程有专业导游陪同。"

2. 礼貌性

在旅游服务中,使用礼貌用语可以营造友好和谐的氛围,提高客户的满意度和忠诚度,礼貌性体现在对客户的尊重和关怀上。例如,当一位导游在结束一天的行程时,用礼貌的语言感谢游客的参与和配合,这不仅展现了个人的修养,也提升了旅游服务的整体质量。又如,当需要打扰客人时,服务员可以说:"不好意思打扰您,这是您点的餐点,请慢用。"

3. 准确性

无论是提供信息、解释政策还是解决问题,准确的语言可以避免误解和麻烦。准确性要求旅游从业人员在语言表达上做到精确无误。例如,一位旅游顾问在向客户推荐旅游路线时,需要准确描述路线的特色和包含的服务,确保客户能够根据自己的需求作出选择。又如,当介绍酒店设施时,前台可以说:"我们酒店提供24小时客房服务、健身房和免费Wi-Fi,确保您的住宿体验舒适便捷。"

4. 适应性

适应性要求旅游从业人员根据不同的客户群体、文化背景和沟通环境,灵活地调整自己的语言风格和表达方式。例如,面对不同国家的游客,旅游从业人员可能需要使用不同的语言或方言,或者调整自己的表达方式,以适应不同文化背景下的交流习惯。

(三)语言风格的选择

1. 正式与非正式语言的区别

正式语言通常用于商务、官方或较为正式的场合,其特点是规范、严谨和专业。而非正式语言则更加轻松、自然,适用于日常交流或较为随意的场合。旅游从业人员需要根据具体的沟通环境和对象,选择合适的语言风格。例如,在撰写正式的旅游宣传册时,应使用正式的语言风格,而在与游客进行日常交流时,则可以采用更加轻松的非正式语言。又如,在商务会议中,主持人可能会说:"尊敬的各位代表,今天我们将讨论关于旅游合作的事宜,请各抒己见。"非正式语言则更加轻松,适用于日常交流,如:"大家早上好,今天我们将探索古镇的奥秘,希望你们会喜欢这次旅行。"

2. 不同旅游场景下的语言风格

旅游场景的多样性要求从业人员能够灵活运用不同的语言风格。在商务洽谈中,可能需要使用更加正式和专业的语言;而在与游客的互动中,则可以采用更加亲切和轻松的语言。例如,一位导游在带领游客参观历史遗迹时,可以使用正式的语言来介绍历史背景,而在与游客进行互动问答时,则可以采用更加轻松和幽默的语言,以增加交流的趣味性。又如,在高端会议中,使用正式语言:"我们非常荣幸能与您合作,共同开拓旅游市场。"而在休闲的海滩酒吧,可以采用非正式语言:"欢迎来到我们的海滩酒吧,这里有最新鲜的海鲜和最酷的夏日饮品,希望您能享受这段美好时光。"

第二节 服务语言沟通技巧

有效的服务语言沟通技巧,不仅仅是简单的信息传递工具,更是提升整体服务体验、增强客户满意度和忠诚度的关键因素。一个具备出色沟通技巧的旅游从业人员，能够通过精准的言辞、得体的表达方式，以及非语言沟通的巧妙运用，让游客在享受旅游服务的过程中感受到尊重、关怀与愉悦。这种积极的互动不仅加深了游客对旅游产品的认知与认同，更为旅游企业赢得了良好的口碑与品牌效应。

一、沟通的基本原则

在旅游行业中，有效沟通是确保服务质量、客户满意度和忠诚度提升的核心要素。为了实现这一目标，旅游从业人员必须遵循一系列基本的沟通原则。

（一）尊重与礼貌

尊重是沟通的基础。在任何交流场合中，旅游从业人员都应表现出对客户的尊重。这包括使用尊称和敬语，避免使用冒犯性或歧视性的语言。尊重客户的观点、需求和感受，能够营造出一种友好、和谐的沟通氛围，从而增强客户的信任感和满意度。

礼貌用语是展现尊重的重要方式。无论面对何种类型的客户，都应始终保持礼貌的态度。例如，在初次接触客户时，可以用热情而专业的问候语："您好，欢迎光临，我是您的导游（或前台服务员），请问有什么可以帮助您的？"这样的问候能够立即让客户感受到被重视和关怀。

（二）倾听与反馈

倾听是沟通的关键。有效的倾听不仅仅是耳朵在工作，更是全身心地关注。旅游从业人员需要耐心、专注地听取客户的需求和问题，不打断客户的陈述，确保完全理解客户的意图和关注点。通过倾听，从业人员能够捕捉到客户的真实需求，为后续的服务提供准确的指导。

给予适当的反馈是倾听的有效延伸。当客户表达完自己的观点或问题后，从业人员应及时给予清晰、准确的反馈。反馈应针对客户的具体需求或问题，提供有价值的建议和解决方案。例如，当客户对旅游行程中的某个环节有疑问时，从业人员可以说："我理解您的担忧，关于这一点，我们的安排是……您可以放心，我们会确保您的行程顺利且愉快。"

（三）清晰与准确

清晰表达是沟通的基本要求。旅游从业人员在与客户交流时，应使用简洁明了的语言,避免使用行业术语或复杂难懂的表述方式。清晰的信息传递有助于客户快速理解服务内容和要求,减少误解和混淆的可能性。例如,在介绍旅游项目时,应明确列出项目的特点、包含的内容、时间安排等关键信息。

准确性是清晰表达的重要补充。从业人员应确保所提供的信息准确无误,避免因为错误信息或误导性陈述而给客户带来不便或损失。在提供建议或解决方案时,应基于充分的事实依据和专业知识进行判断和决策。

(四)积极与主动

积极性体现在对客户的热情和主动性上。旅游从业人员应始终保持积极向上的态度,主动了解客户需求并提供帮助。当客户遇到问题时,应迅速响应并尽力解决;当客户提出合理建议时,应虚心接受并予以改进。通过积极的表现,可以赢得客户的信任和好感。

主动性则要求从业人员在沟通中占据主导地位但不失分寸。在引导客户了解服务内容、解答疑问或处理投诉时,应主动出击、把握节奏但不过于强势。通过主动提问、引导话题等方式促进沟通的深入进行。

(五)灵活与适应

灵活性是旅游从业人员在沟通中应具备的重要品质。面对不同的客户群体、文化背景和沟通环境时,应灵活调整自己的语言风格和表达方式以适应不同的需求。例如,在与老年客户进行交流时可以采用更加耐心和细致的方式;在与外国游客沟通时则可能需要使用简单的英语或借助翻译工具来传达信息。

适应性还体现在对突发情况和意外事件的处理上。当遇到紧急情况或客户投诉时,应保持冷静和理智,迅速分析问题并采取有效的应对措施。通过灵活应变和快速响应来降低负面影响并恢复客户的信任和满意度。

二、服务语言沟通策略

有效的沟通策略能够显著提高沟通效率与质量,帮助从业人员更好地传递信息、建立信任。

(一)信息的清晰传达

清晰传达信息是沟通成功的首要条件。旅游从业人员在与客户交流时,应尽量避免使用过于复杂或模糊的表述方式,以免造成客户的误解或困惑。例如,在介绍旅游行程时,从业人员可以采用结构化的语言来阐述每一天的具体安排，比如："各位游客，第一天，我们将驱车前往古都西安，参观兵马俑和古城墙。晚上，我们将享用一顿传统的中式晚餐。"这样的表达方式既简洁明了，又有助于客户快速把握行程要点。

（二）非语言沟通的重要性

非语言沟通是言语交流的重要补充，它通过肢体语言、面部表情和声音语调等方式传递着丰富的情感与信息。在旅游服务中，从业人员应充分利用非语言沟通的优势来增强沟通效果。例如，在与客户交谈时保持微笑和目光接触可以传达出友好与真诚；适时地点头或轻轻拍打客户的肩膀则可以表达鼓励与支持。此外，声音的抑扬顿挫也能为沟通增添不少色彩与活力。

三、跨文化沟通

在全球化的浪潮下，旅游行业日益成为一个多元文化的交汇点，因此跨文化沟通成为旅游从业人员不可或缺的核心技能。这一技能不仅仅局限于掌握多种语言的能力，更要求从业人员具备深入理解和尊重不同文化习俗与价值观的能力。在如此多元化的环境中，有效的跨文化沟通不仅能够促进业务的顺利开展，还能够加深客户对旅游服务的满意度和信任感。

（一）文化差异的认识

文化差异是跨文化沟通中不可避免的挑战，但同时也是增进理解和创新的机遇。为了克服这一挑战，旅游从业人员需要积极主动地学习与掌握不同文化的独特性与习俗。例如，了解西方国家普遍强调个人空间与隐私保护的文化特征，可以帮助旅游从业人员在为客户安排住宿时更加细心地考虑客户的个人需求，如提供独立的房间或确保客户信息的保密性，从而体现出对客户的尊重与关怀。相反，熟悉东方文化中尊重长辈与权威的传统，则能指导旅游从业人员在与老年客户交流时采取更加谦逊与恭敬的态度，比如使用尊称、耐心倾听并认真回应他们的意见和建议，这样不仅能增强客户的舒适感，还能促进双方之间信任的建立。

（二）适应不同文化背景的沟通技巧

面对来自不同文化背景的客户群体，旅游从业人员需要具备高度的灵活性和适应性，采用多样化的沟通技巧以确保信息的准确传递与情感的顺畅交流。比如，在与注重礼貌与谦虚的亚洲客户进行交流时，旅游从业人员可以采用更加委婉与含蓄的表达方式，避免直接冲突，通过间接提示或建议来引导客户做出决策，这样既能保持沟通的和谐，又能有效传达信息。而在与直率和开放的西方客户打交道时，则可以直接而坦诚地表达自己的观点与建议，这种直接性往往被视为诚实和效率的表现，有助于快速建立共识和解决问题。

为了进一步提升跨文化沟通的效果与质量，旅游从业人员还可以充分利用现代科技工具，如专业的翻译软件，这些工具能够在语言障碍较大时提供即时的翻译支持，确保沟通的连贯性和准确性。同时，寻求具有多语言能力的同事协助也是一个明智的选择，他们不仅能提供语言上的帮助，还能分享对不同文化的深入理解，为跨文化沟通增添更多的人文关怀和专业深度。

第三节　对客服务中的语言

在旅游行业中，对客服务是至关重要的一环，而语言是连接旅游工作人员与客户之间的桥梁。有效的语言沟通不仅能够提升客户满意度，还能树立旅游企业的良好形象。

一、客人咨询应对服务语言

客人咨询是服务过程中的首要环节，如何妥善应对客人的咨询，直接关系到后续服务的顺利进行。以下是针对客人咨询的不同阶段，旅游工作人员应采用的语言策略。

（一）欢迎与开场

初次接触客户时，第一印象至关重要。热情的欢迎和专业的自我介绍能够迅速拉近与客户的距离，营造出友好而专业的氛围。

语言示例：

"您好，欢迎光临××旅行社！我是您的专属客服代表李华，非常荣幸能为您提供服务。请问有什么可以帮助您的吗？"

"早上好！我是酒店大堂经理张经理，很高兴能在这里为您服务。请问您是来办理入住还是有其他需要帮忙的地方？"

（二）倾听与确认需求

倾听是理解客户需求的关键步骤。通过耐心倾听和积极确认，旅游工作人员可以准确把握客户的真实意图，为后续服务提供方向。

语言示例：

"非常感谢您对我们'探索欧洲经典'旅游线路的关注。我能感受到您对文化和历史的浓厚兴趣。请问您是希望详细了解行程安排，还是想了解价格包含的具体内容呢？"

"我听到您对我们的海景房很感兴趣。请问您是打算和家人一起入住，还是独自一人？这样我可以更精准地为您推荐最适合的房型。"

（三）提供信息建议与方向指引

根据客户的具体需求，旅游工作人员应提供详尽且个性化的信息，同时给出专业建议，以增强客户的信任感。

语言示例：

"关于'探索欧洲经典'，我们精心设计了多条线路，包括'浪漫巴黎之旅'和'古典德国风情'。考虑到您偏好历史文化，我特别推荐您选择'古典德国风情'，这条线路将带您走进历史悠久的城堡和博物馆，深入体验德国的文化底蕴。"

"针对您家庭出游的需求，我推荐您选择我们的家庭套房。套房内设有独立的儿童游乐区和宽敞的客厅，非常适合全家共享天伦之乐。此外，我们还提供儿童看护服务，确保您的旅程无忧无虑。"

"我们的酒店大堂在左边，餐厅在右边，电梯间直走到底。如果您需要任何帮助，请随时告诉我。"

"接下来我们将参观的是××景点，它以其独特的自然风光和历史背景而闻名。请大家跟随我的脚步，注意安全。"

（四）解答疑问

面对客户的疑问，旅游工作人员应保持耐心和细致，确保每个问题都能得到清晰、准确地解答。

语言示例：

"我理解您对餐饮安排的关注。我们的旅游套餐中包含精心挑选的当地特色餐厅，确保您能够品尝到最地道的美食。如果您有特殊饮食需求，如素食或过敏食物，请提前告知，我们会为您特别安排。"

"关于景点的开放时间，故宫的开放时间是每天早上8：30到下午17：00，每周一闭馆。为了避开人流高峰，我建议您选择非节假日的上午时段参观，这样可以更好地欣赏故宫的美丽和宏伟。"

（五）结束咨询

在咨询结束时，旅游工作人员应提供进一步的联系方式，并表达感谢和祝福，以建立良好的客户关系。

语言示例：

"非常感谢您花时间与我交流，希望我的建议能对您有所帮助。如果您决定预订我们的旅游套餐或有任何其他问题，请随时拨打我们的服务热线123456，或通过官网在线咨询。祝您旅途愉快，期待与您相见！"

"感谢您的信任和支持！如果您在入住期间有任何需要帮助的地方，请随时联系前台或客房服务。祝您在××酒店度过一个难忘的假期！"

二、特殊需求处理服务语言

在旅游服务中，面对客户多样化的特殊需求，旅游工作人员的语言艺术显得尤为关键。这不仅要求语言精准、贴心，更要体现出对客户的深切关怀与尊重。

（一）理解与同情

面对有特殊需求的客户，首要任务是传达出深切的理解与同情，让客户感受到被重视和关怀。

语言示例：

"尊敬的客户，我完全理解您当前的特殊状况给您带来的不便。请放心，我们非常重视每一位客户的需求，特别是像您这样需要特别关注的情况。我们承诺，将竭尽全力为您提供个性化的服务，确保您的旅程不仅顺利无忧，而且充满温馨与舒适。"

通过这样的话语，客户能够感受到旅游工作人员的真挚关怀，从而建立起信任与依赖。

（二）特殊安排

在满足客户的特殊需求时，旅游工作人员需详细阐述已做的特殊安排，让客户安心。

针对身体不便客户的语言示例："为了保障您的出行便利与安全，我们已经特别为您准备了无障碍通道，并安排了经验丰富的陪同人员全程跟随，他们将随时准备为您提供必要的帮助和支持。在参观过程中，我们会根据您的身体状况调整行程，确保您能够轻松愉快地享受旅途。"

针对语言障碍客户的语言示例："我们深知语言沟通的重要性，因此，我们酒店特别提供多语种服务。了解到您的需求后，我们已经为您准备了专业的翻译人员，确保您在入住期间无论有任何需求，都能得到及时、准确的回应。同时，我们也提供了多种语言的指南和资料，方便您随时查阅。"

三、紧急情况应对服务语言

在旅游过程中，面对突如其来的紧急情况，旅游工作人员的语言能力直接关系到客户的安全感和信任度。

（一）安抚情绪

在紧急情况下，首先需要通过语言安抚客户的情绪，保持冷静和理性。

语言示例：

"请大家保持镇定，我们已经启动了紧急应对预案，正在全力处理当前的情况。我们的目标是尽快为大家找到一个安全、有效的解决方案。请大家相信我们的专业能力和责任感，我们会一直在您身边，直到问题得到圆满解决。"

（二）提供指导

在安抚情绪的同时，旅游工作人员还需清晰、明确地指导客户采取正确的行动。

语言示例：

"为了确保大家的安全，请按照我们的指示行动。现在，请大家跟随我们的工作人员，有序地撤离到指定的安全区域。在撤离过程中，请务必保持安静，避免推搡和踩踏。我们的工作人员将在沿途设置指示标志，并全程陪同引导，确保每位客户都能安全撤离。请大家放心，我们会竭尽所能保护您的安全。"

通过这样的紧急情况应对服务语言，旅游工作人员能够有效降低客户的恐慌情绪，提高他们的安全感和信任感，从而确保紧急情况的顺利处理。

四、投诉处理的语言艺术

投诉处理不仅是旅游从业人员日常工作中不可避免的一环,更是考验其沟通技巧和危机管理能力的重要时刻。恰当的语言艺术不仅能够有效地缓解客户的不满情绪,还能够将潜在的危机转化为提升客户满意度和服务质量的机会。以下详细阐述投诉处理中的语言艺术及其具体应用。

(一)及时响应与积极态度

当客户提出投诉时,第一时间给予积极而真诚的回应至关重要。这不仅体现了对客户的尊重,也能让客户感受到被重视。

例如,可以使用这样的语言:"您好,非常感谢您的反馈。我非常抱歉听到您经历了这样的不愉快。请您放心,我们团队会立即着手处理,尽我们所能解决您的问题。现在,能否请您详细描述一下您遇到的情况,以便我们更准确地了解问题并找出解决方案?"这样的回应既表达了歉意,又展现了解决问题的决心和行动力。

(二)同理心的表达

在投诉处理中,展现同理心是建立信任、缓解紧张氛围的关键。通过理解和共情的话语,让客户感受到自己的感受被重视。

例如:"我完全能够体会到您现在的心情,这样的情况换成任何人都会感到不满和失望。请相信,我们非常理解您的立场,并且我们将全力以赴去纠正这个错误,确保未来不再发生类似情况。您的满意是我们工作的首要目标。"这样的表达能够拉近与客户的距离,增强彼此的沟通和理解。

(三)明确问题与提出方案

在充分了解问题后,清晰、明确地指出问题所在,并提出切实可行的解决方案是投诉处理的核心。

例如:"非常感谢您耐心地向我们说明情况。针对您所遇到的问题,我们经过仔细分析,提出以下解决方案:……(具体方案)。我们认为这个方案能够直接解决您所遇到的问题,并尽可能弥补给您带来的不便。您对这个方案有何看法?是否还有其他需要我们考虑的地方?"这样的处理方式既展示了专业性,也给予客户参与决策的机会,有助于提升客户的满意度。

(四)积极行动与跟进

提出解决方案后,积极采取行动并迅速跟进处理进度是赢得客户信任的关键步骤。

例如:"我们已经将您的投诉记录并转交给相关部门处理,他们将立即展开工作。我们承诺在 24 小时内给您一个明确的回复,说明处理进展和预计完成时间。在此期间,我们也会持续关注此事,确保每一个环节都得到有效执行。请您放心,我们不会让您的问题悬而未决。"这样的跟进不仅保证了沟通的透明度,也体现了对客户的负责任态度。

(五)问题解决后的感谢与支持

当问题得到解决后,及时感谢客户的耐心和理解,并提供持续的服务支持是巩固客户关系的重要手段。

例如:"首先,我们要对您在整个处理过程中的耐心和理解表示最诚挚的感谢。经过努力,我们已经采取了相应的措施,并相信问题已经得到了妥善解决。我们再次为给您带来的不便表示深深的歉意,并希望我们的解决方案能够让您满意。同时,我们也想借此机会邀请您在未来继续给予我们宝贵的意见和建议。如果您在未来有任何问题或需要进一步的帮助,请随时联系我们。我们始终在这里,为您提供最优质的服务和支持。"这样的结束语不仅表达了对客户的感激之情,也展示了旅游企业持续改进和追求卓越的决心。

【本章小结】

本章围绕旅游从业人员的语言规范与沟通技巧展开,强调了语言在旅游服务中的核心作用。语言不仅是信息传递的桥梁,更是构建专业形象、促进信任与尊重的关键。通过掌握专业术语、礼貌用语及适应性强的表达,从业人员能在各种场景中有效沟通,提升服务品质。同时语言规范需遵循清晰、礼貌、准确和适应性的原则,以确保信息传递无误,并尊重不同文化背景的客户。跨文化沟通能力尤为重要,需深入了解文化差异,采取灵活策略以满足多元需求。此外,通过倾听与反馈、清晰传达信息以及非语言沟通等技巧,能进一步增进与客户的互动,提升服务体验。

【本章思考题】

1. 简述在旅游行业中，为什么规范的语言对提供高质量服务和建立专业形象至关重要？

2. 列出并解释旅游从业人员在沟通中应遵循的四个语言规范基本原则。

3. 描述在跨文化沟通中，旅游从业人员可能面临的主要挑战，并给出应对策略。

4. 在旅游服务中，如何运用倾听与反馈的技巧来提升客户满意度？

5. 当客户提出投诉时，旅游从业人员应如何运用语言艺术来缓解客户的不满情绪并寻求解决方案？

【实训项目】

项目一：礼貌用语与场景模拟

实训目的：

1. 提高学生在不同旅游服务场景下使用礼貌用语的能力。
2. 培养学生专业、得体的服务态度。

实训内容：

1. 设计多个旅游服务场景（如酒店入住、餐厅点餐、导游讲解等）。
2. 学生分组，每组选择一个场景进行模拟。
3. 在模拟中，强调使用礼貌用语，展示规范的沟通方式。

实训要求：

1. 观察者角色：未直接参与角色扮演的同学或教师需担任观察者角色，全程关注并记录对话过程。

2. 记录内容：观察者需详细记录对话中礼貌用语的使用情况，包括但不限于用语是否恰当、是否及时、是否能够有效促进沟通等，同时注意观察服务态度的体现。

3. 反馈与总结：观察结束后，观察者需向参与角色扮演的学生提供反馈，指出对话中的亮点与不足，并提出改进建议，共同总结实训经验。

项目二：跨文化沟通模拟

实训目的：

1. 提升学生的跨文化沟通能力。
2. 帮助学生了解并适应不同文化背景下的交流方式。

实训内容：

1. 选择几个具有代表性的国家或地区文化（如日本、美国、中东等）。
2. 学生分组，每组负责模拟与该国或地区游客的沟通场景。
3. 强调文化差异的理解和尊重，灵活调整沟通策略。

实训要求：

1. 场景明确：为每组学生设定具体且贴近实际的旅游沟通场景，如导游讲解、旅游咨询等，确保场景具有代表性和挑战性。
2. 背景设定：在场景设定中，需明确旅游从业人员和游客的角色背景，特别是游客应来自不同的文化背景，以增加模拟的复杂性和真实性。
3. 角色分配：学生需根据实训安排，分别扮演旅游从业人员和来自不同文化背景的游客，确保角色分配合理且能够覆盖多种沟通情境。
4. 表演要求：在角色扮演过程中，学生需全身心地投入角色，准确展现旅游从业人员的专业素养和游客的文化特征，同时注重礼貌用语和沟通技巧的运用。
5. 分享经验：模拟结束后，各组需选派代表分享在沟通中遇到的挑战、采取的应对策略以及取得的成效，确保分享内容具体、有深度。

项目三：投诉处理与危机应对

实训目的：

1. 培养学生的投诉处理能力和危机应对技巧。
2. 提高学生解决客户问题和维护客户满意度的能力。

实训内容：

1. 设计多种客户投诉场景（如酒店服务不到位、导游讲解失误等）。
2. 学生分组，每组选择一个场景进行模拟处理。
3. 强调同理心、积极态度和有效解决方案的运用。

实训要求：

1. 角色扮演：学生需分为两组，一组扮演旅游从业人员（如导游、客服、酒店前台等），另一组扮演客户。角色分配应确保每位学生都有机会参与不同角色的扮演，以全面体验投诉处理的过程。

2. 模拟场景：设定多个与旅游相关的投诉场景，如行程变更、服务质量问题、住宿条件不符等。每个场景应包含具体的背景信息、客户投诉的内容及期望的解决方案。

3. 表演要求：扮演旅游从业人员的学生需展现出专业的服务态度、沟通技巧和问题解决能力。扮演客户的学生需真实模拟客户的不满情绪、投诉需求及期望的解决结果。

4. 教师角色：教师在模拟过程中扮演观察者和指导者的角色，负责观察学生的表现，记录关键点和问题。当发现学生处理问题不当或存在改进空间时，教师应及时给予指导和建议，帮助学生调整策略。

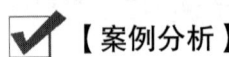
【案例分析】

主动称呼客人的姓名

尊重从记住客人的名字开始。目前国内著名的饭店规定：在为客人办理入住登记时至少要称呼客人名字三次。前台员工要熟记 VIP 的名字，尽可能多地了解他们的资料，争取在他们来店报家门之前就称呼他们的名字，当再次见到他们时能直称其名，作为一个合格服务员最基本的条件，同时，还可以使用计算机系统，为所有下榻的客人做出历史档案记录，它对客人做出超水准、高档次的优质服务，把每一位客人都看成 VIP，使客人打心底里感到饭店永远不会忘记他们。

一位常住的外国客人从饭店外面回来，当他走到服务台时，还没有等他开口，问询员就主动微笑地把钥匙递上，并轻声称呼他的名字，这位客人大为吃惊，由于饭店对他留有印象，使他产生一种强烈的亲切感，旧地重游如回家一样。还有一位客人在服务台高峰时进店，服务员问询小姐突然准确地叫出："××先生，服务台有您一个电话。"这位客人又惊又喜，感到自己受到了重视，受到了特殊的待遇，不禁添了一份自豪感。

另外一位外国客人第一次前往住店，前台接待员从登记卡上看到客人的名字,迅速称呼他以表欢迎,客人先是一惊,而后作客他乡的陌生感顿时消失,显出非常高兴的样子。简单的词汇迅速缩短了彼此间的距离。此外,一位 VIP(非常重要的客人——贵宾)随陪同人员来到前台登记,服务人员通过接机人员的暗示,得悉其身份,马上称呼客人的名字,并递上打印好的登记卡请他签字,使客人感到自己的地位不同,由于受到超凡的尊重而感到格外的开心。

学者马斯洛的需要层次理论认为,人们最高的需求是得到社会的尊重。当自己的名字为他人所知晓就是对这种需求的一种很好的满足。在饭店及其他服务性行业的工作中,主动热情地称呼客人的名字是一种服务的艺术,也是一种艺术的服务。通过饭店服务台人员尽力记住客人的房号、姓名和特征,借助敏锐的观察力和良好的记忆力,提供细心周到的服务,给客人留下深刻的印象,客人今后在不同的场合会提起该饭店如何如何,是饭店的义务宣传员。

(资料来源:酒店服务案例:记住客人的姓名,酒店管理师·易考吧)

案例思考题:

1. 案例中的饭店为何规定在办理入住登记时至少要称呼客人名字三次?这种做法对提升客人满意度有何意义?

2. 分析案例中不同情境下服务员如何主动称呼客人姓名,并讨论这种做法如何帮助饭店营造亲切、尊重的氛围,进而增强客人的忠诚度。

3. 根据马斯洛的需要层次理论,探讨在服务行业中主动称呼客人姓名如何满足客人得到社会尊重的需求,并论述这种做法对饭店品牌形象和口碑传播的影响。

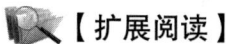【扩展阅读】

服务语言禁忌用语

第五章

旅游常用会面礼仪

❧ 学习目标 ❧

▎知识目标

1. 理解在旅游行业中会面礼仪的重要性,以及它们对客户体验的影响。
2. 熟悉掌握称呼礼、介绍礼、名片礼、握手礼等礼仪规范与禁忌。
3. 了解不同文化和社会背景下会面礼仪的多样性和适应性。

▎能力目标

1. 能够将学到的会面礼仪技巧应用到实际或模拟的服务场景中。
2. 能够在多元文化环境中进行有效沟通,展现对不同文化礼仪的适应能力。
3. 能够在旅游会面活动后进行自我评估和反思,以不断提升个人的专业技能。

▎思政目标

1. 强化学生的职业道德观念,使学生在旅游接待与服务中能够展现出专业、礼貌和尊重的态度。
2. 提升学生的自我修养与自我管理能力,使学生能够自觉监控自己的行为,展现出良好的职业素养。
3. 培养学生的应变与创新思维,不断创新服务方式,以确保服务质量。

第五章　旅游常用会面礼仪

> 礼之用，和为贵。
>
> ——《论语·学而》

在全球化的今天，旅游已成为连接不同文化、不同民族之间的桥梁。旅游常用会面礼仪不仅是个人与个人之间的互动，更是文化与文化之间的交流。在初次见面时，恰当的礼仪能够迅速拉近人与人之间的距离，营造出友好和谐的氛围。一个微笑、一次得体的握手或是一句温馨的问候，都能让对方感受到尊重和善意，一个懂得礼仪的人，往往能够给人留下深刻而美好的印象，为后续的交流奠定良好的基础。同时会面礼仪也是文化身份的展示，不同的国家和地区有着各自独特的习俗和礼仪规范，这些差异正是文化多样性的体现。通过遵循当地的会面礼仪，我们不仅能够更好地融入当地社会，还能向他人展示自己的文化素养和对异国文化的尊重与理解。

第一节　称呼礼仪

称呼礼仪是旅游会面礼仪中的重要组成部分，它体现了对他人的尊重和礼貌。正确的称呼方式可以建立良好的第一印象，促进沟通的顺畅。

一、称呼礼仪规范

（一）使用尊称

在初次接触或正式场合中，使用尊称如"先生""女士"是基本的礼仪。当对方拥有特定的职务或职称时，如"经理""教授""博士"，应优先使用这些称呼，这不仅展现了对其专业地位的认可，也有助于建立权威和信任感。

语言示例：

"您好，尊敬的［先生/女士/职务/职称］，非常荣幸能与您会面。"

（二）适度亲切

随着与对方关系的增进，在较为非正式的交流中，可以逐渐过渡到使用名字，但要确保这种转变不会显得突兀或不尊重。同时，对不同文化背景下的称呼习惯保持敏感，了解并尊重文化差异，以避免误解。

（三）适应性调整

称呼的使用应根据交流的情境、氛围和文化背景进行适应性调整。在不确定如何正确称呼某人时，直接而礼貌地询问其称呼偏好是一种体贴且专业的做法。

（四）避免不适当称呼

在任何情况下，旅游从业人员称呼宾客都应避免使用可能被视为不礼貌或不尊重的称呼，包括基于性别、年龄或社会地位的歧视性称呼。正确的称呼不仅能够避免尴尬，还能够体现个人的修养和对平等原则的尊重。

语言示例：

"我注意到在不同的文化中，称呼习惯可能有所不同。我希望我的称呼方式对您来说是舒适的。"

（五）记录和使用正确称呼

在旅游接待与拜访中，一旦确定了对方的正式称呼，应在所有的记录和后续沟通中正确使用。这显示了对对方的尊重和对细节的关注，有助于建立长期的合作关系。

语言示例：

"我了解到不同文化对称呼有独特的习惯，如果我的称呼有任何不妥，请您指正，我会立即调整。"

（六）注意语气和态度

在旅游接待会面中，无论使用何种称呼，都应保持礼貌和尊重的语气。避免使用过于生硬、冷淡或傲慢的称呼方式。在适当的场合下，可以使用更为热情友好的称呼方式来拉近与对方的距离。例如，在旅游接待中，可以使用"亲爱的游客朋友们"等称呼来营造亲切的氛围。

二、称呼的禁忌

（一）避免随意昵称

在正式场合或与不熟悉的人交流时，应避免使用随意的昵称，如"小张""老李"。这些昵称可能显得不够专业，缺乏对个人身份的尊重。

（二）避免过时或歧视性称呼

不要使用过时或带有歧视性的称呼：例如"黑人"等，使用这些过时的称呼可能会无意中传达出不尊重或偏见。

避免与年龄相关的称呼：对年长者的称呼应体现出尊重和礼貌，避免使用"老头子""老太太"等可能显得不够尊重的称呼。应使用"先生""女士"或其职务、职称等更为恰当的称呼。

避免地域歧视的称呼：不要因为某人来自某个地区就使用带有贬义的地域性称呼。这种歧视性称呼会加剧地域间的偏见和不和谐，损害人际关系。

避免宗教或种族不当的称呼：在称呼中应避免使用可能与宗教或种族相关的不当称呼，以免冒犯某些宗教或种族群体。尊重每个人的信仰和背景是基本的礼仪。

避免过于亲昵的称呼：在旅游接待或不太熟悉的社交场合中，应避免使用"亲爱的""宝贝"等过于亲昵的称呼。这些称呼可能会让对方感到不适，除非与对方有非常亲密的关系。

第二节　介绍礼仪

介绍礼仪是社交和商务活动中不可或缺的一部分，它有助于建立和谐的人际关系和专业的商务形象。旅游从业人员掌握正确的介绍礼仪不仅展现了介绍者的修养和对双方的尊重，还能为初次见面的人留下一个友好和专业的第一印象。

一、介绍的时机

旅游从业人员在工作中需要掌握介绍的时机。首先，应选择在双方初次见面或在社交活动等场合中需要互相认识时；其次，在等待对方自然停止对话或在一段对话的自然停顿时进行介绍，避免打断他人的交流；最后，如果是主人或活动组织者，应在客人到达时及时进行介绍。

二、介绍的类别

个人介绍：在小型聚会或非正式场合，个人可以进行自我介绍，包括姓名、职业等基本信息。

商务介绍：在商务场合，介绍应包括姓名、职位、公司名称和业务范围。

正式介绍：在正式场合，如宴会或官方活动，介绍前应确保了解双方的职位和称呼，以确保使用正确的头衔。

三、介绍顺序

为他人介绍时，应遵循礼仪规范，讲究顺序，目前国际公认的介绍顺序是：

尊者享有优先选择权，即在介绍的时候先征求尊者的意愿，尊者的名字先被提到。

通常介绍的顺序和原则是：

（一）男士与女士：将男士介绍给女士；

（二）年轻与年长：将地位较低或年轻的一方介绍给地位较高或年长的一方；

（三）上级与下级：将下级介绍给上级认识；

（四）长辈与晚辈：将晚辈介绍给长辈认识；

（五）内宾与外宾：将内宾介绍给外宾认识。

四、介绍的方式和互动

介绍可以分为一般介绍和正式介绍。一般介绍包括姓名和称呼，正式介绍包括姓名、称呼、工作单位、职务、关系、兴趣爱好等。

介绍时，应保持微笑和目光交流，展现出友好和尊重的态度。介绍时保持身体姿态的端正和自信，避免过于随意或紧张的肢体动作。介绍完成后，可以简短地引导双方进行交流，如提出共同话题或轻描淡写地提及双方的共同兴趣。在介绍时，避免透露过于私人的信息，除非对方愿意分享或在会面场合中这些信息是相关的。在不同文化背景下，介绍的礼仪可能有所不同。了解并尊重这些差异，如在某些文化中可能需要使用特定的头衔或问候方式。

五、不同场合下的介绍话术

介绍过程在不同场合下会有所不同，以下是几个不同场合下介绍过程的例子，以及相应的话术。

（一）商务会议中的介绍

1. 场合：商务会议或商务洽谈。

2. 语言示例：

主持人或组织者："让我们欢迎史密斯公司的代表，约翰·史密斯先生。约翰，这是我们的团队领导，李华女士。"

约翰："非常荣幸，李华女士。我是约翰·史密斯，史密斯公司的销售经理。"

李华："很高兴认识你，约翰。希望我们的会议能够取得丰硕的成果。"

（二）社交聚会中的介绍

1. 场合：非正式的社交聚会或晚宴。

2. 语言示例：

张姓客人："我还不知道你们两位是否认识。我来介绍下，这位是我的好友张薇，她是一位才华横溢的画家。"

张薇："很高兴认识你。"

张姓客人："我也很高兴认识你，张薇。我一直对艺术很感兴趣。"

（三）正式晚宴中的介绍

1. 场合：正式晚宴或慈善晚会。

2. 语言示例：

主持人："女士们、先生们，我很荣幸地向大家介绍今晚的特邀嘉宾，赵博士，他在环保领域做出了杰出的贡献。"

赵博士："谢谢大家，非常荣幸能在这里与各位杰出的人士共度这个美妙的夜晚。"

（四）办公室内的介绍

1. 场合：新员工入职或同事间的介绍。

2. 语言示例：

经理："让我向大家介绍我们的新团队成员，王磊。王磊，这是你的团队，我希望你很快就能融入我们。"

王磊："大家好，我是王磊，很高兴加入这个团队。"

团队成员："欢迎王磊，我们很高兴有你的加入。"

在进行介绍时,应注意使用恰当的称呼和头衔,尊重每个人的个性和文化背景,并确保介绍过程自然、流畅。通过得体的介绍,可以为双方建立良好的沟通基础,促进后续的交流和合作。

第三节 握手礼仪

握手,看似简单的肢体动作,实则蕴含着丰富的社交内涵和深远的意义。它是一种无声却强烈的交流形式,能够跨越语言和文化的障碍,传递出尊重、信任和友好的情感。在旅游商务场合,握手不仅是初次见面的基本礼仪,更是建立合作关系的第一步,它象征着双方平等、诚意和承诺的开始。在旅游社交活动中,握手是表达欢迎和接纳的姿态,能够迅速拉近人与人之间的距离,营造出亲切和谐的氛围。在全球化的今天,旅游工作人员了解和掌握握手的礼仪,对于促进跨文化交流、建立国际友谊具有重要的意义。总之,握手不仅是一种礼节,更是一种文化、一种艺术,它在人类社会交往中扮演着不可或缺的角色。

一、握手礼起源说

起源说一:

握手礼起源于远古时代。在刀耕火种的原始社会,人们用以防身和狩猎的主要武器就是棍棒和石头。传说当人们在路上遭遇陌生人时,如果双方都无恶意,就放下手中的东西,伸开双手让对方抚摸掌心,以示亲善。这种表示友好的习惯沿袭下来就成为今天的握手礼。

起源说二:

握手礼源于欧洲中世纪,当时打仗的骑兵都披挂盔甲,全身除了两只眼睛都包裹在盔甲中,如果想表示友好,互相接近时就脱去右手的甲胄,伸出右手表示没有武器,消除对方的戒心,互相握一下右手,即为和平的象征。沿袭至今,便演变成了握手礼。

二、握手的原则

握手的原则是社交互动中的重要指导方针,遵循握手原则,使其成为一种强有力的社交工具,能够在无声中传递出尊重、平等、适度和适时的信息,为建立和谐的人际关系和专业的商务形象打下坚实的基础。

(一)尊重原则

在握手时,无论对方的社会地位、年龄、性别或文化背景如何,都应给予同等的尊重。这意味着在态度上要友好,在力度上要适中,避免过于草率或过于用力地握手,以免让对方感到不舒服或被轻视。尊重原则还要求我们在握手时应保持眼神交流,微笑,以及使用恰当的问候语,这些都是对对方表示敬意的重要方式。

(二)平等原则

握手是建立平等沟通的基础。在握手时,应避免任何可能表现出优越感或支配地位的行为。例如,不应在握手时戴手套或使用仅指尖的握手方式,这可能给人一种距离感或不尊重的印象。平等原则强调每个人在交流中都应享有同等的尊严和重视。

(三)适度原则

在旅游行业中与宾客握手,我们需要控制好力度、时间和方式。力度应坚定而不过分,以表达诚意和自信,但不应让对方感到疼痛。握手的时间应简短,通常3~5秒为宜,过长可能会使对方感到尴尬。握手的方式也应自然,手掌相对,手指并拢,以传统而普遍接受的方式进行。

(四)适时原则

握手的时机对于交流的成功至关重要。适时原则告诉我们,应在初次见面、会议结束、告别或达成共识时进行握手。这不仅是礼节,也是对对方时间的尊重。避免在对方忙碌或不方便时强行握手,这可能会被视为打扰。

三、握手的基本要领

握手的动作要领是确保这一社交行为得体、恰当,能够在第一时间给对方留下良好印象的关键。

(一)手掌位置

在握手时,手掌的位置至关重要。理想的手掌位置是手掌直立,确保虎口与对方的虎口相对,四指自然并拢与伸直。这种姿势不仅显得专业,也避免了掌心向下可能传达的支配性或掌心向上可能表现出的服从性。

（二）握手力度

力度控制是握手中极为微妙的一部分。一个适中的握手力度能够展示出诚意和自信，力度过轻可能被误解为不感兴趣或缺乏信心，而力度过重则可能使对方感到疼痛或压迫。理想的握手应坚实而温和，传达出热情和力量，但又不失温和与尊重。

（三）眼神交流

在握手的过程中，适当的眼神交流是必不可少的。直视对方的眼睛不仅表现出你对这次交流的重视，也是展现诚意和建立信任的重要方式。避免眼神游离或看向其他地方，这可能会给人留下不专注或不诚实的印象。

（四）微笑自然

微笑是人际交往中的一种通用语言，它能够迅速拉近彼此的距离。在握手时面带微笑，不仅能够传递出友好和热情的态度，还能够缓和气氛，使双方的交流更加自然和愉悦。微笑应该真诚而不过分，以免显得不自然或虚假。

（五）身体语言

除了手部动作和面部表情外，整个身体的姿态也会影响握手的效果。保持身体直立，肩膀放松，不要过度前倾或后仰。这不仅展现了自信，也表现出对对方的尊重。结束握手时，应逐渐减轻力度，然后自然地收回手，避免突然抽回，这可能会给人留下突兀或不礼貌的印象。

四、握手的先后顺序

在大多数文化中，握手的先后顺序通常遵循一定的社会等级规则。地位较高的人通常会先伸手，这不仅是对自身地位的体现，更是对对方的一种礼遇。这种顺序可以减少地位较低者可能感受到的尴尬或犹豫，确保了社交互动的流畅和自然。

（一）地位高先伸手

在旅游社交场合中，握手的先后顺序往往隐含着对参与者社会地位和角色的无声认可。当一位地位较高的人主动伸手时，这不仅是对对方的一种礼貌邀请，也是对其社会地位的一种肯定。这种行为传递出的信息是，尽管地位有高低，但每个人都值得尊重，并且愿意与对方建立平等的交流。这种握手通常伴随着微笑、眼神交流和适当的问候语，以增强亲切感和尊重感。

（二）年长者先伸手

对于年长者和年轻者之间的互动，年长者先伸手是一种对年龄和经验的尊重。年轻者在这种情况下应表现出谦逊和敬意，等待年长者先伸手后再回应握手。这一行为展现了年轻一代对长辈的尊重和对传统的维护。

（三）女士先伸手

在性别方面，女士优先的原则被广泛接受。当一位女士与一位或多位男士相遇时，女士通常会先伸手，男士应在女士伸手后随即回应。这不仅是对女士的尊重，也是对平等和礼貌的体现。然而，这一原则也可能因地区和文化背景的不同而有所变化，因此在某些情况下，男士可能会先伸手，尤其是在更传统的社会环境中。

（四）主人先伸手

在接待场合，主人先伸手是对客人的一种欢迎和接纳。无论是在商务会议、社交活动还是私人聚会中，主人主动伸手与客人握手，可以传达出热情好客和对客人的重视。这一行为有助于营造友好和谐的氛围，为后续的交流打下良好的基础。

握手的先后顺序也可能受到个人性格、文化差异和具体情境的影响。在某些情况下，握手的顺序可能不那么严格，例如，在非正式的聚会或年轻人之间，握手可能更多的是给予个人的舒适感和互动的自然性。

五、握手与非语言沟通的关系

（一）初次印象的形成

握手通常是与陌生人第一次见面时的第一次身体接触。一个友好而坚定的握手可以帮助形成积极的初次印象，而一个犹豫或软弱的握手可能产生相反的效果。握手的力度、持续时间和方式可以传递不同的情感。例如，一个紧而长时间的握手可能表达出强烈的情感投入，而一个轻而短暂的握手可能表达出更为保留的态度。

（二）信任与关系的建立

握手是非语言沟通中建立信任的一种方式。当两个人握手时，他们在无声中表明愿意建立联系并开展交流。一个坚定的握手可以增强信任感，而避免握手可能会被视为不信任或拒绝。在某些文化中，握手的先后顺序和方式可能暗示社交地位的差异。地位较高的人先伸手是一种尊重的表达，而忽视这一礼仪可能被视为不尊重。

> **礼仪小故事：跨越世纪的握手**
>
> 1972年2月21日，美利坚合众国总统理查德·尼克松到达北京。这是美国总统第一次访问中华人民共和国，毛泽东主席和周恩来总理会见了他。尼克松访华是中美关系史上重要的一页，它标志着中美在对抗20多年之后两国关系正常化过程的开始，为以后中美关系的进一步改善和发展打下了基础。
>
> （资料来源：《国家记忆》尼克松与周恩来第一次握手）

（三）文化认同与适应性

握手的方式和习惯在不同文化中有所不同，了解并适应这些差异是跨文化交流的关键。在某些文化中，握手可能伴随着特定的身体语言，如点头或鞠躬。握手不仅传递情感和社交信息，还可以反映个人特质。例如，一个温暖而有力的握手可能被解读为自信和友好，而一个冷淡或湿黏的握手可能给人留下不自信或紧张的印象。

（四）非语言冲突解决

在握手时，人们往往无意识地与对方进行非语言同步，如模仿对方的握手力度或节奏，这有助于建立和谐与共鸣。握手在解决冲突与表示和解中扮演着重要角色。在争议或分歧之后，一个握手可以作为双方愿意放下过去、重新开始的象征。

六、握手在不同文化中的差异

握手作为一种普遍的社交礼仪，其时间和含义在不同文化中呈现出多样化的特点。在美国，握手通常坚实有力，作为自信和诚意的表现；而在日本和韩国，人们可能更倾向于以鞠躬作为问候的主要方式，握手则较少使用，且方式更为轻柔；在中东地区，握手可能伴随着长时间的握持和头部轻点，显示出对对方的尊重和亲密；在拉丁美洲的握手则可能更加热情，伴随着拥抱和拍打背部的动作，表达出温暖和友好的情感；在非洲，握手的力度和持续时间可能因地区和文化的不同而有所差异，有时握手可能是一种探索对方意图和社会地位的方式；在欧洲，尤其是南欧国家，除了握手，还可能包括贴面礼，作为问候的一部分；在印度，人们通常用右手与人握手，因为左手被认为是不洁的。这些握手的差异不仅体现了文化习俗的多样性，也反映了非语言交流在不同社会中的复杂性。了解和尊重这些差异对进行跨文化交流和建立国际关系至关重要。

七、握手的禁忌

（一）避免使用左手

在大多数文化中，尤其是西方文化，使用左手握手通常被认为是不礼貌的。左手常常与不洁相关联，因此在中东、印度等地区尤其需要注意。使用右手进行握手以表达尊重和诚意。

（二）避免握手时抽烟

在握手时应避免嘴里叼着烟或其他物品，这不仅可能对对方构成健康风险，也是一种不尊重的行为。此外，烟味可能会留在对方手上，给人留下不良印象。

（三）避免握手后立即擦手

在握手后立即用纸巾或衣物擦拭手部可能会让对方感到被侮辱，好像你的手被弄脏了一样。这种行为应该避免，因为它可能会破坏原本友好的社交氛围。

（四）避免握手时过分亲昵

在握手时，应避免拍打对方的手背、肩膀或进行其他过分亲昵的动作，这可能会让对方感到不舒服或受到侵犯。握手应保持专业和适度的亲切。

（五）避免手部不干净

在握手前应确保手部干净，避免因手汗或手冷而给对方带来不适。手部的清洁不仅体现了个人卫生，也是对对方的尊重。

（六）避免手持物品

在握手时应避免手持手机、文件或其他物品，这会阻碍双方的互动并可能显得不礼貌。在握手前，应将这些物品放置一旁或交给他人保管。

（七）避免戴手套

除非是在寒冷的天气或特定的正式场合，如穿着礼服时，否则在握手时应避免戴手套。戴手套可能会给人一种距离感，阻碍真诚的交流。

（八）避免握手时心不在焉

在握手时应避免分心或东张西望，这可能会让对方觉得你不重视这次交流。即使在繁忙或多任务的情况下，也应确保在握手时给予对方完整的注意力。

（九）避免握手时过于短暂

握手的时间应适中，过于短暂的握手可能会显得仓促和不真诚。确保握手持续足够的时间来表达你的诚意和兴趣。

第四节　名片礼仪

名片在交往中扮演着至关重要的角色，它不仅是一种自我介绍的方式，更是个人职业形象和企业品牌的重要体现。名片虽小，但其在旅游接待与拜访中的作用不可小觑。正确地交换和使用名片，可以有效地促进商务关系的建立和发展。

一、名片规范制作

（一）包含必要信息：名片应包含姓名、职位、公司名称、联系方式（电话、邮箱、地址）等。

（二）设计简洁专业：设计应简洁、专业，避免过于花哨，颜色和字体应易于阅读。

（三）材质适宜：选择质量适中的纸张，不宜过薄或过厚，保持手感和质感。

（四）文化适应性：设计应考虑文化差异，如在不同国家使用相应的语言版本。

二、递交名片的规范

（一）准备充分

递交名片时应确保名片的设计专业、信息完整，并且名片整洁、无折痕，这反映了对会面重视的程度。名片应随身携带,放置在容易取出且不易造成折损的地方,如西装内侧口袋或专用名片夹中,以便在需要时迅速而优雅地递出。

(二)时机选择

递交名片的时机应恰到好处。在自我介绍之后,或在听到对方明确表示希望交换名片时递交,这样既显得自然,又避免了过于急切的印象。在商务场合,名片交换通常是会谈开始或结束时的标准程序。

(三)使用双手

使用双手递交名片显示了对对方的尊重。轻轻夹住名片的上角,确保在递交过程中名片平整、稳定。动作要平稳、有控制,避免过于迅速,以免显得草率,或犹豫不决,以免显得不自信。

(四)身体语言

在递交名片时,身体语言同样重要。保持规范的站姿,身体可以微微向前倾 10~15 度,这表现出尊重和谦逊。微笑并进行适当的目光交流,这不仅展现了友好的态度,也加强了非语言沟通的效果。

(五)名片朝向

递交名片时,确保名片上的文字信息正对着接收者,使对方能够直接阅读名片内容,无须翻转名片,这减少了对方阅读名片的不便,体现了对细节的关注。

(六)避免信息覆盖

在递交过程中,注意不要让手指遮挡名片上的重要信息,如姓名、职位、公司名称等。确保对方可以一目了然地看到名片的全部内容,避免给对方留下不专业的印象。

(七)适时提供帮助

如果注意到对方在阅读名片时显得困惑或不熟悉,应主动提供帮助或解释。特别是当名片上使用非母语文字时,提供语言支持或额外的信息可以帮助对方更好地理解名片内容。

三、接收名片的规范

(一)准备接收与目光交流

在会面场合,当对方准备递上名片时,应立即暂停任何正在进行的对话或动作，通过目光交流和身体语言，如微笑、点头，表达出你对接收名片的期待和尊重。这表明你重视与对方的交流，并准备认真对待接下来的名片交换。

（二）使用双手与立即查阅

在接过名片时，使用双手不仅是一种礼貌，也显示了对对方的尊重。双手平稳地接过名片后，立即投入几秒钟的时间仔细查看名片上的信息，这不仅是对细节的关注，也是对个人和企业信息的重视。轻声念出对方的名字和职位，并向对方展示你对其身份的尊重。

（三）适当赞美与妥善保存

对于设计独特或信息呈现出色的名片，适当的赞美不仅能够表达你对设计和信息传递的认可，也能够拉近双方的关系。随后，将名片妥善保存，避免任何可能导致名片损坏的行为，这体现了你对这次会面的重视。

（四）避免不适当行为

在接受和保存名片的过程中，应避免任何可能被视为不尊重的行为，如在名片上做标记、折叠或随意放置。这些细节反映了你的专业性和对对方个人信息的尊重。

四、如何索要名片

（一）与对方建立良好的对话关系，通过自我介绍和寒暄来拉近彼此的距离。在对方提到他们的工作或公司时，或者在谈话中了解到你希望与对方建立联系的信息时，是索要名片的合适时机。

（二）表达对对方工作或公司的兴趣，以及希望进一步交流的意愿。使用礼貌的话术来索要名片，避免直接要求。

（三）在合适的时机递交自己的名片，作为交换的第一步。礼貌地接收对方递来的名片，并按照接收名片的规范进行操作。收到名片后，向对方表示感谢，并表达期待未来联系的愿望。

（四）索要名片技巧与话术。

1. *交易法*

话术："王教授，非常高兴认识您，这是我的名片，请多指教。"

2. *明示法*（向同年龄、同级别、同职位）

话术："老马，好久不见了，我们交换一下名片吧，这样联系更方便。"

"您好，我是（你的名字），来自（你的公司或职位），很高兴认识您，不知道您是否方便留下联系方式？"

3. **谦恭法（向长辈、领导、上级）**

话术："张老，您的报告对我很有启发，希望有机会向您请教，以后怎样向您请教比较方便？"

【本章小结】

本章聚焦旅游会面礼仪，强调了其在全球化旅游交流中的重要性。介绍了称呼礼仪、介绍礼仪、握手礼仪和名片礼仪等基本规范，这些礼仪不仅体现了对他人的尊重和礼貌，也是文化多样性的体现。通过恰当的称呼、得体的介绍、正确的握手方式和规范的名片交换，能够迅速拉近人与人之间的距离，建立友好和谐的氛围。本章内容旨在培养旅游从业人员以客为尊的服务意识，以及跨文化交流的能力，为成功的人际互动提供有力支持。

【本章思考题】

1. 案例分析：观看《国家记忆》中尼克松访华的片段，分析其中称呼与介绍礼仪的运用，并讨论其对于中美关系的重要性。

2. 角色扮演：模拟一次旅游接待场景，两人一组，分别扮演旅游从业人员和游客，练习正确的称呼与介绍礼仪，注意语气、态度和肢体语言的使用。

3. 设想一次国际会议或商务洽谈，撰写一份介绍双方代表的礼仪性话术，注意遵循国际公认的介绍顺序和原则。

4. 练习递交和接收名片的过程，并注意使用正确的礼仪。

【实训项目】

项目一：称呼礼仪

实训目的：

1. 通过实训，掌握在不同文化背景下的称呼礼仪，了解称呼在人际交往中的重要性。

2. 提高学员在旅游会面中的称呼准确性和得体性。

实训内容：

1. 学习不同文化对称呼的重视程度和方式。

2. 练习使用恰当的尊称和亲切称呼。

3. 分析不同场合下称呼的适用性。

实训要求：

1. 设计多个旅游服务场景，如机场接机、酒店入住、景点导览、商务宴请等。学员分角色扮演，模拟实际交流中的称呼使用，包括自我介绍、称呼他人及回应被称呼等。

2. 学员需了解不同文化背景下的称呼差异，培养高度的文化敏感性，学会观察并尊重对方的文化习惯，避免因称呼不当而引发的文化冲突。

3. 每次模拟后，学员需进行自我反思，总结在称呼使用上的得失，提出改进措施，并在后续练习中加以应用。

项目二：介绍礼仪

实训目的：

1. 掌握自我介绍和为他人介绍的基本流程和话术。

2. 提高学员在旅游会面中的介绍技巧和应变能力。

实训内容：

1. 学习自我介绍的基本要素和顺序。

2. 练习为他人介绍的基本流程和话术。

3. 模拟不同场合下的介绍场景，如商务会议、旅游接待等。

实训要求：

1. 精准表达：在自我介绍和引荐他人时，要求语言准确、简洁明了，能够突出个人或对方的特点与优势，避免冗长或模糊不清。

2. 注意细节：关注并实践介绍礼仪中的细微之处，如握手方式、站姿、眼神交流等，展现专业与尊重。

3. 文化适应性：在模拟练习中融入不同文化元素，要求学员能够根据假定的文化背景调整介绍策略，体现跨文化沟通技巧。

4. 反馈与改进：每次模拟后，进行小组互评与导师点评，学员需根据反馈进行自我反思，提出至少两点改进计划，并在后续练习中实施。

项目三：握手礼仪

实训目的：

1. 使学员掌握握手的基本要领和先后顺序。
2. 了解握手在人际交往中的意义和作用。
3. 提高学员在旅游会面中的握手礼仪水平。

实训内容：

1. 学习握手的基本要领，如力度、时间、眼神交流等。
2. 练习不同文化背景下的握手方式。
3. 分析握手在建立信任与关系中的重要性。

实训要求：

1. 学员须认真听讲，理解握手礼仪的理论知识，并将其灵活应用于模拟练习中，做到知行合一。

2. 在握手过程中，注意个人卫生、手部状态，以及握手时的身体语言，确保每一次握手都传递出尊重与热情。

3. 在模拟跨文化交流场景时，学员需提前了解并尊重对方文化的握手习惯，避免因不了解而造成尴尬或冒犯。

4. 鼓励学员在练习后主动寻求反馈，对自己的表现进行客观评价，思考如何在未来实际应用中做得更好。

5. 实训结束后，学员应将所学握手礼仪融入日常生活与工作中，不断实践，形成良好的职业习惯。

项目四：名片礼仪

实训目的：

1. 使学员掌握名片的设计、制作和交换规范。
2. 提高学员在旅游会面中的名片礼仪水平，展现个人职业形象和企业品牌。

实训内容：

1. 学习名片的设计要素和制作规范。
2. 练习名片的递交、接收和索要技巧。

3. 分析名片在旅游会面中的作用和意义。

实训要求：

1. 学员须将所学知识应用于模拟情境中，通过角色扮演、情景模拟等方式，亲身体验名片礼仪的实际操作。

2. 强调名片礼仪中的每一个细微动作和言语表达，要求学员做到精准、得体，体现职业素养。

3. 培养学员对不同文化背景下名片礼仪的敏感度，学会在跨文化交流中灵活调整策略，避免文化冲突。

4. 鼓励学员相互观察、提供反馈，通过小组讨论和导师点评，识别个人在名片礼仪上的不足，并制订改进计划。

5. 鼓励学员实训结束后，继续关注名片礼仪的新趋势、新规范，不断提升自己的商务礼仪水平。

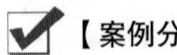【案例分析】

忽视介绍顺序

在一个重要的商务洽谈会上，主办方负责人张先生为了展示亲切和随意，决定不按照常规的介绍顺序，而是根据他个人的熟悉程度来向来宾介绍团队成员。当一位资深的行业专家和一位初出茅庐的年轻助理被同时介绍给一位重要客户时，张先生说："这位是我们团队的新星，李华。"然后才指向资深专家说："哦，这位是王教授。"这种介绍方式让王教授显得有些尴尬，也让客户对团队的专业性和张先生的专业性产生了怀疑。

案例思考题：

1. 张先生的介绍方式为何不妥？

2. 请写出正确的介绍顺序并指出其重要性。

专业篇（酒店服务礼仪）

在当今这个日新月异的时代，酒店已蜕变为集住宿、美食、购物体验、休闲娱乐、健康健身及商务交流于一体的综合性服务平台，它们不仅是休憩之所，更是城市脉动中一座座功能齐全的"微缩都市"。从这一视角出发，酒店精心策划并提供的多样化设施，如同为客人开启了一扇通往暂时拥有与享受的大门，让每一位踏入其中的旅人，都能在限定的时光里，尽享生活之美好。

在酒店运营的宏伟蓝图中，服务礼仪如同璀璨光芒，它在特定服务背景下深化了一般礼仪的内涵，保留了时代性、限定性、可操作性和继承性的共通特性，同时又彰显出独特魅力，多维度展现其核心价值。

酒店服务礼仪，作为形象窗口与体验匠人的双重角色，首先塑造了专业、高端的品牌形象，让客人初次接触即能感受到非凡品质，深刻诠释"以客为尊"的服务理念。它超越常规，精准捕捉并即时响应每位客人的独特需求，融入个性化关怀，打造出令人难忘的住宿体验，从而显著提升客人的满意度与忠诚度。在矛盾与冲突面前，服务礼仪化身为和解的桥梁，以耐心倾听与真诚态度化解不满，将负面反馈转化为积极的口碑传播。

此外，服务礼仪还是市场营销的隐形推手，激发客人的分享欲望，通过社交媒体扩大酒店影响力，吸引更多潜在客户。同时，通过持续的礼仪培训与服务展示，酒店不断提升员工的专业素养与整体形象，在激烈的市场竞争中脱颖而出。

另外，服务礼仪作为效益增长的催化剂，通过吸引回头客与新客户，直接提高客房入住率与餐饮消费，巩固并提升品牌形象，为酒店的长期繁荣与发展奠定坚实的基础。其四大核心特征——极致个性化、高度灵活性、严谨科学性与持续创新性，共同驱动着酒店服务品质的不断提升，确保酒店始终走在行业前沿，赢得市场的广泛认可与客人的深厚信赖。

本篇从酒店前厅、客房、餐饮等服务部门着手，介绍酒店相关岗位的专业服务礼仪规范。

第六章

酒店前厅服务礼仪规范

学习目标

知识目标

1. 理解前厅服务在酒店运营中的重要性,掌握前厅作为酒店门面及服务中心的重要位置。

2. 熟悉礼宾员、行李员、总机话务员、总台接待员及大堂副理等岗位的服务礼仪规范。

3. 熟悉不同岗位间的协作与配合,确保服务流程的顺畅与高效。

能力目标

1. 能够根据服务场景灵活运用前厅服务礼仪,根据客人的不同需求,提供个性化、专业化的前厅服务。

2. 在面对客人投诉或突发事件时,能够迅速、准确地做出应对,确保客人满意。

3. 能够将所学知识应用于实际工作中,提高酒店前厅服务的质量与效率。

思政目标

1. 强调在服务过程中注重人文关怀与情感交流,培养学生的同理心与服务意识。

2. 引导学生树立"客人至上,服务第一"的服务理念,将优质服务内化于心、外化于行,为提升酒店行业整体服务水平贡献力量。

3. 引导学生注重细节,培养耐心、细致、热情的服务态度,提升职业素养。

4. 传承并弘扬中华民族优秀的礼仪文化,让学生在服务中展现礼仪之邦的风采。

> 人们会忘记你说的话，忘记你做的事，但绝不会忘记你带给他们的感动。
>
> ——（美国）马娅·安杰卢

前厅（Front Office）是一家酒店的门面。它位于酒店的门厅处，不仅是客人踏入酒店的首道风景线，更是连接酒店内外、协调各部门服务的枢纽站。它承载着迎送八方来客的重任，以综合性服务的姿态，为每一位踏入门槛的旅人提供无微不至的关怀。前厅的工作，如同一幅错综复杂的织锦，既广泛涉及酒店的每一个角落，又深刻影响着整体的运营效能，其重要性不言而喻。

客人对酒店的第一印象，往往定格在前厅的每一个细节之中。这里，是酒店故事开始的地方，也是服务质量的第一道试金石。因此，前厅服务人员的专业素养与行为举止，成为塑造这第一印象的关键。他们是否恪尽职守，以礼相待；是否举止优雅，落落大方；是否沟通顺畅，善解人意，这份"礼"，都将直接映射在客人的心田，成为决定其住宿体验愉悦度及后续评价的重要因素。

因此，对于前厅服务人员而言，每一次服务都是一次艺术创作，需要以最高的标准要求自己，不仅要在专业技能上精益求精，更要在服务态度与礼仪细节上力求完美，确保每一位客人从踏入前厅的那一刻起，就能收获一份难忘而美好的初印象，为后续的酒店服务体验奠定愉悦而坚实的基础。

第一节　酒店礼宾（门童）迎送服务礼仪

酒店礼宾（门童）Concierge，是客人来到酒店见到的第一批人，他们代表酒店向客人表达敬意，他们的谈吐举止、个人礼仪，都至关重要。

酒店一般应安排两名礼宾员，分别站立在酒店大门的两侧。两名礼宾员应统一着装，穿戴整洁。站姿应自然挺拔，头部端正，下颚微收，两眼平视前方，面带微笑，来显示对客人的尊重。不可有弯腰、叉手、抱胸、靠物等行为。走路时应自然、稳重、雄健，给人仪表堂堂、神清气爽的感觉。

一、礼宾员的迎宾服务准备礼仪

在迎宾之前,礼宾员要按礼仪规范做好各项准备工作。

(一)前置就位:专业服务的前奏

在酒店服务领域,礼宾员在客人抵达前及时就位,是展现酒店专业与尊重的基本礼仪之一。这不仅仅是时间上的要求,更是对客人期待的一次温馨响应。礼宾员在当值期间,必须恪守岗位,确保酒店大门前始终有专业人员的守候,任何因个人原因导致岗位空缺,从而让客人感受到被忽视的情况,都是绝对不被接受的。

此外,礼宾员的角色远不止于简单的迎宾。他们还需与保安人员紧密协作,共同维护酒店门前的秩序与安全。这包括确保道路畅通无阻,为客人的进出提供便利;同时,也要警惕任何可能的安全隐患,为酒店的每一位客人营造安心、舒适的入住环境。

因此,礼宾员的工作是全方位、多层次的,他们的每一次出现,都是酒店对"以客为尊"理念的生动诠释,都是酒店对高品质服务承诺的生动体现。

(二)深化礼仪准备:跨越文化的细腻关怀

"入乡随俗",这一古老而智慧的国际交往原则,不仅是礼貌与尊重的体现,更是礼宾服务中不可或缺的灵魂。对于现代酒店的礼宾员而言,仅仅掌握本国及本行业的礼仪规范,已远远不能满足日益多元化的客户需求。在日常工作中,特别是在筹备各类重大活动、高端会议之际,礼宾员需踏上一段跨越文化的探索之旅,以更加全面、深入的方式准备礼仪服务。

首先,礼宾员需成为一位文化的敏锐观察者与学习者。他们需提前深入研究不同国家、民族及地域的文化习俗,了解这些文化背景下人们的特殊习惯、信仰禁忌以及日常礼仪规范。这种跨文化的知识储备,将帮助礼宾员在接待过程中,避免无意中触犯客人的敏感点,确保服务的每一个细节都充满尊重与理解。

其次,个性化服务成为关键。在了解即将入住酒店的客人信息时,礼宾员不仅要关注其国别、职务身份等基本信息,更要深入挖掘客人的个人喜好、特殊需求乃至情感倾向。这种深入的了解,将使礼宾服务不再局限于表面的形式,而是能够真正触及客人的内心,为他们带来独一无二的体验。

此外，礼宾员还需具备高度的应变能力与服务意识。面对突如其来的天气变化，如雨天或雪天，礼宾员需迅速行动，为客人准备好雨伞、雨披等防雨工具，确保他们的出行安全与舒适。而在庆祝活动或特殊场合，一束精心挑选的鲜花，往往能成为传递祝福与尊重的美好使者，让客人感受到酒店的细致关怀与热情款待。

总之，深化礼仪准备，意味着礼宾员需不断拓宽自己的文化视野，提升跨文化交流的能力，并在实际工作中灵活运用这些知识与技能，为客人提供超越期待的个性化服务。这样的礼宾服务，不仅是对"入乡随俗"原则的深刻践行，更是酒店品牌形象与服务质量的重要体现。

二、礼宾员迎宾时的礼仪

（一）塑造卓越"门面"：第一印象的艺术

在酒店这一服务行业的高端竞技场中，流传着"3秒钟印象"之说，它深刻揭示了第一印象对于客人对酒店整体评价的关键作用。据研究，客人对酒店的初步印象，有高达60%是在与接待人员初次接触的最初三秒内，通过其外在形象迅速形成的。这一数据无疑凸显了礼宾员作为酒店"活招牌"的非凡意义，他们的仪容仪表直接关乎酒店的形象。

礼宾员作为酒店与外界交流的桥梁，其仪容仪表不仅是个人形象的展现，更是酒店品牌形象的延伸。他们需以行业最高标准自我要求，从细节之处彰显专业与尊重。从发丝的整齐无乱，到面部的清新自然，再到双手的干净无垢、无异味，每一处细节都需精心打理，确保在每一次迎接客人的瞬间，都能传递出无可挑剔的优雅与整洁。

对于男性礼宾员而言，整洁的发型、清爽的面容以及合身的制服，是他们专业精神的直观体现；而女性礼宾员，则需在保持自然美的同时，通过精致的妆容展现女性的温婉与细腻，但切记妆容不可过于浓重，以免给客人带来不适。化妆，这一看似简单的日常行为，在礼宾员的工作中却显得尤为重要。化妆应在私人空间进行，避免在公众场合造成不便或尴尬；对他人的妆容保持尊重与沉默，不议论、不评判；工作过程中，需留意妆容的持久度，适时进行补妆，确保全天候的精致与专业。上岗前的精心装扮，不仅是对客人的尊重，更是自我职业素养的体现，无论男女，都应以最佳的状态迎接每一位客人。

（二）礼宾员的微笑与注目：温情传递细节

在酒店这片充满温情与服务的殿堂里，"微笑"与"注目"被赋予了细腻而生动的实践内涵。

1. 微笑的细节艺术

礼宾员的微笑应当是自然流露的，不刻意也不僵硬。在微笑时，嘴角微微上扬，露出八颗牙齿左右，这样的笑容既显得亲切又不失专业。同时，眼神中需饱含真诚与热情，让客人感受到来自心底的欢迎。

面对不同的客人和情境，礼宾员需要灵活调整自己的情绪，确保每一次微笑都能与当时的氛围相契合。比如，在接待疲惫的旅人时，微笑中应多一份关怀与安慰；而在迎接喜庆的团体时，则应以更加灿烂的笑容传递欢乐与祝福。

微笑不仅仅是面部的表情，还应与肢体语言相结合。礼宾员可以在微笑的同时，轻轻点头或微微欠身，以表达对客人的尊重与欢迎。这样的综合表现，能让微笑更加生动、有力。

2. 注目的细节实践

礼宾员应时刻保持警觉，主动观察周围环境，以便在第一时间发现客人的到来。当发现客人走近时，应立即调整自己的姿态和视线，准备迎接。

注目礼要求礼宾员以专注的目光迎接客人，但也要避免过于强烈地注视，以免让客人感到不适。在目光交流中，礼宾员应保持自然、温和的眼神，让客人感受到温暖与尊重。

在距离客人三步左右时，礼宾员应主动上前，以清晰、亲切的声音说出问候语，如"您好，欢迎光临"。同时，配以微笑和目光进行交流，让问候更加真挚动人。

对于常客或重要客人，礼宾员可以在注目与问候中融入更多的个性化元素。比如，记住客人的姓名、喜好或特殊需求，并在交流中适时提及，以展现酒店的贴心服务。

（三）礼宾员的仪态美学：静立如松，行走如画

在酒店服务的前沿阵地，礼宾员不仅是酒店的形象大使，更是客人体验旅程中的温馨向导。仪态，作为这一角色不可或缺的重要组成部分，其中的站姿与走姿更是彰显专业与尊重的关键。

1. 站姿之美：静立如松，展现职业风范

在礼宾员的世界里，站姿不仅仅是一种身体姿态的展现，更是对客人尊重与期待的深刻表达。

当礼宾员在自己的岗位上静候客人时，通常采用"迎宾的庄重"与"休憩的雅致"两种站姿。前者，是一种全神贯注、蓄势待发的状态，身体挺拔如松，双脚微开，双手自然下垂或轻交于身前，眼神中透露出对每一位即将步入酒店的客人的热烈欢迎与深切期待。后者，则是在客人未至、工作间隙的短暂放松，即便如此，礼宾员依然要保持基本的礼仪姿态，避免倚靠墙壁，手部摆放得体，不随意插入口袋，确保在任何时刻都能以最佳状态迎接客人的到来。

2. 走姿之韵：行走如画，演绎动态礼仪

在酒店的各个区域，礼宾员的走姿同样引人注目。在行走过程中，礼宾员要保持落落大方的风范，做到挺胸抬头、步伐稳健而轻盈，保持身体的平衡与协调，既不要过于急促，也不能显得拖沓，不搂腰搭背、不摇头晃脑、不左顾右盼，始终用行动告诉客人："在这里，您将享受到最专业、最贴心的服务。"

（四）酒店礼宾员的鞠躬致意：细致入微的尊重表达

鞠躬是世界通用的表示对他人尊敬的礼节。但鞠躬的幅度世界各国标准不一，比如日本有30度、45度的鞠躬礼，甚至还有90度的鞠躬礼。在我国酒店业中，15度的鞠躬礼是表达礼貌与尊重的普遍选择。这轻轻一鞠，不仅是对客人到访的热烈欢迎，更是酒店优质服务理念的生动体现。

在行鞠躬礼时，礼宾员需展现出极高的专业素养与情感投入。鞠躬礼在礼宾员的工作中大致可细分为两类：一类是微微的点头致意，适用于日常问候或短暂交流，它以最简洁的方式传达了对客人的友好与关注；另一类则是更为正式、庄重的鞠躬礼，常见于客人入住、离店或特殊场合，礼宾员需身体前倾，以15度的角度向客人致以最深切的敬意。

鞠躬并非简单的身体前倾，它蕴含了诸多细节与要求。首先，鞠躬时礼宾员必须保持目光的专注与柔和，直视客人的眼睛，以此传递出真诚与尊重；同时，低头的角度需控制得恰到好处，既不过于生硬，也不显轻浮，确保每一次鞠躬都能让客人感受到被重视与尊重；此外，鞠躬的速度也是一门学问，既不可急促草率，也不可拖泥带水，而应流畅自然，展现出礼宾员的专业素养与从容不迫。

为了达到这样的效果，礼宾员需经过严格的培训与实践，不断磨炼自己的鞠躬技巧，提高情感表达能力，不仅要掌握正确的鞠躬姿势与要求，更要理解鞠躬背后所承载的尊重与敬意，将其内化于心，外化于行。

（五）礼宾员的手势艺术：优雅引导

引导手势作为沟通与服务的重要桥梁，不仅体现了礼宾员的专业素养，更是服务艺术与专业精神的融合。通过礼貌的言辞与明确的引导手势相结合，礼宾员能够引领客人顺畅地穿梭于酒店的每一个角落，让客人在享受服务的过程中，感受到前所未有的舒心与惬意。

在引导手势的运用上，礼宾员需根据性别差异，展现出各自独特的魅力与风格。女性礼宾员在引导时，手臂自然内收，手掌尖微微倾斜上推，以柔和而优雅的姿态，邀请客人"请往里面走"，这一动作不仅展现了女性的柔美与温婉，更让客人感受到一种被细心呵护的温暖。男性礼宾员则以其独有的绅士风度与力量之美，通过稍微

图 6-1　礼宾员手势

夸张的手向外推的手势，为客人指明方向，这种坚定而有力的引导，让客人在感受到尊重的同时，也对酒店的服务品质充满了信心。

在引导客人前行的过程中，礼宾员还需注重手势与眼神的默契配合，要时刻关注客人的反应与需求，通过眼神的交流，建立起与客人之间的信任与默契。在给出指引说明后，礼宾员应适时用手势进行引导，并在关键位置稍作停顿，以便观察客人是否理解并跟上节奏。在这一过程中，礼宾员需充分展现肢体语言的魅力，以流畅而优雅的动作，为客人绘制出一条通往美好体验的道路。

（六）礼宾员的礼貌用语：温馨的桥梁

"您好，欢迎光临"，简单的几个字，不仅是门扉轻启的序曲，更是酒店对每一位客人诚挚欢迎的心声。"先生，请您走这边"，简短而明确的指引，不仅指明了方向，更传递出服务的细致与周到。"谢谢您对我们酒店的信任"，这一句感谢，不仅仅是礼貌的回应，更是酒店对客人选择我们的深深感激。

正如古语所云"良言一句三冬暖，恶语伤人六月寒"，礼貌用语在酒店服务中，扮演着不可或缺的角色，它们如同春风化雨，润物无声地提升着客人的

满意度与归属感。

1. 称呼的艺术：精准而尊重

在礼宾员的工作中，称呼的礼貌用语显得尤为重要。它不仅是对客人身份的一种确认，更是对客人尊重与重视的体现。礼宾员需根据客人的性别、年龄等，灵活运用恰当的称谓。对于男性客人，一句亲切的"先生"足以拉近彼此的距离；而对于女性客人，则以"女士"这一优雅的称呼代之。

2. 问候的温馨：真诚而得体

问候的礼貌用语也是礼宾员不可或缺的技能之一。一句温暖的问候，如同冬日里的一缕阳光，能够瞬间驱散客人旅途的疲惫与寒冷。在问候时，礼宾员应真诚而自然，避免使用过于生硬或机械化的语言，要始终保持自然大方的态度，用词得体规范，避免涉及客人的私人领域，如收入、婚姻状况、个人物品价格等敏感话题。有时候，礼宾员一句简单的问候，如"您今天看起来真不错！"或"希望您在酒店度过愉快的时光！"等，不仅拉近了与客人的距离，更营造了一种宾至如归的温馨氛围。

（七）礼宾员真诚的态度：卓越服务之魂

在酒店礼宾员的日常工作中，态度不仅是行为的先导，更是服务品质的基石。它深刻地反映了礼宾员的主动性、积极性与高度的责任感，是衡量个人职业素养的重要标尺。真诚的态度，如同一股无形的力量，能够穿透表面的礼仪与流程，直击客人的心灵，成为打动人心、赢得好评、树立酒店良好口碑的制胜法宝。

"客人至上，服务第一"，不仅仅是一句口号，更是酒店服务业的核心价值观。礼宾员要将这一理念内化于心，外化于行，时刻站在客人的角度思考问题，以主人翁的姿态，预见客人的需求，积极响应并满足他们的合理要求。无论是询问路线、搬运行李，还是提供旅游咨询、解决突发问题，礼宾员都应主动上前，用实际行动诠释"服务无处不在""超越期待"的服务真谛。

热情与耐心，是礼宾员不可或缺的品质。面对客人的询问或请求，礼宾员应报以满腔的热情，用微笑和温暖的话语拉近彼此的距离。同时，耐心解答每一个问题，无论其看似多么琐碎或重复，都要保持那份难能可贵的耐心与细致，做到有问必答，答必详尽，让客人感受到被尊重与重视。礼宾员要学会控制自己的情绪，避免因忙碌或疲惫而显得急躁厌烦，更不可出言无礼，伤害客人的感情。

（八）酒店礼宾员的迎宾艺术：细节成就卓越体验

当载有尊贵客人的车辆缓缓驶近酒店大门，礼宾员需展现出最为专业与细致的服务姿态。车辆平稳停驻之际，礼宾员迅速而优雅地趋步上前，轻轻拉开右侧车门，同时以左手轻悬于车门顶部，既作为防护，又以一种无声的关怀提醒客人注意头部安全。然而，对于信奉佛教的客人，这一细微的动作须格外谨慎，避免手部遮挡，以免被误解为对"佛光"的不敬，确保每一次服务都充满尊重与理解。

图 6-2　礼宾员开车门

在确保车内无遗落物品后，礼宾员轻柔地关闭车门，随即转向客人，观察其是否需要额外帮助，特别是对于老弱病残及女性客人，更应主动伸出援手，传递酒店的温暖与关怀。若发现车内有行李，礼宾员应立即通过对讲机或手势召唤行李员前来协助，同时温馨提醒客人检查是否携带了所有物品，避免遗忘。若行李员暂时无法到位，礼宾员则需亲自上阵，迅速而稳妥地搬运行李，并引领客人前往前台，办理入住手续，全程保持微笑与耐心。

对于乘坐出租车或私家车的客人，礼宾员需根据其出行方式，提供相应的引导服务。出租车客人下车后，礼宾员应礼貌指引其进入酒店，并同时引导出租车有序离开，避免交通拥堵。而私家车客人，则会被引导至酒店专属停车场，享受便捷与安全的停车服务。

客人步入酒店大堂的那一刻，是体验酒店服务的开始。礼宾员须主动上前，为客人拉开大门，并以温暖的问候语："您好，欢迎光临×××酒店！"迎接每一位客人的到来。若遇雨雪天气，礼宾员还需迅速取出雨伞，为客人遮风挡雨，并根据需要，提供塑料鞋套，确保大堂地面的清洁与客人的舒适。

迎宾过程中，礼宾员需保持高度的工作效率与敏锐的应变能力，避免任何可能导致客人等待或不便的情况发生。面对团体或重要客人的到访，礼宾员需及时通知大堂经理做好接待准备，并妥善安排行李搬运与存放事宜，确保万无一失。对于客人的提问与咨询，礼宾员需耐心倾听、准确回答，对于不确定的问题则礼貌指引至前台咨询处，避免误导或产生误解。对于常客，礼宾员应努力记住其车辆特征与个人信息，以便提供更加个性化与高效的服务体验。

在与客人握手时，礼宾员需遵循礼仪规范，除非客人主动提出，否则不宜主动伸手。握手时，应摘下手套，配以诚挚的问候，对于年长者，更可在右手相握的同时，左手轻托以示尊敬。

在递送或接收物品时，礼宾员需坚持使用双手，以体现对客人的尊重与重视。帮助客人提携物品时，虽应主动热情，但也要尊重客人的意愿，若客人坚持自行提携，则不宜强行帮忙，以免造成尴尬或不适。

在引领客人前行的过程中，礼宾员须时刻注意自身行为举止，遇到上司或客人时，应稍放慢步伐，主动点头致意问好。同时，坚持"右为尊"的原则，始终走在客人的左侧，为其保驾护航。在引领客人进门时，礼宾员需根据门的开启方向，灵活调整自己的位置与动作，确保客人能够安全顺畅地进入室内。

当客人进入酒店大厅后，礼宾员应继续以左臂为客人指引方向，目光紧随客人，面带微笑，礼貌地说："请！"随后，礼宾员率先起步，引领客人前往目的地。在乘坐电梯或上下楼梯时，礼宾员需根据具体情况，调整自己的步伐与动作，以确保客人的安全与舒适。在需要左右转弯时，礼宾员则需以标准的手势示意客人，确保指引的清晰与准确。

最后，在完成接待任务后，礼宾员应适时退至一旁，给予客人足够的私人空间与自由时间，让客人能够充分享受酒店的各项设施与服务。

三、礼宾员送客礼仪

在客人结束他们在酒店的愉快时光，准备踏上归途之际，礼宾员作为酒店形象的重要代表，其送客礼仪不仅是对客人的尊重与感谢，更是酒店服务品质的直接体现。

（一）送别准备：细致入微

当客人提出离店需求时，礼宾员应迅速而准确地响应，根据客人的具体需求，无论是预约专车服务，还是亲自引导客人至其私家车旁，都需展现出高度的专业性与灵活性。在这一过程中，礼宾员需细心观察，确保所选位置既安全又便于客人上下车，体现对客人舒适体验的深切关怀。

（二）行李服务：一丝不苟

在客人整理行李的过程中，礼宾员应主动上前，协助客人将行李稳妥地放置于车内，同时，以亲切的语气邀请客人核对行李的数量和标签，温馨地提醒客人检查个人物品是否齐全。在行李装车时，礼宾员要注意轻拿轻放，避免行李受损或发出噪声影响客人。

（三）温馨道别：情真意切

当客人准备启程时，礼宾员要面带微笑，向客人致以最诚挚的祝福。礼宾员应主动为客人打开车门，并用手轻轻挡在车门上方，以防客人碰头或衣裙被车门夹住。同时，礼宾员还要细心观察客人的上车情况，确保客人坐稳后再轻轻关上车门。在车辆即将开动之际，礼宾员躬身立正于车的斜前方，上身前倾15度，双眼注视着客人，以举手致意的方式微笑道别，并用温暖而真挚的话语向客人告别，如"再见，一路平安""祝您旅途愉快""谢谢您的光临，期待您再次光临"等，让客人在离别的瞬间再次感受到来自酒店的温暖与关怀。

（四）团体送客：高效有序

面对团体客人的离店需求，礼宾员需展现更高的协调与组织能力。他们应与大堂经理紧密配合，提前制订周密的离店计划，以确保每位客人都能按时、顺利地离开。在候车区，礼宾员需以礼貌而有序的方式引导客人排队乘车，确保每位客人都能按时、有序地离开酒店。当车辆富余而客人较少时，礼宾员要按照车辆到达的先后顺序安排客人上车；而当车辆紧张时，则要灵活调整方案，优先安排需要紧急离开的客人乘车。在整个送客过程中，礼宾员都要保持高度的专注力和专业素养，提高整体服务效率，确保送客工作的顺利进行。

（五）微笑与专注：贯穿始终

无论是迎客还是送客，礼宾员都应始终保持微笑与专注的服务态度。微笑是沟通的桥梁，能够迅速拉近与客人的距离；而专注则是对客人尊重的体现，能够确保服务的准确无误。在与客人交谈时，礼宾员应全神贯注地倾听客人的需求与意见，以真诚的态度回应客人的每一个问题或建议。这样的服务态度不仅能够提升客人的满意度与忠诚度，更能够为酒店赢得良好的口碑与声誉。

第二节　行李员服务礼仪

行李服务总称为 Uniformed Service，是一个重要的部门。行李员的主要工作是为到酒店和离店的客人运送行李进出酒店，为住店的客人递送包裹报纸、信件、电报、电传等，为本店其他部门派送文件报表及短时间放置的欢迎牌、指示牌等。行李员站立于大门两侧，代表酒店迎接客人，同时又是大厅的侍应生，主动为客人服务。回答客人的各种询问，向客人介绍酒店的情况，在执行过程中，还要成为酒店的推销员和保安员。

一、行李员迎客礼仪

行李员等待在前厅内，当看到有客人来或是接到礼宾员的通知后，帮助礼宾员把行李卸下车，并应立即根据客人随身携带的行李，判断是否需要自己的进一步服务或是否需要行李车。

（一）预备与响应

行李员要时刻保持在前厅的适当位置，以敏锐的洞察力关注着每一位客人的到来。无论是自行步入酒店的散客，还是由礼宾员提前通知的团队客人，行李员都能迅速响应，展现出专业的服务态度。当看到客人或接到通知后，要立即协助礼宾员将行李从交通工具上安全卸下，为后续的服务做好准备。

（二）个性化服务判断

面对客人，行李员要迅速评估其行李的数量与特性。若行李轻便，可主动上前，轻轻接过行李，为客人减轻负担。若行李较多，将大件、硬质、耐压的行李稳妥地放置于行李车底部，以支撑整个行李堆的稳固；同时，将小巧、柔软的行李细心地摆放在上层，避免相互挤压造成损坏。

对于客人随身携带的贵重物品、外套及易损物品，行李员要特别提醒客人自行保管，或提供更为细致的安全建议，如使用行李锁、手提包等，以确保这些珍贵物品在旅途中的安全无虞。

（三）行李核对确认

在行李摆放妥当后，行李员要主动与客人核对行李件数，这一步骤不仅是对客人财产的再次确认，更是对服务质量的严格把控。通过这一环节，行李员能够确保每一件行李都准确无误地跟随客人前往总台办理住宿手续，为客人的入住体验增添一份安心与便捷。

（四）日常维护与清洁

良好的服务环境是优质服务的前提。行李员要对行李车、雨伞架等常用品及备用品进行定期清洁整理，确保这些工具在为客人服务时能够呈现出最佳状态。在雨天来临时，及时将雨伞放置在显眼的位置，方便客人取用，避免雨水带来的不便与困扰。

(五) 高效有序的团队服务

面对团队客人的到来，行李员要提前做好准备。当团队巴士抵达预定地点时，迅速上前迎接，以高效而有序的方式装载行李。在装载过程中，严格遵守"大件内侧、小件外侧；硬物下部、软物上部"的原则，确保行李在运输过程中的安全与稳固。行李卸车后，协助团队负责人确认行李件数，并挂上专用行李牌，以便后续管理与追踪。

二、行李员陪同客人到总台办理住宿手续的服务礼仪

行李员陪同客人前往前台办理住宿手续的过程，不仅是物理空间上的移动，更是展现酒店专业与细致服务精神的重要环节。这一过程中的每一个细微举动，都蕴含着对客人的尊重与关怀。

(一) 细致等候，展现耐心与尊重

当行李员引领客人前往前台时，应自然地保持一段礼貌的距离，即位于客人身后两步至三步之处，这样既不会给客人带来压迫感，又能确保随时响应客人的需求。在此期间，行李员需全神贯注地看护好客人的行李，确保行李安全无虞，同时保持面带微笑，眼神温和，展现出对客人的关注与尊重。

图 6-3　行李员等候客人

(二) 耐心等候，主动服务

在客人与前台工作人员交流，办理入住手续或咨询相关问题时，行李员应礼貌地站在一旁等候，不打扰客人。

待客人完成入住登记及必要的咨询后，行李员应迅速而礼貌地上前，主动询问是否需要协助获取房间钥匙或提供其他帮助。若客人决定即刻前往房间，行李员应立即采取行动，带上行李礼貌地引领客人前往电梯间或指定的行走路线。若客人提出先将行李送至房间，行李员的首要任务是准确无误地记录下客

人的房号，为确保信息的准确性，可以与前台进行二次核对，避免任何混淆或错误。随后，邀请客人亲自确认行李的件数与内容，此举不仅体现了对客人权益的尊重，也是确保服务质量的重要一环。在得到客人确认无误后，行李员应迅速而稳妥地将行李运送至指定房间。

（三）安全协作，细致记录

在将行李运送至房间的过程中，为确保安全与效率，行李员应主动邀请楼层服务员一同进入房间，共同将行李稳妥放置。同时，做好详细的行李运送记录，包括时间、房号、行李数量及状态等，以备后续查询或特殊情况处理。

三、行李员引领客人进房礼仪

行李员引领客人进房间的途中，应走在客人左前方两三步处，随客人的步子行进。遇转弯时，应微笑示意以示尊重。在引领客人进房的整个工作流程中，须注意以下几个方面的礼仪。

（一）乘电梯礼仪

图6-4 行李员按电梯

当行至电梯前，行李员应主动上前，轻提行李先行步入电梯，并贴心地将行李靠边稳妥放置，以避免占用过多空间。随后，一手轻挡电梯门，以邀请的手势示意客人进入，同时迅速按下楼层按钮，并清晰地告知客人即将到达的楼层号。抵达指定楼层时，行李员需提前做好准备，待电梯门开启后，关照客人先出电梯，然后将行李运出。若大件行李挡住客人出路，行李员可先搬出行李，再挡门请出客人。

（二）引领客人进房礼仪

抵达客房门前，行李员须先按下门铃或轻敲房门通报，里面没有回声再开门。同时迅速扫视房间内部，确认一切安全无虞后，礼貌地退到房门一侧，以邀请的姿态请客人步入房间。在这一过程中，行李员的每一个动作都应显得从容不迫，充满对客人隐私的尊重。

（三）行李送进房间礼仪

进入房间后，行李员应把客人的行李轻轻地放在行李架上，且箱子的正面朝上、提手朝外，这样的摆放既美观又便于客人取用。若客人对行李的摆放有特别要求，也可按客人要求摆放。此外，行李员还应主动询问客人是否需要其他帮助或服务，如介绍房间设施、提供饮料等，并留下服务员的联系方式，以便客人随时寻求协助。在确认客人一切满意后，行李员应礼貌地告别，避免给客人留下等待或期待小费的印象，让客人感受到服务的纯粹与真诚。

图6-5 行李员放行李

（四）退出房间礼仪

在退出房间之前，行李员应向客人致以温馨的告别语，如："先生（女士），祝您入住愉快，好好休息，再见！"同时，保持面向客人的姿态，后退一步以示尊重，再缓缓转身离开，并轻轻关上房门，确保整个过程的和谐与流畅。

礼仪小知识：小费文化与服务礼仪

小费作为一种社交礼仪，在不同国家和地区有着截然不同的接受度和习惯。对于行李员而言，在帮助客人将行李安全送达房间这一温馨服务环节中，面对可能来自客人的小费表达，其处理方式不仅体现了个人职业素养，也关乎所在酒店的品牌形象。

接受小费的正确方式。（1）诚挚感谢，无论小费的金额多少，行李员的首要反应应当是表达最真挚的谢意，一个温暖的微笑、一句"非常感谢您的慷慨"或类似的感谢语，能够迅速拉近与客人之间的距离，让客人感受到被尊重与重视；（2）私下处理，为了避免给客人造成不适或尴尬，行李员应避免在客人面前直接清点小费，当面清点小费可能被视为对客人的不尊重，甚至引起误解，因此，礼貌地收下小费后，应待客人离开视线范围后再行处理。

遵循地域文化与企业准则。鉴于我国社会对小费文化的不同理解，各酒店往往会根据自身定位与企业文化制定相应的小费政策。对于严格执行"不收小费"规定的酒店，行李员应无条件遵循，将这份坚持视为对酒店品牌形象及职业操守的坚守。同时，通过卓越的服务品质，让客人感受到超越物质之外的满足与愉悦。

尊重与自律的界限。在没有硬性规定禁止接受小费的酒店环境中，当客人出于感激之情主动给予小费时，行李员可在表达感谢后礼貌接受，视为对优质服务的一种正向反馈。然而，至关重要的是，行李员要明确小费是客人对自己工作的一种额外肯定，而非理所当然的报酬，因此，绝不能主动索取小费，因为任何形式的索取行为，都将违背服务行业的职业操守，损害酒店乃至整个行业的良好形象。行李员应当通过持续提升服务质量，以赢得更多客人的自然赞赏与回馈。

四、行李员送客礼仪

（一）至离店客人房间取行李礼仪

1. 散客服务的温馨细节

当散客在酒店完成住宿体验，准备结账退房携带行李离开时，他们可能会通过酒店总台或直接联系礼宾部提出行李搬运的需求。面对这一请求，行李员需迅速响应，以高度的专业性和周到的服务意识，确保每一个环节都尽善尽美。

（1）准备阶段

一旦接收到协助搬运行李的指令，行李员应立即行动起来，根据预计的行李数量准备合适的行李车，并确保其干净、整洁、功能完好。

（2）礼貌探访

行李员按照指定时间到达离店客人房间，无论房门是开着还是关着，均要按门铃或敲门通报，听到"请进"方可进入，并说："您好，我是来取行李的。"

（3）细心清点与搬运

在客人的陪同下，行李员要仔细核对每一件行李，确保无误后稳妥地放置在行李车上，跟随客人安全送达结账处，并侍立在旁，看管好客人的行李，等待客人办妥结账退房手续。

（4）妥善安置与确认

客人结账退房手续办妥后，行李员要再次确认行李的完整性，并将其运送至酒店正门外侧的合适位置。在此之前，行李员应通过总台收银确认客人的账务已结清且房门钥匙已归还,避免了直接询问客人带来的尴尬,以维护客人的尊严与隐私。

2. 团队服务的协同高效

对于团队客人的离店,行李服务则更加注重团队协作与高效执行。

(1)前期沟通与筹备

团队负责人通常会提前与前台沟通离店事宜,如果行李需要提前集中并统一存放,行李员应该提前与总台服务人员及团队领队紧密配合,明确行李集中时间、地点及巴士出发时间等关键信息,确保一切准备就绪。

(2)有序收集与核对

按照既定计划,行李员手持团队客人名簿,分赴各楼层逐一收集行李。收集时,一般使用行李车;在行李装载时要请客人核对行李件数。确认没有遗忘的行李后,将行李运至指定的行李集中放置场所,卸下并归类整理好。

(3)安全保管与报告

行李全部集中完毕后,先数清总件数,然后核对总数与各行李员记录于记录单上的合计数目是否吻合,如不吻合应立即复查,采取补救措施;如无差错,就地保管,并用网罩住,直到出发时装车。同时及时向团队领队报告行李总数,并请对方再次确认,以确保万无一失。

(二)行李放置车内后的礼仪

无论是散客还是团队客人,当行李被妥善放置于车内后,行李员的服务并未结束。行李员要细心地告知客人行李的名称与数量,并取得客人的应诺。向客人道别后不要立即转身离去,要与礼宾员一起向客人热情告别,轻关车门,面带笑容,注视车内客人,挥手告别,目送离去。

团队客人出发时,行李员应同有关人员一起列队恭送。所填写的行李搬运记录单应与客人名簿汇总,最后交予领班保管,以备不时之用。

第三节　总机话务员服务礼仪

酒店的电话总机是负责为客人电话服务的前台部门。话务员的声音代表着酒店的形象,是酒店"只闻其声,不见其人"的幕后使者。

酒店总机所提供的服务项目主要包括接听电话服务、店内外电话接转服务、叫醒服务、代客留言与问询服务等。

一、话务员基础服务礼仪

电话总机，作为酒店内外信息交流的核心节点，不仅是沟通的桥梁，更是酒店形象的先声。话务员们每日穿梭于成千上万的电话之中，以声传情，虽未谋面，却以独特的礼貌服务，在客人心中悄然种下对酒店的第一印象。话务员的服务艺术，在于其嗓音的魅力与服务的热情、快捷、高效。酒店总机话务员应音质甜美、圆润、悦耳，讲话时吐字清晰，发音准确，口齿伶俐，同时又能巧妙地控制音量与语速，确保信息的准确传达与沟通的顺畅。电话总机的话务员要始终严守话务秘密，保护客人的隐私与安全；对业务要熟练，记忆力强，能够迅速且耐心地响应客人的需求；还要具备出色的外语能力，能够跨越语言的障碍，为国际客人提供贴心的服务。

（一）礼貌用语的日常化

礼貌、规范的语言是话务员与客人交流的基石。礼貌是话务服务的基石。话务员应养成使用礼貌、规范语言的习惯，将"您好""请讲""谢谢"等敬语融入日常工作的每一个细节中。当电话铃声响起，迅速而礼貌地应答，如"您好，欢迎致电某某酒店，很高兴为您服务"。这种礼貌用语不应是机械的重复，而应成为话务员自然的表达习惯，让客人感受到被尊重与重视。持之以恒地运用这些礼貌用语，能够营造出一个温馨、和谐的沟通氛围，给客人留下美好的第一印象。

（二）诚恳态度的传递

由于话务员的工作不能与客人见面，所以服务态度如何就更显得重要，话务员应以亲切、和蔼的语调与客人交流，让声音中充满微笑与温暖。话务员在接电话时讲话要自然，不要有意拖长音，如"要哪里……"这样容易给客人一种懒洋洋的感觉。即使面对态度不友好的客人，也应保持谦逊与耐心，用真诚的态度化解对方的情绪。

礼仪小案例：带着微笑的声音去接电话

在美国电信业的浩瀚星空中，贝尔电话公司无疑是最璀璨的星辰之一，它不仅引领了通信技术的革新,更在服务质量的提升上树立了行业标杆。为了进一步提升客户体验,贝尔公司独创性地提出了"带着微笑的声音去接电话"这一服务理念,要求每一位总机话务员在接听电话时,即便对方无法看见,也要通过声音传递出温暖与愉悦,仿佛正对着客户微笑一般。这一理念的实施,不仅是对传统客服模式的颠覆,更是对人性化服务深刻理解的体现。贝尔公司深知,在快节奏、高压力的现代生活中,一个温馨、耐心的声音往往能瞬间拉近与客户的距离,让沟通变得更加顺畅与和谐。

位于繁华纽约的一家知名酒店,以其精致的美食与优雅的环境闻名遐迩,然而,随着业务的不断拓展,酒店管理层逐渐意识到,电话服务作为客户接触的第一道窗口,其质量直接关乎整体形象与客人满意度。为了突破这一瓶颈,酒店决定向贝尔电话公司寻求帮助,共同探索提升电话服务质量的路径。

贝尔公司迅速响应,派遣了一支由资深咨询人员组成的团队前往酒店。这些专家不仅精通客户服务技巧,更擅长通过细微的声音变化捕捉情感信息。他们佩戴着专业耳机,静坐在酒店总机旁,如同无形的守护者,默默记录着每一次通话的每一个细节。

咨询人员的工作细致入微,他们不仅关注话务员的语言表达是否准确清晰,更着重于捕捉那些可能引发客户不满的非语言信号——不耐烦的语调、缺乏热情的回应,甚至是短暂的沉默。一旦发现有代表性的不文明通话实例,便立即进行录音,并制作成案例集。

随后,这些真实的录音被精心编排,成为一场别开生面的培训素材。在私密而专注的会议室里,话务员们首次听到了自己工作中的"另一面"。起初,不少人面露尴尬与不安,但随着讨论的深入,大家开始意识到,正是这些不经意的细节,可能正在悄悄侵蚀着客户对酒店的好感。

贝尔公司的培训师们适时介入,引导话务员们从客户的角度审视问题,学习如何通过调整语速、语气以及增加积极的肢体语言(即便在电话中无法直接展现,但内心的状态会直接影响声音)来传递正能量。更重要的是,他们教会了话务员们如何在面对挑战时保持冷静与耐心,用真诚与微笑的声音化解客户的疑虑与不满。

经过一段时间的努力,酒店的电话服务质量得到了显著提升。客户反

> 馈中，赞扬之声不绝于耳，称赞话务员们的声音如同春风拂面，让人倍感温馨与舒心。而这一切的改变，都源于那个简单而又深刻的理念——"带着微笑的声音去接电话"。
>
> （根据相关网络资料编写）

（三）语言的简洁明了

作为通信联络的中转站，话务员应具备高效、准确的信息处理能力。在工作中，用词需得当，语言需简洁明了，避免冗长复杂的表达方式，确保信息传递的准确与迅速。同时，还需具备良好的倾听能力，准确捕捉客人的需求与意图，为客人提供及时、有效的帮助。

（四）耐心服务的艺术

"客人至上"是酒店服务的核心理念。话务员需将这一理念贯穿每一次通话之中，在工作中应始终保持细心与耐心，即使是有的客人讲话不清楚，也不能不耐烦，更不能置之不理，要耐心引导、细致解答。对老年人或语言表达不畅、沟通不力的客人，尤其应耐心，可以适当放慢语调，安慰对方不要着急，慢慢讲清。对客人做解释时也要有耐心。

二、话务员接听电话服务礼仪

电话总机是酒店内外信息沟通联络的枢纽和形象窗口。电话接待是在通话双方不见面，看不见表情和手势的情况下进行的，总机话务员的通话方式是服务礼仪的重要表现方式。

（一）以亲切问候赢得第一印象

电话铃响，立即接听，一般电话铃响不应超过三声，是话务员专业与效率的直接体现。接起电话的第一刻，应以温暖而清晰的嗓音，主动自报家门并致以诚挚的问候，如："早上好，欢迎致电××酒店，很高兴为您服务！"先问好，再报单位，再用问候语，这样的开场白，不仅礼貌地报出了酒店名称，还巧妙融入了情感元素，让客人在未见其人先闻其声时，便能感受到酒店的热情与关怀，还有效避免了因身份不明或误拨带来的困扰。

避免使用生硬或随意的词汇，如"喂""说吧"等，它们可能无意间拉开了与客人之间的距离。紧接着，以一句"请问有什么可以帮您?"展现主动服务的态度，这样的开场白既体现了专业，又让客人感受到被重视的温暖。切忌自己什么都不说，只是一味地询问对方："您叫什么名字？您是哪个单位的？"这种做法极不礼貌。另外注意的是，问好、报单位、问候语三者开头语的顺序不能颠倒，这样显得彬彬有礼，给人一种亲切感。

在整个通话过程中，要始终保持微笑，虽不可见，但其带来的积极语调与和煦氛围，能让电话那端的客人感受到如同面对面般的亲切与舒适。

（二）以倾心聆听赢得信任

倾听，是沟通的灵魂。在接听电话时，话务员需全神贯注，用心捕捉客人的每一个需求与情感波动，认真倾听对方的来电事由，按要求逐条回答或转接。对于复杂或模糊的信息，应委婉地请对方再重复一遍，不能置之不理，或者将错就错，把电话随意拨转出去，而应委婉地请客人再重复一遍，如："对不起，先生，请您再重复一遍好吗？""非常抱歉，请您再详细说明一下好吗？这样我能更好地为您服务。"这样的处理方式不仅体现了对客人的尊重，也确保了信息的准确无误。

接到电话投诉，要高度重视，话务员应展现出高度的责任感与同理心，设身处地为客人着想，以真诚的态度倾听其不满，并积极寻求解决方案。即便面对不合理或情绪化的投诉，也应保持冷静与耐心，通过有效沟通，努力化解矛盾，恢复客人对酒店的信任与好感。

（三）以圆满答复赢得满意

对问询应圆满答复，若遇到不知道、不清楚的事应查找有关资料或请示领导尽快答复，绝不能以"不知道""不清楚"作回答。在回答过程中，避免使用模糊或含糊其辞的表述，以免给客人留下不专业或不负责任的印象。

当无法满足客人的某项要求时，应主动说明原因，表达歉意，并提出替代方案或协助联系相关部门，让客人感受到虽未立即解决问题，但他们的需求已被认真对待并努力解决中。

在沟通过程中，话务员的语言艺术尤为重要。原则上，对于较敏感的问题，态度要明确，但说话方式要婉转、灵活，既不违反酒店规定，也要维护客人的自尊心。要使用询问式、请示式、商量式、解释式的说话方式，如询问式"请问……"请求式"能否请您协助我们……"商量式"……您看这样好不好"，解释式"这种情况，酒店的规定是这样的……"切忌使用质问式、怀疑式、命令式的说话方式，杜绝蔑视语、嘲笑语、烦躁语、否定语。

三、话务员接转电话服务礼仪

接转电话是指接转从外部打进酒店的电话，既有本地的电话，也有长途电话。话务员在接转这些电话时必须注意以下礼仪。

（一）精准接转给客人的电话

当需将电话接转至酒店内的某位客人时，话务员首先应以温和的语气询问来电者的姓名及事由，随后，通过内部系统或直接联系客人，确认其是否愿意接听该电话。若客人同意，则迅速而礼貌地完成转接；若客人表示不便接听，话务员应礼貌地向来电者转达，并视情况提供留言服务或其他建议。

当对方有急事，而恰逢分机占线不能接通时，要耐心解释清楚，使客人明白。可以说"对不起，某某房间正在占线，请您稍候一下好吗？"或是"对不起，某某房间正在占线，请您过一会儿再打来好吗？"

客人来电话找不到受话人时，话务员应主动地向通话人建议，是否需要留言。提供代客留言服务时应注意以下问题。

- 问清留言人姓名、电话号码和受话人姓名、房号。
- 记录留言内容，并复述一遍，尤其注意核对数字。
- 答应在指定的时间内将留言转交受话人，请对方放心。
- 开启客人房间的留言信号灯。
- 受话人回来后打电话询问时，把留言念给客人听。
- 关闭客人房间的留言信号灯。

对于拨错号码的来电，话务员同样应保持礼貌，避免任何形式的训斥或嘲讽，而是友好地引导对方重新拨号或提供正确的联系方式。

（二）尊重隐私，谨慎查询住客信息

当有人打电话查询住客信息时，话务员应严格遵守隐私保护原则，先征得住客的明确同意后方可透露相关信息。在转达查询结果时，应避免直接泄露客人的房号等敏感信息，以维护客人的安全与隐私。对于拒绝透露信息的住客，话务员应礼貌地拒绝来电者的请求，并建议其通过其他合法途径联系住客。

（三）细致处理无人接听的电话

若某房间电话长时间无人接听，话务员应避免使用模糊或可能引起误解的表述,如"他出去了",因为出去的概念很广,究竟是临时离开房间,还是外出办事,是在酒店内,还是离开了酒店,使客人费解。话务员应准确告知来电者房间无人接听的事实,并主动询问是否需要留言或提供其他协助,同时,记录下留言内容及相关信息,并与对方复述核对,确保信息的准确无误,以便在客人返回时及时转达,确保信息的准确传递与沟通的无缝衔接。

(四)合理接转给员工的电话

对于员工工作时间的外部来电,话务员需根据具体情况判断是否转接。一般情况下,为避免打扰员工工作,可建议来电者通过官方渠道或指定部门联系员工。但若有紧急事务需立即处理,话务员可灵活处理,将电话转至相关部门办公室或其直接上级处。

四、叫醒服务礼仪

话务员还有一个重要任务,就是叫醒服务。为客人提供叫醒(Morning Call)服务时,话务员应认真做好记录并复述一遍,将时间和房号录入计算机或做好记录,按时通过电话叫醒客人。若是贵宾和重要客人,则派专人叫醒或提前5分钟电话催请叫醒。

(一)准时、礼貌地叫醒客人

话务员需根据客人的叫醒需求,提前设定好"客人唤醒时间表",并严格按照时间表执行叫醒任务。在叫醒时,应使用礼貌且温馨的语言,如"早上好,现在是早上××点钟,希望您有一个愉快的一天"。若客人在一段时间内未接听电话,话务员须及时通知楼层值班人员前往房间敲门,确保客人被成功叫醒。

(二)记录并关注晚起情况

对于晚起的客人,话务员应礼貌地告知其晚起的时间,并将此信息记录入档。此举不仅有助于酒店内部管理,更能在日后客人对叫醒服务提出疑问或投诉时,作为解释与处理的依据,展现酒店服务的专业与细致。

> **礼仪小案例:客人"叫而不醒"怎么办**
>
> 一天,一位酒店客人要求总台为他做一次第二天早上6点钟的叫醒服务。总台小姐马上通知了总机。然而,第二天早上7点过后,客人非常气愤地来到大堂经理处投诉说:今天早上并没有人来叫他起床,也没有听见

电话铃声,以致他延误了国际航班。后经查实,总机在接到总台指令后,立刻就通过电脑为他做了叫醒服务并排除了线路及器械上出现故障的可能。经过分析后认为,可能是由于客人睡得较沉,没有听见。电话铃声响了几次之后就会自动切断,以致造成最终结果。

【提示】如果除了做电脑设置,5分钟后再让服务员到房间做一次上门叫醒,就可以避免此案例中所发生的不愉快。假如客人已醒了,可以询问客人是否要退房,是否要为他叫一辆出租车,以及是否帮他把行李搬下去等。总之,在服务过程中,能设身处地为客人多想一想,类似的事情根本就不可能发生。

(资料来源:田莉.旅游礼仪实务(第二版)[M].北京:中国铁道出版社,2017.)

五、问询服务礼仪

无论是入住的客人还是外部访客,都可能因各种需求而向酒店总机发起问询。作为这一关键沟通环节的话务员,不仅是信息的传递者,更是酒店形象与服务品质的代言人。因此,掌握并灵活运用问询服务礼仪,对于提升客人满意度、塑造酒店品牌形象至关重要。

(一)信息储备的全面性

为了能够有效回应客人的各种问询需求,话务员必须成为一座移动的"信息宝库"。这包括但不限于酒店内部各部门的详细信息(如餐厅、客房、会议室的具体位置、服务时间、预订方式等)、本市主要机构(如医院、银行、旅游景点等)的电话号码及基本信息。

(二)回应态度的热情与礼貌

面对客人的问询,话务员应展现出高度的热情和礼貌。无论问题大小,都应给予足够的重视和关注,用温暖的语言和耐心的态度为客人解答,而不能随便简单的一句"不知道"或"我不管"来打发客人。即使通过努力却未能满足客人的要求,也应该主动向客人解释清楚并致歉。

(三)解答的准确与迅速

准确性是问询服务的核心要求。话务员在回答客人问询时,必须确保信息的准确无误。对于不确定或模糊的问题,应通过内部查询系统或向相关部门求证后再行回答，避免误导客人。在提供电话号码等具体信息时，应重复确认以避免输入错误。这种对细节的关注和对准确性的追求，将大幅提升客人的满意度和信任度。同时，还应注重回答的速度，让客人在最短的时间内获得所需信息，感受到服务的便捷与高效。

在提供问询服务的过程中，话务员还应注重提供惊喜服务的机会。比如，在回答客人问题的同时，主动提供一些额外的有用信息或建议，帮助客人更好地规划行程或享受住宿体验。这种超越客人期望的服务行为，不仅能够提升客人的满意度和忠诚度，还能够为酒店树立良好的品牌形象和口碑效应。

当然，在实际工作中，话务员难免会遇到一些难以立即解答的问题。面对这种情况，话务员应保持冷静与理智，主动向客人解释清楚当前的情况，并承诺将尽快为其寻找答案或提供替代方案。同时，还应向客人表达诚挚的歉意，以缓解其不满情绪并维护酒店的良好形象。

第四节　总台接待服务礼仪

总台，又称服务台、前台，它是酒店的"窗口"，又是酒店管理的"神经中枢"。从整个服务工作来看，总台接待人员接触面广、影响大，是为客人提供服务的开始与结束，是客人第一印象和最后印象的重要岗位。因此，在接待客人的服务工作中，要特别讲究礼貌、礼节，给客人留下良好的印象。

一、总台问询服务礼仪

在酒店的接待体系中，总台问询服务扮演着至关重要的角色，它不仅是客人获取信息的窗口，更是传递酒店关怀与温暖的前沿阵地。当客人来到一个新的环境时，会有一种陌生和孤独的感觉，对于周围的一切充满了好奇，同时希望能够尽快熟悉环境，合理安排自己的活动与行程，其最直接最便捷的渠道就是询问。因此，总台问询员需以高度的专业素养和细致入微的服务，让每一位客人感受到"家"的温馨与舒适。

（一）问询服务的准备礼仪

总台服务员在上岗前，需精心装扮，确保仪容端庄、大方得体，以自然亲切的微笑迎接每一位客人。同时，保持良好的站姿，展现出专业的职业素养。同时，心中需有一张详尽的"活地图"，对酒店内外的各类信息了如指掌，包括服务项目、设施位置、收费标准以及周边交通、旅游景点等，以便随时为客人提供精准指引。

（二）问询中的服务礼仪

在问询服务过程中，总台服务员须始终保持饱满的热情和专注的态度。当客人步入服务区域，应主动注视客人，以微笑和亲切的目光给予迎接。当客人来到总台前，服务员应立即起身，用温馨的问候语拉近与客人的距离，并耐心倾听客人的询问。面对客人的询问，需耐心聆听，不能左顾右盼或打断客人讲话。若未听清客人要求，应礼貌地请客人复述一遍，确保准确理解其需求，避免因疏忽而导致误解。回答时，语调柔和，语速适中，展现出专业与耐心。

图6-6　服务员接听电话

接受电话问询时，要在电话铃响三声之内接起电话，主动问好，语速适当，声音甜美，仔细聆听客人询问的内容并做好记录，保证能够给予准确的回答；在接受电话询问的时候，若遇现场客人到访，应礼貌地请其稍等并尽快结束通话，以平衡好现场与电话服务的需求。

对于不确定的问题，切忌随意回答或不懂装懂，而应请客人稍等，待了解清楚后再给予明确答复。若经努力仍无法满足客人需求，应向客人致歉并解释原因，同时提供可能的解决方案或建议。对于已离开酒店但问题未得到满意答复的客人，应记住其联系方式，尽快给予明确回复，确保服务闭环。

同时，总台服务员还需关注等候区的客人，及时为他们提供茶水、杂志等物品，以缓解他们的等待焦虑。

二、接待住宿服务礼仪

总台服务员应热情问候每一位来店客人，双目正视对方，上半身略向前倾，用"您好！欢迎光临！"或"请问，您预订过房间吗？"等礼貌用语欢迎客人的到来。听清客人的要求后，根据客人的要求和客房控制实际情况，尽量满足客人的需求,为其安排好房间。在验看客人证件时,应仔细核对信息,确保无误后迅速归还并致谢。在交付房间钥匙时,应以热情的态度和简洁明了的礼貌用语进行交接,使客人感受到酒店的真诚与尊重。

当重要客人住进客房后,按照惯例,应予以特殊关照。总台服务员可在部门经理的授意下,适时地用电话征询客人意见,并伴之"祝您愉快!""有事请尽管吩咐"之类客气的问候,以表示酒店对贵宾的重视和关心。

同时,建立完善的客史档案,以便在接待常客时提供更加个性化的服务,让每一次入住都成为难忘的体验。

在客人较多时,应维持良好的秩序,按照先后顺序办理入住手续,同时兼顾等候客人的感受,提供必要的安抚与指引。对于有特殊需求的客人,应积极协调相关部门与员工,确保问题得到妥善解决。

对原已预订过房间的客人,应严格遵守承诺,在双方商定的时间内,按照酒店对客人的承诺,为客人保留房间并确保房间的整洁与舒适,不能将房间随意转租给其他人,以免预订过房间的客人到达后,因无法满足其需求而导致店方工作被动,造成不良影响。

对于临时来店住宿的客人,如遇当天已无空房,应主动解释情况,并主动向客人推荐其他相关的酒店,当着客人面打电话与其他酒店联系,设法解决,并欢迎客人以后再来。

三、预订服务礼仪

(一)接待预订礼仪:温馨与专业并重

酒店预订服务是客人与酒店初次接触的重要环节,其体验直接影响到客人对酒店的整体印象。无论是团队预订还是散客预订,酒店都应给予同等的重视与热情接待。对于亲自到访的预订客人,酒店应提前准备,包括分房、定价及填写好登记表,以节省客人时间,提高服务效率。

总台服务员的礼仪表现尤为关键。热情友善的态度、专业的知识以及对酒店的全面了解,将直接塑造客人对酒店的第一印象,为后续的住宿体验奠定良好基础。

在多数情况下,预订通过电话完成,因此,总台服务员的声音应传递出亲切友好、专业且悦耳的信息,让客人在未踏入酒店之前就能感受到家的温暖。

（二）报价礼仪：透明与尊重并行

报价不仅是服务的一部分，更是对客人尊重的体现。在报价过程中，总台服务员需详细解释各项费用构成，包括合理税率、额外服务费用、环境增值费用等，确保客人对费用有清晰的认识。同时，还需核实酒店是否有最低住宿时间要求及特殊促销活动，以免对客人的行程安排造成不便。对于外汇兑换，应提供当前合理的汇率比价，确保客人能够做出明智的选择。

（三）接受或拒绝预订礼仪：灵活应对，确保满意

面对客人的预订请求，总台服务员须迅速核对酒店的可供房情况，并据此作出接受或拒绝的决定。若接受预订，应立即确认，明确双方的权利与义务，确保预订的准确性和有效性。若因房满无法接受预订，总台服务员应以友好、遗憾且理解的态度向客人解释原因，并尽力提供替代方案，如调整房型、日期或推荐周边酒店，力求在无法满足客人最初需求的情况下，仍能赢得客人的理解与满意。

（四）修改或取消预订礼仪：细致处理，避免差错

预订被接受或确认后，客人在抵达酒店前还可能对预订内容做许多更改，如到达或离开酒店时间、房间数、人数、住房人姓名及预订种类的变更，甚至完全取消预订都有可能发生。需要更改，要填写更改表，将有关的预订登记做相应的改动，使之保持正确。

处理取消预订须十分谨慎，如果把账错算在已取消预订的客人身上，酒店就会处于被动地位，也会使客人感到不满。

预订中要避免记录错误，包括不正确的到达或离店日期，或将客人的姓名拼错或者是姓名颠倒，这是很失礼的，遇到这种情况应立即道歉。还要避免一次性记录产生的疏漏，因此从客人预订单上获取一些信息记录后，应该再向客人复述一遍。

（五）电话订房礼仪：声音传情，专业服务

电话订房作为预订服务的重要组成部分，其服务质量同样至关重要。总台服务员有时候也会接到电话订房。在接听电话时，要以友好、亲切且动听的声调与客人交流，耐心解答客人关于酒店服务、房价等方面的疑问，并适时推销酒店特色及优惠活动。在报价时，应灵活运用推销技巧，先报高价再报低价的方式有助于引导客人作出更合适的选择。一旦客人确认预订，应立即填写订单并确认预订详情。

四、推销服务礼仪

（一）推销服务准备礼仪

总台服务员要有广博的知识，同时要建立实用信息库，人手一份，无法回答客人的问题是很尴尬和失礼的，也可能会影响到酒店的声誉。只有做好相应知识储备，才能在向客人推销时有问有答、有理有据。

总台服务员必须掌握有关店内设施及当地情况的业务知识，以便客人有要求时能很有礼貌地予以答复，并且推销酒店服务。这些必备知识包括：（1）酒店所属星级；（2）酒店各项服务的营业或服务时间；（3）车辆路线、车辆出租公司、价格等；（4）航空公司的电话号码；（5）地区城市地图；（6）本地特产；（7）其他一些酒店咖啡厅的营业时间、餐厅营业时间和商场的营业时间等。

总台服务员还可以提前了解客人常见的问题。这些常见问题包括：这里最近的教堂在什么地方；你能为我叫一辆出租车吗；这里最近的购物中心在什么地方；我要去最近的银行，从这里怎么去；我要去看电影，怎么走；本酒店办理离店结账是什么时间；哪里有比较好的当地特色餐厅或其他客源国餐厅；洗手间在哪里；酒店附近有旅游景点吗……

总台服务员不仅要掌握上述必备知识，同时对该地区的旅游景点、旅游吸引物以及名胜古迹、风味小吃等也要熟悉，并告诉客人，向客人推销，介绍好的旅游景点，这样可以延长客人停留的时间。

若所属酒店为连锁运营酒店，总台服务员要熟悉连锁运营酒店，方便在适当的时候向客人推荐和介绍其下一旅游目的地的连锁酒店，既方便客人又控制客源流向。

（二）推销客房礼仪

在向客人推销客房时，总台服务员应基于客人的实际需求与预算进行推荐。描述客房时，应使用生动且令人信服的语言，让客人感受到客房的舒适与便利。同时，还需注意客房等级与客人实际情况的匹配度，避免强行推销高价房间而引起客人反感。在推销过程中，应坚守酒店公布的报价原则，不进行讨价还价行为，确保每一位客人都能享受到公平、透明的预订体验。在推销过程中，要注重与客人进行沟通互动，了解其喜好和需求，从而为其量身定制最佳的住宿方案。

> **礼仪小知识**
>
> 总台服务员在客房推销中可以参考以下说法。
> （1）游泳池畔帐篷小舍。
> （2）高层安静，行政管理办公客房。
> （3）新装修的获奖房间。
> （4）豪华、宽敞迎宾接待客房。
> （5）塔楼代办服务客房，提供优质、豪华服务。
> （6）奇异独特、山景客房，宁静宜人。
> （7）此房间非常符合您的要求。
> （8）房间对于迎接您的小团队是十分方便的，也极为理想。
> （9）您可以很快进入梦乡而不受喧哗的干扰。
> （10）您的孩子可以同住一个房间，这样免去您为他们担心。
>
> （资料来源：徐兆寿.旅游服务礼仪［M］.北京：北京大学出版社，2013.）

五、收银结账服务礼仪

总台收银员在处理客人账目结算时，不仅是财务的守护者，更是服务艺术的展现者。总台收银员在处理客人账目时，须将服务礼仪融入每一个细节，确保每位踏入前厅的客人，无论国籍与背景，都能感受到温暖如春的服务氛围。

（一）细致入微的账单准备

为确保账单的准确无误，酒店各部门需紧密协作，将各项服务费用及时、准确地录入系统，形成清晰、透明的消费记录。总台收银员在结账前，需进行全面的账务核查，包括但不限于检查客人是否有未处理的留言、信件或遗漏的临时费用，以确保账务的完整性和准确性。对于可能出现的追账情况，酒店应建立预警机制，通过提前沟通、及时提醒等方式，力求在客人离店前解决所

图6-7　服务员递账单

有费用问题，在客人退房时，总台收银员应以温婉有礼的态度，按照酒店既定的流程进行操作，同时确保账单的准确无误。呈上账单时，应确保账单内容清晰、无误，并请客人仔细核对。对于客人的疑问，收银员需耐心解答，直至客人完全满意。同时，收银员应严格遵守保密原则，对客人的账目数据、账务信息负有不可推卸的保密责任，确保客人隐私得到充分保护。

（二）高效的收银结账效率

当客人提出结账需求时，总台收银员应迅速响应，以微笑和热情的问候迎接客人。在请客人核对账单时，收银员应主动提供必要的解释和说明，确保客人对账单内容有充分的理解。若客人对账单有疑问，收银员需耐心细致地进行解答，直至客人疑虑消除。同时，礼貌地引导客人出示相关证件并签字确认，确保交易的真实性与合法性。

在收银结账过程中，收银员应严格遵守唱收唱付的原则，确保每一笔交易都公开透明、准确无误。对于现金类支付，需当面清点清楚；对于其他支付方式，如信用卡、移动支付等，则需仔细核对签名、折扣等信息，确保支付的真实性和有效性。同时，收银员还需了解酒店与各类支付方式的合作政策，如信用卡的支付限额等，以便在必要时为客人提供合理的支付建议。

在结账高峰期，收银员需保持冷静和耐心，礼貌地引导客人排队等候，确保结账过程的有序进行。同时，应尽可能简化结账手续，提高结账效率，减少客人的等待时间。

结账完毕后，收银员应向客人表达诚挚的感谢，并主动征求客人的意见和建议，以便不断改进和提升服务质量。

对于即将离店的客人，收银员可预祝其在未来的日子里一切顺利；而对于继续留宿的客人，则祝愿他们在酒店度过一个温馨舒适的夜晚。

六、邮件的处理服务礼仪

邮件处理作为酒店服务中不可或缺的一环，其重要性不言而喻。为了减少客人对邮件收发的不满情绪，要特别注重这一环节的每一个细节处理。

（一）邮件处理的规范化与人性化

当邮政服务不由专人在店内提供时，前厅部的每一位成员都应承担起邮件处理的职责。总台值班人员需在每日上班之初对已有邮件进行梳理与分类，做到心中有数，以便快速准确地回应客人的查询。

（二）对进店邮件的处理

在处理进店邮件时，服务员需仔细核对收件人信息，确保邮件能够准确无误地送达客人手中。若客人在房间，应礼貌敲门并说明来意，待客人确认无误后交予其手中，并表达打扰的歉意；若客人不在房间，则可将邮件安全地放置在房间内，并及时通过电话或短信等方式提醒客人查收。

（三）对离店邮件的处理

对于已离店客人的邮件处理，服务员要根据客人留下的联系方式及时与客人取得联系，按照客人的要求将邮件寄出或退回。

在处理出店邮件时，服务员应以微笑和热情的态度接过邮件，并仔细阅读邮件信息以确认无误。随后请客人再次核对收件人和寄件人的姓名、地址等信息以确保准确无误。在填写邮寄单时，服务员应准确无误地填写相关信息并请客人留下联系方式以便后续联系。

礼仪小知识：什么是"五步目迎，三步问候"？

在酒店、餐厅、销售网点等开放式的服务空间中迎接客人时，要记住"五步目迎，三步问候"的原则。目迎，就是行注目礼，迎宾的人员要专注，当注意到客人的到来，就要转向他，用眼神来表达关注和欢迎；注目礼的距离以五步为宜，在距离三步的时候就要问候"您好，欢迎光临"等，这就是"五步目迎，三步问候"。

（资料来源：焦艳芬，李燕，赵祺蒙.旅游交际礼仪[M].北京：中国人民大学出版社，2018.）

第五节 大堂副理服务礼仪

大堂副理也称大堂值班经理，在许多酒店又被叫作客人服务经理，受酒店委托代表总经理处理客人投诉，听取客人的各类意见和建议，督导酒店前台与后台区域的运行情况，协调各部门关系，力争通过各部门的共同努力向客人提供优质满意的服务。

第六章 酒店前厅服务礼仪规范

一、大堂副理处理客人投诉服务礼仪

（一）诚挚态度，共筑信任基石

投诉在酒店运营过程中是不可避免的。不管客人投诉的原因和目的是什么，面对投诉，大堂副理的首要任务是展现出高度的真诚与责任感。每一次投诉都是改进服务的宝贵机会。大堂副理须以积极、开放的心态倾听，确保客人感受到被重视与尊重，从而建立起解决问题的信任基础。在沟通过程中，保持立场客观公正，既理解客人的情绪，也维护酒店的立场，力求在双方之间找到最佳平衡点。

（二）关注场合，注重细节

处理投诉，场合的选择至关重要。大堂副理要根据投诉的性质，灵活选择办公室或安静的角落作为处理地点，避免在公共场合引起不必要的围观或尴尬。

大堂副理在处理投诉时，要注意自身姿态，通过站姿、坐姿等细微的身体语言，向客人传递出尊重与重视的信息，让客人在感受到被重视的同时，也能逐渐平复情绪，理性表达诉求。比如，当客人前来投诉时，如果大堂副理是坐着的，就应站起来相迎，请客人就座后，方可坐下；如果客人执意要站着说话，那么也应该站着，不能出现副理或接待人员舒服地坐在那里，甚至跷着二郎腿去和站着的客人说话的场面，那无疑是火上浇油。

（三）耐心倾听，共情共鸣

耐心倾听是处理投诉的核心技能。大堂副理需具备高度的同理心，理解并接纳客人的情绪表达。

客人在投诉的过程中不可避免地会出现情绪激动、言语过激的情况，大堂副理要有充分的思想准备，心平气和，善解人意，逐步引导，充分尊重投诉者的心情；要保持冷

图6-8 大堂副理耐心倾听

静，耐心倾听，不要急于解释，要集中精力，排除干扰，抱着慎重、富有同情心的态度注意倾听，同时捕捉客人投诉的目的；在倾听过程中，不要随意插话

或打断客人，不要对有争议的地方急于插嘴，那只会刺激对方说话的欲望，会使矛盾加剧；要让客人在平静的氛围中发泄，以便缓和矛盾，也可使投诉者获得心理的平衡；要适时点头附和，与客人产生情感共鸣。大堂副理在听取客人投诉时，对于客人投诉所反映的问题，要详细询问，并当面记录下来，以示郑重。这个时候，不能再"微笑服务"，要表现出认真、严肃的态度。客人在诉说的过程中，很可能怒气冲天，负责处理投诉的人员很可能还没听明白怎么回事，就挨了客人的训斥。但无论如何，对投诉客人都要有耐心，为了表示对客人投诉的重视与尊重，大堂副理应对问题要点进行书面记录，表示酒店方对事情的重视，避免客人误认为在敷衍了事，也可作为后期处理投诉的参考依据。

（四）积极应对，寻求共赢

在充分了解客人诉求后，大堂副理需迅速而细致地核查事实，进行必要的核查与评估，制定出既符合酒店利益又满足客人需求的解决方案。在这一过程中，应避免主观臆断与轻易承诺，而是通过客观分析、权衡利弊，提出既公平又合理的解决方案，赢得客人的认可与满意。同时，积极与相关部门沟通协调，确保方案的有效执行与及时反馈。

（五）跟踪反馈，闭环管理

处理投诉并非一蹴而就，大堂副理还需持续关注处理结果的落实情况，确保客人的问题得到彻底解决。通过电话、邮件或面对面交流等方式，及时将处理结果告知客人，并征询其反馈意见，持续跟进客人的满意度变化。必要时，通过赠送花篮、果篮或其他小礼品，表达对客人投诉意见的感谢，进一步巩固与客人的良好关系，或对酒店服务不周全表示歉意，以体现酒店的诚意与担当。

二、大堂副理处理突发情况服务礼仪

紧急情况主要指意外停电、客人突发疾病或受伤、自然灾害等事先无法预测的事情，它们能考验酒店处理应急事件和复杂问题的能力和水平。大堂副理在处理这些问题时，不能仅追求处理结果，还应注意处理过程的礼仪和风度。

（一）冷静应对，稳控局面

突发事件考验的是大堂副理的应变能力与决策水平。在危机面前，大堂副理需迅速调整心态，保持冷静与理智。通过快速评估事件性质与影响范围，制定出初步的应对措施与应急预案。同时，通过有效的沟通与协调，组织相关人员迅速行动，共同应对挑战。

（二）高效协同，迅速响应

在处理突发事件时，大堂副理应迅速调动酒店内外的资源与力量，形成合力共同应对挑战。根据事件的性质与严重程度，灵活采取各种措施与方法，确保客人的人身安全与财产安全得到最大限度的保障。同时，通过及时的信息通报与安抚工作，稳定客人的情绪与心态，减少负面影响。

（三）安抚客人，监控结果

在处理突发事件的过程中，大堂副理还需时刻关注客人的情绪变化与需求变化，安抚客人，监控结果，并随时向高层领导反映事情的进展情况。通过及时提供必要的帮助与支持、耐心解答客人的疑问与困惑、积极回应客人的合理诉求等方式，让客人感受到酒店的关怀与温暖。同时，通过加强与客人的沟通与交流，建立更加紧密的情感联系与信任关系，恢复酒店的正常运营，保证酒店的利益。

三、大堂副理婉拒客人的服务礼仪

（一）态度友善，措辞文明

当面对客人不合理或无法满足的要求时，大堂副理应采取礼貌、得体的方式予以拒绝。通过友善的态度与文明的措辞，向客人传达出酒店无法满足其要求的歉意与遗憾之情，让客人感受到被尊重与理解，避免因直接拒绝而产生的尴尬与不满。

（二）合理解释，提供建议

在拒绝客人请求时，大堂副理应给出充分的理由与解释，让客人理解酒店的立场与限制。同时，大堂副理可以根据客人的实际需求与酒店的服务能力，积极为客人提供合理的替代方案与建议，帮助客人解决问题或获得更好的体验。

【本章小结】

本章全面介绍了酒店前厅服务礼仪规范，从前厅作为酒店"门户"的重要性出发，涵盖了礼宾员、行李员、总机话务员、总台接待员及大堂副理等多个关键岗位的服务礼仪与技巧。详细阐述各岗位的服务细节、操作流程及注意事项，强调服务过程中的专业性与人性化结合。本章内容不仅注重服务技能的传授，更强调服务态度的培养，旨在培养前厅服务人员以客为尊、细致入微的服务意识。

【本章思考题】

1. 为了提供更规范的迎宾服务，礼宾员要做好哪些礼仪准备工作？
2. 在行李员引领客人进入客房的整个工作流程中，要注意哪些方面的礼仪？
3. 话务员接转电话时，要注意哪些礼仪？
4. 总台服务员在收银结账时的服务礼仪要点是什么？
5. 大堂副理在处理突发情况时，在服务礼仪方面需要关注什么？

【实训项目】

引领与电梯礼仪实训：角色扮演与情景模拟

实训目的：

1. 深化理论知识：通过角色扮演和情景模拟，使学生深入理解引领与电梯礼仪的核心原则和具体要求。
2. 提升实践能力：让学生在模拟的真实场景中实践引领与电梯礼仪，提高应对不同客人和情景的能力。
3. 增强沟通协作：培养学生与客人之间的有效沟通技巧，以及团队协作和应变能力。

实训内容：

1. 分组与角色分配：教师制作引领和电梯礼仪活动内容相关的分组卡片和不同角色卡片，包括行李员和客人卡片。学生随机抽取卡片进行分组，每组包括1~2位客人和1位行李员。
2. 情景模拟：拟定不同身份和携带不同数量行李的客人情景，如VIP客人、家庭出游客人等。每组学生根据抽取的角色和情景进行引领和电梯礼仪的演示。
3. 评议与反馈：其他组的学生作为评议组，对演示组的表现进行评议，提出改进建议。之后，表演组和评议组逐组轮换，确保每位学生都有机会参与演示和评议。

实训要求：

1. 准备充分：学生在实训前需复习引领与电梯礼仪的理论知识，了解实训内容和要求。

2. 全情投入：学生在角色扮演中要全情投入，尽量还原真实场景中的引领与电梯礼仪实践。

3. 注重细节：在演示过程中，学生要注意语言表达、动作姿态、时间管理等细节，确保服务质量和效率。

4. 积极评议：作为评议组的学生要积极观察、记录，并给出具体的改进建议，帮助演示组提升表现。

5. 总结与反思：实训结束后，学生需进行个人和小组表现的总结与反思，分析成功与不足，并提出改进建议。教师也应给予点评和指导，帮助学生进一步提升引领与电梯礼仪的实践能力。

✓【案例分析】

一位常住的外国客人从酒店外面回来，当他走到总台时，还没有等他开口，总台服务员就主动微笑着把钥匙递上，并轻声称呼他的名字，这位客人大为吃惊，由于服务员对他留有印象，使他产生一种强烈的亲切感，旧地重游如回家一样。

还有一位客人第一次来此住店，前台接待员从登记卡上看到客人的名字，迅速称呼他以表示欢迎，客人先是一惊，而后，作客他乡的陌生感顿时消失，显出非常高兴的样子。

一位 VIP 随陪同人员来到前台登记，服务人员通过接机人员的暗示，知悉其身份，马上称呼客人的名字："您好，××先生/女士，欢迎您光临××酒店。"并递上打印好的登记卡请他签字，使客人感到自己的地位不同，由于受到超凡的尊重而感到格外的开心。

简单的词汇迅速缩短了彼此间的距离。目前国内一些著名的酒店规定：在为客人办理入住登记时至少要称呼客人名字三次。前台员工要熟记 VIP 客人的名字，尽可能多地了解他们的资料，争取在他们来店登记姓名之前就称呼他们，当再次见到他们时能立即称呼是一个合格服务员最基本的条件。同时，还可以使用计算机系统为所有下榻的客人做出历史档案记录，为客人提供超水准、高档次的优质服务，把每一位客人都看成VIP，使客人从内心感受到酒店永远不会忘记他们。

（资料来源：杨红颖，王雪梅.旅游服务礼仪［M］.重庆：重庆大学出版社，2016；
徐桥猛等.酒店管理经典例分析［M］.广州：广东经济出版社，2007.）

案例思考题：

请对案例中服务员称呼客人名字的服务方式作出正确评价。

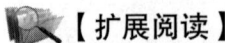【扩展阅读】

酒店"金钥匙"到底是什么？

第七章

客房服务礼仪规范

❧ 学习目标 ❧

▎知识目标

1. 理解客房服务礼仪的基本概念与重要性，掌握客房服务礼仪在酒店服务中的地位及其对提升客人满意度的作用。

2. 掌握楼层台班服务的礼仪规范，熟悉楼层台班员在接待、迎宾、日常服务及送客等环节中的具体职责与操作流程。

3. 熟悉客房清洁服务的标准与要求，明确客房清洁服务的"六无""六洁"等标准，并掌握清洁服务的具体操作方法。

4. 掌握个性化关怀与安全隐私保护的方法。

▎能力目标

1. 能够在实际工作中灵活运用所学礼仪知识，提升客房服务的专业性与规范性。

2. 能够通过与客人的有效沟通，理解并满足客人的需求，提升客户满意度。

3. 能够在服务过程中保持高度的警觉性，细致观察客人的需求与变化，并灵活应对各种突发情况。

4. 能够在客房服务团队中协作配合，高效完成各项服务任务。

▎思政目标

1. 树立以客人为中心的服务理念，全心全意为客人服务，培养高度的职业责任感与敬业精神。

2. 引导学生通过服务他人，实现自我价值和社会价值的统一。

3. 鼓励学生追求卓越，注重细节，不断提升客房服务的品质与满意度，弘扬工匠精神。

4. 引导学生树立正确的安全观与法治观，增强自我保护意识与法律意识。

5. 引导学生关注顾客的心理健康与情感需求，培养人文关怀精神。

忘却自我，通过服务他人，找到真正的自己。

——圣雄甘地

"宾至如归"这一理念，深刻体现酒店服务的精髓，其核心在于酒店的客房能否真正成为旅客心灵的归宿——"旅途中的家"。当客人踏入酒店，首要诉求便是寻找一个休憩的港湾，一个能够卸下旅途疲惫、恢复身心活力的私密空间。

客房部，或称房务部，作为酒店运营体系中的关键一环，承担着管理全酒店客房的重任。通过高效的接待服务与客房周转策略，客房部致力于确保每位旅客都能及时享受到高质量的住宿体验。

客房，作为旅客旅途中的临时栖息地，其营造的舒适度与温馨感，直接关乎酒店的品牌形象与服务质量评价。一个能够真正让客人感受到如家般自在的客房，不仅能够提升客人的满意度与忠诚度，更能有效促进客房的预订与销售，进而为酒店带来可观的经济效益。

在这一过程中，客房服务员扮演着至关重要的角色。他们不仅是客房日常清洁与维护的执行者，更是旅客日常生活服务的贴心助手。为了提升客房服务的品质与满意度，客房服务员须严格遵循标准化、规范化的服务流程，同时融入个性化的关怀与细致入微的礼节，确保每一位旅客都能感受到家的温暖与安心，从而在酒店找到真正的归属感与满足感。

第一节 客房楼层台班服务礼仪

客房接待服务，作为酒店服务的核心组成部分，其服务质量直接关系到客人的整体住宿体验。自客人踏入酒店那一刻起，大部分的接待与互动便集中在各个楼层，而这些细致入微的服务主要由楼层台班员（楼层迎送专员）来完成。

楼层台班员，作为客房服务的首要窗口，其形象与效率直接映射出酒店的专业水准。台班员不仅是楼层接待的主力军，更是房间状态与客人需求的精准把控者。台班员需实时掌握每间客房的占用情况与特殊需求，确保信息流通的准确无误，为客人与酒店之间搭建起一座高效沟通的桥梁。台班员还承担着服务员、指挥员、安全员的角色。优良的楼层接待服务，不仅需要整洁、舒适、安全和具有魅力的客房，而且更需要主动、热情、耐心和周到的服务。

一、迎客准备工作礼仪

（一）信息全面掌握："七知四了解"

楼层服务台一旦接收到前台的开房通知单，当班台班员须立即进入准备状态，确保"七知"与"四了解"的准确无误。这些信息的掌握，为提供个性化服务奠定了坚实的基础。

"七知"：知道客人到店时间，知道客人国籍、身份、人数和团体的名称，知道客人生活标准和收费办法，知道其接待单位。

"四了解"：了解客人的意见和要求，了解风俗习惯和生活特点，了解客人的活动日期，了解客人退房和离店的时间。

（二）房间精心布置：尊重多元文化

在客人入住前，台班员需仔细检查房间设施与用品，确保一切正常可用，并清理房间，确保环境整洁、舒适，为客人创造无忧的居住环境。针对贵客，还需根据接待规格精心布置，如摆放鲜花、水果及总经理名片等，展现酒店的尊贵与热情。同时，考虑到不同客人的文化背景和宗教信仰，需灵活调整房间布置，如调整床头方向、撤除忌讳物品等，以体现对客人的尊重与关怀。

二、迎宾礼仪

（一）电梯口恭候，热情问候

接到来客通知后，楼层台班员应提前站立于电梯口，以饱满的精神状态迎接客人的到来。当客人走出电梯时，应立即致以亲切的问候，如"××先生（小姐），您好，欢迎光临！"并配以适度的鞠躬礼，营造温馨的欢迎氛围。在节假日等特殊时期，更需增添节日问候，让客人感受到节日的喜悦与酒店的关怀。一定要记住，温柔的话语和笑脸可以使客人忘掉旅途的劳顿，产生宾至如归之感。

（二）细致入微，协助行李

对于携带行李的客人，楼层台班员应秉持着"主动而不强求"的原则，主动询问是否需要帮助，并根据客人的意愿提供必要的协助，避免给客人带来不便或尴尬。对老、幼、病、残等特殊客人要给予特别的关注与照顾，确保他们感受到酒店的无微不至。

（三）引领入房，细致介绍

楼层台班员引领客人要在客人左前方约1.5米，按客人的步幅前进，直至预订的房间门口。来到客房前，先敲门三下，如无异常，再用钥匙开门。

开门后侧身一旁，请客人先进房，随后才进。对于重要客人，还需要提供茶水、毛巾等即时服务，并详细介绍房间设施及酒店服务设施，展现酒店的周到与专业。

图7-1　台班员敲门

图7-2　台班员开门

进入房间后，台班员会根据客人的具体需求与情况，详细介绍房间内的各项设施及使用方法。同时，也要耐心介绍酒店的其他服务设施与便利条件，如餐厅的特色菜品、商场的购物指南、健身房的开放时间等，帮助客人快速熟悉环境并享受愉快的住宿体验。

（四）灵活应变，尊重隐私

面对急于休息的客人，楼层接待员需具备高度的敏感性和灵活性，适时简化服务流程以尊重客人的隐私与休息需求。在退出房间时，应注重动作的轻柔与礼貌，确保不会打扰客人休息。

> **礼仪小案例：小李的迷茫**
>
> 　　经过为期一个月的岗位培训，实习生小李被分配在客房工作。上班的第一天，小李反复在心里把台班服务礼仪要求过了好几遍。早上十点左右，电梯门打开，走出一位台湾客人。小李立刻微笑上前问候，并主动接过客人行李。引领客人进入客房后，小李非常热情地向客人介绍房间中的一切设施设备，其间客人打断了她的介绍，表示"已经知道了"，小李微笑回应后，仍然继续向客人介绍房间的入住须知等，这时客人不耐烦地掏出一张面值10元的人民币给她，并说道："我知道了，你走吧！"
>
> 　　小李一下呆住了，面红耳赤、结结巴巴地说："您误会了，先生，我们不收费的，谢谢您，如果没有别的事情，我先出去了。"
>
> 　　回到服务台后，小李就哭了，她不明白，为什么她按照服务流程，热情地为客人介绍客房设施设备，客人对她态度那么不好，而且还误解了她。

三、对客的日常服务与礼仪

（一）安全守护：筑就客人安心之旅

　　台班服务员肩负着守护每一位住客安全与隐私的重任，要时刻保持高度的警觉性，密切关注客房区域的动态，如同无形的盾牌，为每一位住客的生命与财产安全保驾护航。

1. 细致观察

　　台班服务员要时刻留意进出客房的人员，尽量记住客人的姓名、特征等，对不熟悉的住客，一定要请其出示出入证才能为其开门，一定要与登记住宿的姓名、性别、特征相符。通过记忆与比对，确保每位访客的身份与登记信息相符，从而有效防止任何潜在的安全风险。

2. 严格管理

　　在来访者管理上，台班服务员严格遵守访客管理制度，未经住客明确同意，绝不擅自允许访客进入客房，即便是亲友也不例外，确保客房成为客人的私人领地。对于楼层上的陌生人，要主动上前询问，必要时迅速联系保安部门介入，确保楼层环境的安全与秩序。

3. 隐私保护

台班服务员必须掌握准确的客情，严守客人信息保密原则，无论是住客的姓名、房号还是个人物品，都不得随意告诉他人，尤其对重点客人的房号和行踪更不能随意泄露，以防意外。

4. 隐患排查

在客人外出时，台班服务员要细致入微地进行跟房检查，检查房内设施是否完好并工作正常，检查房内物品是否齐全，及时发现并消除火灾等安全隐患。

对客人进出情况及跟房情况进行详细记录。当班期间，钥匙随身携带，保管好客房钥匙，为客人营造一个安心、舒适的居住空间。

（二）会客服务：细节之处见真情

当客人接待来访者，要及时根据客人的要求，备足茶水。若访客逗留时间超出酒店规定，应礼貌提醒，确保酒店规定得到尊重，同时不忘热情相送，细心观察，确认其未带走任何非其所有物品，维护客人财产安全。每一次来访登记，都是对客人安全的一份承诺，须认真记录，确保信息的准确无误。同时，来访者离开楼层时应在来访登记本上写明离开时间，并由当班台班员签名确认，确保信息的准确无误。

（三）叫醒服务

对于客人的叫醒需求，一定要给予高度的重视和细致地执行。要详细记录客人的姓名、房号及叫醒时间，并在交接班时特别强调，确保服务的连续性与准确性。在叫醒服务实施时，尽量做到温柔而有效。

（四）洗衣服务："五清一主动"彰显专业与贴心

在提供洗衣服务时，严格遵循"五清一主动"的原则：房号记清、要求写清、口袋掏清、件数点清、衣料破损与污渍看清，并主动将洗净的衣物送回房间。要细心检查每一件衣物，确保无遗漏物品，若发现客人衣物中有遗留物品，要及时归还。同时，仔细核对洗衣单，为客人提供最贴心的服务建议，如加快服务、送衣时间等，让客人在细节中感受到酒店服务的专业与用心。

（五）周全服务：预见需求，超越期待

优质服务不仅仅在于响应，更在于预见。因此，在服务中要致力于提供全

方位、个性化的服务。无论是生日惊喜、日常小服务，还是书报与邮件传递、衣物洗熨，不要遗忘，不耽搁收取时间，不搞错，力求做到最好。面对身体不适的客人，更是要主动关怀，提供必要的帮助与建议。

要始终站在客人角度思考问题，力求在客人提出需求之前，就已经准备好了周到的解决方案。

（六）举止优雅得体：展现酒店人的专业素养

在服务过程中，要注重每一个细节，以优雅的举止、和蔼的态度赢得客人的信赖与尊重。

当需要进入客房服务时，首要之务是礼貌敲门并清晰通报，这不仅是酒店服务的规范，更是每位客房服务员应内化于心，外化于行的职业素养。切记，敲门应有序而轻柔，通常以三声为一组，轻敲一下后如没有人答应，稍等片刻再缓敲两下，以示尊重与耐心。得到客人应允后，可以缓缓推门而入，同时以温婉之声致歉："非常抱歉，打扰了您的休息。"与客人沟通事宜时，力求言简意赅，高效完成后礼貌告退，轻手关门，以免过多打扰。

服务过程中，秉持"三轻"原则：走路轻、说话轻、操作轻，展现专业与细致。行动敏捷而不失稳重，力求效率，尽量减少出入客人房间的次数，维护客人私密空间。

工作时段，避免喧哗交谈，物品搬运需轻手轻脚，夜晚更需细语轻声，确保客人安享宁静。行走于走廊，应沿边而行，避免并排妨碍他人。对迎面而来的客人要礼让在先，放慢行走速度，在距离客人二三米时，自动停止行走站立一边，以微笑点头或温馨问候相待，展现真诚与尊重，忽视或冷漠乃服务之大忌。与客人往同一方向行走时，不要抢道先行。对同事及管理层亦应如此，微笑致意，增进团队和谐。

坚守职业操守，不与同事私下议论客人的仪表、仪态，更不得议论客人的生理缺陷或给客人起绰号，尊重每位客人的隐私与尊严，避免询问敏感话题，比如不向客人打听年龄、收入、婚姻状况等私人情况。与客人保持适当话语距离，展现专业界限。如果遇到客人在交谈，不要随意打断或窥探，更不在其友人在场时要求付账取款，以维护客人颜面与隐私。

遵循握手礼仪，不主动向客人伸手，不抱客人小孩，避免与客人的过度亲密行为。与客人交谈，以礼貌用语始末，如"请"字开头，"谢谢"收尾，彰显文明礼貌之风范。

（七）特殊关怀：妥善安顿酗酒客人

客人酗酒现象在酒店时有发生，面对酗酒客人，要保持冷静与理智，迅速通知上级与保安人员，在保障安全的前提下，协助将醉酒客人安置回客房，并留意其状态，避免意外发生。同时，细心观察房内动静，采取必要措施，保护客房设施不受损坏。如果在楼层走廊遇到醉客回房，切忌单独搀扶客人进入房间和帮助客人解衣就寝，以免客人酒醒后产生误会或纠纷。

每一次的妥善处理，都是对客人安全与酒店形象的双重守护。

（八）特殊职责：全力做好防火工作

作为酒店员工，做好防火工作是至关重要的。每位客房台班员工都应坚守岗位，做到不串岗、不睡觉，并保持勤巡逻的状态，时刻关注酒店的消防安全。这不仅是对自己负责，更是对客人和酒店的财产安全负责。

在执行防火任务时，应特别注意观察，尤其是对饮酒过量的客人，因其可能带来的安全隐患更大，须给予特别关注。

查房时，需仔细检查客人使用的电器设备，确认电器是否已从插座拔出、电源开关是否已关闭等，以防止因电器使用不当而引发火灾。同时，应劝说客人不要将易燃物品带入客房，并告知客人酒店可代为妥善保管这些物品，以确保客房的安全。

除了日常的观察和劝说工作，还需要认真检查酒店的设施运转状况，定期对酒店的消防设施、电器线路等进行检查，确保其处于良好的工作状态。一旦发现任何潜在的安全隐患或问题，应及时报告给相关部门进行处理，以防止火灾事故的发生。

在面对火灾时，要保持沉着冷静，根据火灾的规模和情况迅速做出判断，并采取相应的应对措施。对于小规模的火灾，可以尝试使用灭火器进行扑救；而对于大规模的火灾，则应立即报警，并确保自身和客人的安全。同时，台班服务员还需要迅速通知楼房内的客人，并组织带领他们通过消防通道安全逃生。这需要熟悉酒店的消防通道和逃生路线，以便在紧急情况下能够迅速引导客人逃生。

（九）强化自我保护意识：确保职业安全与个人尊严并重

作为客房服务员，尤其是女性员工，在工作中强化自我保护意识是至关重要的。这不仅仅是为了个人安全,更是为了维护职业尊严和服务质量。在面对客人时,服务员需要展现出彬彬有礼、热情主动的态度,这是优质服务的基本要求,但同时也需要保持一定的距离,以避免不必要的误解或纠纷。

当被客人唤进客房时,应确保房门保持敞开状态,并对客人试图关门的行为保持高度警惕。如果客人邀请坐下,应婉言谢绝,并避免坐在客人床上。这样的行为既是对客人的尊重,也是对自己的保护。同时应尽量找借口拒绝客人的外出邀请,以避免不必要的风险。例如,可以说:"非常感谢您的邀请,但我还有工作任务需要完成,不能陪您外出。"这样既表达了感激之情,又婉转地拒绝了邀请。此外,还应避免在客房内与客人进行不必要的私人交谈或透露过多个人信息,以保护自己的隐私和安全。

下班后,应严格遵守酒店的规定,明确自己的职责范围,在工作时间外与客人保持适当的距离,不得私自到客人房间串门,以确保个人安全和避免任何可能的误解或纠纷。

(十)正确处理客人投诉:维护良好客户关系

在酒店服务工作中,面对客人的投诉是不可避免的一部分。在工作中,若发生差错或疏忽导致客人不满,应当诚恳地向客人道歉并积极采取措施进行补救,获得客人的理解和谅解。此时,强词夺理或推卸责任只会加剧矛盾,对解决问题毫无帮助。即使责任在客人一方,也要以谦和的态度进行说服工作,保持冷静和客观,避免情绪化或过度反应,尽量消除误会,而不是与客人争执或辩论,并寻求双方都能接受的解决方案。

在处理客人投诉时,要注重沟通技巧和表达方式,避免使用过于激烈或冲动的言辞,以免加重客人的不满情绪;要避免使用过于专业或复杂的术语,以免让客人感到困惑或不解;还要根据实际情况,灵活地调整处理方案,以满足客人的合理需求。还需要注意一些细节。比如,要保持微笑和友好的态度,让客人感受到自己的诚意和善意。

对于曾经投诉过的客人,不应该敬而远之或另眼相看。相反,应该继续以热情的态度为这些客人提供诚意的服务,以维护良好的客户关系并赢得客人的信任和满意。通过这样的处理方式,酒店可以展现出其专业性和对客户关系的重视,进而提升整体服务质量和客户满意度。

四、送客服务

得知客人的离店日期后，应积极协助客人做好离店前的各项准备，确保客人感受到周到与热情的服务。

一旦接到客人的退房通知，客房台班服务员应立即行动，仔细核查客人所有委托办理的项目是否已全部妥善完成，同时确认各种账单是否已经结算并付清。在客人临行前到客房的短暂时间里，服务员应充分利用这一机会，迅速而细致地检查房间内的各种主要配备用品是否完好无损，数量是否齐全。一旦发现任何问题，应以委婉、礼貌的方式向客人提出，并请其协助解决，无论是退回还是赔偿。

在客人离店之前，应尽可能主动征求客人的意见和建议，以便酒店能够不断改进服务工作，提升客人满意度。在征求意见时，服务员需保持诚恳、谦逊的态度，认真倾听并记录客人的每一条反馈，但同时也要注意不要过多占用客人的宝贵时间，以免影响其行程安排。

送别客人时，服务员应主动协助行李员提送客人的行李物品，以减轻客人的负担。同时，要诚恳、真挚地向客人表示感谢，感谢他们选择本酒店作为住宿之地，并希望他们未来能够再次光临。送客至电梯口时，服务员应代为按铃，并热忱地向客人道别，祝愿他们一路平安。

客人离开房间后，服务员应迅速而仔细地进入房间进行最后的检查。如发现客人有遗忘的物品，应立即归还；如已来不及直接交还，则应交至客房部办公室登记保存，以便客人寻找时能够归还。同时，服务员还应检查房间内的小物品（如烟灰缸、工艺品）是否齐全无损，如有任何缺失或损坏，应立即向主管报告，以便及时处理。

在实际工作中，有些客人可能会对查房行为产生误解，认为这是对他们的不信任或怀疑。当出现此类误会时，服务员应耐心、细致地向客人解释查房的目的：一是为了检查客人是否有遗留物品，以便及时归还；二是为了检查客房设备是否有损坏或丢失，以便及时报修并请客人适当赔偿。相信客人了解后，会给予理解和配合。通过这样的沟通与服务，我们可以确保客人在离店时感受到我们的专业与关怀。

第二节　客房楼层清洁服务礼仪

客房清洁服务是酒店为住客提供的一项基本服务。一个舒适、美观、清洁的住宿环境，离不开客房清洁员对客房的精心整理和彻底清扫。

> **礼仪小知识：清洁卫生的标准和要求**
>
> 　　客房清洁卫生要做到"六无""六洁""两消毒""一干净"。
> 　　"六无"是指无六害、无积尘、无异味、无蛛网、无污渍、无卫生死角。
> 　　"六洁"是指室内环境清洁，床上用品清洁，家具设备清洁，卫生间清洁，工作间、储物室、行李室清洁，职工工作服清洁。
> 　　"两消毒"是指茶具饮具消毒、卫生间洁具消毒。
> 　　"一干净"是指员工个人卫生干净。

一、客房服务员进房前的礼仪

客房服务员在进房打扫卫生时，通常选择在客人外出后进行，以示尊重。然而，在进入房间之前，客房服务员必须遵循一定的礼仪规范。

客房服务员开门前必须轻轻敲门以示尊重。敲门的规范动作是用右手的中指和食指关节轻轻敲三下门，作为进入前的示意。如果初次敲门后没有回音，应等待五秒钟后再次敲三下。只有在第二次敲门后仍无回音时，服务员才可以开门进入，并同时自报身份，如"客房服务员"或"housekeeping"。

如果敲门后听到房间内有客人的问话声，服务员应立即礼貌地回应，例如："对不起，打扰了，我是客房服务员，现在可以打扫房间吗？"只有在明确征得客人同意后，服务员才能开始进行打扫工作。

在开门进入房间的过程中，如果服务员发现客人正在卫生间、睡觉或穿衣服等私人场景中，应立即表示歉意并迅速退出房间，同时轻轻将门关上，以避免给客人带来不必要的困扰。在打扫房间卫生的过程中，为了表示对客人的尊重，并方便客人随时返回，服务员必须保持房门处于开启状态。这一做法不仅体现了服务员的专业素养,也确保了客人在需要时能够顺利进入房间。通过这样的规范操作,客房服务员能够在不打扰客人的前提下,高效地完成打扫工作。

进房前,服务员还需仔细观察门把手上是否挂有"请勿打扰"的牌子,或锁中是否露出红色标志,这表示客人已上双重锁,在这种情况下,应尽量避免敲门,更不能擅自闯入。如果正值清扫、整理房间的时间或有客人交代需尽快办理的事项,服务员可通过电话方式向客人征询意见。但如果客人到下午还未开房间,里面也无声音,应立即向上级报告,以确保客人的安全。

此外,客房服务员在进入客房前,必须向台班了解房态。对于住房和空房,没有明确的工作指令不得随意进房。对于办公房,则只能在客人非工作时间方可进入,以尊重客人的隐私和工作需求。

二、客房服务员进房后的礼仪

进入客房进行清扫时,服务员需要对客人的文件、杂志、书报稍加整理,并在打扫后放回原处,确保不弄错位置。服务员必须严格遵守规定,不擅自翻动客人物品的原则,也不得向客人索取任何物品,自觉维护自己的人格和职业道德。

对于客人丢弃在垃圾桶里的物品,服务员应予以清理。但对于客人放在垃圾桶外的物品,即便是放在地上的东西,也只能替客人做简单的整理,不得自行处理。对于女性用的化妆品,服务员可以稍加收拾,但不得改变其位置,即使化妆品已用尽,服务员也不得擅自丢弃空瓶或纸盒。

在整理客人的衣物时,服务员也需格外细心。例如,对于客人放在床上或搭在椅子上的衣服,如果不够整齐,服务员应帮其挂在衣柜里;睡衣或内衣也要挂好或叠好放在床上;如果客人洗过的衣物挂在不适当的位置,如空调出风口、窗帘杆、落地灯或床头灯架上,服务员应取下来挂到卫生间浴帘杆上,以确保客房的整洁和客人的舒适。

在整理卫生间时,服务员需注意一些细节。例如,发现客人用过的牙膏盖未拧紧,应主动为其拧紧;梳子脏了,应为客人洗刷干净;同时,将客人的化妆品摆放整齐等。

在服务过程中,服务员需保持专业态度,不得在客房内收看电视、听音乐,除发生意外情况外,不得使用客房的电话。对于打到客房内的电话,一律不得接听。若客人请坐、给小费或赠送物品,服务员要婉言谢绝,并表达谢意。

关于工作车的使用，服务员需注意只能拉车，不能推车，以免损坏墙纸。在移动工作车时，动作要轻，并且不要将其放在靠近房间门的一侧，以免影响客人进入。房间清理完毕离开时，服务员应环视一周，确认一切完好后再离开。若客人不在房间，要切断电源并锁好房门；若客人在房间，要礼貌地向客人道歉："对不起，打扰了，谢谢！"优雅地告退，出房间后轻轻关上门。

第三节　公区卫生保洁员服务礼仪

房务公共卫生工作是酒店服务中不可或缺的一环，其复杂性、细致性和专业性不容忽视。它涵盖了大堂、公共卫生间、楼层走廊和楼梯等多个区域的清洁工作，每一项都直接关系到酒店的整体形象和客人的住宿体验。这项工作由经过专业培训的公区卫生保洁员负责执行。

一、公区卫生保洁员仪态礼仪

公区卫生保洁员在工作时应穿着工作识别服，这不仅是对他们职业身份的标识，也是对客人的一种尊重。要保持精神饱满、表情自然、手脚利索，展现出专业、高效的工作态度。要严格遵守个人卫生标准，遵循"五勤""三要""五不""两个注意"原则。

"五勤"即勤洗澡、勤理发、勤刮胡须、勤刷牙、勤修指甲，确保个人整洁；"三要"指工作前后要洗手、大小便后要洗手、早晚要漱口，以维护卫生；"五不"则包括在客人面前不掏耳朵、不剔牙、不抓头皮、不打哈欠、不掏鼻孔，以示对客人的尊重；"两个注意"是上班前不饮酒，不吃有强烈异味的食物，如韭菜、大蒜、大葱、海鲜等，避免给客人带来不适。

二、公共卫生区的清洁服务礼仪

在公共卫生区工作时，公区卫生保洁员需要时刻保持高度的警觉，留意周围的环境和客人的动态，以确保他们的清洁工作不会给客人带来任何不便。如果因为清洁工作而给客人带来不便，应立即使用"请当心""劳驾""打扰您了""多谢"等礼貌用语，以表达歉意和尊重。

在清扫大堂时，需要随时注意周围行人的动态，主动为客人让道，避免妨碍客人的行走。在清除烟灰缸、废纸杂物时，操作要轻、动作要规范，同时向客人微笑点头示意，礼貌问候。此外，还需要确保扶手干净明亮，楼梯上无烟头、纸屑和灰尘，维护公共区域的整洁和卫生。在雨天揩拭大理石地面积水或在高处清洁楼梯扶手时，要特别注意过路客人的安全，有条件的应设置示意牌以提醒客人。

除了日常的清洁工作，保洁员还需要与各楼层做好协调工作，及时清洗污点并做好记录，确保公共区域的卫生状况始终保持在最佳状态。同时，应严格遵守店纪店规，不得在工作时间离岗或与其他员工聊天、大声谈笑，维护良好的工作秩序和氛围。

三、公共卫生间的清洁服务礼仪

当客人进入卫生间时，保洁员应主动问候，并以"请"字当头。要时刻留意客人的需求并提供相应的服务，及时向客人提供安放随身物品的便利，如提供挂钩或篮子等。待客人用厕完毕后，保洁员应迅速示意洗手位置，并预先一步拧开水龙头、调节好水温，提供香皂或皂液供客人净手，客人洗净手后，用夹子递上小方巾或纸巾，或开放干手机供客人使用。

根据客人的不同需求，保洁员还可以适时递上梳子、指甲钳等物品供其使用，以进一步提升客人的使用体验。若发现客人双肩落有头屑时，可主动帮助刷去。当客人离去时，保洁员应送其到门口、主动拉门、礼貌道别，并说声"请慢走"。值得注意的是，保洁员不能向客人索要小费。即使卫生间内无客人，也不应懒散，不能随处靠坐或在内吸烟、看书、看手机等。

礼仪小案例：客房服务语言的艺术

夏日炎炎，常有客人买西瓜回房间享用，瓜皮、瓜汁极易沾染、弄脏地毯和棉织品，形成难以清除的污渍。

服务员 A 对客人说道："先生，对不起，您不能在房内吃西瓜，会弄脏地毯的。请您去餐厅吧！"客人很不高兴地答道："你怎么知道我会弄脏地毯，我就喜欢在房间吃。"服务员 A 再次向客人解释："实在对不起，您不能在房间里吃西瓜。"客人生气地说："房间是我的，不用你教训。酒店多的是,我马上就退房。"说罢愤然而去。

服务员B是这样处理的:"先生,您好,在房间里吃瓜容易弄脏您的居住环境,我们让餐厅为您切好瓜,请您在餐桌旁吃,好吗?"客人答道:"餐厅太麻烦了。我不会弄脏房间的。"B又建议道:"要不把西瓜切好,送到您房间?省得您自己动手,好吗?"客人点点头,说道:"那就谢谢小姐了。"

【本章小结】

本章详细阐述了客房服务礼仪规范的重要性及其在酒店运营中的关键作用,围绕客房楼层台班服务礼仪、客房清洁服务礼仪及公区卫生保洁员服务礼仪展开,详细讲解了从客人到店前准备、迎宾、日常服务、送客到客房清洁与公区保洁的各个环节的标准化、规范化操作流程,并强调了个性化关怀、安全与隐私保护的重要性。通过"宾至如归"这一核心理念,强调了客房作为旅客旅途中"家"的角色。

【本章思考题】

1. 客房服务员在进入客房前的敲门规范动作是什么?
2. 面对酗酒客人,服务员的服务礼仪要点是什么?
3. 楼层台班员遇到住店客人的访客,在服务礼仪方面需要关注什么?
4. 公区卫生保洁员"五勤""三要""五不""两个注意"的原则是什么?
5. 当客人正在交谈,我们有急事询问时怎么办?

【实训项目】

酒店客房服务响应礼仪

实训目的:

1. 提升服务响应速度与质量:通过模拟实际客房服务场景,训练学生快速、准确地响应客人需求,不仅能够加深学生对客房服务礼仪的理解,还能在实际操作中提升自我,为未来的职业生涯打下坚实的基础。

2. 增强沟通能力:培养学生与客人的有效沟通技巧,学会倾听、理解并妥善回应客人的各种需求和问题。

3.培养职业素养：在实训中强调礼貌、耐心、细心和责任心等职业素养的重要性，提升学生在客房服务中的专业水平。

实训内容：

1.模拟客人需求响应：设置多种客人需求的模拟场景，如客人需要额外床品、清洁用品、维修服务等，要求学生按照标准流程快速响应并处理。

2.紧急情况处理：模拟客房内的紧急情况，如客人突然生病、火灾警报等，考验学生的应变能力和解决问题的能力，同时保持礼貌和专业。

3.跨部门协作：模拟与其他酒店部门（如前台、维修部等）的协作场景，训练学生在处理客人需求时如何有效协调资源，提供一站式服务。

4.服务记录与反馈：要求学生记录每次服务响应的过程和结果，以及客人的反馈意见，以便后续分析和改进服务质量。

实训要求：

1.充分：每位学生需提前复习客房服务礼仪和响应流程的理论知识，了解实训内容和要求。

2.角色扮演：实训中需认真对待每一个角色，无论是服务人员还是模拟客人，都要全情投入，以真实场景进行模拟。

3.注重细节：在服务响应过程中，要注意语言表达、动作姿态、时间管理等细节，确保服务质量和效率。

4.团队协作：鼓励小组合作，相互观察、指正，共同提升服务响应能力。

5.总结与反思：实训结束后，进行小组和个人表现的总结与反思，分析服务响应中的成功与不足，提出改进建议。同时，教师也应给予点评和指导，帮助学生进一步提升。

☑【案例分析】

一次温馨的误会

在某五星级酒店的客房部，新入职的服务员小赵正紧张而兴奋地准备着开始他的第一天工作。他被告知，下午需要特别关注1508号房，因为该房间的客人已经连续两天挂着"请勿打扰"的牌子，根据酒店规定，需要敲门确认客人的安全。

下午3点，小赵深吸一口气，轻轻地敲响了1508号房的门。"您好，客房服务！"他礼貌地喊道。然而，门内并没有回应。他稍微等了片刻，再次轻轻地敲了敲门，并报出了自己的身份。

这时，门猛地被拉开，一位中年男士满脸不悦地站在门口。"没看到'请勿打扰'的牌子吗？为什么还敲门？"客人不满地质问道。

小赵连忙解释道："非常抱歉，先生。我看到您房间的请勿打扰牌子已经挂了两天了，根据我们的酒店规定，我们需要敲门确认一下您的情况，以确保您的安全。如果您不需要任何服务，那我现在就离开，非常抱歉打扰到您了。"

听到小赵的解释，客人的脸色稍微缓和了一些。"哦，原来是这样啊。我还以为你们是来打扰我休息的呢。其实，我这两天有点感冒，所以不想被人打扰。不过，你们酒店的这种关心客人的做法，我还是很欣赏的。"客人说道。

小赵微笑着回应："谢谢您的理解，先生。如果您需要任何帮助，或者需要送一些感冒药过来，请随时告诉我。我们会尽力为您提供最优质的服务。"

客人点了点头，表示满意。"好的，我知道了。谢谢你。我现在不需要任何服务，只是需要休息一下。你们的服务真的很周到。"说完，客人关上了门。

这次经历让小赵深刻体会到了客房服务礼仪的重要性。他不仅学会了如何在遵守酒店规定的同时，尊重客人的需求和意愿，还学会了如何用礼貌和耐心的态度去化解客人的不满和误解。

案例思考题：

1. 在这个案例中，小赵是如何处理客人的不满和误解的？他的做法有哪些值得借鉴的地方？

2. 作为酒店员工，你认为在客房服务中应该遵循哪些基本的礼仪原则？为什么这些原则如此重要？

3. 如果你遇到类似的情况，你会如何平衡酒店规定和客人需求之间的关系？你会采取哪些措施来确保客人的满意度和舒适度？

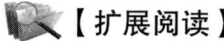【扩展阅读】

酒店客房服务礼貌用语举例

第八章

餐饮服务礼仪规范

❧ 学习目标 ❧

▌知识目标

1. 掌握餐饮服务礼仪的基本概念和重要性。
2. 理解并熟记服务人员仪表与举止的规范标准。
3. 熟悉中餐服务、西餐服务及自助餐与酒吧服务等环节的礼仪细节。

▌能力目标

1. 能够根据规范要求，自我检查并调整个人仪表与举止，展现良好的职业形象。
2. 能够独立完成餐前准备工作，确保环境整洁与服务流畅。
3. 能够根据服务场景灵活运用餐饮服务礼仪。
4. 能在服务过程中妥善处理客人的各种需求，提升客户满意度。

▌思政目标

1. 培养学生的职业素养和服务意识，树立正确的职业观和道德观。
2. 引导学生尊重客人，关注细节，培养社会责任感和使命感。
3. 引导学生注重细节，追求完美，提升个人综合素质。
4. 强调团队协作与沟通的重要性，培养学生的合作精神和协调能力。
5. 引导学生树立正确的价值观，倡导健康、文明、礼貌的餐饮文化。

第八章 餐饮服务礼仪规范

> 夫礼之初，始诸饮食。
>
> ——《礼记》

餐厅是客人用餐的主要场所，是酒店的重要部门。随着酒店业的蓬勃发展和人们生活水平的显著提升，客人对于餐饮服务的需求已不再仅仅满足于食物的口味与质量，他们对餐饮服务的综合体验，包括环境氛围、服务态度、礼仪规范等，都提出了更高、更细致的要求。在此背景下，餐饮接待礼仪显得尤为重要，它不仅是餐饮服务质量的外在表现，更是提升客人满意度和忠诚度的关键因素。良好的礼仪不仅能够营造出温馨、高雅的用餐环境，还能让客人感受到被尊重与关怀，从而给客人留下深刻而美好的印象。

因此，对于每一位餐饮服务员而言，具备良好的礼貌与礼节是必备的职业素养。这不仅意味着要遵循基本的礼仪规范，如微笑服务、礼貌用语、恰当的肢体语言等，还要求服务员能够灵活应对各种服务场景，展现出高度的职业素养和服务意识。

第一节 中餐服务礼仪

一、餐前准备阶段礼仪

作为餐饮行业的从业者，服务员在迎接客人之前，除了需保持基本的仪容仪表整洁，还需在多个方面做好充分准备。

（一）个人卫生：细节彰显专业与尊重

个人卫生是服务员职业素养的直接体现，也是保障食品安全与客人体验的首要条件。服务前，每位服务员都应进行严格的自我卫生检查，这不仅是对职业的尊重，更是对客人健康的负责。

每日上岗前，服务员应确保已进行全身沐浴，以去除体味，保持身体清爽。岗位服装需合体、干净、无皱褶、无破损，特别注意检查衣扣是否扣好，领口、袖口是否整洁。头发应保持清洁、无头屑，发型以大方、简单、易梳理为宜，避免头发散乱，不使用过于浓重的发胶或染发剂，以免影响服务效率及客人感受。

在饮食区域内，服务员应严格遵守禁烟、禁嚼口香糖的规定，防止异味影响食物品质。同时，不得在食品服务区梳理头发、修剪指甲，更不得面对食品咳嗽或打喷嚏，以防止交叉感染。

养成良好的洗手习惯，不在洗碗池内洗手，使用香皂、肥皂在热水或流动水下彻底清洁双手，特别是手指缝与指甲边缘，随后用专用擦手巾擦干，确保无水滴残留。员工就餐后，必须重新洗手方可上岗，且应避免食用葱蒜等易产生刺激性气味的食物，以免影响客人用餐体验。

（二）岗位清洁：营造优雅就餐环境

岗位清洁是服务员每日工作的开篇之作，它直接关系到客人对餐厅的第一印象。服务员到岗后，应首先使用合适的清洁工具与清洁剂，对餐厅的地面、墙面、门窗、天花板等进行彻底清洁，确保无垃圾、无油渍、无水渍，营造干净清爽的行走环境。检查并调整桌椅的摆放位置，确保整齐划一，间距适中，保证桌面无杂物、无污渍，椅子稳固无晃动，确保便于客人进出和服务员服务，为客人提供舒适的用餐空间。餐具应按规范放置于餐具架上或托盘内，保持干净、无破损。桌饰如鲜花、蜡烛等应点缀得当，增添就餐氛围。根据餐厅的装修风格和节日氛围，适时调整餐厅内的装饰物，如更换桌布、餐巾纸等，以营造优雅、温馨的就餐环境，由此体现对客人的尊重。

（三）熟悉当天服务内容：专业源自深入了解

在服务过程中讲求服务态度要热情、周到、细致、一视同仁、敏捷机灵。这些基本礼仪也建构在服务员对当天服务内容熟悉的基础上。所以在餐前准备阶段，服务员要熟悉当天提供的各种食物、酒类的特点、口味、烹饪方法等，以便在客人询问时能够给予准确、专业的回答和建议。要了解各种菜品、酒水的价格及套餐优惠等信息，以便在客人点餐时提供合适的推荐和解释。掌握从迎宾、点餐、上菜到结账等各个环节的服务流程与标准操作规范，确保服务过程流畅无阻。同时，根据餐厅的预订情况、季节变化及客人群体特点等因素，预测客人可能的需求和偏好，提前做好相应的准备和服务安排。此外，要了解餐厅的应急预案和处理流程，如客人投诉、菜品过敏等突发情况的应对措施，以便在需要时能够迅速、妥善地处理，确保客人用餐体验的顺畅与愉悦。

通过以上准备工作的落实,服务员不仅能够提升个人职业素养和服务水平,还能够为客人提供更加周到、细致、专业的服务体验,从而增强客人对餐厅的信任度和满意度。

二、餐饮预订服务的艺术与礼仪

餐饮预订服务,作为连接客人与餐厅的桥梁,不仅体现了高度的专业性,更蕴含着灵活应变的智慧。这一过程,既是酒店产品魅力的展现舞台,也是精心组织客源、构建客人忠诚度的关键环节。因此,掌握并践行餐饮预订的礼仪与技巧,对于提升客人体验、促进餐厅发展至关重要。

(一)温馨迎宾,尽显礼遇

面对每一位踏入预订区域的客人,预订员应展现出最诚挚的热情与礼貌。无论是亲自到访还是电话连线,都应迅速响应,以温暖的笑容或亲切的话语迎接。

对于现场预订的客人,预订员应主动起身,引领至舒适座位,随即奉上精心泡制的茶水与柔软的毛巾,自报姓名和职务后询问客人尊姓大名,营造宾至如归的氛围。在自我介绍时,应清晰、自信地报出姓名及职务,同时以诚挚的态度询问并记住客人的姓名,后续交流中以尊称相称,彰显对客人的尊重与重视。

对于电话预订的客人,预订员则需确保在电话铃声响起的第三声内接听,用温暖而专业的语调主动问好并自报身份后询问客人姓名,确保语言礼貌且专业化。如超过三声则需向客人道歉并说明情况。在通话过程中,预订员应始终保持声音热情友好,避免噪声干扰,确保沟通顺畅,营造出即便未见其人也能感受到的亲切氛围。在接听电话时服务员应保持正确的姿势和专注的态度,避免在通话过程中吃东西或用手托腮等不良行为。

礼仪小知识:餐厅预订接电话礼仪

餐厅接待处要有一个训练有素的人当班。

电话铃声响三声之内接起电话,如果服务员在电话响三声后接起电话须道歉:"早上好,××咖啡厅,对不起让您等久了,我是莉莉。"

如果问题需要查询后再回答客人，让客人等候的时间尽量不要超过25秒。继续服务时有礼貌地说明："谢谢您的等待。"

电话的最后，要感谢客人并和客人说再见，同时，必须等来电客人先挂断电话。

（二）静心聆听，精准把握

在客人阐述预订需求时，预订员需全神贯注地倾听客人的每一项要求。如果是现场预订，要保持眼神交流，适时点头或给予简短回应，以示关注与理解，展现出对客人话语的浓厚兴趣与尊重，避免任何形式的打断或分心。同时，利用这一时机，预订员还需主动出击，根据酒店餐厅的实际情况，巧妙融入对餐厅特色与优势的介绍，如餐厅的独特设计（面积适宜、采光优良、通风顺畅、装饰雅致）、最大容纳量、特色菜品、烹饪技艺、精心设计的菜单以及精选酒单等，既展现餐厅的专业水准，又激发客人的兴趣与期待。对于客人的每一个疑问，都应耐心解答，确保信息的准确传递与客人满意度的提升。

（三）细致记录，确保无误

预订员需准确记录客人的每一项要求，是确保预订成功执行的关键。预订员需详细询问并记录宴会的日期、时间、预计参与人数、餐饮形式（如中式宴会、西式自助餐等）、人均消费标准以及客人对菜品、酒水、环境的特殊要求，并基于此标准，向客人介绍可选择的菜品、酒水搭配及可能的服务升级选项，如个性化菜单设计、专属礼宾服务、会场布置（横幅、鲜花、音响系统等）。

在记录过程中，预订员还需根据客人的预算与偏好，适时提供合理建议，帮助客人在满足需求的同时，达到最佳的性价比。记录完成后，务必与客人再次确认所有细节，切勿随意猜测，确保双方理解一致，以增强双方的沟通效果与信任感。

此外，预订员还需展现出对细节的敏锐捕捉能力，主动询问并记录下可能存在的特殊需求或偏好，如饮食禁忌、庆祝主题等，以便为客人量身定制一场难忘的用餐体验。

图8-1　迎宾员站姿

三、迎宾领位服务礼仪

（一）迎候礼仪

1. 精准守时，展现专业风范

迎宾领位人员需精确把握时间，在开餐前的 5 分钟，在分管的岗位上等候开餐，以最佳状态迎接每一位客人的到来。餐厅多是站立服务，在站立时采用标准的礼仪站姿，展现出餐厅的优雅与规范，让等待成为一道风景。

2. 微笑问好，喜迎客到

当客人踏入餐厅的那一刻，值班餐厅经理或专职的迎宾员要站在餐厅门口，以温暖的微笑和真挚的问候迎接他们。"您好，欢迎光临，愿您在此度过一个愉快的用餐时光。"这样的问候，搭配着对客人姓名的亲切称呼（若已知），瞬间拉近了距离，让客人感受到家一般的温馨。

图 8-2　迎宾员迎宾

3. 细致观察，贴心服务

引领客人时，遵循"女宾优先，主宾为先"的原则，即如果男女客人同时到达，应先问候女宾，再问候男宾，让女宾先行先坐。如遇较高级别的宴会，餐厅经理应带领一定数量的服务人员在客人到来之前站在餐厅门口迎接。面对特殊客人，如老年体弱者，应主动伸出援手，搀扶入座；遇到雨天时，应主动接过客人的雨具，妥善安置。每一个细微举动都传递着餐厅的贴心与关怀。

4. 沟通无碍，避免冷落

即便餐厅繁忙，也应确保每位客人不被忽视，让每位客人都能感受到被重视与尊重。若因工作繁忙无法及时问候，应礼貌致歉并说明情况，并尽快给予关注，保持服务的连续性和温度。因为如果客人只看到服务员从他们面前走来走去，而对他们不闻不问，那就会使客人十分扫兴，甚至很生气。有效的沟通是化解误解、提升满意度的关键。

5. 尊重意愿，协助接物

帮助客人脱外衣、拿雨伞和包裹，并将其放在合适的地方，但一定要先征得客人的同意，尊重客人的个人习惯与隐私。假如客人认为不行或不习惯别人帮助接物，就不必拘泥于酒店迎宾规则礼仪。在细节中彰显服务的细腻与对客人个性的尊重，让客人感受到舒适与自在。

6. 预订确认，精准引导

根据情况询问客人是否有预订，并核实人数。如："王先生订了一桌两个人是吗？"如确实预订了，迎宾人员应手持清洁的菜单、酒单走在客人前面，将客人引到餐桌边。若客人没有预订，可以向客人询问，如："先生，您一共几位？您要吸烟区还是非吸烟区？"

如果餐厅满了，可以根据实际情况向客人介绍其他餐厅或安排等待区域。如果客人已到而餐桌没有准备好，请客人稍等，领位员拿着菜单，等桌子整理好再让客人入座。如果在预订方面有任何问题，应及时向主管汇报并请客人稍等。

（二）引座礼仪

1. 精心布局，彰显尊贵

在引导客人入座时，根据客人身份、需求及同行情况，精心挑选并布置餐桌位置。贵宾享受最佳视野与私密空间，情侣则安排在温馨浪漫的区域，老幼客人则靠近出口便于出入，儿童客人则远离喧闹区，确保每位客人都能享受到最适合自己的用餐环境。

靠近厨房出入口处的位置是不受客人欢迎的位置。客人多时，应向被安排在此用餐的客人致歉："小姐（先生），十分抱歉，今天客人太多，委屈您了，下次光临，一定为您安排个好座位！"以示关心与热情。

2. 细节之处，尽显匠心

轻轻拉开椅子，协助客人入座，并适时调整椅子与餐桌的距离，让客人感受到舒适与便捷。同时，根据餐桌大小与客人人数，调整餐具与座椅数量，确保餐桌整洁有序，给客人留下专属定制的印象。

图 8-3　迎宾员调整座椅

3. 察言观色，灵活应变

引座过程中，注意观察客人情绪

与需求变化，及时调整服务策略。对于单独用餐的客人，可引导至窗边位置，享受独处时光；对于女性客人，巧妙安排座位，既满足其被欣赏的心理，又避免不必要的比较与尴尬；对于商务聚餐的客人，则提供餐厅边角位置或相对安静的包间内，以确保他们能够在不受干扰的环境中畅所欲言，助力商务洽谈顺利进行或满足其私密交流的需求。需要注意的是服务沟通过程忌用"单间"一词，要用"雅座"代替。因为"单间"在医院指危重病房，在监狱是关押要犯、重犯的房间。

四、餐前服务礼仪

（一）斟茶礼仪

在中国深厚的文化底蕴中，品茶不仅是一种生活习惯，更是一种待客之道。给客人斟茶有一定的讲究，每一细节皆显雅致与尊重。

1. 水量之韵

斟茶时，水量需精准把握至杯中的四分之三处，不要倒满。古语云："酒满敬人，茶满欺人。"此中深意，在于茶满则烫手，恐使客人难以持杯，反显失礼，也体现了中国文化的含蓄与谦逊。

2. 手之礼仪

亚太地区信奉伊斯兰教、佛教的国家，左手常被视为不洁之手，也不用双手，故送茶、斟茶等举动皆应以右手完成，以示尊重与洁净。斟茶时需避免手部触碰杯口，确保茶水的纯净与客人的卫生感受。

图 8-4 服务员斟茶

3. 顺序之美

在宴会中，应先为女主人或尊贵的女宾奉上，以示敬意，随后按顺时针方向逐一进行，保持秩序与和谐。且应从客人右侧斟茶，便于其接受，体现周到与细致。

4. 茶杯"柄"之贴心调整

茶杯柄的朝向亦需细心调整，一般要转到客人右手顺当可握的角度，或仔细观察根据客人的习惯调整，为客人提供方便。

（二）递小毛巾礼仪

递小毛巾时要注意夹住小毛巾一角，轻轻展开，面带微笑，递至客人面前，并配以礼貌用语"请用毛巾"。但撤小毛巾时，应避免使用夹子，可直接用手轻轻拿起，以防止客人产生交叉感染的联想，体现对客人健康安全的关怀。

（三）开单点菜礼仪

1. 菜单递送的时机与方式

图8-5　服务员递菜单

在客人未提前预订菜品的情况下，值台服务人员应适时地站在主宾右侧，躬身双手将菜单递上，请客人点菜。点菜时，可适当地向客人推荐本店名菜，但需注意分寸，避免过分推销。菜单的传递顺序应优先考虑主宾、女宾及长者，遵循社交礼仪的常规。

2. 菜品与酒水介绍的艺术

为客人介绍菜式或今日叫座的美味时令菜时，应语言亲切、态度诚恳而不是兜售。避免使用可能引起误解或不悦的措辞，如询问客人是否需要主食时，应说"您需要米饭吗？"而非"您要饭吗？"

在推荐酒水和饮料时，应给出具体选项，引导客人做出选择。如果问客人："你要饮料吗？"客人也许会说不需要，如果问："您要可乐还是啤酒？"客人有可能会在两者之间选择其一。

3. 开酒与上酒的礼仪

客人点酒后，需详细询问开酒与上酒的时机，以确保服务的准确无误。开启新酒时，务必在客人面前进行，以示酒品的真实与新鲜。假如主人对此未作特殊要求，一般就随第一道菜开瓶服务。

4. 呈菜单后的耐心守候

服务员为客人呈上菜单后，应给予客人充分的时间进行选择，不宜立即催促。待客人准备就绪后，再以和蔼的态度询问其点菜意愿。若客人尚未决定，应耐心等待，并适时提供建议，因为无论如何客人总不如服务员对菜单熟悉，尤其是初次来的用餐者，常常会对品目繁多的菜肴感到无从下手，此时，服务员应根据客人的人数、性别、外貌特征及可能的地域背景，主动推荐合适的菜品，以帮助其更好地享受用餐体验。

5. 点菜的准确记录与确认

客人点菜时，服务员应认真记录每一道菜品的名称及特殊要求。记录完毕后，应立即向客人复述一遍以确认无误。对于客人的特殊要求及烹制时间要求，也应详细记录并遵循餐厅规定执行，确保服务的精准与高效。

（四）敬烟礼仪

尽管倡导健康的生活方式，提倡戒烟，但吸烟的客人还是大有人在，服务员仍须提供周到的服务。

1. 烟灰缸的及时更换

当烟灰缸内积聚两三个烟头时，服务员应及时为客人更换新烟灰缸。换烟灰缸时应动作敏捷、干净利落、一气呵成，避免烟灰飞溅弄脏桌面或衣物。同时，换烟灰缸时应有礼貌地询问客人是否需要其他服务或帮助。

换烟灰缸要有礼貌也要有技巧，将干净的烟灰缸放置托盘中，用右手拇指和中指轻轻捏住烟灰缸的外壁，

图 8-6　服务员换烟灰缸

用食指指腹按住烟灰缸的内侧，从客人的右侧将干净的烟灰缸覆盖在已用过的烟灰缸上，将烟灰缸撤到托盘中，然后放置新的烟灰缸在餐桌上。

2. 点烟的细心服务

用打火机的时候，要斜递过去，火焰大小适中，以免烫伤客人。若使用火柴，则需先点燃火柴头，待其稳定后再递给客人，确保安全与方便。

五、餐中服务礼仪

（一）上菜礼仪

1. 上菜顺序的严谨遵循

上菜不仅是食物传递的过程，更是对美食文化的诠释。要严格遵循"先酒

后菜，先冷后热，先咸后甜，先厚味菜后清淡菜，先炒菜后汤菜，先荤后素，先酒菜后饭菜；先菜肴后点心、水果"的原则，确保每一道菜都能在最适宜的时机呈现给客人，让每一位客人都能感受到层次分明的美味旅程，形成完美的用餐闭环。

凉菜自点菜后十分钟内上桌，热菜紧随其后，不超过十五分钟，确保食材的新鲜与温度的适宜。上饮料、汤水也要注意顺序。有些餐厅先给客人上清汤，清汤可以暖胃和减轻酒精的影响，无论是饮料或汤水都应该先给女士或者长者上，并注意随叫随到。斟酒与上饮料时，坚持右手操作，从右侧服务，以符合多数客人的舒适习惯。

2. 上菜速度与节奏的完美掌控

上菜时，要求服务员动作轻盈、稳定，精准地将每道菜放置在合适的位置，避免任何打扰或碰撞。上菜速度的控制尤为关键，过快显得仓促，客人享受不到品尝的乐趣；太慢则可能导致宴会出现空白，造成尴尬的局面。

在用餐高峰期，为了避免上菜慢，怠慢了客人，一般要求服务员先打招呼，如"先生，对不起，今天客人集中到达，出菜可能慢一些"。这样使客人在心理上有准备，即使出菜慢一点，客人也会谅解，更重要的是体现了对客人的主动服务精神，使客人感到他时时刻刻受到服务员的尊重。

上菜还要讲究艺术。服务员要根据菜的不同颜色摆成协调的图案，并适时介绍菜名、烹制方法及背后的文化故事，增加用餐的趣味性与知识性。有些特殊的菜应介绍食用方法。每道新菜上桌前，要将菜放在转台上，向客人展示菜的造型，使客人能够领略到菜的色香味形质，边介绍边将转台旋转一圈，让每位客人都能全方位欣赏到菜肴的精致之处，感受每一份食材背后的匠心独运。每上一道菜，须将上一道剩菜移向第二主人一边，将新上的菜放在主宾面前以示尊重。带头的菜品，如烤乳猪、全鸡、全鸭，头部一律朝右、脯部对准主人，"孔雀和凤凰"等冷盘，须将其正面对着主位，以示尊重。

礼仪小知识：鱼腹敬主客的渊源探析

在中华饮食文化的悠久历史中，将鱼腹朝向主客这一习俗，不仅蕴含着对食材特性的巧妙利用——鱼腹肉质细腻，少刺鲜美，更承载着深厚的历史典故与文化寓意。追溯其源，这一习俗可追溯至春秋时期的吴国，与一段惊心动魄的政治斗争紧密相连。

当时，吴公子光意图除去吴王僚以自立。于是，伍子胥向公子光举荐了智勇双全的刺客专诸。然而，专诸一直找不到接近吴王僚的合适时机，直到他得知吴王僚酷爱炙鱼，便心生一计，决定以烹饪技艺为媒介，接近并刺杀吴王僚。

为此，专诸拜当时著名的烹饪大师太和公为师，潜心研习炙鱼之道。技艺精湛后，他静待时机。终于，在一次公子光宴请吴王僚的宴会上，专诸精心准备了一条整鱼，巧妙地将锋利的匕首藏于鱼腹之中。当这道菜被端上宴席，专诸乘人不备，从鱼腹中取出匕首，一举刺杀了吴王僚。但专诸最终也死于吴王僚的侍卫之手。

自此，人们在宴请宾客时，便形成了将鱼腹朝向主客的习俗。这一行为，不仅是对食材美味的尊重与呈现，更蕴含了对宾客的深深敬意与善意表达，象征着主人愿以毫无防备的真诚之心相待，寓意着宴席之上无阴谋，唯有真诚的交流与美好的享受。

因此，鱼腹敬主客，不仅是一种饮食习惯的延续，更是中华礼仪文化中"以诚待人"精神的具体体现。

3. 特殊情况下的灵活应对礼仪

上菜时，如遇特殊状况，要关注应对礼仪。如菜品烹饪未达到预期，要以礼貌、诚恳的态度与客人沟通，通过语言艺术化解尴尬，提出解决方案，如重新烹饪或调整口味，以满足客人的个性化需求。这样的处理方式，不仅维护了餐厅的声誉，更满足了客人需要被尊重的心理。

例如：发现烹调的鱼太生了，不讲明原因撤回去，是对客人的失礼，但是若和盘托出"鱼太生了"，尽管是偶然的，也会影响到酒店的声誉，这时就要注意语言艺术，可以这样对客人说："对不起，先生，这条鱼是按粤菜的烹调方法烧的，偏生了，可能不太符合您的口味，是否加火更适合您的口味？"客人如说不用了，那就更好；客人如欣然同意，则显得服务质量好，待客有礼，会取得意想不到的效果。

4. 上菜完毕的温馨提示

当所有菜品悉数上桌，一句温馨的"先生，您的菜已经上齐了，祝您用餐愉快"，不仅是对客人的贴心告知，避免因少说了这句话而让客人坐等许久，从而降低餐饮体验感，更是对用餐流程圆满结束的温馨祝福，确保客人能够安心享受接下来的用餐时光。

（二）撤盘礼仪

撤盘之时，服务员要先征得客人同意，才能收撤菜碟，空碟除外。当客人同意后，应从客人右侧逐一撤下空碟与餐具，先收银器、筷子，后收碗、调羹、味碟、水杯，动作要轻柔，避免打扰。所有的污碟应用右手从客人的右边撤下。切勿在客人面前刮盘子，切勿有对客人不礼貌的行为。对于不慎洒落的汤汁，更要细心处理，确保客人的舒适与尊严。如果菜汤不小心洒在同性客人的身上，可亲自为其揩净，如洒在异性客人身上，则只可递上毛巾，并表示歉意。

（三）客人进餐时的服务礼仪

在精心营造的用餐氛围中，每位客人都有愉悦的进餐体验是我们至高无上的追求。当客人享受美食之际，若遇任何异常反应，都要秉持着最细腻的关怀，确保餐桌上所有佳肴原封不动，即刻召唤专业团队介入处理，确保问题得到迅速且妥善的解决。面对客人的投诉，要展现出无比的耐心与诚意，若属质量瑕疵，首先应诚恳道歉，并立即让厨房另做一份或不收此菜费用，并温馨赠送一份其他美味佳肴，力求取得客人的谅解，维护客人的满意度和酒店的声誉。

餐具作为用餐仪式感的重要载体，一旦不慎落地，要重新更换，不可用任何形式的擦拭复用。

客人进餐时，服务员除了做好其他客人的接待与服务工作，还应时刻关注每位客人的用餐进度。当菜已吃完时应将残盘撤下，撤前应礼貌地征询客人是否需保留余菜，确保尊重每位客人的意愿。一旦发现餐桌上的菜品即将吃完，而后续佳肴尚未呈现，要即刻与厨房沟通，确保每一道美味都能准时抵达，无缝衔接客人的味蕾期待。

适时为客人添满饮料，更换满载烟蒂的烟灰缸，保持桌面整洁如新。若不慎遇桌布微污，可以用餐巾覆盖。及时处理客人进餐过程中提出添加菜肴和酒水的要求，耐心地解答客人对服务与菜肴提出的问题。

当客人要求帮忙而服务员正在给其他客人服务时，应对客人点头微笑或以手势示意，迅速传达"您的需求，我已铭记于心，即刻为您服务"的信息，使客人得以安心继续他们的欢聚时光。

当宴会进入高潮，主人与主宾举杯共祝之时，服务员应停止所有活动，以最佳的精神状态站立于恰当位置。在讲话即将结束时，要迅速把主人、主宾的酒送上，把所有来宾的酒斟满，供主人和主宾祝酒。

六、结账送客礼仪

（一）结账礼仪

1. 精准呈递账单

当客人享受完美食，服务员应适时递上账单，确保这一环节既不打扰客人的餐后时光，又体现出服务的及时性。对于夫妻用餐，出于传统与尊重，账单可优先递予男方；若为多人聚餐，则需礼貌询问客人是否统一结算或各自分开，以符合每位客人的需求。

2. 专业收款流程

坚持当面核对账目，确保每一笔消费清晰无误，避免使用过于破旧或零散的纸币找零。账单的核算务必准确无误，避免任何故意或无意的错误发生，以免给客人带来不便或误解，影响餐厅的信誉与回头客的数量。

在收款时，服务员应站立于客人左侧，以示尊重与便利，使用收银盘轻轻放置账单于桌上，避免直接交到客人手里，同时清晰报出账单金额："这是您本次消费的账单，共计××元。"找零时，同样以收银盘承载，并温馨告知："这是找给您的零钱，共计××元。"随后，不忘以诚挚的微笑和话语表达感谢与期待："感谢您的光临，期待您下次再来！"

3. 唱付唱收的智慧应用

在国内，"唱付唱收"作为一种传统而有效的结账方式，有助于减少误解与差错。然而，面对国际友人，应灵活调整，采用更加国际化、易于理解的沟通方式，确保每位客人都能感受到服务的贴心与专业。

（二）征求意见

客人用餐结束后，服务员或餐厅领班应主动上前，以开放和诚恳的态度征求客人对菜品、服务等方面的意见与建议。这是了解客人满意度、评估服务质量的重要时刻。对于客人的任何反馈，无论正面还是负面，都应认真倾听，及时响应，并视情况给予解释或解决方案。

（三）送客礼仪

客人结账并非服务的终点，而是另一段温馨旅程的开始。在客人准备离开时，服务员应继续提供周到的服务，如更换烟灰缸、整理桌面等。当客人起身时，服务员应迅速上前，礼貌地帮助客人拉开椅子，尤其是女性客人，更应体现"女士优先"的原则。同时，提醒客人检查个人物品，确保无遗漏。若条件允许，服务员可亲自将客人送至餐厅门外，面带微笑地告别："再见，先生/女士，期待您再次光临。"也可以由迎宾人员在餐厅门口负责送客、拉门、按电梯、叫出租车等，并说"再见，欢迎下次再来""请再次光临""多谢惠顾""慢行"等礼貌语，微笑目送。

（四）撤台礼仪

撤台时，服务员的首要原则是"轻"字当先。无论是移动餐具、清理桌面还是搬运餐具箱，都应确保动作轻盈流畅，避免任何不必要的碰撞声或摩擦声，以免打扰到仍在用餐的客人或影响餐厅的宁静氛围。通过轻柔而有序的操作，服务员向客人传递出餐厅对每一位就餐者体验的深切关怀。

撤台过程应遵循一定的顺序和步骤，以确保高效且不失礼仪。首先，服务员应礼貌地询问客人是否已用完餐，并确认无须再添加任何物品后，方可开始撤台。接着，从远离客人的一侧开始，逐一收走餐具、餐巾纸等物品，并小心地将它们放入餐具箱中。对于桌面上的残渣和污渍，应使用湿布或纸巾轻轻擦拭干净，保持桌面整洁。

在撤台过程中，服务员还需注意一些细节问题，以体现对客人的尊重。例如，在收走餐具时，应避免将餐具堆叠过高或摆放不稳，以免发生意外。同时，对于客人遗留在桌面上的个人物品（如手机、钱包等），服务员应主动提醒客人携带，并在得到客人确认后再行撤走。此外，对于有特殊需求的客人（如行动不便的老年人、残障人等），服务员应给予更多的关注和帮助，确保他们能够安全、舒适地离开餐厅。

对于餐厅内的大规模清扫工作，如地面清洁、桌椅重新摆放等，应安排在非营业时段进行。这样不仅可以避免对正在用餐的客人造成干扰和不便，还可以确保清扫工作的彻底性和高效性。在非营业时段内，餐厅可以组织员工进行全面的清洁和整理工作，为下一次营业创造更加整洁、舒适的就餐环境。

七、特殊情况服务礼仪

在餐厅服务过程中,服务员不仅需要为客人提供全方位、细致入微的服务,还需具备处理特殊情况和接待特殊客人的能力。这些特殊情况可能涉及年幼的客人、残障客人、醉酒客人、有急事的客人,以及服务过程中不慎污损客人衣物等。在这些特殊客人、特殊场景面前,要求值台员能够沉着、冷静,运用自己的知识和技能灵活应变。

(一)对年幼客人的温馨接待

当餐厅迎来年幼的客人时,服务员应展现出无比的耐心与爱心,确保小客人及其家长感受到温馨与关怀。首先,主动为小客人提供适合其身高与年龄的儿童餐椅,并细心选择远离过道的座位,以减少安全隐患。同时,服务员还需细心观察,将糖缸、盐瓶等易碎或危险物品移至儿童触及不到的地方。若餐厅备有儿童专属菜单,应礼貌地邀请其父母协助点餐,确保食物既营养又符合孩子的口味偏好。在餐具选择上,应避免使用易碎的玻璃杯或高脚杯,转而选用短小轻便、易于抓握的餐具,以保障孩子的用餐安全。尽可能地为小客人提供围兜儿、新的坐垫和餐厅送的小礼品,让小客人及家长感受到餐厅的用心与周到。未经家长允许,不要抱小孩、逗小孩或抚摸小孩的头,不要随便给小孩东西吃,以尊重家长的意愿与孩子的个人空间。

(二)对残障客人的悉心关怀

残障客人的到来,是对餐厅无障碍服务能力的一次考验。服务员需以高度的同理心与专业素养,提供个性化、无障碍的服务。

对于乘坐轮椅的客人,服务员应主动上前协助,平稳推送至合适的餐桌旁,并尽量避开过道位置,确保通行顺畅。同时,拐杖等辅助工具也应妥善安置,以防绊倒他人。

对于有视力障碍的客人,服务员需更加细心周到,既要提供必要的帮助,又要避免过度干预引起反感。在协助其选择菜肴、放置餐具时,应轻声细语地告知位置,并确保桌面整洁无碍。对于听力障碍的客人,服务员应掌握基本的手势交流技巧,配合使用书写板等辅助沟通工具,并在服务过程中轻轻触碰客人以示意上菜方向,确保沟通顺畅。

对突然发病的客人要保持镇静,如果客人晕厥或摔倒,不要搬动他/她,立即通知经理，并遵循专业指导进行处理，确保客人安全无虞。

（三）对醉酒客人的妥善处理

醉酒客人是餐厅服务中较为棘手的一类情况。服务员在服务过程中要善于观察判断、随机应变，学会对客人进行心理调整，控制局面，最终妥善解决问题。

首先，通过客人的言行举止判断其是否醉酒，并据此决定是否继续提供含酒精饮品；其次，若客人已显醉态，服务员应该礼貌地告诉他/她的同伴不可以再向他/她提供含酒精的饮料，同时安排客人到不打扰其他客人的靠里面的席位上，或者安排在隔开的餐室内。在服务过程中，若客人出现呕吐或其他不当行为，服务员应保持耐心与专业素养，迅速清理现场并安抚客人情绪。如果该客人住在本酒店，而没有人搀扶又不能回房间，应通知保卫部门陪同客人回去；如果该客人不住在本酒店，也应交由保卫部门陪同他/她离开。同时，服务员还应将事故及处理结果详细记录在工作日志中，以备后续查阅与总结。

（四）对有急事客人的快捷服务

面对有急事的客人，服务员应迅速响应其需求，提供高效便捷的用餐服务。首先，主动向客人介绍制作时间短、口味符合要求的菜品选项，以便客人快速做出选择。同时，服务员还需准确告知每道菜品的制作时间，让客人对用餐进度有所了解。在用餐过程中，服务员应密切关注客人的需求变化，确保菜品及时上桌并随时准备结账服务。通过这一系列高效措施的实施，可以有效缩短客人的等待时间，提升其用餐满意度。

（五）对衣物污损的诚挚处理

若因服务员工作疏忽导致客人衣物污损，服务员应立即向客人表示诚挚的歉意，并立即向上级汇报。在征得客人同意后，酒店应迅速为客人提供免费洗衣服务，并承诺在最短时间内将洗净的衣物送还至客人手中。在处理此类事件时，服务员应保持诚恳的态度与积极的行动，以赢得客人的谅解与信任。最后，详细记录事故的原因及处理过程，以便后续改进与预防类似情况的发生。

八、送餐服务礼仪

为了满足客人的多样化需求，餐厅常常需要提供送餐服务，特别是在早餐时段，客人在房间用餐的情况尤为常见。确保客人在房间用餐的体验与在餐厅用餐无异,是衡量酒店优质服务的重要指标。

(一)准确记录与复述需求

当接到客人送餐服务的请求时,服务人员须立即行动,以高度的专注力和准确性记录下客人的每一项要求,包括房间号、姓名、所点餐品、数量以及任何特殊偏好。随后,应清晰无误地复述这些信息,以确认无误,并在适当时机,礼貌地推荐特色酒水或饮品。若遇客人点选的菜品不在供应之列,应以诚挚的态度解释原因,并适时推荐类似的美味佳肴,确保客人的用餐体验不受影响。

(二)迅速响应,保持食物品质

确保客人所点的食品饮料能够迅速送达,避免让客人在房间内长时间等待。对于热菜和易冷的食物,务必加盖保温,防止食物因温度变化而影响口感而引起客人的抱怨。

(三)调味品齐全,熟知菜品信息

送餐时,服务员需将调味品一并备齐,连同食物饮料一起送入房内。服务员应对客人所订餐点的品种、价格及主要风味特点了如指掌,以便在客人有疑问时能够迅速且准确地回答,提升服务专业性。

(四)礼貌进出,尊重隐私

每次进入房间送餐前,服务员应先敲门或按门铃,并自报身份和来意,待客人允许后方可进入。每次离开房间前,应主动询问客人是否有其他需求,并做好记录及时复述。离开房间时,应礼貌地请客人签字确认,并告知如需收餐具可电话联系送餐部,随后向客人告别,轻轻关门,保持客人用餐环境的私密性。

九、处理投诉礼仪

对待客人的投诉一定要慎重,不当处理不仅可能激化矛盾,更可能损害企业的良好声誉。因此,我们制定了一套完善的处理投诉礼仪,旨在以最快速度、最高效率化解客人的不满情绪,重塑他们对我们的信任。

(一)耐心倾听,表达同理

面对客人的投诉,服务员应展现出极大的耐心和诚意,全神贯注地倾听客人的投诉。客人在投诉时总是希望别人认为他的投诉是正确的,是值得同情的。通过让客人充分发泄情绪,有助于其心情逐渐平复,进而为问题的解决创造良好的氛围。这样有利于弄清事实的来龙去脉,有利于问题的顺利解决。要将客人的投诉视为改进服务的机会，切勿将其视为对个人的指责，急于争辩和反驳，给客人造成不接受意见的印象，使其盛怒而去，影响企业声誉。

（二）深入调查，还原真相

在听取客人投诉后，应立即启动调查程序，迅速了解事情的来龙去脉。在此过程中，应先向客人表示歉意，并邀请其到安静的场所（如办公室）进一步沟通。提供免费饮料或茶水以缓解其紧张情绪。在倾听过程中，细心记录每一个细节，并在适当时候向客人表达同情与理解。

迅速派人向有关服务人员了解事情经过，力求在最短时间内还原事实真相。

（三）迅速行动，补偿损失

当客人同意酒店采取的改进措施时，就要立即行动，尽可能地补偿客人的损失。拖延时间只会加剧客人的不满情绪。在这种情况下，时间和效率就是对客人的最大尊重，也是客人此时的最大需求，也最能展现酒店的诚意与效率。

（四）尊重客人，重视投诉

对于每一位前来投诉的客人，都应给予高度的尊重和重视。服务员要以自己是餐厅代表的身份去接待，欢迎他们的投诉，尊重他们的意见，并及时向上级汇报客人的投诉情况，使其感到投诉受到了重视。有时，请职位较高管理人员亲自向客人道歉或解决问题也是一种诚意的表示，能够更有效地平息客人的怒火。

（五）灵活应对，妥善处理

在处理投诉时要根据不同情况采取灵活多样的处理方式。

对于一般性的服务失误或态度问题，要立即向客人致歉并采取措施加以纠正；对于饭菜质量或餐饮设施等问题，应及时给予调换或修复；对于超出服务员权限的问题，要迅速向上级请示，并尽快采取措施予以解决；对于客人的过分要求，做到耐心解释，并争取其谅解，留下客人的联系方式，以便日后告知处理结果。

总之，要以最大的努力确保每一位客人的投诉都能得到妥善处理，并重新赢得他们的信任和支持。

（六）感恩批评，持续改进

对客人的投诉表示衷心的感谢，视其为提升服务质量的机会。通过客人的反馈，不断发现并解决问题，推动服务水平的持续提升。同时，避免指责客人，保持客观中立的态度，共同营造和谐的消费环境。

第二节　西餐服务礼仪

想要了解西餐服务礼仪，首先就要简单认识什么是西餐。尽管"西餐"一词在广义上被用来指代来自西方各国的菜肴，实则其涵盖了英国菜的精致细腻、俄罗斯菜的丰盛浓郁、法国菜的奢华浪漫、意大利菜的热情奔放、西班牙菜的鲜美热烈、俄罗斯菜的豪迈等多种风格迥异的菜系。在中国人的语境中，这些源自海外的美食因其独特的西方风情而被统称为"西餐"。其核心特征之一，便是其独特的用餐方式——使用刀叉享用美食，这不仅是工具的变换，更是文化与礼仪的体现。

西餐礼仪，作为西餐文化的重要组成部分，其范畴广泛而深刻。它不仅包括上菜顺序的讲究——与中餐的"一锅烩"截然不同，西餐遵循"一道接一道"的渐进式享受，每道菜都是对味蕾的一次全新探索。这一流程不仅要求服务员对菜品有深入的了解，还需精准掌握上菜时机，以确保每位客人都能体验到最佳的用餐节奏。西餐服务根据不同国家和地区的风俗习惯，细分为法式服务、俄式服务、美式服务、英式服务及综合式服务等多种类别。总体而言，西餐服务礼仪主要包括点菜服务礼仪、餐前服务礼仪以及用餐服务礼仪三大板块。

一、西餐点菜服务礼仪

点菜服务是考验服务员素质和能力的重要环节，也是西餐礼仪中必不可少的一项重点工作。

（一）点菜前的精心准备

点菜服务，作为西餐用餐体验的首要环节，直接反映了餐厅的服务水平与质量。优秀的服务员需站在客人的右后方这一传统且礼貌的位置，以双手恭敬地将菜单递至女士手中，若无女士在场，则应递予年龄最长者或宴会的主宾。递送菜单时，轻轻翻开菜单至首页或酒水单的第一页面展示给客人，并且轻柔地说："这是我们酒店的菜单，请过目。"同时，给予客人充足的时间浏览菜单，耐心等待，避免表现出任何不耐烦的情绪。

（二）点菜过程中的细致沟通

客人点菜，服务员需展现出高度的耐心与专注，认真倾听客人的需求与偏好，在客人提出询问时，应详尽介绍每道菜的特色、食材来源及烹饪方法，尤其是针对初次尝试西餐的客人，可适当推荐招牌菜品或特色菜肴，为客人的选择提供参考。

对于肉类菜品，如牛羊肉，应询问客人所需的成熟度（全熟、七成熟、五成熟、三成熟或一成熟），反复确认并详细记录在点菜单上。若某道菜制作时间较长，应提前告知客人，并征询其意见，以免耽误其行程。对于客人的特殊需求或饮食限制（如素食、过敏原等），更需细致询问，以展现服务的个性化与人性化。若客人点的菜品已售完，服务员应诚恳道歉并解释原因，同时推荐其他相似菜品供客人选择。

（三）点菜结束后的周到安排

点菜完成后，服务员应主动询问客人关于上菜时间的偏好，以便灵活调整厨房的工作节奏，确保服务流程的顺畅无阻。同时，明确询问客人关于结账方式的偏好，是分单还是合单，以减少后续可能产生的不便。最后，以礼貌而谦逊的态度，请客人稍候片刻，并迅速而准确地完成订单的确认与传递工作，以保障后续服务的顺利进行。

二、餐前服务礼仪

在客人即将开始用餐之际，服务人员的礼仪举止对营造愉悦的用餐氛围至关重要，它直接影响着客人的食欲与心情。因此，如何确保服务礼仪的尽善尽美，成为此环节中不可忽视的焦点。

（一）上菜礼仪

1. 上菜位置与顺序

上菜位置应灵活选择陪同（或副主人）右侧作为上菜点，以不打扰客人为原则，严禁从主人与主宾之间上菜。

上菜遵循严格顺序进行，即冷菜先行，随后是例汤、热菜、汤品、面点，最后上水果收尾。在此过程中，需遵循"先冷后热、先高档后一般、先咸后甜"的原则。

开餐前 8 分钟须将冷盘摆放整齐，注重荤素搭配与颜色协调，盘与盘之间保持适当间距，点缀的花朵如同点睛之笔，增添了几分雅致与趣味。当客人入座后，冷盘已备好，静待品尝。

客人入座 10 分钟后开始上热菜，严格控制出菜与上菜速度，确保在 30 分钟内完成全部热菜的呈现，既保证了菜肴的温度，又避免了过长的等待时间。

每道新菜上桌前，须先上调味品，再将菜端上。每上一道新菜都要转向主宾面前，以示尊重。

上菜前务必检查菜肴色泽、新鲜程度及卫生状况，注意有无异常气味，检查菜肴有无灰尘、飞虫等不洁之物。在检查过程中，严禁用手直接接触或用嘴吹除，必要时使用消毒器具处理，确保每一道菜品都能达到上桌的标准，对卫生达不到质量要求的菜及时退回厨房。

2. 甜点服务

餐后甜点，作为西餐文化中的点睛之笔，往往能为客人带来愉悦的享受。

在上甜点时，服务员应面带微笑，礼貌介绍："您好，这是我们店精心准备的特色甜点，请慢慢享用。"待甜点上桌后，要询问客人是否还有其他需求，如："您好，您的甜点已经上完，请问，您还需要其他服务吗？"若客人说没有了，服务员即可退下。

（二）分菜

在宴会或零点服务中，部分菜肴需进行分派，以确保每位客人都能享受到均衡的美食体验。

1. 礼貌示菜，专业分派

分菜前，服务员需先将菜品端上桌示菜并报出菜名，随后以"请稍等，我来为您分一下这道菜"的礼貌用语开始分派工作。使用叉、勺分菜时，左手稳托菜盘（下方垫有口布以防滑动），右手灵活操作分菜工具（一般为叉、勺）。分汤及一些难分派的菜时，可用旁桌分菜法。在工作台上摆好相应的餐具，将菜或汤用分菜用具（叉、勺）均匀分派。菜分好后，从主宾右侧开始按顺时针方向将餐盘送上，并用礼貌用语"您请用"。在整个过程中，服务员需保持左腿在前、上身微倾的优雅姿态。

2. 手法卫生，分量均匀

分菜时，服务员需特别注意手法卫生与动作利索，确保分菜工具干净无污，并在保证分菜质量的前提下迅速完成分菜工作，避免菜品因等待时间过长而失去最佳风味。注意分量的均匀分配，让每位客人都能享受到等量的美味，可将剩余少量菜品装于小盘置于桌上，以示富余。对于带佐料的菜品，服务员应耐心为客人讲解佐料的搭配方法并一同呈上。

3. 特殊菜品，特别处理

（1）牛排的分法

分牛排时，服务员需将烤牛肉最大的一端置于平盘上以便操作。先用叉插入牛排两根肋骨之间，再从肥的那一面开始，用刀横切肋骨，用刀尖沿着肋骨把肉切下来。注意切时必须紧紧沿着肋骨，把刀插进肉片下用叉稳定，挑起肉片放入盘子的边缘，边切边摆，直到结束。整个过程需保持手法稳定，避免溅出影响客人用餐体验。

（2）火腿的分法

分火腿时，服务员须右手拿叉插入火腿大头部分来固定火腿，以形成一个平面，再把火腿转过来，将所切平面朝下，从火腿的后部分开始切掉一块楔形的肉，然后垂直均匀地切片，切完为止。

（3）火鸡的分法

服务员将火鸡放到砧板上，先用左手握住鸡腿下部，再用右手拿刀切开鸡腿之间的皮，并将其轻轻拉掉。左手拿叉插入鸡身紧靠鸡腿的部位，右手用刀从鸡身背部与鸡腿骨头之间的关节处将鸡切开，将切下的鸡腿放在盘子里，与盘子形成一个角度，再用刀把鸡的大腿肉从鸡腿下部一片一片切到关节处，切完一面再切另一面，直至切完为止。注意切鸡胸肉要从鸡胸中间开始一片一片地切下来，一直切到肋骨为止，切不可切成块状或者条状。

（4）卷食菜肴的分法

一般情况下，卷食菜肴是由客人自己取拿卷食，但也有特殊情况需要特殊对待。对于需分派的卷食菜肴，服务员应协助客人完成卷食过程，特别是针对老人与儿童。首先将餐碟摆放于菜肴的周围然后放好铺卷的外层，逐一将被卷食物放在铺卷的外层上，然后逐一卷上送到每位客人的面前。

4. 分菜后的整理与收尾

迅速撤盘，从主宾右侧开始，按顺时针方向绕台进行，将空盘和分菜用具一同撤下，保持餐桌整洁，为下一道菜品的呈现做好准备。

三、用餐服务礼仪

用餐服务作为西餐服务中的核心环节，直接反映了服务人员的专业素养与修养水平。西餐的精髓在于其独特的情调与高雅氛围的营造，因此，要高度重视用餐服务礼仪，致力于为每一位客人打造一场视觉、味觉与心灵的三重盛宴，让其在享受美食的同时，也能感受到无与伦比的舒适与尊贵。

（一）用餐过程中的细致入微

1. 解读餐具语言，洞悉客人心意

西餐餐具的摆放如同一种无声的语言，传递着客人的用餐状态与需求。服务员需掌握并准确解读这种"餐具语言"。当客人将刀叉分开摆放成三角形时，表示其尚未结束用餐，服务员应避免过早撤盘；如果他们将餐具放置于盘边，则意味着用餐结束，此时即便盘中尚有剩余，服务员也应适时且礼貌地为其撤盘。此外，若客人盘中已空，但刀叉却分开放置呈八字形，则是客人期待后续美食的微妙暗示，服务员应适时询问并考虑是否添加更多菜肴，但需要注意的是，这一做法应限于允许加菜的场合。

2. 细致入微，确保用餐无忧

在用餐过程中，服务人员要适时询问客人是否需要添加佐料或酒水，并在提供时保持高度的专注与谨慎，避免出现意外洒落。

在添加红酒时，应掌握正确的开瓶与醒酒技巧。对于不同年份的红酒，采取不同的处理方式，确保酒质最佳，成熟期的红酒只需提前半小时打开就足够了，而陈年的酒通常结构比较脆弱，换瓶去渣后应尽快饮用。红酒开瓶后稍作静置，让酒香得以充分释放，斟酒时最好用餐巾裹着酒瓶，以免手温使酒升温。斟酒以杯容量的 1/3 为度，让酒可以在杯口处留香。

服务员还需时刻关注餐桌整洁，及时清理废弃物，并根据客人需求调整服务内容，适时提供饮料续杯、餐盘撤换及餐后甜点等服务，让客人的用餐体验更加顺畅与愉悦。

（二）用餐后的温馨送别

用餐结束，客人即将离店，这不仅是他们本次用餐体验的尾声，也是酒店再次展现服务魅力、吸引回头客的关键时刻。因此，用餐后的服务同样不容忽视。

当客人起身离席时,服务员应主动上前为其拉出座椅,并温馨提醒其携带好个人物品;在结账环节,应清晰询问客人的支付方式,确保结账过程顺畅无阻;结账完毕,亲自陪同客人至餐厅门口,以真诚的微笑和得体的肢体语言表达送别之情;挥手告别时,注意手势的优雅与适度,同时配以温馨的话语,如"感谢您的光临,请慢走,期待您下次再来",让客人在离开时仍能感受到酒店的温暖与关怀。

礼仪小知识

吃西餐的六个 M

第三节 自助餐、酒吧服务礼仪

一、自助餐服务礼仪

自助餐,作为一种集自由、便捷与多样性于一体的就餐方式,其服务礼仪的展现不仅关乎客人的用餐体验,更是餐饮服务质量的重要体现。

（一）食品介绍与推荐的礼仪

在自助餐的盛宴中,厨师不仅是烹饪大师,更是美食的引路人。厨师须身着整洁的厨师服,佩戴干净的工作帽,确保个人卫生达到最高标准。面对琳琅满目的菜品,厨师应主动出击,以热情洋溢的态度向每位驻足的客人介绍菜品的名称、特色风味及烹饪技巧,帮助客人快速锁定心仪之选。

对于需分切的热菜,如鲜嫩多汁的牛肉、香气四溢的鸡鸭,或是小巧精致的小猪肉等,厨师应巧妙安排分切区域,尽量将其置于热菜区的后部,以减少对其他客人的影响。针对高人气菜品,可增设分切人员,确保每位客人都能享受到及时、周到的服务,避免排队拥堵现象的发生。

（二）客人疏导与菜点管理礼仪

在客人用餐期间，服务员需积极履行其职责，时刻关注客人的需求与动向，包括向客人递送餐具、引导客人有序取菜，以确保用餐秩序井然。服务员应密切关注菜台上的菜品余量，当剩余菜品为总量的 1/3 时，应及时撤下旧盘，并从厨房补充新菜品，以保持菜台的丰盛与多样性，满足客人的不同需求。服务员还需保持台面整洁，对于客人取菜时可能发生的碰翻或泼溅等意外情况，应迅速响应，及时清理，确保自助餐区域的整洁与卫生。

（三）饮料服务礼仪

服务员应提前布置好饮料台，确保各种酒水和杯子摆放整齐、有序。当客人需要饮料时，服务员应迅速响应，主动为客人取杯、倒酒或调制饮品，并礼貌地送至客人桌面，让客人在享受美食的同时，也能品尝到美味的饮品。

（四）告别客人的服务礼仪

当客人用餐完毕准备离开时，服务员应主动上前告别，并向客人表达感谢与欢迎再次光临的意愿。

二、酒吧服务礼仪

酒吧，作为客人休闲娱乐的优选之地，不仅具备消闲放松的功能，更以其独特的氛围和服务细节，为客人带来难忘的体验。鉴于饮品中常含酒精，客人情绪易受影响，因此，酒吧服务人员的礼仪规范显得尤为重要，它不仅是职业素养的体现，更是对客人尊重与关怀的直接表达。

（一）客人点酒时的礼仪

1. 态度温和，以礼相待

在酒吧服务中，无论面对哪位客人，服务员都应展现出优雅的动作、和煦的笑容以及温和的态度。这种表现不仅体现了服务员的职业素养，也表达了对客人的尊重与重视。

2. 递送酒单，细致推荐

呈递酒单时，服务员应先向客人致以问候，随后将酒单轻轻放置于客人的右侧。对于单页酒单，应将酒单先打开以便客人浏览；若是多页酒单，则可合拢递上。服务员要主动介绍今日特色饮品与食品，为客人的选择提供贴心建议。记录客人需求时，服务员应略弯腰站在客人右侧，不要将票簿和笔直接置于桌上书写，记录完毕后，务必复述一遍客人所点饮品与食品，以示确认，并向客人表示感谢。

3. 反应迅速，及时服务

服务员需时刻关注自己所负责的桌位，一旦客人做出选择或需要帮助，应立即上前提供服务。若客人请求推荐酒水，服务员应谨慎行事，根据客人的口味和所点菜品提出恰当建议，避免过度推销。

4. 细心记录，准确无误

在接受客人点酒时，服务员需细心记录酒名、瓶子大小、年份、类型及数量等信息，并标注存放位置的编号，以确保后续服务的准确无误。

（二）开瓶的礼仪

1. 快捷安全，开启瓶盖

酒吧服务中要快捷开瓶。开瓶时，服务员应站在男主人的右手侧，右腿轻轻伸入两把椅子之间，身体微侧，商标面向客人后再行开瓶。整个过程中瓶口应始终避开客人，以防酒液溅出洒在客人身上。

2. 谨慎操作，开启香槟

香槟酒因其瓶内压力较高，开瓶时需格外小心。大部分瓶塞压进瓶口，上有帽形一段塞子露在瓶外，并用铅丝绕扎固定着。在开瓶时要用左手斜拿瓶颈，与地面约成45度角，大拇指压紧塞顶，用右手转动瓶上金属小环使之断裂，然后把金属丝和箔拔去，再用左手捏紧瓶塞的上段，用右手转动酒瓶，让瓶内的压力轻轻地把塞子顶出来，随即会发出清脆的响声。注意不要拧瓶塞或拔瓶塞，以免瓶塞碎裂后爆出来。当瓶塞拔出后，要继续几秒钟，让瓶身保持45度倾斜，以防酒从瓶内溢出。

3. 适宜温度，开启红酒

红葡萄酒的开启则需根据室温条件灵活处理。如室温条件允许，可直接在桌上开启。此举有助于酒与氧气接触，释放部分酸气，使酒体更加圆润。红葡萄酒通常与主菜一同上桌，以增添用餐氛围。

（三）斟酒的礼仪

1. 斟酒前

斟酒前，服务员需仔细擦拭瓶身，特别是瓶塞和瓶口部位，以防异物落入酒中。同时，嗅闻瓶塞以检查酒质，确保无异味。瓶子破裂或变质的酒水需及时调换。摆放酒水时,应利用托盘,将高瓶置于内侧靠近胸前,低瓶放在外侧,以保持平衡。

2. 送酒

送酒时,服务员需牢记每位客人的点单内容,避免送错或重复询问。确保每位客人都能及时享受到所点饮品。

3. 斟酒

斟酒时,服务员应站在客人身后右侧,面向客人,左手托盘、右手持瓶,用右手侧身斟酒。斟酒过程中,身体与客人保持适当距离,既不过近也不过远。所有饮品均应从客人右侧上桌,以保持服务的统一性。

在斟酒时应注意:一般不要用餐巾(口布)把瓶身包起来,因为客人通常都喜欢看到他们所饮酒的商标。另外根据礼仪和卫生法规,服务员的手不能触及酒杯的杯口,空杯也如此。因操作失误而碰翻酒杯时应迅速铺上餐巾,将溢出的酒水吸干。斟酒时,瓶口不要碰触酒杯,用右手抓住

图8-7 服务员斟酒

瓶身下方,瓶口略高于杯1~2厘米,斟完后将瓶口提高3厘米,旋转45度后抽走,使最后一滴均匀分布于瓶口以免滴在桌上,斟酒完毕应用酒布擦拭瓶口。

不同酒类斟酒的手法也不同。比如,斟香槟酒时要分两次斟,第一次先斟1/4杯,待泡沫平息后再斟至2/3杯或3/4杯即可;斟啤酒或其他发泡酒时,因其泡沫较多,斟酒速度要放慢,必要时亦可分两次斟,或将杯子倾斜,让酒沿着杯壁流下来,泡沫就可少些;斟烈性酒时,在杯内倒上冰水,在夏季还要放上小冰块。

4. 斟酒的顺序

斟酒顺序需根据场合而定。服务员为客人斟酒时,应以长者、主宾、女士为先,再按顺时针方向绕桌进行斟酒,主人的酒最后斟。如果有携带夫人的外宾参加(欧美客人、日本客人除外)要注意先给夫人斟酒。高级宴会的斟酒顺序则是先主宾,后主人,再斟其他客人。如果酒水种类较多,应先倒烈性酒,然后依次是果酒、啤酒、饮料。

5.斟酒量

斟酒量也需根据酒的种类和场合来定，中餐以满杯为敬酒，西餐则不同。比如白酒要斟满杯，红葡萄酒斟到1/3，白葡萄酒斟酒量不超过酒杯的3/4，啤酒和其他饮料斟到七八分满。

（四）撤换酒具的礼仪

服务员要密切注意客人动向，如客人提出更换酒水、饮料时，要及时为客人更换酒具。酒杯中洒落汤汁、异物时要及时更换酒具。更换酒具应从客人右侧按顺时针方向进行。撤换酒具时要小心稳重，避免酒杯相互碰撞发出声响而打扰客人。

【本章小结】

本章通过对酒店餐饮部主要业务的介绍，了解餐饮服务的主要环节，详细介绍了中餐服务、西餐服务及自助餐与酒吧服务等各个环节的礼仪要求。通过规范礼仪的学习，旨在提升餐饮服务质量和客人满意度，营造温馨、高雅的用餐环境，展现酒店的专业素养和服务水平。

【本章思考题】

1.在中餐宴会结束阶段，服务员应如何有序地进行收尾工作，同时表达对宾客的感谢与送别之意？请设计一套完整的收尾流程，并说明每个步骤的意义。

2.在餐饮服务中，服务员如何平衡高效服务与不打扰宾客用餐体验之间的关系？请举例说明。

3.如何识别并妥善处理不同类型的顾客情绪（如醉酒、焦躁）？请设计一套应对策略。

4.西餐服务中，如何正确地解读刀叉的摆放及其传达的不同的用餐信号（如暂停用餐、已用完一道菜等）？请举例说明，并探讨这些信号对于提升顾客用餐体验的重要性。

5.自助餐服务礼仪中，如何引导宾客有序取餐并减少浪费？请从环境布置、标识设置、人员引导三方面提出建议。

【实训项目】

多元化顾客接待模拟实训

实训目的：

1. 增强实践能力：通过模拟真实工作场景，使学生能够将所学的顾客接待知识转化为实际操作技能。

2. 提升应变能力：面对不同顾客类型，学生能够灵活应对，展现良好的服务态度和解决问题的能力。

3. 培养服务意识：通过角色扮演，强化学生的服务意识，理解顾客至上的服务理念。

4. 促进团队协作：在模拟演练中，学生通过相互配合，增强团队协作能力和沟通能力。

实训内容：

1. 场景构建：设计并布置模拟餐厅环境，包括前台、座位区、菜单展示区等。准备不同顾客类型的角色扮演卡，明确各自的特点和需求。

2. 角色扮演：学生分为若干小组，每组内部分配服务员和顾客角色（包括重要宾客、普通顾客、特殊需求顾客等）。角色轮换，确保每位学生都能体验到服务员和顾客的不同视角。

3. 接待流程模拟：

（1）迎接与问候：服务员以礼貌、热情的态度迎接顾客，进行初步的问候和交流。

（2）引导与入座：根据顾客需求，引导其至合适座位，并协助安排就座。

（3）需求询问：细致询问顾客的就餐需求、特殊要求等，确保服务精准到位。

（4）推荐与介绍：根据顾客口味和喜好，推荐适合的菜品和酒水，并进行简要介绍。

（5）特殊情况处理：针对特殊需求顾客，如过敏、残障等，提供个性化服务方案。

4. 突发情况应对：设定突发情境，如顾客投诉、菜品出错等，考验学生的应急处理能力和沟通技巧。

实训要求:

1. 准备充分:学生需提前预习相关顾客接待知识,了解不同顾客类型的特点和需求。

2. 投入角色:在模拟过程中,学生应全身心投入角色,展现真实的服务场景和顾客体验。

3. 注重细节:从仪态、语言、动作到服务态度,每一个环节都要注重细节,力求做到专业、细致。

4. 积极互动:服务员与顾客之间、顾客与顾客之间应保持积极地互动,营造和谐的用餐氛围。

5. 团队协作:同组学生之间应相互支持,共同完成任务,展现良好的团队合作精神。

6. 反思总结:实训结束后,学生须撰写实训报告,对模拟过程中的表现进行反思和总结,提出改进意见和建议。同时,教师应组织学生进行交流分享,促进经验的相互学习和借鉴。

【案例分析】

礼遇之道:一家五星级酒店的餐饮服务礼仪典范

在繁华都市的一隅,矗立着一座以卓越服务礼仪闻名遐迩的五星级酒店。这家酒店不仅以其豪华的设施、精致的装潢吸引着全球宾客,更以其无微不至、充满尊重的餐饮服务礼仪,成为行业内的标杆。

故事发生在一个风和日丽的周末午后,张女士携家人入住该酒店,并预约了酒店内著名的法式下午茶。一踏入餐厅,她们便被温馨而雅致的氛围所包围。餐厅经理亲自上前迎接,以标准的鞠躬礼和温暖的笑容表示欢迎,并引导他们至预定的窗边位置,那里可以俯瞰整个城市的美景。

入座后,服务员迅速而安静地为他们铺上洁白的餐巾,并递上菜单。菜单的设计简洁大方,每道菜品都配有精美的图片和详细的介绍,让人一目了然。张女士注意到,服务员在介绍菜单时,始终保持眼神交流,耐心解答每一个疑问,展现出了极高的专业素养和亲和力。

随着下午茶的逐一呈现,张女士和家人被这份精致与美味深深吸引。从经典的三明治到精致的法式甜点,每一道菜品都如同艺术品般呈现在他们面前。

更令人称道的是,服务员在上菜时,总是以左手托盘,右手轻轻摆放,动作流畅而优雅,仿佛在进行一场无声的舞蹈。

在享用下午茶的过程中,服务员还贴心地为他们倒上了香气扑鼻的伯爵茶,并询问是否需要加糖或牛奶。每当张女士或家人需要服务时,只需轻轻抬手示意,服务员便能迅速而准确地捕捉到信号,并立即上前提供帮助,从不显得突兀或打扰。

整个下午茶时光在轻松愉快的氛围中度过。当张女士和家人准备离开时,餐厅经理再次上前,亲自为他们送行,并感谢他们的光临,同时递上一张精美的感谢卡,邀请他们下次再来。

案例思考题:

1. 在酒店餐饮服务中,如何通过细节展现服务礼仪的尊贵与贴心?请结合案例进行分析。

2. 服务员在介绍菜单、上菜及提供其他服务时,应如何保持专业与亲和力的平衡?这对提升宾客满意度有何影响?

3. 面对不同文化背景和需求的宾客,酒店餐饮服务团队应如何灵活调整服务礼仪策略,以确保每位宾客都能感受到被尊重与重视?

4. 除了基本的服务礼仪,酒店餐饮服务还可以通过哪些创新方式提升宾客体验,增强品牌忠诚度?

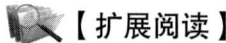【扩展阅读】

餐厅服务礼貌用语举例

专业篇(导游服务礼仪)

在当今这个多元化、个性化的时代，旅游已成为人们生活中不可或缺的一部分。而导游，作为连接游客与目的地的桥梁，他们的形象、服务水平和专业素养直接影响着游客的旅游体验。正如酒店服务礼仪对于酒店品牌形象的塑造至关重要一样，导游服务礼仪同样在旅游行业中扮演着举足轻重的角色。

世界各地知名的旅游目的地都深知导游的重要性，他们不仅是文化的传播者，更是旅游体验的塑造者。优秀的导游通过专业的服务礼仪，为游客提供了舒适、愉悦的旅行体验，赢得了游客的信任与赞誉。随着旅游业的不断发展，导游的角色已经从单一的向导转变为旅游体验的设计师和文化的传播者。他们需要具备深厚的文化底蕴、广博的知识储备以及敏锐的市场洞察力。导游服务礼仪，作为时代精神的传承者，不仅要保留传统的礼仪精髓，更要与时俱进，展现出与时代相符的服务特色。

每一位游客都是独一无二的，他们有着不同的需求和期望。导游服务礼仪强调个性化服务，要求导游能够精准捕捉并响应每位游客的独特需求，提供定制化的旅游服务。这种高度个性化的服务不仅能够提升游客的满意度，更能在游客心中留下深刻的印象。在旅游过程中，难免会遇到各种矛盾和冲突。导游服务礼仪作为和谐沟通的桥梁，要求导游以耐心、真诚的态度去倾听游客的声音，及时化解不满，将潜在的负面反馈转化为积极的口碑传播。

导游的每一次服务都是对旅游目的地的一次营销。通过专业的服务礼仪，导游能够激发游客的分享欲望，通过口口相传和社交媒体的分享，扩大旅游目的地的影响力，吸引更多的潜在游客。导游服务礼仪不仅关乎个人形象，更是旅游目的地品牌形象的重要组成部分。通过持续的礼仪培训和服务实践，导游不断提升自己的专业素养，为旅游目的地的长期繁荣与发展贡献力量。

本篇章将深入探讨导游服务礼仪的重要性，介绍导游在不同旅游场景中应遵循的服务规范，以及如何通过服务礼仪提升旅游体验，增强旅游目的地的吸引力。我们将从导游常规团队接待、主要客源国和地区接待、外事接待等方面学习导游服务礼仪，全面展示导游服务礼仪的内涵和实践，为导游提供一份专业、实用的服务指南。

第九章

导游接待服务礼仪

学习目标

知识目标

1. 掌握导游服务礼仪的基本概念,理解其在旅游服务中的重要性。
2. 熟悉导游接待服务礼仪的各个环节,包括迎客服务准备、接站服务、送站服务、参观游览服务等。
3. 了解与导游相关的其他服务礼仪。
4. 知晓特殊游客的服务礼仪,以便为不同需求的游客提供个性化服务。

能力目标

1. 实践能力:通过模拟导游接待场景,学生能够运用所学的导游服务礼仪知识,进行实际操作,提高导游服务接待的实践能力。
2. 提高导游人员的团队协作能力和沟通能力,确保导游服务团队的和谐、高效运作。
3. 培养导游人员的应变能力和创新能力,以应对旅游市场的不断变化和游客的多样化需求。

思政目标

1. 培养导游人员良好的职业道德和服务意识,始终将游客的需求和满意度放在首位。
2. 提升导游人员的礼仪修养和形象气质,树立旅游行业的良好形象。
3. 激发导游人员对旅游事业的热爱和敬业精神,为旅游业的繁荣发展贡献自己的力量。

> 礼仪是在他的一切别种美德之上加上一层藻饰，使它们对他具有效用，去为他获得一切和他接近的人的尊重与好感。
>
> ——（英）约翰·洛克

作为旅游地的"民间大使"，导游人员的服务礼仪非常重要。导游人员具有良好服务礼仪修养，不仅会受到游客的欢迎，还能为其所在企业、城市和国家树立良好的形象。一名优秀的导游人员总是把礼貌修养作为自身培养不可缺少的一部分，这是事业的需要，是人格完善的需要。

导游服务，是导游人员代表被委派的旅行社，接待或陪同游客旅行、游览，按照组团合同或约定的内容和标准向其提供的旅游接待服务。这项服务从接待游客开始，一直持续到送别游客结束，构成一个完整的、充满礼貌的服务流程。整个导游服务过程是由全程陪同导游、地方陪同导游和领队等组成的团队共同协作完成的，他们的主要任务是确保游客在餐饮、住宿、交通、观光、购物、娱乐等方面的需求得到满足，从而保障旅游活动的顺畅进行。

在带领游客游览祖国的壮丽河山、探索各地文化的同时，导游人员也承担着不为人知的辛劳，并受到相关规范的约束。导游服务不仅需要遵循一定的礼仪规范，这些规范还贯穿服务的各个环节。导游接待服务礼仪是一种规范化的礼节，它不仅展现导游人员对游客的尊敬、关怀、热情，也体现导游服务的整体质量。以下是对导游接待服务礼仪要求的详细说明。

第一节　导游人员的迎客服务准备和接站服务礼仪

一、导游人员的迎客服务准备礼仪

接待来宾，是人际交往中最基本的礼节和关键步骤，它不仅能够传递主人的真诚与热情，也是展现礼貌和教养的重要方式。尤其是初次见面时的迎接，更是塑造良好第一印象的关键。给对方留下积极的第一印象，为后续深入的交流和互动奠定基础。导游的准备工作是整个服务流程的起点，它对后续环节的顺利进行和整个接待服务的水准有着直接影响，因此必须做到全面而细致。

为了向游客提供优质的服务，当地导游在接到旅行社的接待任务后，需要在物质资源、语言沟通和知识储备等多个方面做好充分的准备，特别是要注意个人形象的打造，确保以最佳状态迎接游客。

（一）熟悉接待计划——礼仪准备的基石

地陪应在旅游团抵达前认真阅读接待计划和有关资料，了解所接旅游团的基本情况，包括客源地组团社的名称，旅游团的标志，全陪导游的性别、年龄、服饰、发型等，团队组成人员的年龄、性别、职业等，详细、准确地了解该旅游团的服务项目和要求，并对重要事宜做好记录。

（二）落实接待事宜——礼仪落实的保障

地陪在旅游团抵达前一天，应与各有关部门或人员一起落实、检查旅游团的交通、食宿、行李运输等细节，确保一切安排妥当。

（三）做好物质准备——礼仪服务的坚实后盾

在正式接待团队前，地陪按照该团旅游者人数领取必要的导游资料、门票结算清单和费用，带好接待计划、导游证、胸卡、导游旗、接站牌等必备物品。

（四）语言和知识准备——礼仪服务的智慧源泉

依据接待计划中确定的游览项目，地陪需对所需的外语翻译和导游解说资料进行充分准备。若接待的是具有专业背景的团队，还需准备相关的专业知识和术语。此外，还需对当前的热点话题、国内外重要新闻以及可能引起游客兴趣的话题有所准备。

（五）形象准备——礼仪服务的直观展现

在接待团队之前，地陪需精心准备自己的外观和仪态，包括服饰、发型和化妆。一个人的仪表是其内在素质的直观体现，它不仅展示了个人的道德和文化素养，也映射出一个地区乃至一个国家的文明水平。

常言"佛要金装，人要衣装""外表三分，打扮七分"。在现代社会，人们越来越重视外在形象，正如一本精美的书籍封面能吸引读者一样，得体的着装能够赢得他人的尊敬。掌握着装的艺术，不仅有助于塑造和维护个人形象，对于所在机构乃至国家的形象同样至关重要。特别是在国际导游服务中，良好的着装还能展示民族和国家的形象。

服饰的选择能够反映一个人的道德修养、文化水平、审美品位和精神状态。它包括多个要素，如颜色、款式和材质，其中颜色的选择尤为关键。对于导游来说，应首先遵循"三色"原则，即整体着装颜色不超过三种，避免颜色过于繁杂。此外，导游的着装还应遵循"TPOR"原则，即考虑时间（Time）、地点（Place）、场合（Occasion）和角色（Role）的适应性。在不同的时间、地点和场合，导游的着装应相匹配。例如，工作场合的着装应整洁、得体，符合个人的年龄、职业、肤色和性格；社交场合则应更为庄重和优雅；休闲场合则应舒适而适宜。

女性导游在着装上应避免过于暴露或不适宜的服饰，化妆也应适度，避免过于浓重。在着装上，应避免穿着过于紧身、透视或带有过多褶皱的衣物，以免显得不专业。同时，应确保头发不遮挡面部，以便游客能够清晰地看到导游的表情。

除了遵循"三色"和"TPOR"原则，导游在着装上还应注意细节，合理搭配饰品，避免过度装饰，以免给人炫耀或轻浮的印象。在工作状态中，导游不宜佩戴过多饰品，即使必须佩戴，也应保持低调，避免过分张扬。此外，导游在接待团队时，必须佩戴导游胸卡，并随身携带电子导游证，这是专业身份的象征，也是对游客负责的表现。

二、导游人员接站服务礼仪

导游的迎接对象就团队而言，可分为普通旅游团队和重要旅游团队（VIP）两种。由于对不同类别的客人具有不同的接待规格，在迎接时同样存在不同的礼仪要求。

（一）对普通旅游团队的迎接礼仪

1. 旅游团抵达前的服务安排礼仪

（1）时间确认：确认旅游团所乘交通工具抵达的准确时间。在团队到达当天，地陪需提前2小时确认飞机到达时间，提前1小时确认火车或轮船到达时间，并向相关交通站点的问询处核实确切的到达时间。

（2）交通协调：与旅行车司机联络。对有预约的接待计划，应事先准备好足够旅游客人乘坐的旅游车。接团导游人员应督促和协助司机清扫车辆，确保其整洁，并通知司机出发时间和接头地点，明确活动日程。

（3）提前到达：地陪应提前半小时抵达机场（车站、码头），若属首站接团，全陪也应一同前往，并了解接团车辆的停放位置，再次确认团队到达时间，与行李员沟通，确保行李能及时送往指定地点，并持接站牌在显眼位置等候。

（4）出站口迎接：旅行团所乘飞机（火车、轮船）抵达后，地陪应在旅行团出站前，手持写有团名、团号、领队或全陪姓名的接站牌站在出口醒目的位置，热情迎候旅游团。

2. 旅游团抵达后的接待服务礼仪

（1）认找旅游团：当地陪识别到自己负责的旅游团队时，应以灿烂的微笑和热情的态度，高举接团标识，向游客表示欢迎。初次见面，导游应首先向团队领队进行自我介绍，并在有更高级别同事在场时，优先介绍同事给领队。同时，应主动向所有游客致以热情的问候，如"各位辛苦了"，确保问候声传达到每位游客耳中。

在旅游高峰期间，若发生误接或未接到团队的情况，导游须立即向上级汇报，不得擅自处理。若误接发生在同一家旅行社内，经领导同意后，地陪可继续负责当前团队，全陪则需交换团队并向游客致歉。若误接涉及其他旅行社，应立即汇报并尽快安排团队交换，同时向游客说明情况并诚恳道歉。对于未接到团队的情况，导游应主动联系旅行社查明原因，并根据延迟时间决定是否继续等待或重新安排接待事宜。若发生漏接，导游应立即向游客致歉并耐心解释，采取补救措施，以优质服务重建信任。

（2）核实人数：地陪在向客人问候后，应及时向领队或全陪核实实到人数。

（3）集中清点行李：地陪协助本团旅游者将行李集中放在指定位置，并提醒旅游者检查自己的行李物品是否完好无损；在与领队、全陪对行李件数核对无误后，移交行李员，双方办好交接手续。

（4）集合登车：在客人上车时，导游人员要恭候在车门旁，微笑并以手示意，招呼并搀扶或协助客人上车。导游人员待客人全部上车且确认地面无遗留物后再上车，上车后应协助旅游者就座，礼貌地清点人数。在清点人数时，切忌以手指点游客。待游客到齐坐稳后，方可请司机开车。在行车过程中，导游人员一般应站在车辆前部的驾驶员侧面或近门处，这样导游人员既与客人相互可见,便于情感交流,同时,也便于与司机联系,以处理随时发生的事情。

3. 赴酒店的途中服务礼仪

(1)致欢迎词:在乘车赴酒店途中,地陪首先应热情、友好地向游客致欢迎词。欢迎词一般包括如下内容。

- 代表所在的接待社、本人及司机欢迎客人光临本地。
- 介绍自己的姓名和所属单位。
- 介绍司机。
- 简介日程安排,希望得到大家配合。
- 表示提供服务的诚挚愿望。
- 预祝各位旅游愉快、顺利。

至于欢迎词采用何种形式,则可根据具体情况而定。通常采取的有两种形式:一是风趣式,目的在于通过欢迎词来增强与旅客之间的感情,营造一种轻松、愉快的氛围,振奋游客的心情。通常在导游人员与团队客人之间有某种联系或关系时使用。二是简明扼要式,其形式简洁、明快,适用于在时间紧迫、游客长途旅行疲劳,渴望休息的情况或晚间接待。

(2)调整时间:对于国际旅游团队,地陪应提醒游客注意时差,并协助其调整时间,确保行程顺利进行。

(3)首次沿途导游:首次沿途导游,主要向客人介绍沿途风光、当地风情。抵达客人下榻的酒店前,应介绍酒店的名称、星级、位置及一些明显的标记。沿途导游语言节奏应明快、清晰,内容要简明扼要,要做到景物取舍得当,随机应变,见人说人,见物说物,与旅游者观赏同步,避免介绍和讲解客人看不到的东西。

导游在进行沿途讲解时,应根据游客的精神状态灵活调整。白天且游客精力充沛时,可以详细介绍沿途街景和酒店情况;若游客显得疲劳,尤其是在晚上,则应适当减少讲解,给予他们休息的机会。

(4)宣布集合地点及停车位置:当车辆接近酒店时,在游客下车前,地陪应清晰地告知全体成员车牌号码、停车地点和集合时间,确保每位游客都能清楚地记住这些重要信息,以便后续活动的顺利进行。

(二)对VIP旅游团队的迎接礼仪

VIP团队,即由尊贵客人组成的旅游团队,对于旅行社来说,这些尊贵客人主要包括以下几类：对旅行社业务有重要影响的人士、国家或地区高级官员、社会名流以及旅游行业的高层管理人员。

在迎接 VIP 旅游团队时，应遵循以下礼仪要点。

1. 高层亲自迎接：旅行社的总经理及关键人员应亲自前往机场、车站或码头迎接这些重要客人，并提前安排好贵宾休息室，配备饮料和接待人员。

2. 提前通知细节：如果条件允许，可以在客人到达前将他们即将入住的酒店房间号码及所乘车辆的车牌号码提前告知客人。

3. 协助办理通关手续：安排专人协助 VIP 团队成员快速、便捷地办理出入境手续。

4. 客房准备：在客人到达前，应指派专人与酒店工作人员一起检查即将入住的客房，确保卫生和布置符合标准，并在房间内摆放鲜花、水果等，以示欢迎。

5. 车辆礼仪：在客人上车时，旅行社的迎宾人员或导游应主动帮助打开车门，并站在车门一侧，恭敬地邀请客人上车。注意保护客人的头部，确保他们安全舒适地进入车内。乘车顺序应遵循先宾客后主人、先女士后男士、先高级官员后随行人员的原则。到达酒店时，陪乘人员应先下车，打开车门，协助客人下车，并继续注意保护客人的头部。

6. 给予休息时间：客人到达住处后，通常不建议立即安排活动。陪同人员或导游应避免在房间内逗留过久，以便客人有足够的时间休息或更衣。

第二节　导游人员送站服务礼仪

在旅游接待的整个过程中，礼仪的体现至关重要，它不仅体现在迎接客人的环节，更在于送别客人的方式。只有做到这一点，才能确保整个旅游接待活动圆满结束。导游在送站服务中扮演着关键角色，他们的服务和礼仪直接影响到游客对整个旅程的最终印象。导游不仅要遵守送站的服务流程，而且要重视服务过程中的礼仪规范，从态度、语言、表达的形式和内容等多方面都可以展现导游的服务礼仪。

一、导游人员送站的礼仪规范

在旅游活动的尾声,导游的角色至关重要,他们不仅要确保游客的返程安全,还要让游客带着美好的回忆离开。

(一)提前准备

在旅游活动结束之前,导游应提前规划,确保每位游客的返程交通安排得当。这包括及时预订飞机、火车或轮船的票务,并确认所有票务信息无误。此外,还需考虑到可能的延误或变动,提前做好应对计划。

(二)集中安排

为了便于管理,导游应尽量将游客的座位或舱位安排在相近的位置。这样不仅方便导游在旅途中快速找到每位游客,也便于游客之间的互动和交流,增强团队的凝聚力。

(三)热情送行

在送别游客时,导游应展现出热情、真诚、礼貌和良好的修养。通过微笑、握手或拥抱,传达出对游客的感激之情和对他们的美好祝愿,使游客感受到被尊重和关怀。

(四)细心询问

在游客即将离开之际,导游应主动与每位游客进行交流,询问他们是否有未完成的事宜或需要额外帮助的地方。这种细心的关怀能够让游客感受到被重视和尊重。

(五)提醒检查

在游客准备离开前,导游应提醒他们检查个人物品,确保没有遗漏。同时,导游应提供帮助,比如协助寻找丢失的物品或解答关于行李的疑问。

(六)挥手告别

当游客踏上返程的交通工具时,导游应在适当的时候挥手告别。对于乘飞机的旅客,可以送上一句"一路平安"的祝福;对于乘火车或轮船的旅客,则可以表达希望他们旅途愉快的祝愿。

(七)适时离开

如果导游有其他紧急事务,无法全程陪伴游客至最后一刻,应提前告知游客,并以诚恳的态度表达歉意。同时,确保在离开前所有必要的事宜都已妥善安排。

通过这些细致周到的服务，导游不仅能够确保游客的返程顺利，还能在游客心中留下深刻的印象，提升旅游体验的整体质量。

二、致欢送词——送站服务礼仪的关键环节

（一）欢送词的内容

为了加强与游客之间的情感联系，地陪导游在送行途中或在机场、车站、码头等地点向游客团队致以欢送词。这是导游在完成所有既定行程后，与游客告别前的最后一段发言。一段精彩的欢送词，如同一篇好文章的完美结尾，不仅能够给游客留下深刻印象，还能为之前的导游工作增添光彩。

欢送词通常涵盖以下五个要点。

1. 回顾旅程：回顾整个旅游活动，对游客的配合与支持表示感谢。

2. 表达情感：传达对友谊的珍视和离别时的不舍。

3. 征求意见：真诚地征求游客对整个接待工作的反馈和建议。

4. 道歉与改进：如果在旅游过程中出现任何不顺利或服务上的不足，导游应利用这个机会向游客再次表示歉意，并承诺改进。

5. 期待重逢：表达对未来再次相聚的期待，并送上美好的祝福。

在形式和内容上，欢送词应根据每个旅游团队的特点进行个性化调整。内容上要考虑东西方文化差异，以及游客的不同背景和职业，确保言辞恰当、得体。例如，对于东方游客，可以表达更多的关怀和体贴；而对西方游客，则应避免过度的关怀，以免造成对他们独立性的误解或不尊重。

通过精心准备的欢送词，导游不仅能够展示自己的专业素养，还能在游客心中留下美好的回忆，为整个旅游体验画上圆满的句号。

（二）欢送词的形式

欢送词在形式上主要分为两种：抒情式和总结式，每种形式都有其独特的风格和表达方式。

1. 抒情式：通过充满情感的语言来表达离别的情感感动游客，激发双方的情感共鸣。这有助于巩固和加深与游客在旅行期间建立的友谊。

使用抒情式欢送词时应注意：

（1）情感表达要真诚，发自内心，避免过度夸张，以免给游客留下不真诚

的印象。

（2）语言中的比喻要恰当，避免过度修饰，以免显得不自然。

（3）利用声音的抑扬顿挫和肢体语言，营造一种情景交融的氛围，以弥补语言上的不足。

2. 总结式：通过叙述性的语言对整个旅程进行简要回顾，对游客的合作表示感谢，并表达对未来重逢的期待，最后以祝福语作为结束。

总结式欢送词的特点：

（1）语言简洁明了，情感朴实，给人以真诚的感觉。

（2）易于表达，且容易让游客接受。

在告别环节，导游应根据游客乘坐的交通工具类型采取相应的告别方式：对于乘坐国内航班、火车或轮船的旅游团，在游客经过安全检查，进入候机厅（候车室、候船室）前，导游应向游客挥手致意，送上祝福，并在适当的时候离开。对于乘坐国际航班、火车或轮船离境的旅游团，在游客进入隔离区后，导游方可离开，确保游客顺利开始他们的返程。通过恰当的欢送词和告别方式，导游能够给游客留下深刻而美好的印象，使他们的旅行体验更加难忘。

第三节　参观游览服务礼仪

在旅游过程中，地陪服务的质量和专业性对于游客的体验至关重要。参观游览过程中的地陪服务，应努力使旅游团参观游览全程安全、顺利；使旅游者详细了解参观对象的特色、历史背景等其他感兴趣的问题。为此，地陪必须认真准备，精心安排，热情服务，生动讲解，主要包括参观游览前的准备礼仪，参观游览中的沿途导游礼仪，景区景点的讲解礼仪。

一、出发前的准备礼仪

（一）物资与事项的准备

● 确保携带导游小旗、胸卡和所有必要的票证，以便在需要时迅速出示。

● 督促司机做好各项准备工作。与司机沟通，确保交通工具处于最佳状态，并准备好应对可能的紧急情况。

- 核实餐饮安排，确保所有预订都已确认，没有遗漏。

（二）集合时的组织与提醒

- 地陪应至少提前10分钟到达集合地点，以展示专业态度，并为早到的游客提供服务。
- 积极与游客交流，收集他们的意见和需求，为顺利出发做好准备。
- 仔细核实并清点到场人数，特别注意那些选择留在酒店而不随团活动的游客，并为他们提供适当的安排。
- 向游客提供当天的天气信息和游览点的地形特点，以及行走路线的详细说明。对于可能存在风险的活动，如游泳或登山，提前告知游客注意事项和安全要求。
- 在游客到齐后，组织他们准时登车。地陪应在车门旁协助，确保每位游客都能安全上车，并在开车前再次确认人数。

通过这些细致的准备和周到的服务，地陪不仅能够确保旅游团的行程安全顺利，还能让游客对参观对象有更深入的了解，从而提升整个旅游体验的质量。

二、沿途导游礼仪

沿途导游礼仪主要包括参观游览的往途导游和返途导游礼仪。

（一）沿途导游服务

1. 出发时的导游服务

- 地陪在车辆启动后，应向游客说明当日的活动安排，包括午、晚餐的时间和地点。
- 告知游客预计到达参观点所需的时间，确保他们对行程有清晰的了解。
- 根据情况简要介绍当日的国内外重要新闻，增加旅途的趣味性。
- 简明扼要地介绍即将参观的景点概况，并进行沿途风光的讲解。

2. 沿途导游的互动

- 地陪应紧扣沿途景观，引出不同话题，激发游客的兴趣和好奇心。
- 对于游客无法亲自到达的地方，地陪应提供适当的说明，增加他们的求知满足感和兴奋感。

3. 返程时的导游服务

- 在返程途中，地陪可以简要回顾当天的旅游活动，必要时补充讲解遗漏的内容。

● 注意观察游客的疲劳程度，适时播放柔和的音乐，让游客休息，避免过多讲解，影响游客的休息。

（二）沿途导游的"四要"礼仪规范

1. 提醒说明要提前：地陪应提前向游客说明注意事项，避免在景观经过后才提出，影响游客的观赏体验。

2. 选取内容要确定：地陪应熟练掌握沿途导游的内容，确保讲解准确、连贯，避免让游客感到困惑。

3. 沿途风光要选择：地陪应选择性地介绍沿途景点，避免介绍平淡无奇或不适宜的内容。重点讲解那些能体现当地特色、游客感兴趣的景点。

4. 游客情绪要观察：在长途旅行中，地陪应观察游客的情绪，适时组织娱乐活动或讨论大家感兴趣的国内外问题，活跃气氛。

三、景区景点导游讲解礼仪

（一）导游讲解基本程序礼仪

1. 抵达前的提醒：在抵达景点即将下车前，地陪需清晰地告知游客关于旅行车辆的型号、颜色、标志、车牌号码以及停车地点和发车时间。特别在下车和上车地点不一致的情况下，要重点提醒游客注意。

2. 游览前的说明：在景点示意图前，地陪应详细说明游览线路、预计所需时间、集合时间和地点。同时，要向游客明确游览参观中的注意事项，特别是对可能危及安全的情况要进行重点提醒和警示。

3. 讲解时的互动：导游在讲解时需面向游客，确保语言清晰、准确，声音柔和适中，语调轻松自然，富有情感，以吸引游客的注意力。

4. 讲解内容的针对性：根据游客的文化背景、理解能力和地域差异，调整讲解内容，确保讲解贴近游客的需求。讲解与引导游览相结合，合理安排集中与分散的游览方式，注意劳逸结合，特别是对老弱病残游客要给予特别关照。

5. 安全与人数的监控：在整个游览过程中，地陪应持续关注游客的安全，与游客保持在一起，随时清点人数，防止游客走失或发生意外。

6. 返回前的预告：在返回酒店下车前，地陪应提前告知游客晚上和次日的活动日程、出发时间和集合地点等信息，并提醒游客携带好个人物品。车辆到达酒店并停稳后，地陪应先下车，然后协助游客下车，并在告别时礼貌地给予必要的照顾。

（二）导游讲解服务规范礼仪

1. 把握好讲解服务的 4 个阶段

规范化的讲解服务包括游前讲解、途中讲解、景点讲解和游后讲解。游前讲解指的是在车上或下车后对景区的总体介绍，时间以控制在 5~10 分钟为宜；途中讲解，主要是对沿途的山川景物、名胜古迹、民俗风情等作以介绍，以增加途中游兴；景点讲解，主要是在游览点结合具体情况的介绍，是讲解服务的主体；游后讲解，是在游程结束后，对游程情况的归纳小结，以引起游客的回味，并以此作为景点讲解的补充。导游讲解要做到规范化，就必须把握好这 4 个阶段。

2. 把握好讲解时间

一般来说，导游人员讲解时间应占整个游程的 60%~75%，如少于 60% 的时间，导游人员将不被游客所关注，游客则开始依赖于同座同伴的评论。

3. 讲解要做到实事求是

导游人员在讲解过程中要做到实事求是，尤其对一些专业知识更应如此，知之为知之，不知为不知，不可信口开河。

（三）导游讲解过程的语言礼仪

1. 讲解姿势的正确性与灵活性

导游在讲解时，应保持端正而优美的姿势，展现出专业和自信的形象。除了在礼貌、礼节、仪容、仪表等方面要高标准严要求，导游人员还要根据具体情况灵活掌握自己的姿态。如在旅游车上讲解时，应面对游客，站立讲解，而不能坐着讲解；在景点讲解中，即便需用手指点某处，也应侧身指点，不能背向游客。讲解时的目光要巡视全体游客，不可仅注视一两个人，面部表情要亲切、自然。

2. 讲解口头语言的艺术性

（1）要控制好讲解声音的强弱

导游在讲解时，应根据游客人数的多少和导游景点周边的环境、讲解的内容，来调整自己的音量，使每一位游客都能清楚地听到讲解的声音。

（2）要控制好讲解的语速快慢

语速是一个人说话时吐字的快慢。比较理想的导游语速应是适中，有快有慢,富有变化性。语速较快,游客不易听清;语速较慢,则不易激起游客的游兴。

（3）要有富有吸引力的语言停顿

停顿是说话时语音上的间歇或暂时的中断。科学的停顿能突出说话时的节奏感,使说话的节奏抑扬顿挫,能够更好地表达情感,更好地吸引游客,激起游客的兴趣。

3. 讲解语言的观赏性

语言是导游人员最主要的工具。导游人员应尽可能地使自己的语言艺术化、规范化,通过自己深入浅出、形象生动、博古通今、妙趣横生的介绍来满足旅游者的观赏要求。为此,导游讲解的语言要注意以下几点。

（1）口语通俗

导游讲解语言要力求口语化,避免使用死记硬背的书面语言,即便是熟背的导游词也应以口语短句的形式去表达,做到灵活组织、通俗易懂。

（2）流畅恰当

导游讲解的用词要得当,衔接自如,切忌使用空洞和华而不实的语言。

（3）鲜明生动

导游讲解语言的词汇要丰富,句式要灵活,要富有表现力,具有文学色彩。

（4）幽默活泼

导游讲解要善于借题、借景、借事发挥,善于用夸张、比喻、讽刺、双关语等修辞手法来调动游客情绪,活跃气氛。

（5）充分运用体态语言

导游讲解多为走动式讲解,因此,要善于借助手势、体态及面部表情,以强化语言效果。但要注意克服与表达内容无关的动作、口头语和语病。

第四节　与导游相关的其他服务礼仪

导游工作的性质与任务,并非仅仅是景点介绍、讲解,还包括许多其他的工作,如游客的行、住、游、食、购、娱等方方面面。简单地说,在游览过程中游客的一切需求，都属于导游工作的范畴。让客人玩得开心、游得尽兴，是导游工作者的基本职责。以下将介绍导游工作中的住店礼仪、就餐礼仪和交通礼仪。

一、住店礼仪

作为导游人员，特别是全陪，往往随同客人一起入住酒店。在酒店内，导游人员应当掌握相应的礼仪规范，以展示自己良好的职业素养。

1. 与酒店服务人员的互动礼仪

入住酒店时，导游员主要接触的是酒店服务员、住店游客等。在处理这些关系时，应遵守敬人为先、克己自律的原则。具体礼仪要求如下。

- 平等对待服务人员，尊重他们的工作和人格。
- 在宾馆大门处，对门童的服务表示感谢。
- 遇到保安人员的询问时，应友好合作，避免表现出不满或傲慢。
- 在前台登记或咨询时，友好地出示证件，并耐心等待。
- 乘坐有人服务的电梯时，清晰报出楼层，并礼貌致谢。
- 对行李员的服务表示感谢，避免提出不合理要求。
- 对客房服务员的服务表示欢迎和感谢，遇到时应友好致意。
- 拨打电话时，对接线员表示问候和感谢，避免使用粗鲁语言。
- 遇到客房设备故障时，对维修工人的工作给予理解和支持，避免无理取闹。

2. 导游员对客服务规范礼仪

（1）介绍酒店设施

游客初来乍到，对即将入住的酒店心理期待较高，总有一种"在家千日好，出门一时难"的危机感。作为导游员，在旅游车即将到达酒店时，应向客人介绍酒店的基本情况，酒店的名称、位置、距机场（车站、码头等）的距离、星级、规模、主要设施、服务项目及注意事项等，以满足游客的心理需求。

（2）协助办理入住手续

一般而言，办理入住手续应由领队或全陪操作，但地陪更为熟悉本地情况，理所当然地应予以协助办理，这也是对客人的尊重。同时，地陪协助办理，可掌握游客的房间号，以便及时为客人服务。

（3）照顾行李进房

游客来到旅游目的地，大都带有大件行李。导游员应等待行李送达酒店，并仔细核对，督促送入客人房间，以防出错。一旦游客行李丢失将是令人十分沮丧的事情。如果发现行李丢失，导游员应安慰客人，积极帮助客人寻找，并为客人解决生活困难。

（4）协助处理客人入住后的各类问题

安排好客人入住后，导游员迅速离去是失礼的。因为游客入住后还可能会遇到一系列的问题，如房门打不开、房间不标准、房间设施不全或损坏、房间卫生没做或行李送错等。如果导游员分完房间便一走了之，这是不负责的表现，会引起客人的反感情绪。

（5）处理好与游客的关系

在入住酒店期间，导游人员与游客既是主客关系，也是邻居关系。遇见游客，应主动打招呼，观察动向，随时为游客提供帮助和服务；导游人员不得与同行外国旅游团领队同住一室；导游人员进入游客房间，一般应事先电话约定，进门前未按门铃或敲门，不得擅自闯入，一般不随便单独进入客人的房间，更不要单独去异性的房间；在游客房间里，不要触摸客人的行李物品和书籍，不要随意借用客人的电话。

二、就餐礼仪

旅游团队就餐，一般可以是便餐、自助餐，也有风味餐，不管是何种形式都要认真对待，因为恰当的团队饮食安排能使旅游活动变得丰富多彩，加深游客对旅游目的地的印象。

（一）就餐提前落实

导游员需提前确定用餐的时间、地点、人数和标准，这是对游客的基本尊重，也是确保服务质量的关键。确保游客一进入餐厅就能享受到热情周到的服务。

（二）用餐特殊要求的准备

作为导游员必须了解客人的情况，针对游客的饮食特点尽量兼顾，以满足客人的需求。

- 了解并尊重不同游客的饮食偏好和限制。例如，老年人和小孩可能偏好清淡食物，而年轻人可能喜欢口味较重的食物。女性游客可能更关注健康和低热量的食物。
- 特别注意宗教人士的饮食禁忌，如穆斯林不吃猪肉、不饮酒，国内的佛教徒不吃荤腥食物，这不仅是指不吃肉食，而且包括葱、蒜、韭菜、芥末等气味刺鼻的食物。
- 考虑健康因素的禁忌，如心脏病、心脑血管硬化、高血压和中风后遗症的人，不适合吃狗肉；肝炎病人忌吃羊肉和甲鱼；肠胃炎、胃溃疡等消化系统疾病的人也不适合吃甲鱼；高血压、高胆固醇患者要少喝鸡汤；等等。
- 了解不同地区游客的饮食偏好，如四川人、湖南人普遍喜欢吃辛辣食物，少吃甜食。英美国家的人通常不吃宠物类动物、稀有动物、动物内脏、动物的头部和脚爪。

（三）引导客人入座

引座，是导游人员对客人的礼遇。在引导客人入座的过程中，导游不仅要确保每位客人都能顺利找到自己的座位，还要展现出专业的服务态度和对客人的尊重。

- 环境介绍：导游应简要介绍餐厅的环境和氛围，包括装修风格、历史背景等，让客人对餐厅有一个初步的了解。
- 菜肴推荐：根据餐厅的特色和客人的喜好，导游可以推荐一些招牌菜或当地特色美食，帮助客人更好地选择菜品。
- 座位安排：考虑到客人的舒适度和隐私，导游应合理安排座位，尽量避免让客人感到不便或不自在。
- 特殊需求关注：对于有特殊饮食需求或偏好的客人，导游应提前与餐厅沟通，确保客人的需求得到满足。

（四）用餐过程的巡视

用餐过程中，导游的角色不仅仅是安排座位，更重要的是确保客人在用餐过程中的满意度。为了能使客人满意用餐，导游人员不能在安排好客人后就自己吃饭去了，还应在用餐期间至少巡视一两次，以检查餐厅是否提供了标准服务，如发现问题或客人不满意，应及时与餐厅联系寻求解决。

- 巡视频率：导游应根据用餐的进度和客人的需求，适时进行巡视，但也要注意不要过于频繁,以免打扰客人用餐。

- 观察细节:在巡视过程中,导游应观察餐厅服务人员的工作态度和效率,确保他们提供热情、周到的服务。
- 问题解决:如果发现餐厅服务存在问题或客人有不满意的表现,导游应立即采取行动,与餐厅管理层进行沟通,寻求解决方案。
- 反馈收集:用餐结束后,导游可以主动收集客人的反馈意见,了解他们的用餐体验,以便不断改进服务质量。

三、交通礼仪

飞机、火车、轮船是旅游团队的交通工具。在带团过程中,导游员也常常陪同游客乘坐出租汽车或公共汽车、电梯等。因此,导游员懂得乘坐交通工具的礼仪是十分重要,也是十分必要的,因为它能体现一名导游员的文明水准。

(一)乘飞机礼仪

- 在登机前,导游员首先要配合边防、海关等部门做好安全检查,主动取出身上的金属物品。
- 在机舱门口向机组人员礼貌示意。当空姐不断送来食品、饮料和纪念品时,礼貌回应,不可默不作声、毫无表情。
- 登机后导游员应提醒游客系好安全带,并遵守飞机上的所有规章制度。比如上厕所,要在飞机起飞20分钟后、降落之前的30分钟内进行;不要大声聊天;用餐时要将座椅复原,吃东西轻一点,少喝酒多喝水,这样有利于身体健康。提醒游客在飞机停稳后才能起身取行李,并按顺序离开。
- 飞行中,避免讨论可能引起恐慌的话题,如劫机或空难,以免吓坏老年游客、胆小的女士和孩子等。
- 下飞机时,导游员应走在旅游团的前面,及时与前来接团的地陪联系。

(二)乘火车礼仪

- 导游员上车后应该为游客开道(下车时也应如此)、找好座位,放好行李之后还要帮助游客安放行李。
- 入座后,不要脱鞋或把脚伸到对面座椅下(或赤脚伸到对面座椅上),这些行为都是不文明的表现。

- 在行驶中不要随意开车窗或把头伸出窗外,对不熟悉的车上设备要请教乘务员后方可使用。
- 晚间进入车厢,若遇他人正在脱衣睡觉(特别是女士),导游员应悄悄回避,自己宽衣就寝时应背对其他游客,若是换衣服则应去盥洗室。女导游员不要当着游客的面整理衣裙和化妆。
- 在车厢里应自觉保持安静,不要大声聊天。废弃的物品要自觉放在垃圾箱里。阅读后的报纸或杂志要整理好,不要随便乱扔。吸烟者应到列车的吸烟区或两节车厢间的过道内,自觉遵守无烟区的规定。

(三)乘轮船礼仪

- 在登船前,导游员应提醒游客注意安全。客轮的扶梯,一般比较长而陡,且梯级较多。因此,导游员带领游客上船之前,务必要提醒大家注意安全,并照顾老年人和孩子,让他们走在自己的前面。
- 在客房里不要吸烟或躺在床铺上吸烟;若是晕船,应到洗手间去呕吐,不要吐在舱内或甲板上。
- 在航行中要遵守有关规定,不要对附近船只挥动衣服或手帕,晚上不要拿着手电筒乱照,不要在甲板上大声喧哗,这些都会给轮船工作人员带来麻烦。
- 在船舱内与游客交谈要低声,不要影响其他游客休息。

(四)乘出租车礼仪

在导游接待服务过程中,导游人员少不了要陪同个别游客或散客进行参观游览和购物等活动。在与游客同乘一辆出租车时,懂得一些乘坐出租车的礼仪是很必要的,能够使游客感到,在一个文明、懂规矩的导游人员陪同下活动是件愉快的事情。

作为导游人员,首先应了解小轿车和出租车上的位次尊卑。一般来说,当专职司机驾驶的时候,以后排右座为首,其余座位的尊卑排列为:后排左座、后排中座、前排右座,即右为上,左为中,前为下。如果是主人驾车,其旁边位置就为首座,其余座位的尊卑排列为:后排右座、后排左座、后排中座。女士登车的时候,千万不要一只脚先踏入车内,也不要爬进车里。应该先站在车门边,把身体降低,让臀部先坐到位置上,再将双腿一起收进车内,双膝保持合并的姿势。

若陪同游客同乘一辆出租车，导游员应帮助游客上车，即首先为游客打开出租车右侧后门，让其坐在后排右座，并用手指示车篷上框，提醒游客注意，等到游客上车坐稳后，方可关车门，并当心不要夹了游客的手。导游人员以坐在司机旁为宜。到达目的地后，导游员应首先下车，为游客开门，以手挡住车篷上框，帮助其下车。

（五）乘电梯礼仪

在导游接待服务过程中，导游员与游客会经常一起乘坐电梯，若不注意乘电梯的礼仪，将有损导游人员的形象。

- 上下电梯应依次进出，不能因为有急事或工作忙而争先恐后。
- 上电梯时若是等人，切忌站在电梯门口，只需用手挡住电梯门，但时间不宜太长。
- 进入电梯后应面向梯门，若遇有老人、妇女和儿童时，应主动照顾。要主动和电梯内乘客打招呼。
- 电梯在上下途中，自己又不下电梯时，应尽量避免挡住别人的进出，必要时导游员可以先走出电梯，主动让出通道，等游客或其他人走出后再重新进入电梯。
- 电梯内切忌大声说笑、高谈阔论和吸烟，也不要穿着背心和拖鞋进入电梯，以免失礼。
- 走出电梯时应主动让老人和女士先行。当自己要走出电梯而被其他人挡道时，应该主动使用敬语，比如，"对不起""请让一下""谢谢"等。

第五节　特殊游客的服务礼仪

在旅游接待中，导游人员除了大量的常规旅游团的接待工作之外，还有各种特殊旅游团队的接待任务。所谓特殊旅游团队，是指在旅游团队的组成人数、组织成分、年龄结构以及旅游目的等方面具有非一般性特征的群体。这类特殊的旅游团具有各自的鲜明的个性特征，对旅游接待工作提出的要求也与众不同。因此，针对特殊游客的特征，导游服务礼仪也应该有所不同。

一、老年旅游团（者）的服务礼仪

（一）老年旅游团（者）的特征

老年旅游团（者）是以老年人为主体、以休闲观光为主要目的的旅游团（者）。其主要特征如下。

1. 以游览观光为主要出游目的

老年旅游者倾向于选择传统的旅游形式，旅游活动多以游览观光、健身疗养和探亲访友为主。他们对新奇事物持保守态度，要他们真正参与其中还有一个过程。

2. 倾向于经济实惠的旅游方式

受历史和文化背景的影响，老年旅游者通常具有勤俭节约的习惯。他们追求性价比高的旅游产品，注重舒适与安全，避免不必要的奢侈。即便旅游费用由子女承担，老年旅游者也希望尽量减少开支，反映出他们节俭和实用的消费观念。

3. 对安全与舒适有较高要求

老年旅游者在旅行中特别关注安全和舒适。他们偏好轻松、舒缓的行程，避免拥挤的交通和不安全的社会治安。他们不像年轻人那样追求刺激和冒险，而是更注重旅行的质量和体验，希望行程安排能够给予他们足够的时间和空间去享受旅行。

4. 对导游讲解有较高期望

老年旅游者凭借其丰富的社会经验和阅历，对导游的讲解有较高的要求。他们期待导游能够提供深入、高水平的讲解，尤其是在人文历史、文学艺术和地域文化等方面。他们乐于向导游提问，希望得到详尽且满意的答复。他们的问题可能既有深度也有难度，反映出他们的文化修养和对知识的渴望。

（二）导游人员的服务礼仪

1. 合理安排行程

导游人员要根据老年旅游者的生理特点与心理需求，对旅游团的游览行程进行科学合理的安排，使整个旅游过程真正成为一次既舒心又轻松的经历。首先，导游人员在安排行程时要具有较强的弹性，每天游览的景点和活动的内容不要太多，节奏不宜太快。其次，要充分考虑安全因素，避免安排那些体力消耗大、冒险刺激的活动，以静态观赏为主，动态观赏为辅。

2. 掌握老年人的生理、心理特点

人到老年，由于年龄的增长、生理的变化加上周围社会环境的变化，使老年人形成一些在心理和行为上共性的特点，导游人员必须了解老年人感觉迟钝、反应迟缓和习惯心理固定化的特点，以便提供更有针对性的服务。

（1）感觉迟钝。老年人由于视觉、听觉器官生理功能衰退，记忆力下降，从而感觉到自己的衰老，通常会表现出"木讷"。

（2）反应迟缓。由于生理原因使老年人反应时间长，动作灵活性较差，不稳定，协调性低下，主要表现为行动缓慢、手脚不灵活、行为准确度不高。

（3）老年人习惯心理固定化。长年累月的生活习惯与工作习惯，决定了老年人的习惯心理很固定，主要表现为固执，不易接受他人的意见和新事物，通常会觉得孤单、受冷落和受排斥而变得孤僻，不愿与人交流。

3. 提供耐心、细致的服务

导游人员对老年旅游者的服务，要表现出极大的耐心和热情，要处处体现导游人员对他们的关怀与尊重。实现对老年旅游者的优质服务，导游人员应注意以下四个方面。

（1）安全上挂心。由于老年旅游者在生理、心理和行为上的特殊性，决定了导游人员必须树立"安全第一"的意识，把安全服务贯穿旅游活动的全过程。如果在老年旅游团中没有配备随行医护人员，那么就会对导游人员提出更高的要求，不仅在食、住、行、游、购、娱中应做到周密、细致的服务，而且要求导游人员要了解老年人的生理、心理特点，具备老年保健知识和初步的医护知识。

（2）生活上关心。导游人员在旅游过程中要随时关心老年旅游者的身体状况，每天向他们报告天气、气象消息，如气温变化，要提醒他们增减衣服，备好常用药品；主动与他们交流沟通，使他们心情舒畅；导游人员要了解老年人的饮食习惯，合理安排膳食，以清淡为主，少盐、少辣、少糖、少油腻，当老年人饮食喝酒过量时，应及时提醒；安排的房间要尽量安静、干净、通风，要保证老人们能得到充分的休息，中午也可以根据具体情况适时安排时间午休；睡前可提醒老人们适当用热水泡脚以减轻疲劳，把小腿垫高以防止浮肿等；在乘火车时，导游人员应根据旅游者年龄尽量为其安排在下铺，便于倚靠车窗、防止颈椎疼痛；晚间活动时导游人员还应提醒司机将旅行车停在有灯光、平坦、没台阶的地点，以防止他们上下车时摔伤。

（3）游览中留心。针对老年人行动迟缓，手脚不灵活，记忆力、反应力下降的特点，导游人员在游览过程中，应处处留心，多做提醒工作。每次到达景点下车前，要重复强调集合时间、地点，旅游车的特征、车号等；提醒他们携带好有关的优惠证件、贵重物品、旅游用品；提醒他们一定要注意安全，上下车时要避免拥挤，在游览过程中应提醒老年人"一看二慢三通过"，在登山、爬坡、上台阶时尤其要多注意，必要时对个别老年人给予搀扶帮助；游览中要时刻留意他们的行动方向，以防掉队走失。应根据他们生理的特点，增加上厕所的次数；在景点讲解时，语速要适当地慢一点，声音要响一点，多讲一些文化含量高的内容；在离开景点时，要仔细清点人数，待老年人全部到齐后方可离开。

（4）服务上耐心。一是对老年旅游者提出的各种问题要耐心地解答，即使是一些显得幼稚的问题。二是对老年旅游者提出的各种要求要耐心，合理而可能实现的要求要给予满足，即使对有困难、不易办到的要求也要耐心地解释，说明情况。三是在向老年旅游者交代某些事情的时候要耐心，甚至有时候需要不厌其烦地反复提醒、说明。比如，老年旅游者入住酒店时，导游人员应反复强调酒店的名称和所在的位置。为了防止老年人走失，导游人员可给每位老人发放一张酒店名片卡，或自制名片卡，注明所住酒店名称、电话、与导游人员的联系方式等。能否为老年旅游者提供耐心、细致的服务，实际上是检验导游人员工作态度和工作责任心的一项重要标准。

二、儿童旅游团（者）的导游服务礼仪

（一）儿童旅游团（者）的特征

儿童旅游团（者）是指儿童在成人陪同或监护下，通过旅游活动以达到开阔视野、增长知识、陶冶情操、培养团队精神、锻炼意志等目的的特殊旅游团（者）。儿童旅游团（者）的特征如下。

1. 出游目的以娱乐和探索为主

儿童具有较强的求知欲和探索心理，对周围的环境及许多事物充满好奇感，并且希望参与其中，参加旅游可以满足他们这方面的需求，但是他们不可

能像成人旅游者一样有明确的出游目的，他们希望外出旅游更多的是为了"好玩"，可以和同龄的小朋友在一起，可以逃离枯燥的固定生活圈，去追求新奇的环境。他们主要关心是否能外出旅游，而不是想通过旅游实现什么具体的目标，获得预想的收获。何况，他们还不能成为是否参加旅游和选择旅游目的地的决策者。

2. 经济独立性低，消费能力有限

由于儿童经济不独立，还不是一个纯消费者，因而在旅游活动中表现出消费能力弱，甚至无消费能力。即使有家庭富裕的儿童在旅游过程中有较大消费支出的情况，但这并不是普遍的现象，不足以说明儿童消费能力强，只不过在旅游活动中儿童对其陪伴的成人消费有影响。而且儿童消费群对目前我国的旅游购物定点商店的商品没有购买兴趣，因为大多数旅游购物定点商店的商品往往不符合儿童的消费需求和偏好。

3. 安全意识差，管理难度大

由于儿童的生理和心理未发育成熟因而安全意识差，自我保护能力弱。儿童时期是一个"跟着感觉走"的阶段，他们的好奇心会让自己收获颇大，但也会引来危险，而且儿童还不能很好地控制自己的情绪和行为，组织纪律性较差，管理的难度大。再加上他们的判断力和反应力都较弱，所以容易发生安全事故。

（二）导游人员的服务礼仪

1. 建立信任关系，成为孩子们喜爱的大朋友

儿童的情感是最纯真、直率、毫无保留的，他们总是要获得和保持那些让他们自己愉快的感受，而不会像成人那样考虑许多。因为他们的思想中并不存在纯理论化的东西。他们讨厌那些令他们不愉快的人和事，会非常直接地不接受他们不愿接触的人和事物。他们的内心会不断发出"我要"或"我不要"的呼声，所以作为一名儿童满意的导游人员，首先要让你的小客人接受你、喜欢你，才能说得上为他们服务。如果这些天真无邪的小朋友对你畏而厌之，那旅游活动将变得毫无乐趣且困难重重。

2. 利用"家长自我"意识进行管理和引导

在儿童的心目中他们已经有了教师和家长的意识，他们习惯听从教师和家长的话语。所以导游人员要有"家长自我"的意识，这个"家长自我"意识可

以使导游人员作为儿童家长在儿童的心里的代理者，对儿童起着教导和奖罚的作用。导游人员对待儿童旅游者的服务不能完全按照服务成人旅游者的方式进行，在获得儿童的接受和喜欢后，更多的是要以"家长自我"的方式对他们进行有效引导和管理。比如，在参观博物馆或寺庙之前，导游人员要召集所有的儿童旅游者，向他们讲清楚相关的规定，如有些展品或景区物品是不允许触摸的，在室内不能嬉戏玩耍、大声喧哗等。如果谁遵守了这些规定就给予表扬和奖励。这样不仅家长认为导游人员具有责任感，也使儿童旅游者对其产生信任感和权威感。

3. 注意儿童安全问题

由于儿童们尚未发育成熟，自控能力、自我保护能力都较差，孩子们又对旅行中的各种事物充满好奇心和浓厚的兴趣，因此，儿童旅游者的安全隐患随时存在。导游人员应该清醒地认识到这一点，并主动和家长或老师及其他工作人员做好安全防范工作，避免孩子走失、溺水或受到意外伤害。导游人员要教育儿童旅游者有组织、有纪律、听指挥，不准他们乱跑瞎闯，在比较危险的景点，导游人员要提醒家长和旅游团中的成人旅游者照顾好自己的孩子和旅游团中其他的孩子，放慢游览速度并随时留意孩子们的反应和动向，还要告诫他们不要随意买小摊上的食品、不喝生水、注意个人卫生等。努力保证儿童旅游者能顺利、健康、安全地完成旅游活动。

4. 照顾好儿童的生活

儿童肌体免疫力与抗病能力都较弱，在旅游过程中，导游人员要照顾好孩子们的生活。如果遇到气候变化，应及时提醒家长为其增减衣服或带好雨具，预防感冒；要合理地安排好旅游活动，避免孩子们过度疲劳；要掌握好回酒店的时间，以保证他们有充足的睡眠时间以便及时恢复体力；旅游期间要尽可能做到饮食有规律，建议他们多吃清淡食品和蔬菜水果；在用餐时导游人员尤其要注意由于儿童的个子比较小，成人的餐桌、椅子对他们并不合适，特别是外国儿童，对于他们来说使用中餐具十分困难，因此，导游人员应提前与餐厅联系，安排好他们的用餐事宜。凡是看到他们吃饭较少或不吃饭、活动较少、烦躁或想睡觉时，应注意孩子是否生病了，如孩子身体不适，导游人员不能鼓励他们带病出游。

5. 提供生动形象的讲解

导游人员在给儿童讲解时，语言要生动形象，语速要亲切、缓慢，富有激情而又通俗易懂。因为儿童的心理非常单纯，他们不需要导游人员的讲解多么的深奥、多么地富有哲理性，他们的要求是讲解听得懂而又有趣并富有吸引力。所以导游人员可以多使用启发式、诱导式的方法，穿插一些和景点有关的传说故事，也可以多提些问题以加强与孩子们的交流或吸引他们提高动脑能力，使小朋友们对景物产生浓厚的兴趣。但作为一名优秀的导游人员，其讲解的内容不应只是通俗有趣，还应该是贯穿爱国主义教育，具有科学知识讲解，对儿童起到一种"润物细无声"的效果。

儿童在旅行中对所见所闻充满了无限的好奇，他们想象力丰富、求知欲强，常常会提出各种各样奇怪的问题，真的变成"十万个为什么"了。面对孩子们的各种提问，导游人员应积极予以答复，鼓励、爱护儿童的这种好奇心和求知欲。对他们提出的一些难题，要能巧妙地回答、避免伤害他们幼小的心灵。比如当导游人员提到杭州是人间天堂时，一个小朋友提问，这里是天堂，那为什么我没有看见天使呢？导游甲认真地向他（她）解释：这是一种说法，这里并不是真的天堂。导游乙蹲下身，微笑地看着他（她）说："你不就是可爱的天使吗？"然后再说明真实的理由。当然，两位导游的回答都是对的，但谁的效果更好，就不言而喻了。

6. 遵守服务原则和区分标准

导游人员对儿童旅游者的服务，并非越热情效果就越好。在旅游过程中，导游人员应注意热情的火候，掌握好服务的"四不宜"原则。即不宜一味地突出儿童而冷落了其他成年旅游者；不宜为讨好儿童而给其买食品、玩具；不宜单独带儿童旅游者外出活动；儿童生病，不宜建议家长给其服用何种药，更不能将自己携带的药品给其服用，而应该建议家长请医生诊治。同时，在旅游接待过程中，导游人员应注意在交通、住房、用餐、景点门票等方面，对儿童有相应的价格标准。比如，在交通方面，机票是按照年龄来购买的，而火车票、船票、汽车票、景点门票是按照身高来购买的。在住房、用餐上，儿童是否单独占床或者按照成人标准就餐，要按照旅游合同上的规定，所以导游人员要特别注意儿童旅游者的收费标准。

三、宗教旅游团（者）的导游服务礼仪

（一）宗教旅游团（者）的特征

宗教旅游团（者）是指由宗教信徒组成的以朝拜圣地、敬重还愿、参加法事活动、捐赠布施及学术交流为主要目的的特殊旅游团（者）。相对于一般的旅游团（者）有如下的特征。

1. 政策性强

宗教旅游者的接待工作是一项政策性很强的工作，尤其是对那些与国外某些宗教组织、领袖人物有着密切关系的宗教信徒组成的旅游团的接待。我国对宗教实行自治、自养的政策，对国外的宗教旅游者来华旅游是热情欢迎的，但不允许其在中国境内进行违反中国法律的宗教活动。在对宗教旅游者的接待中，特别强调导游人员要有较强的把握政策的能力和水平，对于那些提出额外要求的宗教旅游者要向其讲清楚我国的宗教政策，必要时还要向上级有关部门进行请示汇报。导游人员不得自作主张，以免出现违反宗教政策的问题。

2. 目的明确、计划严格

宗教旅游者的旅游目的十分明确，他们前往的旅游目的地是经过认真选择后才决定下来的，在某个地方举行某种活动具有严格的计划性，不能轻易改变。他们很执着，只要能达到目的，旅游设施、条件差一些，吃点苦受点累也心甘情愿，计划中的项目必须予以保证，不可以更换或调整。行程、时间的安排也是非常严格的，第一天与第二天的行程是不可以调换的，有的宗教旅游者甚至上午和下午的行程也不能互相调整，他们认为，哪天出发，哪天去哪里，这在出门前就已经得到了"神"的指示，因此不能随意变动，否则有不尊重之意，出行就不会顺利如意。

3. 禁忌较多、要求严格

宗教旅游者由于其信仰、习俗的特殊性，都保留着其宗教本身所特有的禁忌。在旅游中，为了体现其态度的真诚，往往又将禁忌内容加以强化，不会越雷池半步，触犯禁忌，他们就会认为是对信仰的背叛。

宗教旅游者的禁忌表现是多方面的，主要有交往语言禁忌、行为禁忌、饮食禁忌等。他们要求导游人员必须对他们的规定严格遵守，在旅游过程中能不折不扣地履行，给予他们足够的尊重。如果触犯他们的禁忌，即使导游人员是

无意的，他们也会耿耿于怀，黯然神伤，甚至不原谅导游人员的失误。

4. 与人为善、待人宽容

在旅游目的得以实现、宗教习惯得到尊重之后，宗教旅游者在其他方面普遍表现出宽容的美德。无论是对当地的居民，还是提供相关服务的人员，或是导游人员，都会表现出较之常人更为宽容的态度。他们在其他方面的要求并不苛刻，随遇而安；对导游人员和其他接待人员态度和蔼、与人为善；对在旅游过程中出现的因客观原因造成的不能达到旅游者的要求的情况，他们能够理解；旅途中出现什么问题，他们都会积极配合解决。

（二）导游人员的服务礼仪

1. 做好接待前的宗教专业知识准备

导游人员在接待宗教旅游者前，必须认真研究接待计划，掌握旅游者所信奉的宗教派别，对该宗教的起源、教义、礼仪规范、主要节日等基本知识，特别是对该宗教的信徒禁忌要非常清楚。掌握有关的宗教政策。只有前期知识准备充分，后期的导游工作才会顺利。

2. 切实组织落实有关活动

宗教旅游者的活动内容，按其目的大致可分为三类：以朝拜圣地、举行或参与有关法事活动为主要目的的宗教旅游活动；以慈善捐赠的形式，或主动或应邀参加某个地方的剪彩揭幕、奠基启动等仪式；以专家学者的身份参加有关宗教的学术交流研讨活动。

导游人员要根据旅游者的计划安排及主要活动行程，对相关事宜提前核实确认，逐一落实。

如是法事活动，要事先了解是何种法事，具体的地点、时间，旅游者有何要求，接待方（如寺院、教堂）的要求是什么，准备情况怎样，所需费用是多少等，有些具体事宜在接待计划上不会完整显示，这就需要导游人员周密细致地考虑，并逐条落实。

如参加慈善活动，要与邀请单位或接受馈赠单位事先联系，落实有关时间、地点、程序、接待等方面的事项，了解落实地接社所承担的接待范围与邀请方的协作内容等方面的情况。

如参加学术会议，导游人员要事先了解会议的有关情况，包括会议参加人员层次、会议召开日程、与会者的报到地点与时间等内容。必要时，导游人员还要为旅游者提供报到、领取资料、落实现场翻译等相应服务。

每一次活动，导游人员都要与领队和团内的核心人物一起认真研究商量相关事宜，了解每一个程序的细节，并在活动过程中给予积极的组织和有力的配合。有的活动，如捐赠活动和学术交流活动，本来就有组织者予以安排，导游人员只是起联络与配合的作用。而有的活动，如有些法事活动，则完全是旅游团的自发行为，这就要求导游人员要具备较强的把握宗教政策的能力，在旅行社或上级有关部门的指示下，与宗教活动场所具体联系、落实并出面组织协调。这时，导游人员就充当了整个活动的导演与调度的角色。活动进行得是否顺利，结果是否令人满意，在很大程度上取决于导游人员的工作责任心、工作效率以及执行宗教政策的水平和能力。

3. 尊重旅游者的宗教习惯，提供有针对性的服务

是否了解不同宗教旅游者的禁忌，能否尊重旅游者的宗教习俗并能进行有针对性的服务，是考查导游人员综合素质、工作责任心和业务能力的重要标准。同时，也决定了旅游团全体成员的满意程度。

（1）基督教旅游者

①交往方面。导游人员在接待基督教旅游者时，不能以上帝起誓，更不可拿上帝和耶稣开玩笑；非基督教徒对一般基督徒的称呼，都采用社会上一般的人际称呼，如"先生""太太""小姐""同志"等。非信徒不能以同道、弟兄、姐妹等称呼基督教徒，因为那是基督教内信徒间的相互称呼。对教会的神职人员，按其教职称呼，如称某主教、某牧师、某神父等。但是基督教由于教派不同，为了避免无意中损伤感情，对称呼一定要清楚，如神父与牧师是天主教与新教对其神职人员的不同称呼，不可混为一谈。

②行为方面。当导游人员陪同基督教旅游者进入教堂从事宗教活动时，注意服饰端庄、整洁，在殿堂内要脱帽，不抽烟，不嬉笑、打闹，也不能高声说话，不去触摸堂内设施，包括殿内外的艺术装饰和所有宗教活动用品；当教徒们祈祷、唱诗时，旁观的非教徒们不可出声；当全体起立时，则应当跟随其他人一起起立，若有人分饼和面包给自己，应谢绝；当基督教徒在做祈祷时，导游人员不得去打扰，如在旅游车上做祈祷，此时导游人员和司机应主动下车，等他们祈祷完毕后再上车出游。

③用餐、住宿方面。基督教徒有守斋之习，基督教规定，教徒在圣诞节前

夕（12月24日），只食素菜和鱼类，不食其他肉类。平日，他们通常不吃蛇、鳝等爬行动物，因此，导游人员在安排用餐时要十分注意；基督教徒在饭前往往要进行祈祷，如和他们一起用餐，要待教徒们祈祷完毕后，再拿起餐具开始用餐；另外，他们讨厌数字"13"和"星期五"，在基督教徒眼中，"13"和"星期五"是不祥的，所以，导游人员在安排他们住宿时，应尽量避免楼层、房间是数字"13"，同时应避免在房间内出现其他宗教的神像或者其他民族所崇拜的图腾。

（2）佛教旅游者

①交往方面。导游人员与佛教徒交往时，不要主动与他们握手，尤其注意不要与出家的尼众握手，因为佛教徒内部不用握手礼。非佛教徒对寺院里的僧尼或在家修行的居士行礼，以合十礼为宜。合十也称合掌，即对合左右双掌及十指于胸前；佛门弟子依受戒律等级的不同，可分为出家五众和在家两众。出家五众是指沙弥、沙弥尼、式叉摩那、比丘、比丘尼。在家两众是指优婆塞和优婆夷。佛教徒中出家的男性称比丘，简称僧，俗称和尚。出家的女性称比丘尼或尼姑，但导游人员应该尊称他（她）们为法师或师太，或将僧尼一律称为师父。对不出家而遵守一定戒律的佛教信徒称居士或尊称为施主、护法等；导游人员不要直接询问僧尼的尊姓大名，因为僧尼出家后一律姓释，而不使用原来的俗姓。他们出家时，由师父赠予法名，受戒时，又由受戒师赐予戒名。因此，问僧尼名字时，可问"请问法师上下如何？"或"请问法师法号如何？"

②行为方面。导游人员不要随意触摸佛像、寺庙里的经书、钟鼓以及活佛的身体、佩戴的念珠等，因为这些都被佛教徒视为圣物；导游人员对佛教旅游者的谈话不能与一般旅游者完全一样。比如，不能向佛教朝拜的旅游者道"辛苦"，因为说他们"辛苦"等于在怀疑其态度的真诚，要将"烧香磕头"改说"礼佛"等；导游人员与佛教旅游者进入佛寺参加宗教仪式或做道场等活动时，衣履要整洁，态度要诚恳，不能高声喧哗以及做出其他干扰宗教仪式或程序的举动；不经过寺内执事人员允许，不可随便进入僧人寮房（宿舍）以及其他不对外开放的坛口。另外，导游人员要注意我国汉族地区的佛教全部主张素食，为保持佛门清净，严禁将一切荤腥及其制品带入寺内。

③用餐、住宿方面。佛教徒都反对杀生，他们不但要求吃在口中的食物全素，而且不愿看到餐厅水池中有待杀的活物；他们不吃荤腥，荤食和腥食在佛

教门中是两个不同的概念。荤指葱、蒜、辣椒等气味浓烈、刺激性强的东西。腥则指鱼、肉类食品。吃了这些东西不利于修行，所以为佛门所禁食；佛教徒不饮酒，因为酒会乱性，不利于修行，故严格禁止；有的佛教徒还遵循"过午不能进食"的戒条，即过了中午不能吃东西，午后只能喝白开水。佛教徒住宿要求简单，希望房间卫生、干净、整洁、没有伤风化的装饰。因此在旅游过程中，导游人员要细心安排、提前落实，特别是在用餐上要及时提醒餐厅注意事项，无论从餐厅的环境，还是饭菜的内容上，都要认真检查，逐一落实。

（3）伊斯兰教旅游者

①交往方面。"伊斯兰"的阿拉伯文原意就是"顺从""顺服"，即要顺服唯一的神——安拉的旨意。所以信徒称穆斯林，其阿拉伯文原意就是"顺从者"，意即顺从安拉的人；信徒之间无论在什么地方，不分职位高低，都互称兄弟。伊斯兰教对宗教职业者和具有伊斯兰专业知识者，通称为阿訇。它是对伊斯兰教学者、宗教家和教师的尊称。在中国，一般在清真寺任教职，并主持清真寺教务的阿訇，被称为教父或伊玛目，其中的年长者被尊称为阿訇老人家。对主持清真寺教务或教学的妇女，称作师娘；非穆斯林到穆斯林家中做客时，一般不主动与妇女或少女握手、注目。导游人员与其交谈时，不要用穆斯林禁忌的字词，如"猪""杀""死"等。

②行为方面。许多穆斯林认为人的左手不干净，所以导游人员与之握手或递送物品时不能用左手，尤其不要单用左手；伊斯兰教禁止偶像崇拜，所以不应将雕塑、画像之类的物品相赠；给信奉伊斯兰教的人送礼，忌送带有动物形象的东西，他们认为带有动物形象的东西会给他们带来厄运；按照教规，伊斯兰教信徒每周五中午都必须前往清真寺参加聚礼，这一天，在外的穆斯林一般不乘飞机。所以设计线路时，应尽量将参观清真寺安排在周五，使旅游者顺便在清真寺参加礼拜；穆斯林白天要做5次祈祷，在旅游过程中，穆斯林可将祈祷改为每日早晚两次或每日一次，导游人员应帮助他们辨认朝向圣地麦加的礼拜方向，不要干扰并耐心等待祈祷的旅游者；非穆斯林进入清真寺，不能袒胸露背，不能穿短裙短裤，不经阿訇等寺内宗教教职人士批准，非穆斯林不准进入礼拜大殿，不准拍照；在穆斯林做礼拜时，导游人员无论何事都不能喊叫礼拜者，也不能在礼拜者面前走动，更不能唉声叹气、呻吟和无故清嗓，严禁大笑、吃东西。

③用餐、住宿方面。伊斯兰教有严格的禁食制度,按照伊斯兰教教规,应当以"清净的为相宜,污浊的受禁止"。具体规定是禁食"自死物""血液""猪肉"以及马、驴、骡、虎、狼、豹等动物,禁食无鳞鱼(如鳗鱼、鳝鱼)等。穆斯林禁酒喜茶,在接待穆斯林客人时,最好用罐装饮料,如客人饮茶,要用清真茶具。所以接待伊斯兰教旅游者时,最好安排他们到清真餐厅用餐,可以满足他们饮食方面的各种要求。除了清真菜外,伊斯兰教旅游者普遍能接受西餐,特别是早餐。所以,导游人员在住房中预订美式自助餐也可以解决穆斯林的用餐问题。穆斯林对住房星级的要求并不高,一般三星级的酒店就可以满足他们的需求了,但是他们需要在酒店中辨认出礼拜方向,在阿拉伯、东盟等国家,住宿客房的天花板上均设有一个指向圣地麦加的箭头。如果住房没有标明,导游人员应该协助旅游者准确地找准礼拜方向。一些穆斯林喜欢在屋内点卫生香、种花养草来调节空气。如果导游人员能安排一个干净的、空气流通好,有盆栽、有卫生香的房间会使旅游者满意入住。

四、残障旅游团(者)的导游服务

(一)残障人普遍的心理特征

1. 孤独感

孤独感是残障人普遍存在的一种心理。残障人在生理上有某种缺陷(如聋哑人言语障碍、肢残人和盲人有行动障碍),活动场所太少,交流的对象有限,久而久之就会产生孤独感,随着年龄的增长,孤独的感觉会日益增强。

2. 自卑感

残障人在生理上或心理上的缺陷使他们在学习、生活和就业方面遇到诸多困难,如果他们从亲属乃至其他社会关系中得不到足够的支持和帮助,甚至遭到厌弃或感受到歧视时,就会产生自卑心理,与健全人相比,他们在社会、家庭问题上遇到不顺心时会加重其自卑感。

3. 过于敏感

残障人的状态容易造成周围人过多地注意自己,因而对别人的态度和评论格外敏感,尤其是计较别人对自己带有贬义的、不恰当的称呼。如称他们为"残废",就会引起他们的反感。如果有人做出有损于他们自尊心的事情,他们往往难以忍受,会当即流露出愤怒情绪或采取自己的方式加以报复。

4. 富有同情心

残障人对自己的同类有特别深厚的同情心，与不是同类的人却很少交流，如盲人很少与聋哑人交流，更少通婚。这主要是因为残障类型不同，交流起来很不方便。

（二）不同类型残障人的心理特征

1. 肢体残障人

由于体相的改变，残障的肢身给他们的行动带来巨大的困难，使他们易表现出更严重的自卑感，同时也使他们具有坚韧不拔的意志品质。他们往往在学习、生活、工作中表现出惊人的毅力。

2. 盲人

性格比较内向，温文尔雅，但他们的内心世界有着丰富的情感，深沉而含蓄，很少爆发式地对外表达。由于丧失视觉，他们缺乏甚至没有空间概念，没有视觉印象，故此，其形象思维不发达。但盲人的听觉和触觉相对灵敏。因没有视觉信号的干扰，他们形成爱思考、善思考的习惯，相应的抽象思维比较发达。盲人的另一特点还表现在有惊人的记忆力及很强的分辨能力，所记住词汇比较丰富，形成了他们语言能力强的特点。许多盲人给人以健谈、说话有条理、词汇丰富、语言生动、说理充分的印象。

3. 聋哑人

由于听力的损失而无法感知或不能清晰感知语言的声音刺激，失去了一条最重要、最平常的感知语言的途径，只能靠手语语言和别人进行交流及靠视觉器官直观形式获得信息。聋哑人在记忆方面表现出记得慢、忘得快的特点，因视觉敏感，其形象思维发达，而逻辑思维和情绪思维就相对差些。在思维特点上表现为灵活性的缺乏和思维概括能力低下。

（三）导游人员的服务礼仪

1. 尊重

"我知道我看上去是个残障人，我猜想是我的行为方式使我看上去是个残障人。但是在我的内心并无差异。我希望人们能够看到轮椅上的我，而不仅仅是轮椅。"这是一名残障人的心声，从中我们能深刻体会到作为一名残障人是多么渴望人们对他的尊重。因此导游人员的一言一行必须尊重这个准则。但是尊重并非对他们过多表示同情，对残障旅游者最大的尊重就是把他们视为正常人，只有在周围的人自然地接近他们、在必要时欣然提供帮助，他们才会感到比较舒服。导游人员过多地当众关心他们，为刻意的照顾而照顾，势必引起他们的反感，"扬旅游者之长，避旅游者之短"，这句话特别适合于对残障旅游者的接待。

2. 真诚关心

尽管要处处维护残障旅游者的自尊心，但他们的行动毕竟是那样的不方便，确实需要照顾，因此导游人员在接待残障旅游者之前，就应根据计划内容分析他们的要求，根据需要设计不同的接待程序，准备必要的设施等。在旅游过程中，在毫无准备的情况下得知旅游团中有残障人，导游人员应通过细心观察和交流，了解如何才能使他们旅行更加舒适。大部分残障人是愿意也会坦诚地告诉你，他们是否需要以及需要什么样的帮助。如果导游人员能够清楚地了解他们的需求和愿望，就可以从容地进行服务，如线路选择尽可能不走或少走台阶，放慢行走速度和讲解速度，安排客房时尽可能选择在一楼，提前告诉他们卫生间的位置等。

3. 不同类型残障旅游者的导游服务

（1）肢体残障旅游者。根据接待计划，要明确这一类型旅游者是否需要轮椅或其他设备，如果需要应提前通知有关部门进行准备，同时，也要考虑车辆的选择，最好使用方便轮椅上下的旅行车。景点和酒店的选择应考虑有无"无障碍设计"。导游人员或有关人员应提前到机场办理有关手续，以便能直接迎接他们。导游人员必须认识到，所有残障人的协助装置对他们来讲都是绝对不可缺少的，不应该被看成讨厌的东西。实际上，这些装置应被看成残障人身体的一部分。因此，导游人员绝对不能在没有得到残障人的同意或在残障人不知道的情况下把他们的拐杖放在一边，导游人员也不能敲打或倚靠在残障人的轮椅上；在接待过程中，导游人员不能在他们面前莫名其妙发笑、谈论或者因他们在行动中出现不便而感到好笑，应尽力避免可能引起他们误会的言行。

（2）听障旅游者。如果导游人员接待的是单纯的听障人士旅游团，一般都配备有听障人士的翻译。这时导游人员就要借助这位合作者把有声语言通过手语传译给客人。但是导游人员在服务中应注意，保持与旅游团成员而非翻译进行目光接触，要把视线从翻译身上移到旅游者身上，在旅游开始之际，导游人员可以征求翻译意见，确定自己的语言、节奏和讲解内容是否合适。游览中，导游可以用主动的语言描述美丽的景色和独特之处，同时配合手势和面部表情，以便让他们得到更多的享受。如果旅游团中只有个别的听障旅游者，导游人员要细心照顾好他们，在接待中要尽量把他们安排在靠前的位置，不管是在旅游车上还是在游览中，一方面是为了方便照顾；另一方面也为了方便他们看到导游人员的口型变化来获得信息，导游人员应多给他们微笑和注视，如果能学会手语为他们服务，那就加强了导游人员的服务能力。如果手语欠佳，必要时导游人员可采取笔谈方式与他们交流，从而提高服务的满意程度。

（3）盲人旅游者。他们除了没有视觉外，拥有与正常人一样的听觉、味觉、嗅觉、触觉。导游人员要发挥他们这方面的特长，让他们使用各种感官来体验旅游的乐趣，讲解时对游览点应进行清晰而丰富多彩的描绘："我们前方是一个非常宁静、清澈的湖，它三面环山，一面濒城，湖中镶嵌着三个绿色的小岛，阳光射在湖面上，泛起无数金光，岸边的垂柳迎着微风摇曳，你听到小鸟的鸣叫声了吗？闻到桂花的香味了吗？"在游览过程中，能让他们触摸的，让他们摸一摸；能让他们聆听的，让他们安静地听一听；能让他们闻的，让他们闻一闻。寺庙的钟声、泉水的流动声、鸟儿的鸣叫声、山林中新鲜的空气、长城厚重的城砖、大山中苍凉的岩石，所有这一切都同样能给盲人旅游者以极大的满足和享受；导游人员在讲解时应主动站在其身边，与他们谈话应直接面对他们，虽然不能与盲人进行目光交流，但他们会明显感受到并会尽量回应与他们讲话的人。记住用正常的音量讲话，避免与残障人讲话时提高音调的做法；在旅游车上应将他们安排在前排位置，以便他们下车便利和听清讲解内容；如果盲人旅游者希望导游人员提供帮助，他们通常会抓住导游人员的胳膊，在行走过程中，导游人员应指出哪里有台阶或其他障碍物；如果有的盲人旅游者希望用狗做向导，导游人员应尊重这一点，并且理解导盲犬都是经过专业训练的，不必帮助导盲犬，对待导盲犬不能像对待宠物一样，导游人员和旅游团成员不应与它说话，宠爱它或让它感到不安。

【本章小结】

本章通过对导游带团过程中导游业务的介绍，了解导游活动的主要环节，熟悉导游接待中的迎送接待礼仪、参观游览礼仪、住店礼仪、乘车礼仪的基本要求，掌握对客服务中针对VIP旅游团队、老年旅游团、儿童旅游团、宗教旅游团和残障旅游团等特殊对象的服务礼仪技巧。

【本章思考题】

1. 地陪在接到旅行社下达的接待旅游团任务后，要充分做好哪些准备？
2. 对VIP旅游团队的迎接应注意哪些？
3. 与游客一起乘坐火车、飞机、轮船、出租车和公共汽车的时候，导游应注重哪些礼仪？
4. 老年旅游团的特征以及导游员的服务礼仪的注意点有哪些？
5. 儿童旅游团的特征以及导游员的服务礼仪的注意点有哪些？
6. 宗教旅游团的特征以及导游员的服务礼仪的注意点有哪些？
7. 残障旅游团的特征以及导游员的服务礼仪的注意点有哪些？

【实训项目】

项目一：导游接站服务礼仪

实训目的：

通过对一般旅游团队的迎接过程的模拟，熟悉旅游团抵达前的服务安排流程，掌握旅游团抵达后的接待服务礼仪。通过模拟一般旅游团队的迎接过程，使导游能够熟悉在旅游团抵达前需要进行的各项服务安排，确保导游在旅游团抵达后能够以专业的服务礼仪进行接待，展现出热情、尊重和专业的形象。通过实际操作，提高导游在真实场景中的应变能力和服务技巧。

实训内容：

模拟一般旅游团队的接站服务过程，具体包括：

1. 接站前的准备：包括了解旅游团的基本信息、制订详细的接待计划、准备必要的接待物资等。
2. 迎接流程：从旅游团抵达站点开始，到将游客安全引导至交通工具或酒店的整个流程。
3. 服务礼仪：包括语言交流、肢体语言、着装打扮等，确保在接待过程中给游客留下良好的第一印象。

每个小组内部成员根据特长和兴趣进行角色分工模拟不同的接站情景，如早到、晚到、特殊需求游客的接待等，以提高应对各种情况的能力。小组成员根据分工扮演相应角色，进行实际的接待服务模拟。各小组在模拟结束后，相互评价接待过程中的礼仪表现，包括语言表达是否得体、手势是否恰当、着装是否符合职业要求等。老师对各小组的表现进行总结评价，指出优点和需要改进的地方，提供专业的指导和建议。

实训要求：

1.服务流程的熟练度：导游能够熟练掌握接站服务的整个流程，并能够灵活应对各种突发情况。

2.礼仪表现的专业度：导游在接待过程中的礼仪表现专业、得体，能够让游客感到舒适和尊重。

3.团队协作能力：小组成员之间协作默契，能够共同完成接待任务。

项目二：导游讲解礼仪

实训目的：

通过模拟景区景点的讲解，使导游了解并掌握讲解的基本程序和步骤。学习并练习在讲解过程中正确使用口头语言，包括语速、语调、音量、停顿等。掌握讲解时的表情、手势、站姿等肢体语言的正确运用，以增强讲解的吸引力和表现力。根据不同受众对象的特征，掌握并运用相应的服务礼仪技巧，以满足不同游客的需求。

实训内容：

1.模拟讲解：根据不同受众对象的特征，进行景区景点的模拟讲解。

2.互相点评：小组成员间相互评价讲解的表现，包括语言表达、肢体语言运用、服务礼仪等方面。

3.老师评价：老师对每个小组的模拟讲解进行评价和总结，指出优点和需要改进的地方，提供专业的指导和建议。

实训要求：

1.脱稿讲解并有针对性：要求导游能够脱稿进行至少3分钟的模拟讲解，深入理解受众对象的特点，以适应不同游客的需求。

2.语言使用得体：讲解内容要与受众特点相匹配，语言使用要恰当、清晰、易懂，符合服务礼仪规范。

3.服务礼仪适应性：能够根据不同受众对象的特征，灵活运用服务礼仪技巧。

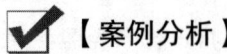
【案例分析】

导游小李的尴尬之旅

小李是一名经验丰富的导游，他负责带领一个国际旅游团游览中国的名胜古迹。这个旅游团由来自不同国家的游客组成，他们对中国的文化和历史都非常感兴趣。小李的任务是确保游客们能够享受到一次愉快且富有教育意义的旅行体验。在一次游览故宫的行程中，小李遇到了几个挑战：

1. 一位游客在参观过程中大声喧哗，打扰了其他游客的参观体验。
2. 另一位游客在禁止拍照的区域使用手机拍照，被工作人员制止。
3. 一位老年游客在参观过程中感到不适，需要休息。
4. 由于天气炎热，部分游客出现了轻微中暑的症状。

案例思考题：

请从导游服务礼仪角度探讨小李应该采取哪些措施处理上述问题来提升游客的满意度？

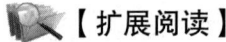
【扩展阅读】

让游客感受旅游的美好——记全国优秀导游员张娟

第十章

我国主要客源国和地区的服务礼仪

学习目标

知识目标

1. 掌握亚洲主要客源国和地区的礼仪习俗,包括社交礼俗、用餐习惯、饮品偏好等。

2. 识别不同国家和地区在礼仪习俗上的差异,理解这些差异背后的历史、宗教和文化背景。

3. 掌握外事礼仪的基本原则,了解外事礼仪的规范。

能力目标

1. 跨文化交流能力:能够根据客源国和地区的礼仪习俗,制订合适的旅游接待服务计划。

2. 服务技能:在与不同国家和地区的游客交往时,能够正确运用相应的社交礼仪,提升服务质量。

3. 沟通能力:能够在遇到文化差异导致的误解或冲突时,采取恰当的方式进行沟通和解决。

4. 突发事件处理能力:在外事活动中遇到突发事件时,能够迅速、妥善地处理,展现外事人员的专业素养。

5. 组织协调能力:在外事接待中,能够协调各方资源,确保接待任务的圆满完成。

思政目标

1. 培养尊重和理解不同文化习俗的意识和能力,增强跨文化交流的敏感性和包容性。

2. 树立文明礼貌的职业形象,通过良好的礼仪表现赢得游客的信任和好感。

3.提升个人修养和综合素质，为成为一名优秀的导游人员奠定坚实的基础。

4.培养民族自豪感和跨文化交流意识。

> 国尚礼则昌，家尚礼则大，身有礼则身修，心有礼则心泰。
>
> ——（清）颜元

礼仪是一个民族精神面貌和凝聚力的体现，文明礼貌程度是衡量一个国家和民族是否发达的标志之一。导游人员与四海宾朋、八方游客交往，掌握一些中外社交礼仪并正确运用，不仅方便工作，而且能获得旅游者的好感，从而获得他们的信任。

第一节 主要客源国和地区的礼仪习俗

全世界80多亿人口，分散居住在200多个国家和地区，分属于2000多个大大小小的民族，其中有些国家和地区已成为我国旅游客源国或出境旅游目的国。在这些客源国和地区中，由于各国和各民族的历史、宗教信仰、文化背景等方面的不同，具有各自独特的民族传统和习惯，在其礼节的形式上自然会有差异。我们只有充分了解和掌握我国客源国和地区的礼仪和习俗，才能有针对性地做好旅游接待服务工作。

一、亚洲主要客源国和地区的礼仪习俗

（一）日本

1.社交礼俗

（1）待人接物谦恭有礼

日本人说话常用自谦语，在向别人介绍自己或介绍自己家人时，一般都用

自谦的口气或语言；称呼别人或别人家里的亲戚，都用尊敬或抬高对方身份的语言，尤其在服务行业，一律称对方为"桑"（先生的意思）。微笑是日本礼俗中重要组成部分，特别是妇女，在与人交谈时总是语气柔和、面带微笑、躬身相待。日本人善用礼貌用语，在语言上分敬体和简体两种。凡对长者、上司、客人都用敬语；对平辈、平级、下级一般用简语。日本人最常用的敬语有"拜托您了""请多多关照""打扰您了"等。但忌"您吃饭了没有"这类话。

在交际场合，日本人的信条是"不给别人添麻烦"。他们忌讳高声谈笑，在外人面前不论自己是否开心，他们总是满脸笑容，他们认为这是做人的一种礼貌。

（2）善用鞠躬礼、跪礼

鞠躬礼是日本的传统礼节。在日本家庭、社交场合，不论是对亲人，还是对熟人、同事，每天第一次见面总是行鞠躬礼。

日本人行鞠躬礼，在鞠躬的度数、鞠躬的时间长短、鞠躬的次数等方面还特别讲究。日本的鞠躬礼分15度、45度和90度三种。一般在说"早上好""晚上好"时行15度鞠躬礼；说"欢迎光临"或表示感谢时行45度鞠躬礼；初次见面或对对方表示十分敬意时行90度鞠躬礼。日本人在行鞠躬礼时，还规定手中不能拿东西，头上不能戴帽子。有的时候，日本人在与别人见面时，也会行握手礼，不过在一般情况下，日本妇女，尤其是日本的乡村妇女，在与人见面时只鞠躬不握手。

（3）讲究交换名片的方法和程序

日本人与他人初次见面时，通常要互换名片，并很讲究交换名片的方法和程序。递送名片时，要用双手托名片，把名字朝向对方；交换名片的方法是，用右手递送上自己的名片，用左手接对方的名片。如在接对方的名片后再去找自己的名片，则会被认为是失礼。若错把别人的名片递送给对方，则为严重失礼。

（4）十分注意清洁

日本人在人际交往中十分注意清洁，不仅有每天非洗澡不可的习惯，而且有请人一起洗澡的习惯，并称之为"裸体相交"。他们认为这一做法可以使人减少束缚，坦诚相见。

（5）姓名组合与称呼

日本人的姓名组合顺序同样是前姓后名，但其姓名的字数不固定，一般以四个字居多。日本妇女婚前姓父姓,婚后姓夫姓。日本人在书写姓名时,姓和名之间空格。称呼日本人可称"先生""小姐""夫人",也可在男士姓氏之后加一个"君"字,但在正式场合称呼日本人必须使用全称。

2. 饮食习惯

(1) 餐食习惯

现代的日本人的日常饮食有三种料理:一是传统的日本料理;二是从中国传过去的"中华料理";三是从欧洲传过去的"西洋料理",即西餐。

日本料理,又称和食。其烹饪方法,主要有蒸、烧、煮、炸、生等五种。它以鱼、虾、贝类等海鲜品为烹饪主料,并有冷、热、生、熟各种方法。最典型的和食有"沙西米"(生鱼片)、"司盖阿盖"(类似我国的火锅)、"寿司"(日本式饭团)、日本面条、铁板烧、煮物、蒸物、酱汤等。日本人喜欢吃鱼且做法多样,喜欢去掉骨刺烹制。吃生鱼时,一定要蘸酱油,配上辣椒,以解腥杀菌。日本人还喜欢吃其他各种海鲜以及猪肉、牛肉、鸡、鸭、鸡蛋和各种野生禽类;蔬菜、豆腐、紫菜也是日本人爱吃的食品。但他们不吃猪的内脏及肥猪肉。日本人喜欢汁清、色浅的菜肴,对汁浓色深的菜肴是不喜欢的。吃生菜时,日本人习惯在生菜装盘后再撒上些芝麻、紫菜末、生姜丝、白糖、酱油等来调味和点缀。日本人的主食以米、面为主,早餐喜欢喝粥,由于受外来饮食习惯影响,也喝牛奶、吃面包;正餐(午、晚餐)一般吃米饭,要有小菜,如榨菜、酱菜、紫菜、海带及酱汤等。日本人爱喝汤,几乎一日三餐离不开汤,做汤时喜欢放一些黄豆粉调制成的膏状调料,但不放油,味道鲜美而富有营养。在水果中,日本人偏爱瓜类。

日本人的口味多为咸鲜、清淡少油、稍带甜酸和辣味。日本人很讲究茶道,餐前、餐后必喝一杯清茶。

每逢喜庆之日,日本人爱吃红豆饭,蒸好后再加上芝麻盐。他们也有端午节吃粽子、中秋节吃团子的习惯。在吃粽子和团子时,喜欢配一盘用糖和水炒成的豆沙。过春节时,他们一定要吃汤年糕。

(2) 进餐习惯和礼节

传统的日式用餐,要摆上一张矮桌,女的要屈膝跪着吃,男的可以盘腿坐着吃,这种礼俗由来已久,这也是为了显示日本社会男刚女柔的传统观念。

在日本进餐时有一种文明习惯,就是在开始吃饭时,先说一句"那就不客气了"或"那我就先吃了",然后才能拿筷子。吃完饭后还需礼貌地说"我吃好了"或"我吃饱了"。另外,日本人习惯于分食用餐,即每人一份饭菜,各吃各的。在外面请客吃饭很注意吃多少,装多少,盘子里不可以残留剩菜剩饭,在朋友家做客更是如此。日本人在宴客时,大多忌讳将饭盛得过满,并不允许一勺盛一碗饭;作为客人也不能仅吃一碗饭,哪怕是象征性的也要再添一次,否则,就会被视为宾主无缘。

（3）讲究饮酒和茶道

日本人不给他人敬烟,但在以酒待客时却很讲究。他们认为让客人自己斟酒是很失礼的,而且特别讲究斟酒的方法:斟酒者应右手持壶,左手托底,壶嘴不能碰杯口;斟酒讲究斟满,客人在接受斟酒时则以右手持杯,左手托杯底;通常接受第一杯酒而不接第二杯酒不为失礼。若客人善饮,可以自饮,主人和其他客人并不陪饮;当一人不饮时,应等大家都饮完了一齐扣放,否则会被视为不礼貌。日本人的茶道已不是一般日常意义上的饮茶,它不仅要求有优雅自然的环境,而且还有一整套的点茶、泡茶、献茶和饮茶的具体方法。它以"和敬清寂"为精神,作为最高礼遇来款待远道而来的尊贵客人。

3. 风俗禁忌

（1）日本人有敬重数字"7"的习俗,忌讳"苦"和"死"字,忌讳"4""14""19""42"等数字,因为"41""42"与"死奴"谐音,"14""19"与"重死""重苦"谐音。

（2）日本人大都喜爱白色和黄色,讨厌绿色和紫色。忌讳荷花图案,因为荷花在日本仅用于丧葬活动;忌讳用菊花和有菊花图案的东西做礼物赠送别人,因为菊花是日本皇室的专用标志。与日本人打交道,不能把盆花和带泥土的花送给日本病人,探望病人时也不能送山茶花、仙客来花以及白色和淡黄色的花。他们对鹤和乌龟很有好感,认为它们是长寿和吉祥的代表,对金眼睛的猫以及狐狸和獾极为反感,认为它们是"晦气""贪婪""狡诈"的化身。

（3）日本人用餐时忌讳用一双筷子依次给别人夹菜,也不能将筷子插在米饭中;除此之外,日本人用筷还有八忌,即忌用半途筷、游动筷、碎筷、窥筷、刺筷、签筷、泪筷及吮筷。

此外,日本商人忌2月和8月,因为这两个月是营业淡季;日本人忌三人合影,因为三个人合影,中间人被夹着,这是不幸的预兆;日本妇女忌问私事;

在日本邮票是不能倒贴的，因为这是表示绝交。

（4）日本人喜欢给人送小礼品，但是，梳子、圆珠笔、T恤衫、火柴、广告帽等是不可以作为礼品送人的。一般日本人送礼品不将礼品裸露着送给对方，而是将礼品用包装纸包好再送出去，但包装礼品时不扎蝴蝶结。即便是朋友、亲戚家里逢红白喜事，在送钱时也要用不同颜色的纸将钱包好，并系上一根细红绳。因为日本传统观念认为，没有经过包装的礼品或钱是"裸物""裸钱"，这样送礼有失体面，有"重利轻义"之嫌。

（二）韩国

1. 社交礼俗

（1）习惯按身份高低来称呼对方

韩国人在称呼他人时爱使用尊称和敬语，尤其爱以能反映社会地位的头衔去称呼对方。对有身份的人或客人均称先生、夫人、太太、女士、小姐；对社会地位一般的同龄人或比自己小的男子或女子多用"君"或"娘"来称呼。

（2）正规社交场合多以握手为见面礼节

大凡在正规的社交场合，韩国人一般都采取握手作为见面礼节，但韩国妇女一般不与男子行握手礼，而行鞠躬礼或点头致意。韩国男子在有些场合也采用先鞠躬后握手的方式。同有地位或有身份的人相见或告别时，往往要多次行礼，甚至讲一句话，行一次礼。

（3）特别尊重长辈和上级

韩国人与长辈握手时，要以左手置于其右手上，躬身相握，以示恭敬；与长辈同坐，要保持姿势端正、挺胸，绝不敢懒散；若想抽烟，须征得在场的长辈同意；用餐时，不可先于长辈动筷。

（4）"再见"一词主要用于平辈或熟人

在韩国，"再见"一词主要用于平辈或熟人。对长辈或生人、外宾等都说"您好好走吧"或"您好好在这儿吧"。

（5）公共场所不大声说笑

韩国人在公共场所不大声说笑，尤其妇女在笑时还要用手帕捂住嘴，防止出声失礼。

（6）仍然讲究"男尊女卑"

在韩国，妇女十分尊重男子，双方见面时，总是女性先向男子行鞠躬礼，致以问候；男女同坐，男子一般位于上座，女子居下座；进入房间，女人不可走在男人前面，进入房间后女人需帮助男人脱下外套；通常女子不得在男子面前高声谈笑，也不得从男子面前通过。

2. 饮食习惯

（1）餐食习惯

韩国人以米饭为主，早餐也习惯吃米饭，不吃稀饭。韩国人的口味，以辣和酸为主要特点，大多喜欢清淡，爱吃辣椒、泡菜之类的冷菜和生菜，也爱吃加醋调制的凉菜，但不爱吃带甜酸味的热炒菜肴。他们烧烤喜欢加辣椒、胡椒、大蒜等辛辣的调味品，平时喜食香干绿豆芽、肉丝炒蛋、肉末线粉、干烧鳜鱼、辣子鸡丁、四生火锅等菜肴。在韩国人的餐食中，汤是每餐不可少的，尤其爱喝"炖汤"，但通常不喝清汤。此外，他们一般不吃油腻、过油的食物，不吃鸭肉、羊肉和肥猪肉。韩国人平时爱喝茶和咖啡，许多人还喜欢喝冷开水。韩国的男子通常酒量都不错。现有韩国的许多年轻人偏爱西餐。

（2）用餐习惯

韩国人在用餐时，不喜欢边吃边谈，吃东西时嘴里不能响声过大，否则认为是不体面的。他们在家招待宾客时，宾主一般都围在一张矮腿方桌周围，盘腿而坐，但忌用手摸脚或双腿叉开。若与老人同桌，还讲究由老人先动筷，不可用筷子指指点点，用餐后要将筷子整齐地放在餐桌上。

3. 习俗禁忌

（1）韩国人大多珍爱白色，崇拜熊和老虎。他们不准对其国花、国树、国鸟、国兽等妄加非议，更不能当着韩国人的面对其不恭不敬。

（2）韩国人强调"身土不二"，反对崇洋媚外，倡导使用国货。在韩国，一身外国名牌的人，往往被人看不起。在需向韩国人馈赠礼品时，宜选择鲜花、酒类、工艺品，但切忌是日本产的。在接受礼品时，韩国人大都不习惯当场打开包装。

（3）忌讳"4"字。在韩国，"4"与"死"同音，与韩国人交谈不说"私""师""事"等字，因为它们的发声与"死"相似。

（4）在称呼韩国的国家和名称时，不要将其称为"南朝鲜""南韩""朝鲜人"，而应称"韩国""韩国人"。

（5）在韩国不宜谈论政治腐败、经济危机、意识形态、南北分裂、韩美关系、韩日关系等。

(三) 泰国

1. 社交礼俗

（1）进入寺庙衣冠必须整洁。泰国人进寺庙烧香拜佛或参观时，必须衣冠整洁，不得袒胸露背；走进大殿时，每个人都须脱下鞋子，否则会被认为对神佛失敬。

（2）与人相见以合十为礼。泰国人见面时不握手，而是行合十礼。泰国人所行的合十礼大致有四种规格：第一种是双手举于胸前，用于长辈向晚辈还礼；第二种是双手举到鼻下，适用于平辈、同事、朋友之间；第三种是双手举至前额之下，仅用于晚辈向长辈行礼；第四种是双手举过头顶，只用于平民拜见泰王时。

（3）对师长行跪拜礼。泰国人行跪拜礼时，面对对方跪下，上身挺直，双手掌合十，放在胸前，然后将双手放在地上，将前额放在合十的双拇指上。

（4）尊重长者和他人。在泰国，尊者或长者在座，其他人无论坐或蹲跪，其头部不得超过尊、长者头部。给长者递东西必须用双手，一般人递东西都用右手，传递物品时不能把东西扔过去，如不得已这样做要说声"对不起"。别人坐着时，不可把物品越过他们头顶。从坐着的人身边经过时，要略微躬身，以示礼貌。

（5）对人惯于称呼其名。在社交场合，泰国人习惯以"小姐""先生"等称呼，但他们不习惯称呼其姓，而是惯于称呼其名。

（6）微笑待人，细声低语。泰国人与外人打交道，一贯讲究"温、良、恭、俭、让"，总喜欢面带微笑，交谈时也总是细声低语。泰国人认为与人打交道时，面无表情、愁眉不展，或是高声喧哗、大喊大叫，都是失敬于人的。

2. 饮食习惯

（1）餐食喜好

泰国人以大米为主食，主要副食是各类蔬菜以及肉、鸡和鱼虾等。泰国人口味喜食辛辣、鲜嫩之物，而且是越辣越好。不爱吃过咸或过甜的食物，以及吃牛肉和红烧的菜肴，也不吃海参。最喜欢的民族风味食品是咖喱饭。泰国人在餐前有先喝一大杯冰水的习惯，用餐时习惯用叉子、勺子。并喜欢向菜肴中加入辣酱、鱼露等。民间的少数地区至今还保存用手抓饭的习俗。泰国人饭后喜欢吃鸭梨、苹果等水果，但一般不太爱吃香蕉。

（2）饮品习惯

泰国人爱喝白兰地和苏打水，特别喜欢喝啤酒；喝咖啡、红茶时爱吃甜点和小蛋糕。他们不喜欢喝热茶，而习惯在茶里加上冰块，在一般情况下，他们绝不喝开水，而是直接喝冷水。喝果汁时有在其中加盐末的习惯。

3. 习俗禁忌

（1）在泰国不能轻蔑国花、国树、国兽、国歌。

（2）泰国宪法规定：国王神圣不可侵犯，任何人不得对其进行指责、控告。在泰国，对泰王和王室的其他成员，绝对不允许任意评说，在正式集会时，必须率先演奏歌颂国王的歌。

（3）泰国人笃信佛教，在与泰国人进行交往时不要非议佛教，要尊重佛门弟子，遵守佛规。在泰国，军人的地位很高，并深受尊重，因此，也不要对军人非议。

（4）泰国人喜欢红色和黄色，对蓝色也颇有好感，在他们看来，蓝色象征着"永恒"与"安定"。泰国人忌讳褐色，并忌用红笔签名或刻字，因为他们认为用红笔签名就意味着死亡。

（5）泰国人在举行集会时，对于与会者的数目有时很讲究，官方举行活动时，参加者通常为双数；私人举行活动，参加者一般为单数；在民间活动中多讲究请9人。

（6）泰国人有"重头轻脚"的讲究。具体忌讳：忌他人用手触摸头部，尤其是触摸小孩的头部，他们认为，头颅是智慧所在，是神圣不可侵犯的；睡觉忌讳头朝西方脚朝东，因为在泰国只有停尸才这么做；也不准拿着东西从人的头上通过。他们忌讳把脚伸到别人的面前；忌脚底对着别人；忌在别人面前盘定而坐或双腿叉开；忌用脚踢门，也忌用脚把东西踢给别人；忌就座时跷腿；忌踩踏房子门槛。

另外，在泰国男女仍要遵守授受不亲的戒律，在泰国人面前男女不能过分亲热。与泰国人接触，忌动手拍拍打打或用左手接触对方，并忌讳用左手传递东西。讲话时不允许用手指指点点。

（四）菲律宾

1. 社交礼俗

（1）菲律宾人天性和蔼可亲，善于交际。在公共场合，菲律宾人往往会主动与别人打招呼，要是面无表情，三缄其口，则会被对方误解为不愿意与其打交道。

（2）与人打招呼惯于抬起眉头。许多菲律宾人在与客人打招呼时，惯于抬起眉头，以示问候对方。这一动作，有时表明"我明白你的意思"，有时则表示对某事感到惊奇。当他人用这一动作打招呼时，对方也应做出相应的动作，以示礼貌。

（3）见面礼节。在社交场合，菲律宾采用最多的见面礼节是握手。但熟人与至交见面时，显得非常随便，甚至连握手也会省去。有些相熟的男子见面，还会相互拍一下对方的肩膀，以示亲切和打招呼。有时在室外不戴帽子的穆斯林与人相见时，先用左手捂住自己的头部，以示对对方的敬重。

（4）尊重长辈，女士优先。在菲律宾，晚辈见到长辈时，有时要恭恭敬敬地向对方欠身鞠躬，有时则会上前亲吻对方的手背，以示敬重之意。年轻姑娘见到长辈时，往往会以上前亲吻对方的两颊为礼。

在菲律宾的上流社会中，"女士优先"十分流行。不论是问候、行礼还是迎来送往，人们都注意对女士照顾有加。但是，乡村中的妇女地位依旧很低，她们难以受到各种优厚的待遇。

（5）迎宾敬献花环。菲律宾人在迎接远道而来的嘉宾时，通常会用茉莉花编制的花环敬献给对方，并将其挂在对方的脖子上，以示对客人纯真的友谊。

（6）称呼习惯。菲律宾人的姓名大多是西班牙式的。他们对有真才实学的人极为尊重，所以，跟教授、博士、律师、医生、法官等人打交道时都直接以学衔或专业职称相称。

2. 饮食习惯

菲律宾人在饮食习惯上，仅有少数上层人士平时爱吃西式菜肴，绝大多数的菲律宾人通常还是喜欢具有本国风味的饭菜。

（1）饮食喜好

菲律宾人的主食大体上以米饭为主，有些人也喜欢吃一些玉米饭。就副食而言，肉类、蛋禽、海鲜、蔬菜等都深受他们的喜爱，许多人不吃生姜、动物内脏、腥味太重的东西和整条的鱼。菲律宾人的口味特点趋向于清淡，但由于受西班牙的影响，使用香辣调味品者颇多。此外，他们还喜爱鲜嫩的菜肴，并爱吃各种水果。

菲律宾人对于各式各样的饮料都比较喜欢，不论是男女老幼都十分爱喝啤酒。

平时，菲律宾人很爱嚼甘蔗，嚼食槟榔更是他们普遍的习俗。在招待客人时，他们往往上一些槟榔。此外，菲律宾的伊戈罗人平时还喜嚼烟叶。

（2）用餐习惯

在一般情况下，许多菲律宾人习惯用叉和匙并用进食。他们的具体做法是左手执叉，右手握匙。只有在上流社会，人们才用刀叉进餐。在广大乡村里，不少人依旧习惯于直接用右手抓食食物。

（3）特殊的宴请礼仪

在宴请活动中，菲律宾人需要多次进行邀请，不然就会被理解为纯属客气，从而遭到婉言谢绝。出席菲律宾人举行的宴请时，在主人第一次敬酒或为自己上菜时，要谦让一下，只有当主人第二次这样做时，方可接受。赴宴时不能抢在主人之前落座。只有当主人以手示意就座时，才可以从命。

3. 习俗禁忌

（1）在菲律宾，对国花、国树、国果和国石不能有任何失敬之举，否则将会被当作对菲律宾人的一种侮辱。

（2）菲律宾人喜欢在登门拜访时，赠送一些不过分贵重的礼品，但在接受时通常不会当场打开包装。

（3）菲律宾人忌讳"13"，认为"13"是厄运和灾难的象征。

（4）菲律宾人忌用左手取食或传递物品。

（5）菲律宾人珍爱白色，他们将红色与茶色视为不祥之色。

（6）在菲律宾，站立时忌双臂交叉于身前，或是长时间与他人对视。前者意味着发脾气，后者会被理解为蓄意挑衅。

（7）拜访菲律宾人时，进门要脱鞋；不能窥视主人的卧室和厨房；去卫生间时务必征得主人同意。

（8）菲律宾马来族人忌用手摸他们的头部和背部，他们认为触摸头部是对人不尊重，触摸背部会给人带来厄运。

（9）忌谈政治、宗教、民族、腐败问题或评论第二次世界大战、菲美关系以及外国援助等问题。

（五）马来西亚

1. 社交礼俗

（1）不同民族人采用不同的见面礼节

与人见面，马来西亚人的常规做法是向对方轻轻点头，以示尊重。除了男人之间的交往，马来西亚人很少相互握手，男女之间更是如此。马来西亚人传统的见面礼节是行"摸手礼"，即与他人相见时，一方将双手首先伸向对方，轻轻摸一下对方伸过来的双手，随后将自己的双手收回胸前，稍举一下，同时，身体前弯呈鞠躬状。与此同时，他们往往会郑重其事地祝愿对方"真主保佑"或"一路平安"。被问候者须回以"愿你也一样好"。

马来西亚的华人与印度人同外人见面时，则大多以握手作为见面礼节。

在马来西亚民间，人们见面经常会问对方："你到哪里去？"对此既可以回答也可以不回答。

（2）只有自己的名字，而没有固定的姓氏

在一般情况下，马来西亚人总是儿子以父名为姓，父亲则又姓祖父的名字，因此，一家几代人的姓氏会各不相同。

（3）称呼礼

马来西亚人对平辈称呼时，在男性名字前要加"兄"，在女性名字前要加"姐"，而自己一律称"儿"。

（4）不轻易信任外国人

马来西亚人往往不会轻易信任外国人。在无人介绍时，他们不会主动与外国人交谈，即使在商务谈判中，他们也是问得多，答得少。但与熟人交往，他们却以"笑口常开"作为一种基本礼貌。他们认定，与别人打交道时，面无表情、不苟言笑就意味着对别人不怀好意。

2. 饮食习惯

（1）饮食喜好

受伊斯兰教教规的影响，马来西亚的穆斯林不吃猪肉、自死之物和动物血液，不吃狗肉和乌龟。他们平时以米饭为主食，喜食牛肉，极爱吃咖喱牛肉饭，并爱吃具有民族风味的"沙爹"，即烤鸡肉串和羊肉串。喜欢吃马来粽和竹筒饭，喜欢吃辣椒菜肴。除此之外，还喜欢吃槟榔和嚼烟叶。马来西亚人的饮食口味清淡，怕油腻。他们喜欢中国的广东菜、四川菜，爱好烤、炸、爆、炒、煎等烹调方式口味带辣的菜肴，习惯餐餐吃水果。马来西亚的印度人不吃牛肉，但吃羊肉、猪肉和家禽肉。

马来西亚的穆斯林是绝对不饮酒的，他们喜欢的饮料有椰子水、红茶和咖啡等。在一般情况下，他们也不习惯饮用开水。

（2）用餐习惯

在用餐时，马来西亚人多习惯于将食物置于放在地上的毯子或席子上，然后围绕其而坐。在坐姿上，男子通常两脚交叉在前，盘腿而坐；女子则须屈膝而坐。只有上了年纪之后方可例外。

在用餐时，马来西亚人除在正规的宴请中以刀、叉、匙进餐外，平时习惯以右手抓食。因此，马来西亚人的饭桌上一般放有两杯清水，一杯饮用，一杯用来清洁手指。若万不得已需以左手帮助右手撕食前，还要向在场的人表示歉意。

3. 习俗禁忌

（1）在马来西亚，不准许男女进行身体接触，即使夫妻或情侣在大庭广众之下勾肩搭背、挽臂而行，或是拥抱亲吻，也在禁止之列。

（2）忌触摸被其视为神圣不可侵犯的头部与肩部。

（3）忌在他人面前跷腿、露出鞋底，或用脚去挪动物品。

（4）忌用一手握拳去打另半握的手，认为这是十分下流的动作。

（5）忌交谈时将双手贴在臀部上，否则有勃然大怒之虞。

（6）忌当众打哈欠。打哈欠务必以手遮口部，否则便是失敬于人。

（六）港、澳、台地区

台湾是中华人民共和国不可分割的领土，香港和澳门已回归祖国，在台、港、澳地区生活着95%以上的人口都是炎黄子孙，是我们的骨肉同胞。他们的语言文字、风俗习惯、礼仪禁忌、道德伦理规范等与大陆基本相同。他们热爱祖国和中华民族，有着强烈的民族感和乡土观念。

1. 社交礼俗

港、澳、台地区通行的礼节为握手礼，还保留较多的如拱手、抱拳、鞠躬等中国传统的礼节。但有些参禅信佛，故也有见人行合十礼和呼"阿弥陀佛"。港、澳、台同胞还流行"叩指礼",当他们接受他人斟酒、献茶、敬烟、布菜或端饭时,立即用略弯曲的食指、拇指、中指撮合在一起,指尖轻轻叩打桌面,以示谢意。港、澳、台同胞一般比较勤勉、守时。他们在与人谈话入正题前总要说一些客套话。在文字上,他们至今仍沿用繁体字。台胞大都说普通话,而世居港澳的往往只讲粤语。这些地区在语言的词语上与大陆存在一定的差异,政治术语相异更大。港、澳、台地区的用语中外来语比较多,对外国人名、地名的读法,有很多与大陆不同。

台湾地区的高山族同胞,素以敬老互助成风,在道德观念上,他们最厌恶虚伪和狡诈;办起事来特别喜欢一言为定。台湾同胞偏爱红色,民间认为红色是吉祥的象征;喜欢数字"6",有六六大顺之说。认为"6"是有钱财、有福气的吉祥表示。香港地区对吉祥语、吉祥物、吉祥数字很感兴趣,数字"3"在香港很吃香;"8"和"6"在香港地区很时髦;香港地区过节时,乐于用"恭喜发财"之语互敬。澳门地区的人爽快、诚挚、开朗、热情,他们在社交活动中说话干脆,喜欢直言,不爱转弯抹角、吞吞吐吐绕圈子,喜欢结交朋友,喜欢相聚畅叙抒怀,迎宾待客总乐于上茶楼或酒楼。由于受中华传统习俗的影响,一般都对吉祥话、吉祥物、吉祥数字偏爱,"恭喜发财""鱼""8""6"等,在他们眼里都是吉祥的。

2. 饮食习惯

港、澳、台地区的饮食习惯基本上与祖国大陆居民相同,一般以米为主食,也喜欢吃各种面食。口味一般喜清淡,偏爱甜味。许多人回内地探亲访友、旅游观光时,特别喜欢家乡的菜肴和传统的风味小吃。一般喜欢品尝各帮高档特色名菜、名点,爱喝茅台、西凤、五粮液等名酒,以及饮龙井、铁观音等名茶。他们都爱吃猪肉、牛肉、羊肉、鸡、鸭、蛋类,以及鱼、虾等海鲜品;蔬菜方面爱吃黄瓜、西红柿、柿子椒、菜花、卷心菜等;调料方面爱用胡椒、花椒、料酒、姜、味精等。比较爱吃用煎、炸、烧、烩等烹调方法制作的菜肴。

3. 习俗禁忌

港、澳、台同胞,尤其是上了年纪的老一辈人迷信的不少,他们忌讳说不吉利的话,而喜欢讨口彩。特别是香港人有喜"8"厌"4"的习惯。因为广东语中"4"与"死"同音。逢年过节,香港人习惯说"恭喜发财",而不愿说

"新年快乐"或"节日快乐",因为"快乐"与"快落"谐音,人们特别忌讳"落"。他们都忌讳别人打听自己的住址、年龄、收入等个人隐私;由于长期受西方的影响,外国人的一些禁忌,他们也同样忌讳,如忌"13""星期五"等。

在台湾,忌讳以扇子赠人。因为有"送扇不相见"的说法;忌讳以手巾送人。手巾在台湾是给吊丧者的留念,意为让吊丧者与死者断绝往来,故有"送巾断根"之俗语;忌讳以刀剪送人。刀剪是伤人利器,含有"一刀两断"之意;忌讳以雨伞送人。在台湾话里,"伞"与"散"同音。忌讳以甜果赠人。甜果是民间逢年过节祭祖拜神之物,以甜果赠人会使对方有不祥之感。

在香港,忌讳送茉莉花和梅花。因为"茉莉"与"没利"谐音,"梅"与"霉"同音。香港地区的酒家伙计最忌讳首名顾客用餐选"炒饭",因为"炒"在香港话中是"解雇"的意思。开炉"闻""炒"声被认为不吉利。

二、美洲主要客源国的礼仪习俗

(一)美国

1. 社交礼俗

(1)惯用国际称呼

美国人在家里对父母直接称呼"父亲、爸爸""母亲、妈妈",对兄弟姐妹称"哥哥""弟弟""姐姐""妹妹"。在社会上,对长辈一律称呼"先生""夫人"。在使用"小姐""女士"称呼时,一般与姓氏连用。"女士"在美国是非常流行的称呼,对已婚、未婚者都适用。在称呼别人时,美国人极少使用全称,他们喜欢直呼其名,以示关系亲密。初次见面,出于尊敬,他们也用"先生"或"女士"称呼对方。

(2)美国人热情开朗,不拘小节

在日常生活中,美国人不拘于正统礼节,没有过多的客套,与人相见一般只是点头、微笑或向对方说声"Hi"或"Hello"。不是特别正式的场合,美国人连国际最通行的握手礼也略去。分手时他们也习惯地挥挥手,说声"明天见""再见"。如果别人向他们行礼,他们也会用相应的礼节回答。

在美国,行接吻礼只限于特别亲近的人,而且只吻额头。美国人接待宾客时,一般场合也不太讲究礼节程序,不会要求贵宾坐特定的座位,但吃饭时,可能会让宾客坐在男主人或女主人的右面。

(3) 隐私权很重，礼貌用语很多

美国人的个人卧室、办公室一般是不允许别人随便进去的，倘若要进入，一定要问一声"我可以进去吗？"虽然美国人健谈、随和、不拘小节，但他们不喜欢别人不礼貌地打断他们讲话。另外，忌讳别人询问他的"私人问题"，也不喜欢别人说他变老了。交谈时与别人总得保持约1米的距离。美国人约会不习惯早到，但也不能迟到超过10分钟，如果因故迟到15分钟以上，必须预先通知对方。他们通常不主动送名片给别人，只有在想保持联系才送。在各种场合，美国人讲话礼貌用语很多，如"请原谅""谢谢""请""没关系""对不起"等脱口而出。他们同别人交谈中喜欢夹带手势，有声有色。在美国崇尚"女士第一"。美国人喜欢和善于写信，他们在接到礼物、应邀参加宴会、得到朋友帮助时，都喜欢写信致谢，显得很有礼貌。

(4) 自尊心强，好胜心重

美国人一般都有很强的好胜心，喜欢新鲜事物，崇尚开拓。在人际交往中，大都显得雄心勃勃，做起事来往往也无所顾忌。

在美国，孩子一旦长大成人，就要自立门户，与父母划清经济账，即使是父子外出就餐，往往也会各自付账。在人际交往中，美国人不时兴向别人借钱，他们认为，向个人借钱就是索要的意思。在一个美国人的一生中，不搬几次家，不换几次工作，往往是不可思议的。

美国人通常认为，世上的一切都是美国第一，对于外国的事物，他们总喜欢以美国的经验作为判断标准，指手画脚，妄加非议，自以为是。

2. 饮食习惯

(1) 以食肉、菜为主

美国人的主、副食概念与中国完全是颠倒的，其主食是鱼、肉、菜类，副食是粮食。在一般情况下，美国人以食用肉类为主，牛肉是他们的最爱，鸡肉、鱼肉也很受美国人欢迎。但美国人不吃狗肉、猫肉、蛇肉及动物的头、爪。他们也讨厌鳝鱼、海参、猪蹄等奇形怪状的食品。不吃清蒸、红烧菜肴，不吃脂肪含量高的肥肉和胆固醇含量高的动物内脏。

(2) 饮食日趋简便与快捷

由于生活节奏很快，大多数美国人的一日三餐不太讲究，快餐已成为美国人餐桌上的主角，他们早餐一般是果汁、鸡蛋、牛奶、面包之类。午餐大多吃三明治、汉堡包、水果和咖啡。但晚餐稍微丰富一些，一般也要有两道菜，牛排或猪肉是不可少的，此外还加些点心、水果之类的食品。

（3）忌油腻，喜清淡

美国人喜食生、冷、淡的食物。新鲜的蔬菜生的冷的都吃，鸡、鸭、鱼等带骨的食品要去掉骨头做菜；喜欢吃咸中带甜的食品，烹调的方法偏爱煎、炒、炸，但不用调味品，而是将番茄沙司、胡椒粉、精盐、辣椒油等调味品放在桌上，任进餐者按自己的口味自由调配。美国人平时自己做菜时喜欢用水果做配料，做冷菜以色拉油调和，不用色泽深沉的酱油。

（4）爱喝冰饮料

美国人爱喝冰水、冰啤酒和冰可口可乐等软性饮料和冰牛奶，而且是越冰越好。他们餐前习惯喝些果汁；用餐中饮啤酒和葡萄酒；餐后喝咖啡。

（5）用餐习惯

美国人用餐时，一般以刀叉取食，在切割菜肴时，惯于先用左手执叉，右手执刀，然后放下餐刀，换右手执叉而食。美国人进餐时不允许发出声响，不允许替他人取菜，不允许吸烟，不允许向别人劝酒，不允许当众宽衣解带，不允许议论令人作呕的事情。

3. 习俗禁忌

（1）美国人普遍爱狗，他们认为狗是人类最忠实的朋友，美国人非常厌恶那些爱吃狗肉的人。在美国人的眼里，驴代表"坚定""稳重"。狗和驴分别是共和党和民主党的标志。

（2）美国人最喜欢的颜色是白色，因此，白猫成为美国人的宠物。他们忌讳黑色，因为黑色在美国主要用于丧葬活动。

（3）在美国最忌讳的数字是"13"和"3"，不喜欢的日期是"星期五"。

（4）美国人不习惯自谦，常把过谦视为虚伪、口是心非、装腔作势。美国人忌讳在别人面前脱鞋赤脚，忌讳与穿着睡衣的人见面，他们认为这是严重失礼的。尤其忌讳盯视他人、冲别人伸舌头、用食指指点他人等体态语。在美国，微笑必须有来由，莫名的微笑有时会被误会为"耻笑"，或一种"暧昧"和"暗示"。送礼也是如此，礼物必须有意义，否则将怀疑你另有所图。另外，美国人忌距对方过近。他们认为个人空间不容侵犯，坐在他人身边，要征得对方认可。

（5）美国人认定"胖人穷、瘦人富"，所以，听不得别人说自己长胖了。与美国黑人打交道要少提"黑"这个词，也不能打听对方的祖居之地。与美国人聊天时，不能谈及政党之争、投票意向与计划生育，否则会导致"话不投机"。在美国的信教人面前，不可流露出对上帝的不恭，不可轻慢地谈论上帝，否则被认为是亵渎上帝。不可使用"浑蛋""该死"等语言。

（二）加拿大

1. 社交礼俗

（1）热情好客，讲究礼貌

加拿大人性格开朗热情，对人朴实而友善，在人际应酬中，既讲礼貌又喜欢无拘无束，十分容易接近。在加拿大，即便是互不相识，他们也会主动向对方打招呼、问好。

加拿大人拜访亲友必须事先电话联系确定时间。应邀去朋友家吃饭时，习惯上要晚到一会儿，不可提前，同时，最好带瓶酒或一盒糖。如果去亲朋家度周末或小住，事后要给主人家写封信表示对款待的感谢。加拿大人特别注意在公共场所的文明礼让，如坐汽车自觉给老年人和小孩子、妇女让座位，去剧院看戏或听音乐，必须在开演前入座，迟到被认为是不礼貌的。

（2）相见、分别时通常握手，一般场合直呼其名

在加拿大，相识的人在见面时，要互相问候，通常行握手礼。有时也以拥抱或亲吻作为见面礼节，但通常仅限于在亲友、熟人或恋人间使用。加拿大人只有在非常正式的情况下，才会对对方连名带姓并冠以"先生""小姐""夫人"之类的称呼。在一般场合，往往喜欢直呼其名，并省去姓氏。在加拿大，家庭长辈与晚辈之间相互不一定使用血缘称呼，也常常直呼其名。在外，上下级之间相互称呼一般不加职务头衔，只叫先生。只有在官方活动中才会称对方的头衔、职务或学位。

（3）讲究实事求是，注意个人仪表与卫生

与加拿大人交往不必过于自谦，不然会被误认为虚伪和无能。在交往中，加拿大人的衣着、待人接物都比较正统。公务时间内的加拿大人很注意个人仪表和卫生，他们希望所遇的客人也能如此。在加拿大人家中做客时，送点鲜花会被认为是一种受人尊重的礼节。

2. 饮食习惯

（1）餐食习惯

在一般情况下，加拿大人偏爱法式菜肴，并以面包、牛肉、鸡肉、鸡蛋、土豆、西红柿等作为日常食物。在饮食口味上，加拿大人喜食酸甜的、清淡的、不辣的食品。烹调中不用调料，上桌后由用餐者自由选择调味品。加拿大人早餐有牛奶、吐司、麦片粥、煎或煮鸡蛋和果汁；午餐比较简单，一般在公司、单位、学校里吃快餐；晚餐是加拿大人最重要的一餐，并有邀请亲朋好友到家里共进晚餐的习惯。请客时，他们较常采用自助餐。

（2）饮食喜、忌

加拿大人特别爱吃烤制的食品，烤牛排、羊排、鸡排、土豆，都是他们喜爱吃的食物。此外，他们也爱吃野味。但忌食各种动物内脏，也不爱吃肥肉。由于天气寒冷，不少加拿大人嗜好饮酒，威士忌、白兰地、伏特加都很受欢迎。在饮料品种方面，与美国人的选择相仿，只是不像美国人那样强调"一定要冰镇"。他们爱喝咖啡、红茶、牛奶、果汁、矿泉水等。

（3）用餐习惯

加拿大人用餐一般使用刀叉，他们对在餐桌上吸烟、吐痰、剔牙的行为非常看不惯。此外，他们在吃饭时，习惯饮用矿泉水、果汁之类的饮料。

3. 习俗禁忌

（1）信仰天主教、基督教的加拿大人忌讳数字"13"，视"13"为厄运之数。

（2）忌讳以白色的百合花送人。在加拿大，白色的百合花主要被用于悼念逝者。

（3）在日常生活中，一些加拿大人忌讳从梯子下面行走。忌讳把玻璃打碎和把盐撒在地上。

（4）在颜色方面，加拿大人一般不喜欢黑色和紫色。

（5）在加拿大的很多地方，人们忌讳铲除积雪。因为白雪在加拿大人的心里有着崇高的地位，被视为吉祥的象征和避邪之物。

（6）交谈时，忌讳谈及死亡、灾难、性等方面的问题，也不能就魁北克的独立问题随便表态，更不能就加拿大分为英语区和法语区两部分的问题发表意见。

（三）巴西

1. 社交礼俗

（1）巴西人的性格

巴西人在人际交往中喜欢直来直去，有什么说什么；他们大都活泼好动，能说会道，幽默风趣。

（2）社交场合的礼节

巴西人在社交场合通常都以拥抱礼或亲吻礼作为见面礼节，只有在十分正式的活动中，才相互握手为礼。在巴西民间，还流行一种具有浓厚民族特色的"握拳礼""贴面礼"等见面礼节。行"握拳礼"，先是要握紧自己的拳头，然后向上方伸出拇指，主要用于问安或致敬。"贴面礼"是巴西妇女之间所采用的见面礼节。行"贴面礼"时，双方要互贴面颊，同时口中发出表示亲热的亲吻声。但是，不能真正用嘴唇去接触对方的面颊。

（3）姓名组成及称呼方式

巴西人的姓名一般都是葡萄牙式的。他们的姓名通常由三部分组成，前面是本人的名字，中间是母亲姓氏，最后是父亲的姓氏。在一般情况下，巴西人喜欢彼此直呼其名，有时也会采用本名加父姓组合的简称，只有在极为正式的场合，才有可能使用姓名全称。

（4）印第安人迎宾盛行"敬客澡"

巴西的印第安人欢迎来宾的习俗是"敬客澡"，即主人请客人洗澡，客人洗的时间越长，越表示对主人尊敬，洗完澡后，宾主才能入座寒暄。

（5）土著居民的特有的迎宾仪式

巴西土著居民在欢迎贵宾时，通常会举行专门的仪式。其仪式主要包括三项程序：首先，要由一名巫师朝客人的脸上吹气，以驱除对方有可能带来的疾病；其次，要由男主人泪流满面地发表欢迎演说。他们认为，眼泪是对和平使者最好的欢迎。最后，要由女主人使用一种以树叶、唾液调制而成的特殊颜料，把客人的脸蛋涂抹成红色或者黑色。这是主人一种善意的表示。

2. 饮食习惯

（1）餐食习惯

巴西人爱吃欧式西餐，人们最爱吃牛肉，尤其爱吃烤牛肉，特别喜欢吃切开带血丝的牛肉。巴西人的口味一般以清淡、焦香、麻辣为适口。巴西人以黑豆为主食,最爱吃由黑豆、红豆等加上猪肉香肠、烟熏肉、甘蓝菜、橘子皮,用砂锅煮制而成的"费让"。"烩费让"被巴西人称为国菜,是宴请时不可缺少的主菜。此外,巴西人爱吃水果中的香蕉。

(2)饮品喜好

巴西人喜欢咖啡、红茶、葡萄酒、香槟酒、桂花陈酒等,但一般人酒量不大。巴西人饮酒讲究不醉,醉酒在巴西视为粗俗之举。

3. 习俗禁忌

(1)巴西人偏爱蝴蝶,他们认为蝴蝶不仅美丽,而且是吉祥之物。因此,在巴西人面前不能提及蝴蝶是害虫。

(2)巴西人忌讳数字"13"。他们不喜欢紫色,认为紫色是悲伤的颜色;忌讳绛紫色,因为它被用于葬礼;忌讳棕色和黄色,他们视棕色为凶丧之色,把人死喻为黄叶落下。他们认为深咖啡色或暗茶色会招致不幸。认为紫色配黄色为患病之兆。

(3)巴西人送礼忌讳送手帕,认为送手帕会引起吵嘴。也不能送刀子,因为刀子是伤人工具。

三、欧洲主要客源国的礼仪习俗

(一)俄罗斯

1. 社交礼俗

(1)见面礼节

在社交场合,俄罗斯人与人初次相见,习惯行握手礼。对于熟悉的人,尤其是久别重逢时,他们大多与对方行拥抱礼,有时还会亲吻对方双颊。

(2)欢迎宾客的最高礼遇

俄罗斯人在欢迎宾客时,通常会向对方献上面包和盐,这是他们最殷勤的表示,也是给予对方的一种最高礼遇。

(3)礼貌习惯

苏联时期的俄罗斯人惯以"同志"称呼他人,而今在正式场合,他们一般都采用"先生""小姐""夫人"之类的称呼。俄罗斯人非常重视一个人的社会地位,所以往往对有身份者以职务、学衔等相称。在俄罗斯民间,对长辈的称呼与我国基本相似,称之为"老爷爷""老妈妈""大叔""大婶"等。

他们尊重女性，在社交场合，男性还帮女性拉门、脱大衣，在餐桌上为女性分菜等。

（4）姓名组成与习惯称呼

俄罗斯人的姓名一般由本人名字、父亲名字和姓氏三个部分组成。俄罗斯妇女婚前用父姓，婚后用夫姓，本人的名字和父名不变。她们名字往往以"娜""娅""娃"作为结尾。按照俄罗斯的民俗，不同关系者间的称呼方法不同。通常对较熟悉者，习惯称呼其姓或直呼其名；为了表示对交往者尊重，可将其本人的名字与父名连在一起称呼，有时还用爱称。只有与初次见面者，或在极为正规的场合，才有必要用以三部分连在一起的全称。

2. 饮食习惯

（1）俄罗斯人在饮食上讲究量大实惠，日常以面包为主食，鱼、肉、禽、蛋和蔬菜为副食。他们喜食用黑麦烤的黑面包，还喜食牛肉、羊肉、禽类、蛋类以及沙丁鱼、小青鱼、鱼子等水产品；蔬菜方面爱吃白菜、西红柿、黄瓜、洋葱、胡萝卜、生菜、豌豆、土豆等；调味品方面爱用番茄酱、鱼子酱、番红花、胡椒、醋、酱油、味精、姜、葱等。他们比较爱吃用炸、煎、炒、烤、焖、煮、烩等烹调方法制作的菜肴，对北京的烤鸭很欣赏，但不大爱吃猪肉，不吃木耳、海蜇、海参之类的食物。还有些人不吃鸡蛋和虾，鞑靼人还不吃猪肉、驴肉、骡肉。犹太人不吃猪肉和无鳞鱼。

（2）口味特点

俄罗斯人的口味一般以酸、甜、咸、微辣、油大为适口。天热时吃菜喜好清淡。

（3）餐食习惯

俄罗斯人的早餐较简单，吃上几片黑面包、一杯酸牛奶就可以了。但午餐和晚餐很讲究，他们要吃肉饼、牛排、红烧牛肉、烤羊肉串、烤山鸡、鱼肉丸子、炸马铃薯、红烩的鸡和鱼等。俄罗斯人在午餐和晚餐时一定要喝汤，而且要求汤汁浓，如鱼片汤、肉丸汤、鸡汁汤等。在凉菜小吃中，俄罗斯人喜欢吃西红柿、生洋葱、酸黄瓜、酸白菜、酸奶渣以及酸奶油拌沙拉等。他们喜欢吃中国的京菜、粤菜、川菜、津菜等。

俄罗斯人以啤酒佐餐，酒量也很大。他们最喜欢喝高度烈性的伏特加，对我国产的二锅头等白酒也是爱不释手。俄罗斯人在喝红茶时有加糖和柠檬的习惯，通常他们不喝绿茶。酸牛奶、果子汁则是妇女和儿童们喜爱的饮料。

（4）用餐习惯

俄罗斯人用餐多用刀叉，只用盘子不用碗。他们忌讳用餐发出响声和用匙饮茶。他们通常将手放在喉部表示吃饱了。

3. 习俗禁忌

（1）与俄罗斯人交往不能说他们小气。初次结识俄罗斯人忌问对方私事和衣饰价格。对妇女忌问年龄，忌在背后议论第三者。

（2）俄罗斯人普遍喜爱红色，忌黑色，因为黑色在俄罗斯仅用于丧葬。俄罗斯人偏爱"7"，认为它是成功、美满的预兆，但他们十分忌讳"13"和"星期五"。另外，俄罗斯人忌讳为女士送花送单数。

（3）俄罗斯人忌讳兔子，认为兔子胆小无能。并十分厌恶黑猫。

（4）俄罗斯人忌打碎镜子和打翻盐罐，认为这是极为不吉利的预兆。

（5）俄罗斯人主张"左主凶，右主吉"，因此，他们也不允许以左手接触别人或以之递送物品。

（6）与俄罗斯人谈话忌谈的话题有：政治矛盾、宗教矛盾、民族纠纷、苏联解体、阿富汗战争以及大国地位等问题。

（二）英国

1. 社交礼俗

（1）处事较为谨慎保守

英国人对待任何新鲜事物，往往都会持观望的态度，他们事事循规蹈矩，不仅保守而且守旧。在人际交往中，英国人是比较难打交道的，他们不善夸夸其谈，感情不太外露，也不喜欢在公共场合引人注目。

（2）待人接物讲究含蓄和距离

英国人性格内向，不善表达，不爱张扬，个个严肃刻板，神情冷漠，不苟言笑。他们对他人的喜怒哀乐毫无兴趣，往往表现得无动于衷，使人觉得过于矜持、冷漠。在世人面前，英国人通常显得非常自信，并喜欢孤芳自赏，不愿与别人过于亲热，他们很难串门或找别人聊天。英国人普遍认为：与别人打交道时，没有适当的距离，对双方都有害而无益。

（3）在人际交往中崇尚宽容和容忍

英国人认为，在与人交往时，要讲究个性自由，就要宽以待人，要善于理解和容忍别人的所作所为。因此，在一般情况下，他们不爱跟别人进行毫无意义的争论，而且极少当着外人的面使性子、发脾气。

（4）英国人在正式场合注重礼节和风度

英国人十分重视礼节礼貌，极其强调所谓的绅士风度，其主要表现：一是尊重女性。在英国"女士第一""女士优先"是社交场合必须遵循的原则。二是社交场合很注重服饰打扮，他们讲究什么场合穿什么衣服。此外，英国男子讲究天天刮胡子，留胡子者往往会令人反感。三是语言文明。英国人待人十分客气，平时在谈吐言语中，"请""谢谢""对不起""你好""再见"之类的礼貌用语不离口，即便是在家人、夫妻、至交之间也是如此。四是举止稳重。英国人与人初次相识，一般都行握手礼，而平时则很少握手，只是彼此寒暄几句，有时只是举一下帽子，以示致意。在大庭广众之下，他们一般不行拥抱礼或亲吻礼。访问客人要先敲门，直到主人应声说"请进"时才能进去。进屋后，要脱帽向主人致意、问好，主人让座，才可以坐下并表示谢意。他们安排时间讲究准确，而且照章办事。五是不打听别人隐私，不干涉别人私生活。在英国，人们相见时应酬话很少，交情一般的人之间从不询问对方生活中的私事，尤其是不随便询问妇女的年龄。

（5）根据不同情况采用不同称呼方式

英国人对初识的具有较高地位或年长的人，一般采取正式的并带有敬意的称呼，对男子称"先生"，对未婚女子统称"小姐"，对戴结婚戒指的年纪稍大的女人称"夫人"，但不带姓氏。一般情况下，则在称呼中带上对方的姓氏。在英国，年长者喜欢别人称他们的世袭头衔或荣誉头衔。

（6）对"英国人"这一笼统称呼很反感

英国人认为，如此称呼以偏概全，抹杀了其他民族的个性。因此，在与他们交往时，一定要具体情况具体对待，应分别称"英格兰人""威尔士人""苏格兰人""北爱尔兰人"。但可采用"不列颠"这一统称。

2. 饮食习惯

（1）**餐食习惯**

英国人日常餐食除了面包、甜点、火腿、牛肉外，平时他们最爱吃的就是土豆、炸鱼和煮菜。他们口味一般以清淡、甜酸、鲜嫩、微辣、焦香为适口，对菜量不要求多，但重视质量，讲究花样，注重菜肴的色、香、味、形。有些比较讲究的英国人一日四餐：早餐丰盛，一般吃麦片、三明治、奶油点心、煮鸡蛋、饮果汁或牛奶；午餐较简单；午后四时左右通常喝午茶、吃面包、点心；晚餐最讲究，吃煮鸡、煮牛肉等食物，也吃猪肉、羊肉。英国人做菜不爱放酒，调味品放在餐桌上，任进餐者调味。英国人用餐讲究礼貌并讲究座次、服饰、方式。英国人不吃狗肉，不吃过咸、过辣或带黏汁的菜肴。他们每餐都必吃水果，晚餐还喜欢喝咖啡。

（2）以酒佐餐

英国人进餐时习惯先喝酒，喜喝香槟酒和葡萄酒，对于威士忌除佐餐外，他们还喜欢净饮。但他们饮酒很少自斟自饮，而习惯去酒吧。他们夏天爱吃各种果冻和冰淇淋，冬天则爱吃各种热布丁。

（3）嗜茶如命

英国人喜爱喝茶，普遍爱饮红茶。他们一早醒来就要喝一杯"被窝茶"。下午工作再忙，他们也总要挤出时间去喝"下午茶"，在冲茶前，他们习惯先往杯子里倒入冷牛奶，然后才冲茶加糖。

3. 习俗禁忌

（1）英国人忌讳"13"和"星期五"，更忌讳"黑色星期五"。

（2）英国人在行为举止上忌讳较多：朋友相会或道别，不可越过另两个拉着手的人和第四人握手；坐着交谈时忌讳两膝张得太宽，更忌跷腿，脚心向对方，或把鞋子放在桌上；站着交谈时，不可背着手或两手放在口袋里；忌讳在大庭广众下耳语或拍肩背；忌讳当众打喷嚏。吸烟时，忌用火柴或打火机连续点三支烟；忌讳在屋里撑伞；忌讳从梯子下面走过；吃饭时忌讳刀叉碰响杯盘；忌讳将食盐碰撒；忌以手背向前，中指和食指分开构成"V"字手势。

（3）英国人偏爱蓝色、红色与白色，但对墨绿色很反感。

（4）英国人忌讳大象、孔雀图案，他们认为大象是笨拙的象征；孔雀是淫鸟、祸鸟，连孔雀开屏，英国人也认为是自我炫耀的表现。另外，英国人忌讳用人头像作商品装饰。

（5）在人际交往中，英国人忌以涉及私生活的服饰、香水、带有广告标志的物品送人；忌向人赠送百合花，他们认为百合花意味着死亡。

（6）与英国人交谈时，忌问其私事，切勿涉及英王、王室、教会以及英国各地区之间的矛盾，特别是不要对女王和北爱尔兰独立问题说三道四。

（三）法国

1. 社交礼俗

（1）法国人在人际交往中的特点

法国人爱好社交，善于社交；法国人诙谐幽默，天性浪漫；法国人渴望自由，纪律性差；法国人自尊心强，偏爱国货；法国人崇尚骑士风度，尊重女性。

（2）法国人姓名组成及称呼习惯

法国人的姓名由两部分组成，同样是前名后姓。法国妇女一般是婚前姓父姓，婚后姓夫姓，但有些法国妇女在婚后仍用父姓或同时使用父姓或夫姓（也称双姓），但具体排列为夫姓在前，父姓在后。但是法国人在签本人姓名时，往往将姓写在前，名字写在后，中间以逗号分开。法国人的姓名是根据不同关系来称呼的。正式称呼宜只称姓，或姓与名兼称；家人、朋友、同事，宜称呼其名；对关系密切者，则宜直呼爱称。现在法国人让子女称呼自己的名字，而不称"爸爸""妈妈"，他们认为称呼名字更加亲切。

法国人普遍喜欢使用第二人称，其含义为"您"。对陌生人，最常见的称呼是"先生""夫人""小姐"，但对已婚女子不能称"小姐"。如对方有职务、学衔、学位，最好冠以职务、学衔、学位。对官员、贵族有身份者称"阁下""殿下"等。"老人家""老先生""老太太"等都是法国人所忌讳的称呼。

（3）法国人常用的见面礼节

在人际交往中，法国人常用的见面礼节主要有握手礼、拥抱礼、接吻礼和吻面礼，其中吻面礼使用最多也最广泛。行礼时，彼此在对方的双颊上吻三次，并要连续发出声音，但这只是象征地发出"空响"，意在表示亲切友好。法国人行接吻礼时，规矩很严格：朋友、亲戚、同事之间只能贴脸或颊；长辈对晚辈是亲额头，只有夫妇和情侣间才真正接吻。

（4）法国人待人彬彬有礼

法国人礼貌语言不离口，若稍有不当，或自认为失礼，就会马上说"对不起"。"您好""谢谢""再见"等是法国人最常用的礼貌用语。在公共场所，他们不随便指手画脚、掏鼻孔、剔牙、掏耳朵；男人不能提裤子，女子不能隔着裙子提袜子；女子坐时双膝要靠拢，不能跷起二郎腿。男女一起看节目，女子坐在中间，男子坐在两侧。他们喜欢具有文化价值和艺术价值的礼品，不赠送或接受带有明显广告标记的礼品。

（5）法国人常用花来表达心声

法国人对每一种花都赋予一定的含义。如：玫瑰象征美丽，表示爱情；秋海棠表示热忱的友谊；兰花象征热情，表示虔诚；等等。

2. 饮食习惯

（1）日常餐食习惯

法国是世界三大烹饪王国之一，法国菜是西餐中最为讲究的一种，法国人习惯于食用法式西餐。

法国人一日三餐，早餐一般吃面包、黄油，喝牛奶、浓咖啡；午餐喜欢吃炖牛肉、炖鸡、炖火腿、焖龙虾、炖鱼等；晚餐很讲究也很丰盛，多吃肥嫩的猪、牛、羊肉和鸡、鱼、虾、海鲜。法国人各种蔬菜都喜欢吃，但要新鲜；他们不喜辣味，爱吃冷盘，对冷盘中的食品，习惯自己切着吃。

（2）口味特点及餐食喜好

法国人的口味特点：一是喜欢肥浓；二是偏爱鲜嫩，除喜食肥嫩的猪、牛、羊肉外，还喜欢吃生牡蛎。肉类食品不仅讲究选料要新鲜，而且要求只烧三四分熟，最多七八分熟。菜肴的配料及调味爱用大蒜、丁香、芹菜、胡萝卜和洋葱，做菜用酒较重。此外，法国人还爱吃蜗牛、青蛙腿及酥食点心。也爱吃鱼、虾、鸡和鸡蛋，尤其爱吃奶酪，而且每天都离不开奶酪。他们的家常菜是牛排和土豆丝，鹅肝是法国的名贵菜。他们爱吃水果，而且餐餐要有。但他们不吃肥肉、无鳞鱼和动物内脏，也不太喜欢吃汤菜。

（3）特别善饮酒水，且很讲究与菜肴配搭

法国人善饮，几乎是餐餐必饮，而且讲究吃什么菜喝什么酒。他们一般是餐前喝开胃酒，吃鱼类海鲜喝白葡萄酒，吃肉类要喝红葡萄酒，餐后还要适当喝利口酒或白兰地。但他们对鸡尾酒兴趣不大。因此，在法国人的餐桌上，酒水贵于菜肴。除此之外，法国人喜欢喝矿泉水、啤酒、苹果酒、牛奶、红茶、咖啡、清汤等。

（4）用餐习惯

法国人用餐时，允许两手放在桌上，但却不许将两肘放在桌上；在放下刀叉时，习惯将刀叉上半部放在盘子里，刀叉柄尾放在餐桌上。在正式宴会上，他们认为"交谈重于一切"。

3. 习俗禁忌

（1）初次见面或交谈，忌问别人的年龄、婚姻状况、收入、个人物品的价值、宗教信仰、个人行动等个人隐私。

（2）忌讳数字"13"和"星期五"。

（3）忌黄色的花，他们认为黄色花象征不忠诚；忌送人白菊花、杜鹃花，因这两种花都是用于葬礼。

（4）忌仙鹤图案，认为仙鹤是蠢汉和淫妇的代称，并忌墨绿色，因为纳粹军服是墨绿色。

（5）忌以刀、剑、餐具或带有明显广告标志等的东西为礼品；忌送香水和化妆品给关系一般的女人，因为它有过分亲热或图谋不轨之嫌。

（6）忌食狗肉，因为狗是他们的"好友"和"英雄"。

（7）在表示失望、惊讶时，忌张口伸舌。

（8）与人交谈，对于恭维美国、英国、德国，贬低法国的国际地位与历史贡献，议论法国经济滑坡、种族纠纷以及科西嘉独立等问题应予以回避。

（四）德国

1. 社交礼俗

（1）德国人在人际交往中的特点

在德国，事无巨细，一切皆有法律规范。遵守法纪，在德国被视为做人的一种美德。德国人讲究信誉，时间观念很强，在经济往来中，他们严格遵守合同，依约而行。在交谈中，喜欢少说闲话，直奔主题。相约见面，总是准时到达，他们认为，太早或太迟都是失礼行为。德国人极度自尊，非常尊重传统，他们极为珍惜本国的文化传统。他们待人热情，十分注重感情。他们非常注重人与人之间的感情，家庭观念极强，把亲人间的团聚视为最幸福的时光。

（2）德国人重视称呼

在德国，一般情况下不能称呼人的名字，应称其全称或称其姓氏。对成年男子称"先生"，对已婚女子称"太太"或"夫人"，对未婚女子称"小姐"。只称姓氏不冠以先生、太太或小姐是无礼的表现。在一般社交场合，他们总乐于在打招呼时称呼他人的头衔。德国人对"您"与"你"的使用极为慎重，不同场合、不同年龄、不同关系不可随便乱用。初次见面，对成年人应当称"您"。在中学，对年满14周岁的学生，教师也要用"您"这一称呼，否则要遭到校长的责怪，学生也认为你不承认他们应有的地位。

（3）德国人注重礼节形式

在社交场合，德国人通常都以握手作为见面礼节，与亲朋好友见面时，往往会施拥抱礼，有些上了年纪的德国人，在离开时告别，见面时问候，往往都习惯脱帽点头以示致意。在公共场所，人们礼貌谦让，不得大声笑、大声喧哗、动手动脚等，否则被认为没有教养。德国人宴会用餐席位原则是"以右为上"，一般男子要坐在妇女和职位高的男人的左侧；当女士离开座位或回来时，男人一定要站起来，以示礼貌。

在德国，拜访或进别人办公室，进门时必须先敲门通报，主人允许后才能进去。应邀赴家宴，应为女主人带些鲜花或女主人喜爱的其他小礼品，主人家有小孩，也应送些糖果、玩具等，因为德国人认为"礼物虽小，却增进友谊"。此外，德国人有尊重妇女的传统习惯，妇女处处优先，这与欧美其他国家相同。

2. 饮食习惯

（1）餐食喜好与习惯

德国人的主食为黑麦、小麦及土豆，面包是德国人最喜欢的食品。德国人的早餐比较简单，一般只吃面包，喝咖啡、牛奶或茶。午餐是主餐，主食是面包、蛋糕，他们也吃面条和米饭；副食喜欢吃瘦猪肉、牛肉、鸡蛋、土豆、鸡鸭、野味，不喜欢吃羊肉、鱼虾等海味及动物内脏。他们也不爱吃油腻、过辣的菜肴。德国人口味喜爱清淡、甜酸。晚餐一般吃冷餐，吃时喜欢关掉电灯，只点几支蜡烛，在淡淡的光线下边吃边谈心。在饮料方面，德国人以啤酒为主，也爱喝葡萄酒。

德国人吃饭讲究实惠，不图浮华，外出时一般喜欢选择自助餐。此外，德国人还喜欢吃奶酪、香肠，配以生菜沙拉和水果。

（2）用餐时的规矩

德国人用餐时有几条特殊的规矩：一是吃鱼的刀叉不得用来吃肉和奶酪，吃鱼时不准讲话；二是用餐时若同时饮啤酒或葡萄酒，宜先饮啤酒；三是食盘中不宜堆积过多的食物；四是不得用餐巾扇风；五是忌吃核桃。

3. 习俗禁忌

（1）忌讳"13"这个数字，尤其忌讳"黑色星期五"。

（2）反感四个人交叉握手或在交际场合交叉交谈。

（3）忌讳提前为别人庆祝生日；忌讳打听别人的隐私；忌讳询问别人患了什么病（除感冒外）和未经预约而突然拜访等。

（4）在德国，跟别人打招呼，忌身体立正，右手向上方伸直，掌心向外。因为这是过去纳粹的行礼方式。

（5）德国人对颜色禁忌较多，茶色、黑色、红色、深蓝色他们都忌讳。

（6）德国人忌讳以玫瑰花或蔷薇花送人。前者表示求爱，后者则专用于悼亡。送女士一枝花，一般也不适合。此外，不允许以褐色、白色、黑色的包装纸和彩带包装、捆扎礼品。

（7）与德国人交谈，不宜涉及纳粹、宗教与党派之争。在公共场合窃窃私语，德国人认为是十分无礼的。

（五）意大利

1. 社交礼俗

（1）宗教观念极强

天主教在意大利影响巨大，各种天主教机构遍布全国，由于受教规的影响，意大利的宗教节日很多，每到这些宗教节日，按政府规定都要放假。

（2）身份观念很强

在人际交往中，意大利人十分重视别人的地位，尤其对历史悠久的家族人士，更是刮目相看。

（3）时间观念奇特

与别人约会，意大利都会晚到几分钟，他们认为，这是一种礼貌，也是一种风度。

（4）通常以握手作为见面礼节

意大利人与人见面时，礼数周全，极为客气。在一般情况下，他们都以握手礼作为见面礼节，并同时向对方问好。在熟人之间，他们经常使用举手礼、拥抱礼和亲吻礼。

（5）意大利的姓名组成及称呼

意大利的姓名由两部分组成，其名在前，姓氏在后，妇女婚前姓父姓，婚后姓夫姓。在正式场合，意大利人习惯用姓名全称。当面招呼时，要在姓前冠以"先生""女士""小姐"。家庭成员之间和亲戚朋友之间一律以名相称，或使用爱称。意大利人在称呼上的忌讳：一是"爱人"。在意大利，"爱人"即"情人"。二是"老人家"。意大利人忌"老"，此称呼在他们听来具有贬义。三是"小鬼"。"小鬼"在意大利的含义是"小妖怪"，对孩子具有咒骂之意。

2. 饮食习惯

（1）意大利人喜欢吃面食和炒米

意大利的面食种类繁多，不仅可以当主食，而且可以当菜肴。在他们的餐桌上，通常第一道菜就是面食，而且大都是半生不熟的。另外，意大利人喜欢吃炒米，但是每次用餐时，面食和炒米只能选择其中之一。

（2）意大利人的口味及餐食喜好

意大利人在口味上注重浓、香、烂，偏爱酸、甜、辣，他们一般喜肥浓、鲜嫩，特别爱吃辣椒，尤其是干辣椒。意大利人喜食海鲜，喜欢吃生的牡蛎及蜗牛。鸡、鸭、鱼、虾、海参、牛肉、羊肉以及西红柿、葱、黄瓜、萝卜、大头菜、青椒等，都是意大利人爱吃的食物。

意大利人比较喜欢我国的粤菜、川菜，尤其喜爱以煎、炸、红烩、红焖等方法烹制的菜肴。意大利人进餐时喜喝酸牛奶，餐后喜欢吃水果。

（3）意大利人大都嗜酒

酒是意大利人离不开的饮料，在所有的酒类中，他们最爱喝葡萄酒，不论男女，几乎餐餐都饮，连喝咖啡也要兑上一些酒。此外，他们还爱喝咖啡。

3. 习俗禁忌

（1）意大利人最喜欢绿色、灰色，对于蓝色和黄色也给予种种好评。而对紫色他们则是较为忌讳。在图案方面，忌讳仕女和十字花图案。

（2）意大利人最忌讳"13"和"星期五"，除此之外，他们对数字"3"也不太有好感。

（3）意大利人普遍忌讳菊花，他们视菊花为墓地之花。还忌讳将手帕作为礼物送人，他们认为手帕属令人悲伤之物。

（4）意大利人不喜欢谈论政治、宗教、纳粹和美式橄榄球，忌提及"黑手党"贪污腐败、政治暗杀、小偷遍地、各地区经济发展不平衡，以及第二次世界大战时意大利曾追随过德国法西斯这一段历史。

四、大洋洲主要客源国的礼仪习俗

（一）澳大利亚

1. 社交礼俗

（1）社交礼仪"亦英亦美"，又多姿多彩

由于澳大利亚居民大多是英国移民的后裔，所以，澳大利亚的社交礼仪深受英国的影响，近年来，又由于美国社交礼仪的渗入，且被新一代的澳大利亚人所接受，因此，现在澳大利亚人在人际交往中的礼仪为"亦英亦美"，但"以英为主"。另外，澳大利亚人除英裔以外，还有其他许多民族，他们在共同创造澳大利亚文明和繁荣的同时，也保留了各自民族的礼仪和习俗。故而在社交礼仪方面，呈现了兼容并包，多姿多彩的特点。

（2）人情味很浓，朴实无华

澳大利亚人为人谦恭随和，乐于同他人交往，并表现得朴实、开朗、热情。他们礼貌用语不绝于耳，口头上的礼节既文雅又繁复，即使不相识的人对面走过，也要点点头，打个招呼，并爱请别人到家中做客。他们见面时习惯握手问好，且握手时非常热烈，彼此称呼名字，表示亲热。关系亲密的男子相见时，可亲热地拍拍对方的后背，女性密友相逢时，通常行亲吻礼。除此之外，见面时的礼节还有拥抱礼、合十礼、鞠躬礼、拱手礼。土著居民见面的礼节是行勾手礼。他们办事爽快认真，喜欢直截了当，但女性比较保守。澳大利亚人特别重视事后还礼，如到别人家去做客，事后一定会打个电话或写封信表示感谢。澳大利亚人注意遵守时间并珍惜时间，崇尚自信、自强。

2. 饮食习惯

（1）主流社会的餐饮习惯

澳大利亚的英国移民后裔的饮食习惯与英国相差不多，就主流社会而言，一般人们喜欢英式西餐。他们的口味喜清淡，不喜油腻，忌食辣味，也有不少的澳大利亚人不吃味道酸的东西。他们大部分人爱吃牛羊肉，并喜爱吃新鲜蔬菜和水果、煎蛋、炒蛋、火腿、鱼、虾等。但是，澳大利亚人一般不吃狗肉、猫肉、蛇肉，不吃动物的头、爪和内脏。他们对加了味的食物也十分厌恶。澳大利亚人对中餐也很感兴趣，喜爱中国的淮扬菜、浙菜、沪菜和京菜。不论吃西餐还是中餐，他们都习惯用很多调味品在餐桌上自己调味。澳大利亚人爱喝的饮料则是牛奶、咖啡、啤酒和泉水等，他们也喜欢饮红茶和香片花茶。

（2）土著居民的饮食习惯

澳大利亚的土著居民至今还不会耕种粮食、饲养家畜，靠渔猎、采食野果为生，他们有时吃生食，并习惯以手抓食。

3. 习俗禁忌

（1）忌讳数字"13"和"星期五"。

（2）忌讳兔子及兔子图案。在澳大利亚人认为碰到了兔子，可能是厄运将临的预兆。

（3）在人际交往中，不能拒绝澳大利亚人邀请外出游玩，如果予以拒绝会被他们理解为不给面子。

（4）澳大利亚人崇尚人道主义和博爱精神。在社会生活中，他们乐于保护弱者，除了保护老人、妇女、孩子、弱小种族之外，还讲究保护私生子的合法地位，甚至将保护动物视为自己的天职。

（5）忌送菊花、杜鹃花、石竹花和黄颜色的花；忌讳有人向他们（尤其对妇女）眨眼；对自谦的客套话也很反感。

（6）澳大利亚人不喜欢将本国与英国处处联系在一起；不喜欢听"外国"或"外国人"这一称呼。他们对公共场合的噪声也极为讨厌。不喜欢议论种族、宗教、工会和个人私生活以及等级、地位等问题。

（二）新西兰

1. 社交礼俗

（1）交际礼仪具有鲜明的欧洲特色

在新西兰社会中，由于欧洲移民的后裔占人口的绝大多数，其待人接物的具体做法也居于主导地位。所以，新西兰主流社会的交际礼仪具有鲜明的欧洲特色，尤其是英国特色。

（2）新西兰人的见面礼节

新西兰人的见面礼节主要有三种：一是最多采用的握手礼；二是对尊者、长者所行的鞠躬礼；三是路遇他们（包括陌生者）向对方所行的注目礼。

（3）新西兰人奉行"平等主义"

新西兰人认为所有人都是生而平等。在普通社交场合，他们反对讲身份、摆架子，各行各业的人都会对自己的职业引以为荣，且彼此之间不分三六九等。因此，在称呼上习惯直呼其名，称呼官衔往往令人侧目。

（4）毛利人特有的迎宾习俗

新西兰的毛利人是土著居民，淳朴、好客、待人真诚，仍保留着传统的迎宾习俗。

其一，接待礼。毛利人接待宾客时通常举行隆重的"挑战"仪式，礼仪开始时毛利人列队面向客人，一名"挑战者"身着毛利礼服，面画脸谱，头插羽毛，手挥长矛，边喊边跳，瞪眼吐舌地走到来访客人面前，观察来访者的面部，辨别来访者是善意还是恶意。然后，接近主要来访者，从腰间取出一根小棍或树枝放在地上，如果主要来访者将其捡起来，则认为是朋友，否则就是他们的敌人。这种试探完毕后，站在旁边腰围草裙、手持花束的毛利妇女就会高唱毛利歌曲，以示欢迎。

其二，碰鼻礼。就是在欢迎来访者时，主人要与对方彼此用鼻子对鼻子相互碰两下，这种碰鼻礼毛利人称之为"洪吉"。毛利人认为，人的灵气在头部，通过突出的鼻尖可以与别人相通。

2. 饮食习惯

（1）习惯英式西餐

新西兰人习惯吃英国西餐，惯以刀叉取食。他们的口味比较清淡，他们爱吃牛肉、羊肉、猪肉、鸡、鸭、蛋品、野味、鱼、虾等；蔬菜方面爱吃西红柿、芋头、南瓜、土豆、青菜、辣椒、菜花等；调料方面爱用咖喱、番茄酱、味精、胡椒粉等。比较爱吃用炒、煎、烤、炸等烹调方式制作的菜肴。

（2）爱喝浓茶

欧洲移民除爱吃瘦肉以外，还爱喝浓茶，特别是红茶，并养成"一日六饮"的习惯，即每天要喝六次茶，分别是早茶、早餐茶、午餐茶、下午茶、晚餐茶和晚茶。每逢循例饮茶时，他们都会按部就班，一丝不苟。

（3）爱喝酒，但受限制

新西兰人喜爱喝酒，不论是威士忌之类的烈性酒，还是啤酒或葡萄酒，他们都非常喜爱。但新西兰法律规定：在特许售酒的餐馆里，只准出售葡萄酒。在极少数准许销售烈性酒的餐馆里，顾客唯有在购买了一份正餐之后，才有机会买到一杯烈性酒。

（4）毛利人的餐食习惯

毛利人一般都爱吃一种叫"夯吉"的食品，它是利用地热蒸熟的牛羊肉和土豆一类的食物。他们招待贵宾时的最高档次的大菜叫作"烧石烤饭"。它的制作方法是，在地灶之中，首先将许多鹅卵石烧红，泼上一瓢冷水后，将分层装有芋头、南瓜、白薯、牛排、猪肉、鸡肉、鱼肉等食物的铁丝筐放入，先盖上湿土，后以稀泥糊严，经数小时后取出，撒上食盐、胡椒之后食用。

3. 习俗禁忌

（1）在新西兰民间，一向有"勤奋的牧羊犬创造了新西兰"的说法，因此，在新西兰，如谈论狗肉如何好吃、如何大补，定会触怒对方。

（2）新西兰人讨厌"13"和"星期五"。尤其讨厌"黑色星期五"。

（3）毛利人信奉原始宗教，相信灵魂不灭，因此，对拍照、摄像十分忌讳。

（4）新西兰人不喜欢像英国那样用"V"字手势表示胜利。

（5）新西兰人很讲绅士风度，他们将当众闲聊、剔牙、吃东西、喝饮料、嚼口香糖、抓头皮、紧腰带等均看作不文明的行为。

（6）新西兰奉行所谓"不干涉主义"，即反对干涉他人的自由。对于交往对象的政治立场、宗教信仰、职务级别等，他们一律主张不闻不问。但对谈论国内种族问题，以及将新西兰视为澳大利亚的一部分等问题，则十分反感。

（7）在新西兰禁止男女同场活动，即便是看电影也要分场，男士不准观看女士专场，女士也不准观看男士专场。

五、非洲主要客源国的礼仪习俗

（一）埃及

1. 社交礼俗

（1）见面礼节

在人际交往中，埃及人所采用的见面礼节主要是握手礼，但忌用左手。他们有时也会使用拥抱礼和亲吻礼。在社交场合，他们与交往对象不论采用何种礼节，往往都要双方互致问候："祝你平安""真主保佑你""早上好""晚上好"等。

（2）称呼特殊

埃及人在人际交往中所使用的称呼很特殊，年老人将年轻人称呼为"儿子""女儿",学生称教师为"爸爸""妈妈",穆斯林之间互称"兄弟"。这些称呼并不表示两者具有血缘关系,只是表示对对方的尊敬和亲切。但对外,他们一般都采用国际通行的称呼。

(3)埃及人交往习俗

一是拜访之前要预约,并以主人方便为宜,通常在晚上6点后,斋月期间不宜进行拜访;二是穆斯林家中的女性不待客,故切勿对其打听或问候;三是就座后,切勿将足底朝外,更不要朝向对方。

2. 饮食习惯

(1)饮食喜好

埃及人,通常以一种称为"耶素"的不用酵母的平圆形面包为主食。他们爱吃羊肉、鸡、鸭、土豆、豌豆、南瓜、洋葱等。他们的口味清淡,不喜油腻。爱吃甜又香的食物,尤其是甜点,其是举行正式宴会的菜单中不可缺少的。但是,埃及人遵循伊斯兰教规,忌食猪肉、狗肉、驴肉、骡肉、龟、鳖、虾、蟹、鳝,忌食动物的内脏、血液、自死之物,以及未诵安拉之名的宰杀之物。他们一般也不吃整条鱼和带刺的鱼。

在饮料方面,埃及人酷爱酸奶、茶和咖啡,但忌饮酒。

(2)用餐习惯

埃及人用餐,除在正式场合使用刀、叉、勺外,一般多用手取食,但忌用左手取食。用餐时忌过多交谈,用餐之后,一定要洗手。

(3)待客习俗

埃及人热情好客,往往在客人登门时,便送上茶水,并要挽留客人用餐。对于主人送上的茶水,客人必须喝完,否则,就触犯了埃及人的禁忌。此外,埃及人还有用自制甜点招待客人的习俗,客人不能谢绝,也不能一点不吃,否则,就是失敬于主人。

3. 习俗禁忌

(1)埃及人认为猫是神圣精灵,是女王在人间的象征,同时也是幸运的吉祥物。埃及人还很喜欢仙鹤,认为它代表着喜庆与长寿。他们反感猪和与猪相近的熊猫。

(2)埃及人最喜欢被其称为"吉祥之色"的绿色与"快乐之色"的白色。讨厌黑色和蓝色,他们认为这两种颜色均是不祥之色。

（3）在数字方面"5"和"7"深得埃及人的青睐。在他们看来"5"会带来吉祥，"7"则意味着完美。信仰基督教的埃及人，则将"13"看成最令人晦气的数字。

（4）在埃及民间，人们对葱很是看重，认为它代表着真理。

（5）"针"是埃及人特有的忌讳物与忌讳语，无论是说"针"字或"借针使用"都会遭到冷遇。

（6）埃及人崇尚丰腴，忌讳称赞女人窈窕，否则就会招来对方的斥责或臭骂。

（7）在埃及，男士不能主动找女士攀谈；不要称道埃及人家里的物品，否则，会被人理解为索要此物；不要与埃及人谈论宗教纠纷、中东政局以及男女关系。

（二）南非

1. 社交礼俗

（1）南非社交礼仪的主要特点

南非社交礼仪的主要特点是"黑白分明""英式为主"，尤其在官方活动和商务交往中表现最为突出。"黑白分明"是指南非的黑人与白人由于受到各自种族、宗教、习俗的制约，他们所遵从的礼仪差异很大。"英式为主"指的是在过去很长的一段历史时期内，白人掌握政权，并推行种族歧视政策，白人的社交礼仪，特别是英国式的社交礼仪，广泛地流行于南非社会。

（2）南非主流社会的见面礼节和称呼

南非人在社交场合所采用的见面礼节主要是握手礼，他们对交往对象的称呼主要是"先生""小姐""夫人"。他们所遵从的是"绅士风度""女士优先""遵时守约"等西方基本礼仪，而且身体力行。

（3）黑人独特的握手礼和迎送礼

在黑人部族，尤其在农村，有些黑人在与人见面时会行一种独特的握手礼，即先用左手握住自己的右手手腕，然后再用右手去与人握手。在迎送客人时，许多地方的黑人往往会集体出动、列队、载歌载舞，并以鸵鸟毛或孔雀毛赠予贵宾。贵宾必须高高兴兴地将这些珍贵的羽毛插在自己的帽子上或头上。

（4）黑人传统的称呼

尽管南非黑人的姓名已经西化了，但他们还是喜欢在具体的称呼上保留自己的传统,即在称呼对方的姓氏之后,加上相应的辈分,如称"乔治爷爷""海伦大婶"等来表明双方关系的亲密。

2. 饮食习惯

(1)"黑白分明"

在饮食习惯上,南非的白人与黑人截然不同。当地白人,平时以吃西餐为主,他们经常吃牛肉、鸡肉、鸡蛋和面包,并喜爱喝咖啡和红茶。而南非黑人则以玉米、薯类、豆类为主食,喜欢吃牛肉和羊肉,但一般不吃猪肉、鱼肉。与其他国家黑人不同的是,南非的人不吃生食,爱吃熟食。

(2)待客习俗

客人临门南非黑人家中,十分好客的主人一般都要送上刚挤的新鲜牛奶或羊奶,请客人品尝;有时候,他们还会献上以高粱自制的啤酒。作为客人,此时都应大大方方地做到"来者不拒",否则就是失敬于主人。

(3)南非印度人的饮食禁忌

南非的印度人,由于不同的宗教信仰,具有不同的饮食禁忌:信仰印度教者不吃牛肉;信仰伊斯兰教者不吃猪肉。

3. 习俗禁忌

(1)信仰基督教的南非人,最忌讳数字"13"和"星期五",特别是与"13"同一天的"星期五",更是讳言忌提。

(2)南非的黑人,特别是乡村中的黑人,大多信仰本部族传承久远的原始宗教,特别忌讳外人对其祖先在言行上的失敬。

(3)在许多黑人部族里,妇女的地位低下,凡视为神圣宝地的地方,如火堆、牲口棚等处,是禁止妇女接近的。

(4)与南非人交谈忌讳的话题:一是为白人评功摆好;二是评论不同部族或派别间的关系和矛盾;三是非议黑人的古老习俗;四是不要为对方生了男孩而表示恭贺。

第二节 外事礼仪

外事礼仪,亦称涉外礼仪或国际礼仪,是在长期的国际交往中逐渐形成的。外事礼仪作为国际交往中逐渐形成的行为规范,对于促进不同文化间的理解和尊重具有至关重要的作用。在全球化日益加深的今天,无论是官方还是民间的涉外活动,礼仪的正确运用不仅能够避免误解和尴尬,更是维护国家形象和民族尊严的关键。随着国际交流的不断扩大,各国在遵循普遍的国际礼仪的同时,也在积极融入自己的文化特色,使外事礼仪成为展示国家文明和文化发展水平的重要窗口。

一、涉外礼仪惯例与通则

涉外礼仪,亦称国际交往礼仪,是导游在接待国际游客或随团出国时,用以维护个人形象、表达对他人尊重与友好的一种非正式规则。其核心是遵循国际交往中的常规和习惯,这些习惯是人们在国际交流中普遍认同和遵循的。这些规则是对国际交流习惯的高度总结,对于经常参与国际交流的人士,尤其是长期从事国际旅游行业的外语导游,具有重要的指导作用。

(一)维护形象、不卑不亢

在社交活动中,一个人的形象是其教养、品位、精神状态和生活态度的直接反映,同时也是对他人尊重程度的体现。在涉外交往中,个人形象的重要性尤为突出,因为它不仅代表个人,更代表着一个国家和民族。因此,所有参与国际交流的人应该展现出自信而得体的举止,努力塑造和维护自己的形象。

在国际交流中,我们应保持既不自卑也不自大的态度,对待所有交往对象都应保持平等和尊重的态度。无论是大国还是小国,强国还是弱国,富国还是穷国,我们都应一视同仁,不偏不倚。在与他人交往时,无论是对待名人还是普通人,都应保持平等和友好。

在自我评价时,我们应避免过分谦虚或自夸。过分的谦虚可能会被误解为虚伪,而自夸则可能给人留下不真诚的印象。正确的做法是在实事求是的基础上,勇于并善于对自己进行正面的评价和肯定。简言之,我们应该保持"不卑不亢"的态度,既不过分谦卑,也不过分自大。

(二)尊重对方、信守约定

"信守约定"指在国际交往中,必须认真严格地遵守自己的承诺,说话务必算数,许诺一定要兑现,约会必须按时赴约,在一切涉及时间的正式约定中,尤其要恪守不怠。只有信守约定,才可"取信于人",这是已被公认的建立良好人际关系的基本前提,也是任何一个现代文明人应具备的优良品德。在国际交流的舞台上,我们的行为和承诺不仅是个人信誉的体现,更是对他人尊重的表现。以下是在国际交往中应遵循的三个原则。

1.谨慎承诺:在对外交往中,无论是接受请求还是提出建议,我们都必须经过深思熟虑,确保我们的承诺是在自己的能力范围之内。避免冲动行事,确保我们的每一个承诺都是经过充分考虑的。

2.严格遵守约定:一旦我们做出承诺,就必须严格遵守。无论是口头还是书面的约定,我们都应该确保按时履行,展现出我们的诚信和可靠性。

3.积极承担责任:如果由于不可抗力导致我们无法履行承诺,我们应该及时通知对方,并诚实地解释情况。同时,我们应该表达歉意,并根据规定和惯例,主动承担由此给对方带来的任何损失。

(三)热情有度、尊重隐私

"热情有度"是指在国际交往中,不仅要待人热情友好,同时还要把握好热情友好的具体分寸。其分寸把握的总体原则是:对外宾热情友好,必须以不影响、妨碍对方,不给对方增添麻烦,不令对方感到不快,不干涉对方私生活为限。对此,在涉外交往中具体应把握好以下四个方面的"度"。

1. 关心有度

在与外宾交流时,我们的关心应该恰到好处,避免过度干涉或显得过于热情,以免让对方感到不适或被打扰。

2. 批评有度

对于外宾的行为,除非违反了我们的法律、道德标准或损害了我们的尊严,否则我们通常应避免对其进行评判或批评。

3. 距离有度

在与外宾交往时,应根据双方的关系密切程度来保持适当的身体距离,既不过于亲近以免侵犯对方的个人空间,也不过于疏远以免显得冷漠。

4. 举止有度

在与外宾相处时,我们的行为举止应该得体恰当,避免使对方产生误会,失敬于人。要做到举止有度,就必须注意两个方面:一是不要随便采用某些过于热情的动作,如勾肩搭背,拍打肩膀等;二是不要采用不文明、不礼貌的言语,以免触犯外宾个人隐私。

在国际交往中，下列问题均被海外人士视为个人隐私。

（1）收入支出、工资收入以及与个人收入有关的、可以反映个人经济状况的问题，是与外国人交谈时不宜提及的个人隐私问题，其中包括纳税数额、银行存款、股票收益、私宅面积、汽车型号、服饰品牌、娱乐方式、度假地点，等等。

（2）年龄大小。外国人一般都希望自己永远年轻，而对"老"字则讳莫如深，中国人听起来非常顺耳的"老人家""老先生""老夫人"这类尊称，在外国人听来却有如诅咒。尤其是外国女性，更不希望外人了解自己的实际年龄。因此，在与外国人交往中不可问及对方的年龄，慎用"老"字。

（3）恋爱婚姻。在国外，与异性谈论恋爱婚姻这类的问题，极有可能被视为无聊之至，甚至会因此被对方控告"性骚扰"而惹来麻烦。

（4）健康状况。外宾一般都"讳疾忌医"，非常反感其他人对自己的健康状况关注过多，因此，我们不能以"身体好吗？""病好了没有？"等中国式的招呼的方法及语言去问候外宾。

（5）家庭住址。在国外，人们都视自己的居所为私生活领地，非常忌讳别人无端干扰。除非知己和至交，他们一般都不会邀请外人到居所去做客。因此，在与外国人交往中，不应问及对方的家庭住址。

（6）个人经历。在国外，个人的住地、履历，甚至所毕业的学校等都被看作"个人秘密"，外国人反感别人询问其个人经历。所以，我们在与外国人初次会面时也不能以中国人初次会面的习惯去问这问那。

（7）所忙何事。在中国，熟人见面，免不了相互询问对方"上哪里去？""忙什么？""从哪儿来？""怎么好久没有见到你？"等。而外国人对这类询问和招呼语言极为忌讳，他们认为这有打探别人隐私之嫌。

（8）信仰政见。在国际交往中，要真正实现与不同的社会制度、政治体系和不同意识形态的人们顺利交往、合作愉快，就必须不以社会制度划线，抛弃政治见解的不同，超越意识形态的差异，处处以友谊为重，以信任为重。在涉外交往中应回避这类话题。

"尊重隐私"是涉外礼仪的主要原则，具体到言谈话语中，就是对凡涉及对方隐私的一切问题，都应该自觉、有意识地予以回避，千万不可自以为是，将"关心他人超过关心自己"这一中国式的热情做法滥施于外宾。

（四）女士优先、以右为尊

"女士优先"是国际社会公认的一条重要的礼仪原则，它适用于成年异性进行社交的场合。其要求是：在社交场合，每一个成年男子都有义务主动自觉地以自己的实际行动，去尊重妇女、照顾妇女、体谅妇女，并且还要想方设法、尽心竭力地去为妇女排忧解难，以体现男士的绅士风度。"女士优先"原则在国际交往中不同场合运用如下。

1. 社交场合的礼节：在社交活动中，男士应首先向女主人致意，然后问候男主人。男士进入室内后，须主动向先行抵达的女士问候；在女士进入室内后，先到的男士应先向其致以问候，已入座男士亦应起身相迎。男士在与站立的女士交谈时应站立，女士在场时，应避免吸烟。

2. 介绍与握手：在介绍时，男士应先被介绍给女士。握手时，只有在女士主动伸手后，男士方可握手，且应摘下帽子和手套以示尊重。

3. 称呼与交谈：在公共演讲或称呼多人时，应称呼女士在前，如"女士们，先生们"或"×××小姐，×××先生"，其次序不可颠倒。男士在与女士交谈时，言辞必须文明高雅，把握分寸，切不可当着女士的面讲脏话、粗话、黑话。

4. 行走礼节：在室外行走，若男女并行，男士应请女士走在人行道的内侧，自己走在外侧；在道路狭窄不能并行时，男士通常应请女士先行，而自己随行其后，并与之保持大约一步的距离。

5. 开门与引导：当需要开门、下楼梯、通过拥挤之处或是危险、障碍路段时，男士应先行在前，以便为女士们开门、探路，或为之提供必要的保护。

6. 礼让女士：在狭窄路段遇到女士时，无论是否相识，男士都应让女士先行。

7. 乘车与飞机：男士应帮助女士搬运行李，并照顾其上下，而且将较为舒适、安全的座位让给女士；在公共交通工具上，如尚有女士没有座位，在场的男士不论与之是否相识，都应主动为其让座。

8. 宴会、舞会、音乐会礼节：在出席宴会、舞会、音乐会时，男士应主动照顾或帮助同行的女士就座，必要时，还应协助其脱下外套。在宴会上，为了显示对妇女的尊重，一般不宜雇佣女侍者；女主人通常是宴会上"法定"的第一顺序，其他人在用餐时的一切举动，均应随女主人而行，而不得先行。按照惯例，女主人打开餐巾，意味着宣布宴会开始，女主人将餐巾放在桌上，则表示宴会到此结束。在舞会上，女士有权拒绝男士的邀请，而男士则不应拒绝女士。若女士无人伴舞或受到骚扰，男士应主动提供帮助。在出席音乐会时，若无引座员提供服务，则男士应主动为同行而来的女士带路；结束时男士应将同行而来的女士送回居所。

"以右为尊"是国际礼仪中有关左右依次排列的原则和惯例，即指以右为上，以左为下；以右为尊，以左为卑。换言之，右侧位置高于左侧位，比左侧位高贵。"以右为尊"的原则在国际交往中不同场合的具体运用如下。

1.社交场合的排列：在站立、行走或就座时，应遵循"以右为尊"的原则。主人应站在左侧，以示尊重，而将右侧的位置让给客人。同样，男士应站在左侧，女士则居于右侧；晚辈应让位于长辈；未婚者应让位于已婚者；职位或身份较低者应让位于职位或身份较高者。

2.接待外宾的礼仪：在接待外宾过程中，当主人前往外宾下榻处进行拜会或送行时，此时主人的身份应当是"客人"，而外宾则被视为"主人"，体现了对外宾的尊重。

3.国际会议的座位安排：在国际会议中，主席台上的座位应按照"以右为尊"的原则进行排列。发言者的讲台也应位于主席台的右前方，以示对发言者的尊重。

4.涉外宴会的桌次安排：在涉外宴会中，桌次的排列也应遵循"以右为尊"的原则。如果使用圆桌，通常以面对正门的方式进行定位。如果设置两桌，右侧的桌子为主桌；如果设置多桌，距离主桌最近的右侧桌子的桌次高于主桌左侧的桌次。

（五）注重环保、讲究文明

环保意识属社会公德范畴，在国际交往中却被视为评价一个人是否有教养、讲文明和社会公德的重要标志之一。在与外宾打交道时，在爱护环境的具体问题上要严于律己，对个人卫生、环境细节要多加注意，切勿因不拘小节而引起外宾的反感和非议。应注意的问题主要是：

1.保护自然环境。在与外宾交往时，我们应自觉保护自然环境，避免破坏树木、绿化、水资源和污染空气。

2.不可虐待动物。在世界各国，动物大都被当作人类的朋友，其地位往往是至高至尊的，滥捕、滥杀、残害、食用野生动物的行为早已为法律所禁止，就连对家养动物的饲养或宰杀方式考虑不周也会受到人们的指责。

3. 不可损害公物。对于任何公物不可窃为己有或独占享用。特别要注意不要在公共场所乱涂、乱刻、乱画；不要偷折偷采树枝、花卉；不要对公共桌椅、电话等恶意破坏；不要攀爬树木和公共建筑物。

4. 不可乱扔废弃物品。在对废弃物品进行处置时，一般不要自行焚毁，更不要乱丢、乱扔。在有的国家里，乱丢、乱扔废弃物品和垃圾已被列为违法行为。

5. 不可随地吐痰。要尽量注意不在他人面前清嗓子、吐痰，即便非做不可，也要尽量压低音量，将痰吐在痰盂或纸巾中，然后再扔到垃圾桶里。

6. 不可随意吸烟。吸烟有害健康，在公共场所吸烟是对其他不吸烟者的不尊重。在涉外交往中，公共场所应尽量不吸烟，也不可向外宾敬烟，否则会被视为失礼和落后的表现。

7. 不可随意制造噪声。与外宾交谈应轻声细语；在公共场合不要大声喧哗，切勿在不适当的地方高歌、狂舞；在使用手机和呼机时尽量少干扰他人。

二、外事特有的礼仪

随着我国对外开放的不断深入，官方和民间的国际合作与交流也日益频繁，外事接待工作也已成为一些单位或部门的日常工作内容。然而在多种形式的外事活动中，除了要遵循通常的礼仪外（在前面的相关部分已讲述），还要遵循外事活动特有的礼仪，即礼宾次序、身份对等和国旗悬挂等方面的礼仪。

（一）礼宾次序

外事活动中的礼宾次序，是指在国际交往中对出席活动的国家、团体以及各国人士按某些规则和惯例排列的先后次序。它是各种活动中安排出席成员或人员位次的依据，也是东道主国家给予其他各国来宾的一种礼遇。合理的礼宾次序是对参加活动各国平等主权的尊重。

礼宾次序的排列必须符合国际通行规则和惯例。其常见的排列方式有如下几种。

1. 按身份与职务高低排列

在一般的双方官方活动中，通常按活动参加者的身份和职务高低安排礼宾次序。在排列礼宾次序时，要依据各国对职位的设立以及相应的职位高低序列来进行排列，并以各国提供的正式名单或正式通知为主要依据。

在多边活动中，一般不依据身份和职务高低排列，但通常也将此作为考虑的因素之一。

2. 按活动参加国的国名字母顺序排列

国际会议、国际体育比赛等活动中的礼宾次序，通常按参加国的国名字母顺序排列，其字母的选用方法一般按英文字母顺序排列；有时按其他语种的字母排列；有时用抽签的方式决定以哪一个字母作为本次活动礼宾次序的首位。但东道主一般排在最后，以示谦虚。

3. 按通知代表团组成的日期先后排列

对同等身份的外国代表团的礼宾次序，东道国往往按派遣国通知代表团组成的日期排列，或按代表团抵达活动地点的时间先后排列，或按派遣国决定应邀派遣代表团参加该活动的答复时间排列。至于采取何种排列方式，东道主在致各国的邀请信中都应加以明确说明。

礼宾次序的排列，应在一视同仁的前提下尽量考虑多的因素，让每一位来宾都感受到特别的尊重和照顾。因此，在实际操作中，其排列往往同时依据几种方式。譬如，首先按正式代表团的规格，即按代表团团长的身份高低来确定礼宾次序；在同级别代表团中，则按被派遣国通知代表团组成日期的先后来排列；在同级别且同时收到通知的代表团中，则按国名英文字母的顺序排列。此外，还往往考虑另外一些因素，如国家所在地区，国家之间的关系，活动的性质、内容，以及活动参加者对活动贡献的大小、威望和资历，等等。因此，在宴请和一些观礼活动中，经常把来自同一地区的国家或关系特殊的国家排在一起。

（二）身份对等

外事工作的身份对等，是指东道主国家在外事接待活动中所给予来宾的礼遇应与来宾的身份相称。这是外事礼仪中必须遵循的一条规则。根据这条规则，一是主方负责迎送或会晤的主要人员，在职务、地位上应与来宾大致相当；二是主方负责迎送或会晤来宾的人员数也应与来宾人数相近；三是主方为来宾所举行的各种活动，如迎送、会见、宴请等，在档次上应与来宾（以主宾身份为准）的身份一致。

(三)悬挂国旗的规则和惯例

1. 悬挂他国国旗的场合

(1)根据国际关系准则

①一国元首、政府首脑在他国进行访问时,有权在其住所及交通工具上悬挂本国国旗。

②一个国家的外交代表在接受国国境内,有权在其办公处、寓邸及交通工具上悬挂本国国旗。

③东道主在接待来访的外国元首、政府首脑时,在其下榻的宾馆、乘坐的汽车以及隆重的场合悬挂对方的国旗,是对来宾的礼遇。

(2)根据我国外交部的有关规定

根据《中华人民共和国外交部关于涉外升挂和使用国旗的规定》,下列外国贵宾以本人担任公职的身份单独或率领代表团来华进行正式访问时应升挂国旗:国家元首、副元首;政府首脑、副首脑;议长、副议长;外交部部长和国防部部长;总司令或总参谋长;率领代表团的正部长;国家元首或政府首脑派遣的特使。在重大的礼仪活动场所,如欢迎仪式、欢迎宴会、正式会谈、签字仪式等,升挂中国国旗和来访国国旗;在贵宾的住地升挂来访国国旗;在贵宾乘坐的交通工具上悬挂中国国旗和来访国国旗。

(3)国际组织的国旗悬挂

国际组织通常需在其场所悬挂会员国的国旗,以示成员国之间的平等与团结。

(4)国际条约和协定签字仪式

在国际条约和重要协定的签字仪式上,可悬挂中国国旗和相关国家的国旗,以示合作与尊重。

(5)国际会议和活动

在国际会议、文化体育活动、展览会、博览会等场合,可悬挂中国国旗和有关国家的国旗,促进国际交流与合作。

(6)外国政府和企业活动

在外国政府经援项目、外商投资企业的奠基、开业、落成典礼及重大庆祝活动中,可同时升挂中国国旗和相关国家国旗。

(7) 民间团体活动

民间团体在举行双边和多边交往中的重大庆祝活动时，可以同时升挂中国国旗和相关国家国旗。

(8) 外国公民在中国境内

外国公民在中国境内遇其国籍国国庆日时，可在室外或公共场所悬挂其国籍国国旗（平时不得在室外和公共场所升挂国籍国国旗），但必须同时悬挂中国国旗，以示对中国的尊重。

2. 悬挂国旗次序的原则与规定

(1) 悬挂国旗次序的原则与规定

在中国境内，举办双边活动需同时悬挂中国国旗与外国国旗时，应遵循国际上右高左低的原则。上首，即右挂客方国旗；下首，即左挂主方国旗（但也有个别国家实行"自家国旗优先"的原则将本国国旗挂在右边，如美国、菲律宾等）。

国旗次序中的左右，一般以旗身面向为准；在汽车上挂两国国旗，则以汽车行进方向为准。所谓主客，不以活动举行所在国为依据，而是以举办活动的主人为依据，凡是中方主办的活动，外国国旗应置于上首；对方举办的活动，中国国旗则应置于上首。

(2) 多国国旗的悬挂次序

在中国境内同时悬挂多国国旗时，必须同时悬挂中国国旗，而且应将中国国旗置于荣誉位置。当一列并排多国国旗时，应将中国国旗置于最右方；单行并排时，应将中国国旗置于最前方；若弧形或从中间往两旁排列时，应将中国国旗置于中心。其他国家的国旗排序，一般按本次活动的礼宾次序排列。

(3) 国际体育比赛的颁奖仪式

国际体育比赛的颁奖仪式，按冠军、亚军、季军的序列升挂获奖国国旗，并奏冠军国国歌。

(4) 外国驻华机构和外商投资企业的国旗悬挂

外国驻华机构、外商投资企业、外国公民，在同时升挂中国国旗和外国国旗时，必须将中国国旗置于上首或中心位置。

(5) 外商投资企业的国旗与企业旗悬挂

投资企业在同时悬挂中国国旗和企业旗时，必须把中国国旗置于中心、较高或突出的位置。

3. 国旗升挂的礼仪

（1）正面展示

在正式场合悬挂国旗时，应确保国旗正面朝向观众，避免倒挂、竖挂或反挂，以维护国旗的尊严。

（2）面积一致性

并列悬挂多国国旗时，应保证各国国旗的面积大致相同，如有差异，应按原比例调整，以保持视觉上的协调。

（3）旗杆高度统一

多国国旗并列悬挂时，旗杆高度应保持一致。根据联合国规定，在和平时期，任何国家的国旗不得高于其他国家的国旗，且同一旗杆不得悬挂两国国旗。

（4）升挂次序

并列升挂多国国旗时，应先升挂中国国旗，降旗时则最后降下中国国旗，以示对东道国的尊重。

（5）升旗时间

在建筑物或室外悬挂国旗，应遵循日出升旗、日落降旗的传统，体现对国旗的尊重。

（6）升降旗仪式

升降旗时应着装整齐、起立、立正、脱帽，表情肃穆，面向国旗行注目礼。少先队员行队礼，军人行军礼，以表达敬意。

（7）升至杆顶

升挂国旗时，应将国旗升至杆顶。在特定的志哀纪念日或重要人物去世需降半旗时，也应先将国旗升至杆顶，再降至离旗杆顶1/3的地方；降下时，也应先将国旗升至杆顶，然后再降下。

（8）夜间悬挂

如需在夜间室外悬挂国旗，必须确保国旗处于灯光照射之下，以保持其清晰可见。

三、外事迎送礼仪

迎送外宾是外事交往中最常见的礼仪活动，其既是东道主给予客人的礼遇，体现东道主的热情、友好之情，同时也是给予客人的第一印象和最后印象。迎送活动的安排必须严格按照国际惯例和外事特有的礼仪进行。

（一）确定迎送规格的一般原则

1. 对等原则

对于应邀来访，安排什么样身份的人出面迎送，应有一定的礼仪规格，其迎接规格是由东道主依据来访者的身份及其来访的性质、目的，并适当考虑双方关系，同时注意社交惯例，综合平衡来确定的。一般来说，应遵循对等的原则，其基本要求是主方的主要迎送人员应与来宾的身份大致相当，迎送的主方人员人数应与客方人数相近。迎送在社交实践中，根据对等原则，其具体安排方法有如下几种。

（1）由与来宾身份相同或级别相当的人员作为主迎送人，亲自到车站、码头或机场迎送客人。

（2）由比来宾身份或级别略低的人员到车站、码头或机场迎送，而与来宾身份相同或略高的人员则在来宾下榻处的门前迎接或送行。按照惯例，比来宾身份高者，一般不亲自到车站、码头或机场迎送客人。

（3）若因种种原因，如国家体制不同，当事人年高不便出面、临时身体不适或不在当地等情况，可以灵活变通，则可由职务相当的人士或副职出面作为代表迎送来宾。但必须注意的是，人选应尽量对等、对口；在当事人不能亲自出面时，从礼节出发应向对方作出解释。对等原则同样适用国家机关、企事业单位及民间组织对国内宾客的迎送接待。

2. 惯例原则

根据惯例，迎送规格的确定要因人而异，对不同身份、不同国籍、不同单位的不同人应有相应的迎送规格。迎送活动的安排通常分两种不同的档次，即各国接待来访的外国国家元首、政府首脑，往往都要举行隆重的迎送仪式，但对军方领导人的访问一般不举行欢迎仪式。对于一般来访者，无论是官方人士、专业代表团，还是民间团体、知名人士，在他们抵离时，均安排身份相应的人员前往机场、码头、车站作一般迎送；对于在本国工作的外国人、外交使节、专家等，在他们到任或离任时，各国的有关方面亦安排相应人员前往迎送。迎送一般不宜破格，但有时从发展双边关系或当前政治需要出发，破格组织迎送仪式，安排较大的迎送场面。但应注意，为了避免造成厚此薄彼的印象，除非有特殊情况的需要，一般情况应按惯例安排。

（二）迎送外国领导人的惯例

迎送仪式是外事活动中迎来送往的礼宾形式，根据国际惯例，已形成了一整套规范程序，但由于外事交往的规格与来宾身份不同，仪式的隆重程度与程序内容也有较大的区别，其中以接待各国元首和政府首脑的规格最高。下面就迎送外国领导人的国际惯例及迎送仪式做介绍。

1. 仪式地点的选择与布置

外国领导人抵达或离开邀请国的首都时，通常都要举行隆重的迎送仪式。举行迎送仪式的地点，各国不尽相同，有的国家在机场、车站，也有的国家在特定场所，如总统府、议会大厦或国宾馆等。我国在国宾抵达北京的当日或次日，在人民大会堂东门外广场举行隆重的欢迎仪式，遇到天气恶劣，则在人民大会堂东门内中央大厅举行欢迎仪式。在举行仪式的场所悬挂宾主双方国旗，悬挂的宾主双方国旗一般遵循国际上通行的右高左低原则，即右挂客方国旗，左挂主方国旗。在领导人行进的线路上铺以红色地毯。

2. 仪式的内容

迎送仪式的内容大体上有如下几个方面。

（1）出席人

迎送仪式属双边活动，东道国出席迎送仪式的是身份相当的领导人和一定数目的有关方面的高级官员。一般不邀请驻地的各国使节出席，但有时也通知各国（或部分）驻地使节参加。所有迎送人员，均先于来宾到达指定地点并由接待人员提前办好有关手续。

（2）献花

根据礼仪规格，献花适用于礼遇较高的高级贵宾，一般外宾不需献花。献花必须用鲜花或由鲜花扎成的花束，有的国家习惯用花环或送一两枝名贵的兰花、玫瑰花等。不论献什么花都应保持整洁、鲜艳，忌用菊花、杜鹃花、石竹花和黄色的花。通常由儿童或女青年在迎送主人同贵宾握手之后，将花献上，并向来宾行礼。

（3）奏两国国歌

先奏客方国歌，再奏主方国歌。

（4）检阅仪仗队

来访的国宾在主人的陪同下检阅仪仗队。

（5）鸣放礼炮

为国家元首鸣放 21 响，此为最高规格；为政府首脑鸣放 19 响；为副总理鸣放 17 响。但有的国家分得没有这么细。

（6）护航

有些国家对乘专机来访的外国领导人派出战斗机若干架进行护航，一般在离首都约 100 公里外迎接，向专机发出致敬信号，然后编队飞行至机场上空，专机下降后，护航机绕机场一周离去。也有的国家从专机进入东道国的国境时就开始护航。

（7）讲话

有的国家在欢迎仪式上安排双方讲话，有的无正式讲话，或仅在现场散发书面讲稿。

（8）群众欢迎

欢迎群众多由青少年组成，载歌载舞，沿国宾行经的路线夹道欢迎。有的只在仪式现场安排少量群众。

上述迎送仪式的各项内容，各国安排不一，但献花、奏两国国歌和检阅仪仗队等内容是必不可少的。而有的国家迎接国宾的仪式别具特色，如尼泊尔，在国宾到达后，在机场要举行盛大的欢迎仪式，并按该国的习俗，点燃酥油或红烛来接待国宾，以此来象征吉祥和对客人的敬意。在送别贵宾时，往往赠以尼泊尔制帽、廓尔喀腰刀和登程鞋（男黑女红）等礼品，以示对贵宾最崇高的敬意及合作的美好纪念，意在祝愿贵宾一路平安，前程似锦。

（9）陪同乘车

在贵宾前往住地，或临行由住地前往机场、码头、车站时，一般应安排迎送人员陪同乘车。陪车时应请客人坐在主人的右侧。乘两排座轿车时，译员坐在司机旁；乘三排座轿车时，译员则坐在中间。迎送时一般是主人车在前开道，如主客方车辆为多辆时，各方车辆应按尊卑顺序排列，主方还应派车垫后。

（三）迎送场合的介绍礼仪

在迎接宾客时，尤其在迎接比较多的客人时，要按身份高低的顺序排列迎接,应由身份最高者先见面、先握手,再逐一介绍。宾主见面的互相介绍,通常按礼仪原则先将前来迎接的主方人员介绍给来宾,被介绍者按职务从高到低。介绍人通常是礼宾交际人员或其他接待人员,也可以由欢迎人员中身份最高者介绍。有的国家习惯以交换名片来介绍自己的姓名和身份,使对方一目了然。客人初到,一般较为拘谨,主人宜主动上前与客人寒暄。遇有外宾主动与我方人员拥抱时,我方人员可作相应的表示,不应退却或勉强应付,女同志应按礼宾的有关规定处理。

(四)外事接待工作的注意事项

外事接待工作是展现国家形象和文化的重要窗口,需要细致周到的安排和专业的服务。要注意以下几点。

1. 守时与对等原则

在迎送和接待外宾时,守时至关重要。必须准确掌握来宾的抵达和离开时间,并及时通知相关迎送人员。应主动到车站、码头、机场进行迎送,并邀请身份相当的领导人和一定数量的高级官员出席,以体现对等原则。

2. 贵宾休息室的准备

在迎送贵宾时,应提前在机场、车站或码头安排好贵宾休息室,提供饮料和专业的服务人员,并指派专人协助贵宾办理出入境手续。

3. 客房和乘车安排的预先通知

如条件允许,应在客人抵达前将客房和乘车安排通知给客人,以便他们做好相应的准备。

4. 尊重宾客的私人时间

宾客抵达住所后,应避免立即安排活动,给予宾客足够的时间进行休息、洗漱和更衣。同时,应及时向宾客通报访问日程安排和要求事项,并征询他们的意见。

5. 热情周到的接待

整个接待工作应充满热情、周到且有序,避免表现出任何冷淡、粗心或怠慢的态度,确保宾客感到舒适和方便。

6. 企业与民间的外事交往

一般企业与民间的外事交往,应注意既要讲礼仪,又要注重实效,也应根据对等原则派人去机场、码头、车站迎送。可在单位门口适当布置,营造欢迎氛围。迎送工作中，只安排献花、介绍、陪车即可。

【本章小结】

本章通过认识各大洲各国/地区礼仪在旅游接待中的重要作用，了解各大洲各国/地区历史和文化背景的差异，掌握各大洲各国/地区的民俗、礼仪和禁忌。通过对国家交往惯例的学习，在涉外礼仪惯例与通则的指导下，掌握外事活动中特有的礼仪（礼宾次序、身份对等和国旗悬挂等方面的礼仪）。

【本章思考题】

1. 日本和韩国的社交礼仪的不同点有哪些？
2. 泰国、马来西亚、菲律宾的习俗禁忌有哪些？
3. 美国和加拿大的饮食习惯的区别有哪些？
4. 英国和法国的社交礼俗的区别有哪些？
5. 澳大利亚和新西兰的习俗禁忌分别有哪些？
6. 涉外礼仪惯例与通则有哪些？
7. 外事接待工作有哪些注意事项？

【实训项目】

项目一：国际礼俗与禁忌在导游活动中的应用

实训目的：

熟悉并掌握国际礼俗与禁忌的基本知识，提高导游在实际活动中灵活运用这些知识的能力，培养导游对不同文化背景下礼俗与禁忌的敏感性和尊重。

实训内容：

以第三届"世界植物园大会"为背景，以志愿者身份分小组讨论接待不同地区和国家的参展者应该注意的禁忌问题。分小组讨论、设计在接待过程中可以与与会嘉宾交谈的内容主题。

实训要求：

1. 话题设计与资料搜集：每个小组设计2~3个与会嘉宾可能感兴趣的交流话题，并搜集相关资料进行深入研究。
2. 模拟接待：模拟接待过程中，小组成员需扮演志愿者角色，与不同地区和国家的参展者进行交流。

3. 理解与应用：小组成员需充分理解国际礼俗与禁忌知识，并在模拟交流中恰当运用。

4. 言谈举止：在模拟交流中，参与各方的言谈举止应符合国际礼仪规范，展现出尊重和专业。

5. 话题适宜性：各小组提出的交流话题应恰当、有深度，能够引起与会嘉宾的兴趣和参与。

6. 跨文化交流：通过模拟交流，提高小组成员的跨文化交流能力，学习如何在不同文化背景下进行有效沟通。

背景资料：中新网10月31日电 10月31日20时30分许，中国国务院总理温家宝宣布，中国2010年上海世界博览会闭幕，为期184天的上海世博会大幕落下，2010年上海世博会闭幕式31日晚在上海世博文化中心举行。中国国务院副总理中国2010年上海世界博览会组委会主任委员王岐山在闭幕式上致辞时说，上海世博会汇聚人类文明创新的成果，拉近了中国和世界的距离，一个更加开放、包容、文明进步的中国将与世界各国一道，共同迎接无限光明的未来！

王岐山回顾说，在过去的184天里，我们走过了一段成功、精彩、难忘的世博之旅，190个国家、56个国际组织以及中外企业踊跃参展，200多万志愿者无私奉献；7308万参观者流连忘返，网上世博永不落幕，这一切共同铸就了上海世博会的辉煌。这段美好的时光将永远在我们心中珍藏！

王岐山说，在过去的184天里，世界在这里浓缩，东方与西方交流，人文与科技融合，历史与未来辉映。回首上海世博会，我们为其弘扬的理解、沟通、欢聚、合作的理念所激励。为其昭示不同的文化交流互鉴，各国人民和谐共处的氛围所感动。为其展现的人类迎接挑战、追求卓越勇气所鼓舞。通向未来美好生活的大门正徐徐开启，人类追求富裕文明的脚步不会停止，世博精神将薪火相传、生生不息，我们相信，"城市，让生活更美好"的愿景必将成为现实！

国际展览局主席蓝峰致辞时表示，中国2010年上海世博会是一个巨大的成功。这是中国的成功。这是上海市的成功，同时也是世博会事业的成功。国际展览局及其成员都对此满怀喜悦之情。上海凭借其优秀的组织才能、对成功的执着追求以及出色的国际推介,向世人表明世博会总是能展示出特有的魅力。

蓝峰说,上海世博会"城市,让生活更美好"的主题将在世博会闭幕后流传下去。上海世博会的光芒将永放异彩。感谢所有的志愿者。感谢所有远道而来的朋友。让我们手拉手:为建设更加美好的生活共同努力。

上海世博会是首次在发展中国家举办的综合类世博会,自5月1日开园以来,已累计吸引参观者近7300万人次。

(资料来源:中国新闻网,2010年10月31日)

【案例分析】

文化交融的接待艺术

小陈是一位专业的导游,他负责接待一个由来自美国、法国、印度和中国香港的游客组成的国际旅游团。这些游客对中国的传统文化和现代发展都充满了兴趣。小陈的任务是确保每位游客都能享受到一次愉快且难忘的旅程。在这次为期十天的中国之旅中,小陈遇到了以下情况:

1. 一位美国游客在参观故宫时,对中国古代的礼仪文化非常感兴趣,希望了解更多。

2. 一位法国游客在用餐时,对中餐的餐桌礼仪感到困惑,不知道如何使用筷子。

3. 一位印度游客是素食者,对餐食中可能含有的肉类成分表示担忧。

4. 一位来自中国香港的游客希望在行程中体验地道的北京小吃。

5. 在一次晚宴上,小陈需要向所有游客介绍中国的餐桌礼仪。

案例思考题:

1. 如何向美国游客介绍中国古代的礼仪文化,以满足其兴趣?

2. 面对法国游客对中餐餐桌礼仪的困惑,小陈应如何提供帮助?

3. 如何确保印度素食者的餐食需求得到满足?

4. 对于希望体验北京小吃的香港游客,小陈应如何安排?

5. 在晚宴上,小陈应如何向所有游客介绍中国的餐桌礼仪?

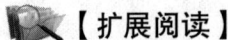

【扩展阅读】

礼仪的发展历程

专业篇(会展礼仪规范)

在全球化的商务时代，会展活动已成为企业拓展市场、建立品牌形象、促进行业交流的重要形式。会展礼仪，作为会展行业的形象大使和文化传递者，对提升会展服务品质、加强与会者体验、塑造展会专业形象具有不可或缺的作用。

会展礼仪在会展行业中扮演着塑造专业形象的关键角色。优秀的会展服务人员通过专业的礼仪展现出的不仅是礼貌和尊重，更是对会展文化的深刻理解和对服务艺术的精湛掌握。

会展礼仪不仅传承了传统礼仪的精髓，更融入了现代商务活动的特点，体现了时代精神和服务理念的演进。它超越了简单的礼节性行为，成为商务沟通和交流的重要组成部分，展现了会展行业的专业形象和时代风貌。每一位参展商和参观者都有其独特的需求和期望。会展礼仪强调个性化服务，要求服务人员能够细致入微地了解并满足这些需求，提供定制化的服务方案，从而提升参与者的整体体验。在会展活动中，和谐交流至关重要。会展礼仪作为促进和谐交流的催化剂，要求服务人员具备出色的沟通能力和问题解决能力，能够在各种商务场合中游刃有余，化解可能出现的误会和冲突。会展服务人员的每一次互动都是一次传播机会会展品牌和参展品牌的。通过专业的服务礼仪，服务人员能够激发参与者的分享欲望，通过口碑传播和社交媒体的力量，扩大会展活动的影响力。

会展行业是一个不断进步和发展的领域，会展礼仪也需要随着行业的变化而不断创新。服务人员通过持续学习和实践，不断提升自身的专业素养，推动会展服务向更高标准和更深层次发展。

本章致力于深入挖掘会展礼仪的深层意义，探究其在现代会展行业中的关键作用。我们不仅将讨论会展服务人员在多变的会展场景中必需遵循的服务规范，还将阐释如何利用这些规范来增强会展活动的专业性和提升参与者的整体满意度。我们旨在提供一个全新的视角，从会展服务的基本职责出发，逐步展开至服务流程的每一个细节，确保服务人员能够在各种情境下提供无缝且专业的服务。通过细致入微的指导，本章将引导服务人员理解并实践高效的沟通技巧和灵活的问题解决策略。本章将会展礼仪的理论与实践相结合，提供策略性的指导，帮助服务人员在真实情境中应用礼仪规范。

第十一章

会展礼仪规范

学习目标

知识目标

1. 掌握会展礼仪的基本概念：了解会展礼仪的定义、重要性及其在会展活动中的应用范围，明确会展礼仪在商务活动中的基础地位。

2. 熟悉会展礼仪的基本原则：学习并理解会展礼仪的尊重、平等、真诚、适度等基本原则，以及这些原则在会展活动中的具体体现。

3. 了解会展礼仪的各个环节：系统学习会展礼仪的各个环节，包括会展前的准备礼仪、会展中的接待礼仪、会展后的跟进礼仪等，掌握各环节的具体要求和操作规范。

4. 掌握会展礼仪的规范用语：学习会展礼仪中的规范用语，包括称呼、问候、感谢、道歉等，提高在会展活动中的语言表达能力。

能力目标

1. 实践能力：通过模拟会展场景，学生能够运用所学的会展礼仪知识，进行实际操作，提高会展礼仪的实践能力。

2. 沟通能力：在会展活动中，学生能够运用会展礼仪知识，与参展商、观众等进行有效沟通，建立良好的人际关系。

3. 团队协作能力：在会展团队中，学生能够遵循会展礼仪规范，与团队成员协作，共同完成会展任务。

思政目标

1. 职业素养：通过学习会展礼仪规范，能够培养学生良好的职业素养，注重个人形象，尊重他人，遵守职业道德。

2. 服务意识：在会展活动中，学生能够以客户为中心，提供优质的服务，满足客户需求，提高客户满意度。

3.跨文化意识：在国际化会展活动中，学生能够尊重不同文化背景的人，遵循国际礼仪规范，展现良好的国际形象。

4.创新能力：在遵循会展礼仪规范的基础上，学生能够根据会展活动的实际情况，提出创新性的想法和建议，推动会展活动的持续发展。

> 在宴席上最让人开胃的就是主人的礼节。
> ——英国剧作家、诗人威廉·莎士比亚

礼仪不仅是衡量个人道德水平和教养的标尺，也是个人与他人交往时是否得体的行为准则。会展工作人员越来越意识到，恰当的个人交往，可以为企业创造商机。会展礼仪不仅能够体现一个企业的文明程度、管理风格和道德标准，还能帮助塑造企业的正面形象。一个拥有良好信誉和形象的组织，更容易获得社会各界的信任与支持，从而推动其事业的持续发展，并在竞争激烈的市场中保持优势。

第一节　会展活动现场礼仪

一、迎接礼仪

迎接工作在会展活动中扮演着至关重要的角色，它不仅是主办方展现诚意、形象和礼仪素养的窗口，也是为会展活动成功开展打下良好基础的关键步骤。迎接环节是会展活动的前沿，它如同会展的门面，其处理得当与否直接影响与会者的第一印象，并为会展的顺利进行奠定基础。因此，主办方应提前规划，指定专业团队负责，确保接待礼仪规范，注重迎接过程中的细节。

（一）机场、车站迎接礼仪

机场和车站是迎接会展代表的重要场所。在会展活动方案中，通常在机场和车站设立专业观众接待站，为专业观众提供接待和咨询服务。训练有素的迎接人员，会给会展代表们留下美好、愉悦的第一印象，因此，迎接人员应注重以下各环节的礼仪规范和要求。

1. 迎接前的礼仪要求

（1）提前了解与会者信息

确定迎接规格及迎接方案前，首先应及时、准确地了解与会、参展人员或代表团的情况，如参加人员或团体的名单、性别、职务、参加活动的目的、迎接惯例及抵、离的时间和方式，做好方案拟定的准备工作。

（2）确定迎接规格

明确相应的接待规格，拟定具体、详尽而周密的迎接方案。迎接规格一般应遵循对等或对应原则，即主要的迎接人员应与会展代表的身份相当或相应。如出于特殊原因，主办方人员不能参加迎接活动，双方身份不能完全对等或对应，也可根据对等原则，由职务相宜的人员迎接，但应及时向对方作出解释，以免造成不悦和误解。此外，还应协助代表们做好返程票务的落实工作，免除代表的后顾之忧。

（3）塑造迎接人员的形象

迎接人员的形象关系到会展主办方的形象，因此，迎接人员的仪表要端庄，仪容要整洁，符合会展从业人员的职业形象。此外，迎接人员还应进行相关的接待礼仪培训，举止优雅大方，语言表达清晰，举手投足间应体现出良好的个人修养和素质，了解并熟练掌握迎接环节及操作中的礼仪规范和要求。

（4）安排住宿及车辆

事先联系有关宾馆，争取最优惠的价格，并妥善根据参加会展活动代表的情况，做好住宿安排。原则上只有星级酒店或涉外酒店才可接待外宾。

安排车辆时，应考虑人数、行李等因素，不应排得太拥挤。

①住宿安排：提前与宾馆沟通，争取优惠价格，妥善根据参加会展活动代表的情况，做好住宿安排。原则上只有星级饭店或涉外饭店才可接待外宾。

②车辆调度：考虑人数和行李量，合理安排车辆，避免拥挤。确保与会者能准时到达会展地点。会展地点不在宾馆时，应安排足够的车辆将会展代表按时送往会展地点参加有关活动。

2. 迎接时的礼仪要求

（1）按时迎接

接待人员应遵循国际礼仪，提前到达接待地点。迟到被视为失礼，代表失职和缺乏信誉。因此，对于外国或外地的参展商和代表，主办方需准确掌握他们的交通信息，包括所乘交通工具的航班号、车次以及抵、离时间，并在班机或火车到达前15~30分钟到达迎接地点，避免让长途跋涉的客人因等待而感到不快。如遇到飞机或车辆晚点，应及时调整迎接方案并做出应变安排。

（2）迎接仪式

迎接仪式可根据接待规格确定：

①迎接外国的国家元首或政府首脑时，应按照国际通行的迎接仪式及礼仪要求进行。如：身份相当的领导人及一定数目的高级官员参加迎接；参加迎接的主要领导人与宾客握手；儿童或女青年献花或花环；奏两国国歌；检阅仪仗队；鸣放礼炮；等等。

②迎接国际友人及重要宾客时，也可举行欢迎仪式，通常安排儿童或女青年献花或花环；接待人员介绍主要迎接领导等。

③迎接与会或参展代表团时，因机场、车站客流量大，应事先准备特定的标志，如接应牌或小旗等，写上"欢迎×××（代表团）"等字样，也可写明代表的姓名、会议的名称、接待单位名称等，字迹工整，字体要大，让代表从远处就能看清，主动前来接洽。

（3）以礼相迎

接到代表后，迎接人员应做简短的自我介绍，并通过握手、鞠躬或拥抱等方式表达热情的欢迎，让代表感受到宾至如归的体验。使用恰当的问候语，如"一路辛苦了""欢迎来到××"等，确保问候语言得体，避免使用不当的表达。

（4）热情主动

对于贵宾，迎接人员应主动提供帮助，如指派专人协助提取行李。应主动帮助携带箱包，但避免主动拿取代表的公文包或女性代表的随身小提包，以示尊重。对于人数较多的重要代表团，应优先取出主要客人的行李，确保迎宾车队能按时离开，同时安排其他人员和行李车处理剩余行李。

3. 迎接后的礼仪要求

（1）细致引导

迎接人员应事先明确迎接车辆停放的位置，带领代表从最便捷的通道走到停车处。引导时如为单行行进，应走在代表二三步之前，为其引路；如为并排行进，可让代表走在内侧，并配合步调，不应走得过快。引导代表上下楼梯或扶梯时，迎接人员应该注意代表们的安全。引导代表乘坐电梯时，迎接人员应注意先进后出的礼仪要求。无论哪种情形，接待人员都应使用规范的引导手势，即右手抬起，手肘与上臂呈120度，四指并拢，拇指与其余四指自然分开，手心向着代表，示意所指的方向，并配以"请这边走""请各位小心"等礼貌性的提示用语进行耐心的引导。

（2）周到服务

从机场、车站到会展地或住宿地，主办方可安排接待人员陪同乘车。乘车时，迎接人员应先打车门，代表先上，自己后上。上车时，代表可从右侧门上车，接待人员从左侧门上车，避免从客人座前穿过。如代表人数较多，为了在迎接时避免混乱，应事先排定乘车号和住房号，并打印成表格。在代表抵达时，将乘车表发至每一位来宾手中，使之明确自己所乘的车号。同时，便于迎接人员清点每辆车上的人数，也便于代表入住后能够相互联系。

（3）善于交流

随车迎接人员上车后应致欢迎词，宣布注意事项，并发放相关资料，如接待手册等。迎接人员应善于交流，途中可向代表介绍有关活动、会务的安排情况，如背景资料、筹备过程、活动日程等；也可与代表做轻松、愉快的谈话，如介绍本地风景名胜、气候、特产或本地大事等。如接待外宾，则应安排熟悉外语的接待人员作为随车翻译，做好接待工作。

（二）现场各环节迎接礼仪

1. 现场接待礼仪

（1）热情周到

迎接人员应在会展代表到达前于门口等候，以热情的态度迎接来宾，主动使用礼貌性称呼，如"先生""小姐"，并搭配适当的问候语，如"您好""早上好""晚上好"。这是现场迎接礼仪的第一步。

会议现场接待的第二环节为报到及签到，接待人员应面带微笑，准备好报到需要的相关资料，如签到册、资料、纪念品等，细心地指导代表填写，及时发放会议相关资料，并双手递送给与会代表。在会议入场处，接待人员应统一着装站在门口两侧，并礼貌地引导与会代表入场就座。

展览会现场接待第三环节则是办证。如人员较多的代表团可事先将资料、票证办妥并发放。而现场办证的代表，则依据办证程序办理，接待人员应向远道而来的代表表示问候，并耐心地请代表出示邀请函、相关证件等，指导他们填写办证表格，引导代表来到制证场地等候办证。办证过程中应多使用礼貌语言"请坐好""请看摄像头""请稍候"等，最后将制作好的证件双手递送给代表。

（2）专注尊重

在迎接代表时，应保持专注，与代表保持适当的目光接触，展现出专业与尊重。在服务过程中，应遵循先主后次、先女后男的礼仪原则，确保平等对待每一位代表，无论是国内同胞还是国际客商，都应给予同等的尊重与关注。

2. 现场介绍礼仪

（1）遵循礼仪规范

在进行现场介绍时，应遵循先主后次的顺序，以表达对客方的尊重。介绍应根据职务高低来决定先后顺序。

（2）确定介绍人

介绍人可以是双方中职务最高的人员，或者是专业的工作人员。如果双方的主要负责人已经相互认识，他们可以依次介绍各自团队的成员，或者也可以由双方的工作人员来完成介绍。

（3）介绍方式

介绍通常以口头形式进行。如果参与人数较少，为了增进了解和交流，也可以采用互换名片的方式进行介绍。

（4）介绍细节

在进行口头介绍时，应清晰、简洁地介绍每位成员的姓名和职务，确保信息的准确性和易理解性。

在互换名片时，应遵循礼仪，用双手递接名片，并在接过名片后认真阅读，以示尊重。

（5）营造友好氛围

无论是口头介绍还是互换名片，都应保持友好和专业的态度，微笑和眼神交流可以增加亲切感，为后续的交流和合作奠定良好的基础。

3. 现场投诉接待礼仪

会展活动的综合性特点，决定了投诉往往伴随着会展活动的发生而产生。

任何一个环节出现问题，都有可能造成参与会展活动代表的不满和投诉。会展接待人员在接待投诉时必须遵守代表至上的原则。现场接待人员妥善处理投诉的礼仪关键点在于以下几个方面。

（1）倾听至上

接待人员应以耐心的态度倾听投诉，避免打断，确保投诉者能够充分表达自己的不满和期望。

（2）目光交流

在接待过程中，接待人员应保持目光交流，通过眼神传达关注和理解，让投诉者感受到被重视。

（3）保持微笑

微笑有助于缓解紧张气氛，能给人带来愉悦的感觉，也有利于让投诉者的心情趋于平静。

（4）礼貌询问

为了更准确地理解投诉内容，接待人员应以礼貌的方式提出问题，确保对投诉的理解是准确无误的。

（5）记录信息

详细记录投诉内容，或在听取完毕后口头复述，以显示对投诉事项的重视。

（6）给予答复

针对投诉的事项，如可现场解决，则立即为投诉者解决；如无法现场解决的，则应向对方说明情况，请对方留下电话或其他联系方式，随后联系相关部门进行解决，并将答复情况及时回复对方。

（7）表达感谢

无论投诉是否因主办方的失误引起，都应感谢投诉者对会展活动的关注和反馈，表达主办方对改进服务的开放态度。

（8）持续跟进

在问题解决后，应主动联系投诉者，告知其处理结果，并询问其对解决方案的满意度，展现主办方对客户体验的持续关注。

二、司仪礼仪

近年来,随着各类会展和仪式活动的显著增多,专业会展司仪在这些活动中扮演的角色变得越来越关键。在这一时期,专业的会展司仪尤为抢手,也更难找到合适的人选。

作为会展仪式和活动的主持人,会展司仪负责策划活动方案、推动程序进展、调节现场气氛以及进行人际沟通等任务。他们是确保仪式活动顺利进行的关键,同时也是连接整个会展仪式活动流程的核心人物。各类展会对专业司仪的强烈需求,凸显了会展司仪的重要性。显然,司仪在会展活动中扮演着不可或缺的角色,而精通司仪礼仪规范更是他们工作中的首要任务。

(一)一般司仪程序

1. 仪式活动前

在主持各种仪式、活动之前,为了导入、串联、配合会展仪式活动各环节,推进活动程序,司仪人员一般要求做好如下工作。

(1)理解活动目标:深入了解仪式或活动的目的和要求。

(2)参与策划:尽可能参与到活动的策划和方案撰写中。

(3)细节筹备:负责活动细节的筹备工作。

(4)熟悉流程:熟悉整个仪式或活动的流程。

(5)掌握礼仪:明确在主持过程中应遵守的礼仪规范。

司仪人员不仅要具备出色的语言表达能力,还要做好充分的准备工作,确保对活动有全面的了解,为活动的顺利进行打下坚实的基础。

2. 仪式活动中

在会展仪式活动过程中,举办各种仪式一般都需要司仪主持。司仪在主持会展活动各种仪式时,可以适当的方式简要说明自己的身份,也可根据仪式的不同,灵活变换自我介绍的风格。在主持仪式时,司仪一般按以下程序进行。

(1)准备就绪:司仪须控制好时间,确保所有准备工作在活动开始前完成,并安排领导和嘉宾就座,严格遵守议程时间。

(2)宣布开始:在活动正式开始时,司仪人员应准时宣布会展仪式活动开始,全体起立,奏国歌,以示对参与人员的尊重。

(3)介绍来宾:司仪应介绍主要来宾和发言嘉宾,注意按照职位高低进行介绍，并正确使用嘉宾的职务和头衔。在介绍"出席××活动的领导、贵宾"中，应按职位高低宣布，一般情况下，先宣布外宾、外单位领导人的名字，各主办单位领导应排在宾客后面，但如果主办单位领导是国家领导人的则应先报；如果有外国驻华大使参加的，因其是外国元首的代表，故宣读名单时其位置则应提前。司仪应事先了解仪式中应介绍的嘉宾的职务、头衔及其正确的英文或外文名称，在介绍重要来宾和邀请嘉宾发言时，也应当向观众宣读其职务与头衔。

（4）致辞邀请：司仪邀请领导或贵宾发表祝词或开幕词，内容可包括此次会展活动举办的缘由及意义，对所有来宾表示感谢，对会议、展览活动的祝愿和期待。祝词或开幕词应当热烈而简短。

（5）介绍活动流程：司仪向参与者介绍仪式的具体安排和时间。

（6）宣布会展仪式活动开始：司仪宣布活动正式开始，配合剪彩、奏乐、舞狮等环节。

（7）引导活动进行：司仪按照既定程序引导各项活动，并邀请嘉宾参观展览，同时与参与者互动，营造良好氛围。

（二）司仪形象礼仪

1. 会议司仪的形象礼仪

（1）着装规范：会议司仪的着装应整洁、庄重而大方，体现出良好的外在形象及精神风貌，还可佩戴胸花配合活动的喜庆气氛，切忌给大家留下不修边幅、着装不合时宜的印象。

（2）举止风度：会议司仪在主席台上主持整个活动的过程中，应步态自然，步伐稳健，面带微笑，体现一种成竹在胸、自信自强的风度与气质。会议司仪如为站立主持，应双腿并拢，腰背挺直。持发言稿时，右手持文稿的底中部，左手五指并拢自然下垂。双手持文稿时，应与胸齐高。如为坐姿主持，应当身体挺直，双臂前伸，两手轻按于桌沿。主持过程中，不要叉开双腿、弯腰驼背，给人萎靡不振之感，也切忌出现搔头、揉眼、跷腿等不雅动作。

（3）语言表达：会议司仪应口齿清楚，思维敏捷，语言表达简明、流畅。如司仪手持发言稿时，还需要时常抬头扫视一下会场，不能只顾低头读稿，旁若无人，而无法与在场的代表们交流。如为简短的串联词，一般应熟记于心，不能看稿。

（4）会议专业度：会议司仪应根据会议性质调节会议气氛，或庄重，或幽默，或沉稳，或活泼。会议司仪事先应熟悉整个活动的流程，并熟悉领导人的名字及头衔，宣读领导及嘉宾名单时不能出现差错。

（5）专业形象：会议司仪对会场上的熟人不能打招呼，更不能寒暄闲谈，保持专业形象。可在会议开始前或会议休息时间点头、微笑致意。

2. 展览司仪的形象礼仪

（1）着装要求

展览司仪的着装要求符合时宜，可根据展览的性质决定。在一些特定的展会上，如动漫节、电玩展等活动中，司仪可以穿着夸张且与主题相吻合的服装。而在一般商务性质的展览中，司仪的着装应符合适合体型、适合身份、适合年龄、适合场合四项着装礼仪要求。

展览司仪的着装应注意长短、松紧与体型相吻合，不能穿着过透或过露的服装，身体部位的过分暴露，不但有失自己身份，而且也失敬于人，使他人感到多有不便，更容易分散观众接收传递信息的注意力。

展览司仪的着装应与身份相协调，既要端庄大方、贴近生活，又不能浓妆艳抹、珠光宝气，以免拉大与观众的距离。

展览司仪的着装应适合年龄。如果着装与年龄错位，势必造成观众的反感，起到相反的效果。

展览司仪的着装要适合展览会的特定场合，应当较好地配合展览会的气氛，才能更好地为展会服务。

（2）眼神交流

展览司仪的眼神要能很好地起到沟通的作用，司仪的眼神运用应当与观众的注意力联系在一起。

①展览司仪的眼神应准确配合所展示的产品的内容。在主持活动的过程中，司仪应显示自己对产品的信任与了解，使观众听其言，观其目，让观众的情绪能与司仪的现场情绪相吻合，很好地起到宣传展品的作用。

②展览司仪的眼神应注重寻求与观众眼神的交流。这种交流能让观众感受到尊重，也有利于司仪及时接收观众反馈的信息。如果观众的目光专注，点头致意，表明对司仪的赞同；如果观众的目光发散，面无表情，说明司仪应及时调整自己的主持语言及方式，才能更好地让观众接收传递的信息。

（3）姿态礼仪

展览司仪可以运用双手做出各种动作来辅助语言表达，达到渲染气氛的目的。手势方向的上下代表积极活跃或深沉低调；手势活动区域位于身体的上部或下部，代表称赞或蔑视等。

（三）司仪语言礼仪

作为会展活动的司仪人员，在语言表达的要求上除了能字正腔圆、语言流畅，还应当运用声调、语调的变化和技巧，调动现场气氛，能够掌控会展活动大局，帮助完成整个会展活动相关仪式。因此，对其语言的技巧和礼仪要求很高。

首先，在开场称呼中，可按国际惯例称"女士们、先生们"或"贵宾们、女士们、先生们、朋友们"，后面不必再加"同志们"。

其次，司仪发言词中的"欢迎""感谢"之类的句子要尽量归纳精简，以足够为度，从而节省鼓掌时间和次数，以免引起参与者的厌烦。

另外，司仪需要使用现场翻译时，应尽量控制场面，与翻译人员默契配合，不要在中文讲完时立即让中方人士鼓掌，应在翻译结束后，中、外人士共同鼓掌，以示对外宾的尊重。

最后司仪的发言应适当照顾翻译上的困难，尽量避免使用国内工作中常用的缩略语或惯用语。如需引用古诗、谚语，应事先做好翻译工作。

无论主持哪种会展活动，司仪都要明确自己在会展活动中的关键职责。即精确记忆：司仪必须对所有参与会展的知名人士和演讲嘉宾了如指掌，确保在介绍时准确无误；熟悉流程：司仪需牢记会议的每个环节，包括程序、目的和具体安排，确保活动顺利进行；营造氛围：司仪的主要职责是将参与者紧密联系起来，营造一个友好和谐的氛围，成为主办方与代表之间的沟通桥梁；角色定位：一位优秀的司仪应清晰认识到自己的角色定位，避免抢占风头，应迅速而有效地利用语言技巧，将演讲者及其观点介绍给听众；内容传达：司仪应确保在最短的时间内，运用自己的表达能力，使演讲者和他们的观点吸引听众的注意，从而使会展活动充满活力和吸引力。

三、演讲礼仪

演讲是一种正式而庄重的公开表达形式，其允许个人就特定的事件或问题发表看法，论证观点。演讲不仅是信息传递的工具，更是情感交流和主题表达的桥梁。演讲旨在传递核心信息，阐明事实，提供见解，分析现象，说服听众。结合姿态语言与有声语言，演讲能够以真挚的情感吸引听众，展现其强大的交流能力。

随着会展经济的蓬勃发展，演讲已成为会展活动中不可或缺的沟通和情感表达手段。会展活动中常见的演讲形式包括欢迎词、祝贺词、欢送词、答谢词、解说词和介绍词。演讲的成功对会展活动的成功举办至关重要，它将为会展活动的成功奠定基础。演讲者在会展活动中的表现需遵循一定的礼仪规范，以维护活动的声誉。演讲时不遵守礼仪或不良表现可能会对会展活动的形象产生负面影响。作为会展活动中的焦点，演讲者必须精通演讲礼仪，以确保其表现既专业又得体。

（一）演讲礼仪要求

1. 保持精力

演讲时要保持充沛的精力，才能更好地打动听众，具有更强的感染力，达到演讲的预期效果。因此，演讲者在演讲前应充分休息、养精蓄锐，演讲时则要气宇轩昂或洒脱大方，表现出应有的气度及良好的精神状态。

2. 正确着装

演讲者的服饰应以整洁、大方、端庄为原则。男士的服装一般以西装、中山装为宜。女士着装应端庄、优雅，并化上淡妆，不宜过于奇异、艳丽，以免分散听众的注意力。

3. 注重姿态

作为一个成功的演讲者，除了精心预备演讲内容外，还应当注重演讲时的姿态礼仪。

①演讲者走上讲台时应保持正确的走姿，上身直立，不弯腰，不腆肚，步伐稳重，目视前方，头正，双手自然摆动。走上讲台后要慢步自然转弯，面向听众站好，大方自然，亮相得体，然后以诚恳、恭敬的态度向听众行礼，稍稍稳定一下之后，再开始演讲。

②演讲者一般站着演讲，并辅以适当的手势。站立要稳，站姿得当，切勿前后摇晃，要显出稳重干练之美感。如左右移动重心，会给听众造成演讲者心神不定的观感。

③演讲者演讲时，双手尽量不要胡乱挥动，可以双手相握，放在身前或身后，或者放松垂在两侧。双手的姿势相当重要，并且有时能加强你的演说，但要尽量避免重复同一动作。不要胡乱地挥动手臂，以免分散听众听演说的注意力。

4. 关注交流

演讲者上场后务必首先环视一下全场，目光应落到每位听众的脸上，让听众感觉到与演讲者进行的目光交流。如目光左右躲闪则显得鬼鬼祟祟；目光朝上显得目空一切或思想不集中；目光向下则无交流之感。这几种情况，都将直接影响演讲的效果。

5. 声音洪亮

演讲者的声音要响亮。音量的大小根据会场的大小和人员的多少而定，既不要过高，也不要过低。过高易失去自然和亲切感，过低会使会场出现不应有的紊乱。

6. 注重技巧

演讲者在演讲过程中应注重演讲的技巧，声音应抑扬顿挫，有所变化，借以突出重点，表达感情，或调动听众的情绪。

7. 表情自然

演讲者作为演讲台上的主角，应当表情自然，不能过于夸张，也不能面无表情，表情应根据演讲的内容而变化，但应自然而适度。

8. 服务周到

演讲者演讲时使用的语言与听众有所不同时，主办方应考虑是否使用翻译或使用同声传译的设备，以便听众更好地接收演讲信息。

9. 讲究礼节

演讲完毕，演讲者应向鼓掌的听众鞠躬，表示谢意，并向主持人致意。

（二）几种常见的演讲形式

会展活动中常见的演讲形式有欢迎（致贺）、欢送（答谢）、解说（简介）等，为了便于掌握，以下分别介绍几种不同形式的演讲应注意的礼仪问题。

1. 欢迎（致贺）时的演讲

在会议或展览开幕时，为会展活动的举行而表示祝贺，为远道而来的嘉宾致一份热情洋溢的欢迎词，往往必不可少。热情的欢迎词和贺词对营造友好氛围至关重要。准备贺词及欢迎词时，通常应考虑对象、场合、内容与态度等问题。欢迎（致贺）时的演讲重点在于"欢迎与祝贺"。

（1）表达诚挚的欢迎：在祝贺会展活动顺利举行、欢迎参加会展活动的各方人士时，演讲者应面带微笑，目光和蔼，充满自信，表现出祝贺及欢迎的氛围和特点，也体现出主办方热情、诚恳之意。

（2）注重眼神交流：演讲者应注重与听众交流眼神，目光应扫视全场，让所有的听众都能感受到与演讲者的目光交流。

（3）演讲语言：演讲者的语言可生动、形象或幽默、风趣，可使用名言、诗词或描绘性的语句，增强演讲的效果，但要注意不能使用不规范的语言或乱开玩笑，引起听众的反感。演讲的开场白没有固定模式，可以首先介绍一下自己的姓名，并向来宾致意，郑重表示欢迎之意，对即将举行的活动表示祝贺、建议与希望等。

（4）演讲时间：演讲时间设定在3分钟左右，一般不要超过5分钟，否则演讲的效果会有所降低。

（5）演讲准备：演讲稿也应事先准备并加以背诵，以便在演讲台上能应付自如，不应低头照念稿子。开幕式、会场等现场演讲时场地应特意布置，事先准备音响设备，以免影响演讲的效果。

2. 欢送（答谢）时的演讲礼仪

会展活动结束时，应对参加会展活动的代表及嘉宾表示感谢和欢送之意。与欢迎相比，欢送多了一分惜别，少了一分热烈，但更增添了真情实感，欢送时的演讲重点在于"感谢与祝福"。

（1）回顾与总结：在会展活动结束时，演讲者应简要回顾活动亮点，总结其成功之处，以此作为演讲的起点。

（2）表达惜别之情：演讲者应传达对参与者的不舍，通过真挚的情感表达，让听众感受到离别的温情。

（3）感谢与祝福：演讲者须对所有参与会展活动的代表及嘉宾表达深切的感谢，并给予美好的祝福，强调"感谢与祝福"的核心主题。

（4）情感真挚：相较于欢迎演讲的热烈，欢送演讲更注重真情实感的表达，营造温馨、感人的氛围。

（5）简洁明了：演讲内容应简洁有力，避免冗长，确保在有限的时间内传达最重要的信息。

（6）适当幽默：演讲者可适当加入轻松幽默的元素，缓解离别的情绪，使演讲更加生动。

（7）结尾感人：结尾部分应以感人至深的方式结束，再次强调"感谢与祝福"，给听众留下深刻的印象。

3. 讲解（简介）时的演讲礼仪

在会展活动中，这种演讲形式十分常见，尤其是在确定主题的会议或展览会上，相关人员、展位服务人员需要对会议推介的项目、展览展出的产品及企业进行讲解和简介。因此，演讲者应注意以下几点。

（1）与听众互动：演讲者应积极与听众进行交流，利用手势引导听众关注重点，确保信息传达清晰。鼓励听众提问和反馈，以增加讲解的互动性和参与感。

（2）解说具有针对性：讲解内容应紧扣会展或会议的主题，明确突出项目和展品的独特卖点和优势。

（3）镇定自若：演讲者应保持冷静和自信，根据介绍的项目和产品选择适当的讲解风格，同时注重演讲的风度和效果。

（4）清晰表达：语言应简洁明了，避免冗长和复杂，确保听众能够轻松理解所传达的信息。

（5）适当使用辅助工具：如有必要，可使用幻灯片、图表或其他视觉辅助工具来增强讲解的效果。

（6）调整语速与语调：根据内容的重要性和听众的反应，适当调整语速和语调，以保持听众的兴趣。

（7）结束总结：在结束讲解时，提供总结并鼓励听众进一步探索或参与，留下深刻印象。

（三）演讲礼仪训练方法

演讲需要训练，其中的礼仪要求也需要演讲者通过训练而熟练掌握。

1. 自信心训练

充分的准备和对讲稿的熟练掌握是提升信心的关键。演讲者需通过熟悉讲稿来建立自信。如果在演讲时不熟悉讲稿，必然使演讲大打折扣。演讲者应事先针对会展活动的主题准备好演讲稿，并将稿子熟读或熟记于心，以提高自己的信心。

2. 形象设计训练

演讲者在正式演讲前应设计好自身的形象。演讲者应根据会展活动的主题设计合适的着装,以展现专业形象。正式演讲前演讲者可在几套着装中寻求最佳方案,争取将最好的形象展现在演讲台上。女士可化淡妆,既尊重听众,也增加了自信。

3. 演讲动作训练

演讲者应通过镜前练习来设计自然的动作,避免机械模仿。演讲者在演讲前,应当结合演讲稿的内容设计动作,切忌在某句话后固定做某个动作。动作应大方、得体、优美、合理,不要生硬地强加动作,但可在演讲过程中随兴而动,更显自然,恰到好处的动作会给演讲增色。

4. 姿态、表情训练

演讲者在演讲台上的姿态和表情是训练的重点。在进行演讲时,应保持正确的站姿,并加以练习。演讲者的表情应轻松自然,面带微笑,目光要勇于与听众交流,演讲者在练习的过程中要有针对性地进行训练,才能在正式的演讲中取得良好的效果。

5. 语调技巧训练

演讲者语调技巧的训练是演讲礼仪训练的难点。有的演讲无论是观点还是材料,都无可挑剔,但是演讲却缺少了应有的感染力。究其原因,就是演讲者缺乏应有的语调技巧。语调技巧的训练应注意把握以下几点。

(1) 掌握节奏:快慢适宜,节奏的快慢应与演讲稿相吻合,当讲到内容重要、事迹感人的地方,为了感染听众,便于听众记忆和理解,节奏应放慢;而在演讲的情感高潮迸发之际,语速可加快,使听众在这些语言的节奏变换中感受语言,感受演讲的真谛,感受心灵深处的震撼。

(2) 把握停顿,停连得当:停连是指演讲中的停顿与衔接,是声音的中断和延续,也是一种不可忽视的演讲语言技巧之一。停连不仅可以调节演讲者的气息,更重要的是可以恰如其分地传情达意。演讲过程中应注重停顿,保持演讲的气息通畅,灵活地运用各种停顿的方式。

①演讲者可将演讲稿分为若干段。

②演讲者在演讲中,提出问题后应稍微停顿,给听众留下思考的空间,而

不是受标点符号的限制。这种停顿的设计能较好地调节演讲者的气息,也能让听众更从容地接受演讲的内容。

③演讲者可在意义转换或段落间安排停顿,为听众提供自然过渡,以便引起听众的注意并给予听众思考的时间。

(3)控制语调,轻重得当:演讲者根据演讲稿的内容和感情脉络,应将表达感情的语句重读,提高演讲的表现力和感染力。在演讲语言的表达技巧中,重音可以采用不同的方式表达不同的效果。

①重音重读。在演讲中加大音量,把重音读得重而响,表达明确的思想、态度和观点。

②重音轻读。在演讲中本来该读的重音改为用虚声轻读,巧妙地表达一种凝重而深沉的感情。

③重音慢读。在演讲中在重音前或重音后安排或长或短的停顿,从而更好地反衬出重音,强调重音要表达的感情。

④重音高读。在演讲中将重音词语声调提高,并通过非重音词语声调的下降,在声调高低的映衬下突出了重音,突出了主题。

⑤利用各种装饰音、笑音、哭音或者气息音、颤音等,帮助多样化地表现重音。

(4)句调变化,抑扬顿挫:演讲的句调对演讲的整体效果起到很大的作用,句调是依据演讲中整个语句的音高而产生变化。演讲中,表达不同的思想感情,需要有不同的语言环境,为了增强表达效果,演讲者就要在语句的音高方面表现出高低、升降的变化,更好地进行表情达意。

①高升调,即前低后高,语气上扬的句调。用于激昂或强调的语句。

②降抑调,即前高后低,语气渐远的句调。用于肯定、许可、感叹、祝愿的表达。

③平直调,即语气平缓、起伏不大的句调。用于叙述性语句,表达平淡或庄重情感。

④曲折调,即语调曲折有变化,中间高,两头低。用于表达惊疑、夸张、嘲讽等情感。

演讲的语言技巧及礼仪要求十分重要,其对演讲者的演讲效果起到直接的影响。因此,演讲者应当不断训练,明确要求,总结经验,提升技巧,以达到更佳的演讲效果。

四、听众/观众礼仪

会展的成功与否不仅取决于其主题和组织方式，还受到参与者——听众和观众的影响。随着时间的推移，观众的素质逐渐成为衡量展会优劣的一个重要指标。在各类会展活动中，无论是仪式、演讲还是展览，都吸引了众多听众和观众的参与。作为会展活动的参与者，无论是作为听众还是观众，都应遵守主办方的安排，自觉维护活动的秩序。同时，了解并掌握会展礼仪规范，遵守相关的礼仪要求，是每位参与者应尽的责任。

（一）听众/观众礼仪要求

1. 听众礼仪要求

作为会议和仪式活动的听众，在参加活动时，应遵循礼仪的规范，做个文明的听众。

（1）守时原则

作为会议或仪式的听众，应严格遵守时间规定，确保准时到达并入场。提前15分钟到达比迟到1分钟更为合适。在正式场合，提前到达不仅是对活动的尊重，也是个人素质和效率的体现。

（2）着装规范

听众应穿着得体，保持整洁的外观。对于特邀嘉宾，可由接待人员为其提供胸花并将其佩戴于左胸前。避免穿着夸张或不符合听众身份的服装，保持仪表端庄，有序进出，并按指定位置就座。

（3）端正坐姿

听众应保持端正的坐姿，身体挺直，展现饱满的精神面貌。避免过多的小动作，不进行私下交谈或四处张望，避免不雅的行为，如挠头或抖腿，以免影响听讲效果和发言人的情绪。

（4）专注聆听

聆听时需全神贯注，适当做笔记，并与发言人保持眼神交流，认真理解对方的话语。聆听不仅是接收信息的过程，更是积极思考的过程，要敏锐捕捉话语背后的深层含义，以便做出准确的判断。

（5）维护秩序

在会议或仪式期间，听众应将手机关闭或设置为振动模式，以示对他人的尊重并避免打断发言。发言人发言结束后，应以掌声表达敬意。如需离场，应轻手轻脚，尽量减少对他人的干扰。

2. 观众礼仪要求

展览活动需要接待大量的观众，包括专业观众和普通观众。在展览活动中，无论是专业观众还是普通观众，都应展现出文明的观展行为，遵守相应的礼仪规范，体现出一个文明守法的观众应有的素质。

（1）专业观众的礼仪要求

作为展览会的专业观众，应当注重自身的形象。在着装上应注重端庄、大方，专业观众应该是参展商的潜在客户，因此，应该给参展商留下一个专业的印象。

①在展会上，应尽快取得参展商的分布图，设定参观路线。列出准备参观的厂商清单，并将他们分成两个部分，一个是"必须参观"的，另一个是"选择参观"的，以提高观展的效率。

②明确需要了解参展商的哪些信息，了解参展商间的区别，并准备好提问的问题，并想办法取得参展商不想回答的问题的答案。

③设计一个产品服务信息收集表，以便准确地比较不同参展商之间的异同。

④确定参观整个展览会要花费的时间，甚至停留每一个摊位所要花费的时间。直接告诉展商你的行程紧张，不希望浪费时间闲聊，希望可以单刀直入正题。

⑤在展位或产品展示处向周围的人介绍自己，派发并收集名片。

⑥避开过于拥挤的展位，应在展会结束前，参观人数不多的时候再折回拜访。

⑦带上笔和便条随时记下重要的信息，甚至可以用小型录音机做记录。

⑧专业观众如对展品有兴趣或有合作意向，与参展商洽谈时，应注重尊敬对方和自我谦让等礼仪细节。

首先，态度诚恳亲切。说话时的态度是体现洽谈诚意、合作意向的重要因素，因此，观众应神情专注，面带微笑，多与参展商进行眼神接触和交流，体现出真诚合作的意向，给对方留下认真、诚恳的印象，为今后的合作打下良好的基础。

其次，措辞专业谦逊。在交谈中应针对展品及业务进行交谈，对对方应多用敬语、敬辞，对自己则应多用谦语、谦辞，忌用粗鲁污秽的词语。

再次，语调平稳柔和。与参展商洽谈时，语音语调以平稳柔和为宜。用词上，要注意感情色彩，多用褒义词、中性词，少用贬义词；在语气语调上，要亲切柔和，诚恳友善，不要以教训人的口吻谈话或摆出盛气凌人的架势。

最后，应掌握洽谈分寸。与观众的洽谈应掌握分寸，如只是带有合作的意向，则洽谈过程中应有所保留，必须对说的话进行有效的控制。掌握说话的分寸，才能较好地控制洽谈的进程，为今后的合作打下基础。

针对专业观众，上述参观展会的礼仪要求虽然简单，但却是事实证明行之有效、事半功倍的办法。只要注意到这些细节问题，便可达到预期的效果。

（2）普通观众礼仪要求

①根据展览时间的具体日程，合理安排工作，按时参加展览活动。

②未经允许，观众不应随意触摸和拿走展品。如有需要，可以请展位接待人员代为展示或经过工作人员允许后轻拿轻放，以免造成展品的破损。

③观众应对展位接待人员提供的讲解及服务报以礼貌的回应，如微笑、点头等，不应面无表情地左顾右盼。

④不能哄抢展品。展会结束时，参展商一般会将样品进行现场处理，观众应有秩序地进行购买，而不能一拥而上，哄抢展品，造成展会的秩序混乱。

（二）听众/观众现场控制技巧

1. 听众现场控制技巧

会议、仪式的现场控制应做好会前的准备和会中的相关工作。

①会前准备与座次安排

会议或仪式前，应进行主席台和听众席的座次规划，确保听众有序入座。根据惯例，座次的排列应遵循前排优于后排、中央优于两侧、左座优于右座的原则。具体的座次安排可参考相关章节。听众席的安排可以是指定区域统一安排，也可以是自由选择座位。

②维持会场秩序

会场应保持安静，主持人在进行现场控制时，应提醒听众关闭手机或调成振动状态，以免影响发言人的发言。

③控制现场气氛

当会场出现嘈杂时，主持人可以通过提高声调、适时停顿、绕场行走或使用手势等方式，吸引听众注意，有效控制现场气氛。

④运用语言技巧

主持人可以巧妙运用幽默、风趣和生动的语言作为串联词，以引起听众的共鸣，增强对现场的控制力。

⑤引导鼓掌

在需要听众鼓掌的环节，主持人可以通过语言提示或亲自带头鼓掌，引导听众参与，以营造热烈的现场氛围。

⑥后勤保障

会议及仪式现场还应做好安全、保卫和茶水服务等后勤工作，确保现场秩序井然，为听众提供良好的参会体验。

通过这些现场控制技巧，可以有效地管理听众/观众的行为，确保会议或仪式的顺利进行。

2. 观众现场控制技巧

①利用主持人吸引观众

在大型或重要展会中，参展商可以聘请主持人进行宣传，以吸引观众关注并活跃现场气氛，从而有效推广产品。

②适度活跃气氛

主持人在营造现场气氛时，应保持自然和真诚，避免过度夸张或做作的行为，以免引起观众的反感，从而影响展示效果。

③有序分发宣传品

当展台提供免费宣传品和纪念品时，应指派专人负责分发，并维护现场秩序，确保分发过程有序进行。

④应对观众拥挤

在公众开放日，到来的观众过多，比较拥挤。面对大量观众，展位接待人员应分工明确，注意观察周围情况，及时应对，防止展品或展位受损。

⑤安全与协调

展会的现场控制应由主办方的安全等部门负责，确保展会的顺利和安全进行。

会展活动顺利、安全地开展，需要会展活动的主办方认真细致地做好各项准备工作，而每一位参加会展活动的听众或观众，也都应当遵守会展活动的礼仪规范，使会展活动在主办方和参与人员的共同努力下，画上圆满的句号。

五、展位接待人员礼仪

展览会作为一种集视觉、听觉于一体的互动传播形式，通过实物展示、图片介绍和现场讲解等手段，能够有效加深观众对产品或服务的印象。面对面的交流更是强化了信息的传递，有助于实现现场营销的目标。近年来，展览会凭借其专业性和针对性，已成为企业面向客户、展示自身形象的重要平台。它不仅能够以强烈的说服力和感染力吸引观众，还能通过实际展示和交流，提升企业的声誉。

企业参与展览会的核心目标通常包括提升品牌知名度、吸引潜在客户以及促进商业合作，进而在客户心中建立积极的品牌形象。如何在展览会上充分展现企业优势、吸引观众关注，已成为业界日益关注的重点。

展览会现场由众多展位构成，展位接待的质量对展览会的成功举办至关重要，它能够使参观者对展览留下深刻而持久的印象。随着我国展览业的蓬勃发展，越来越多的企业开始重视展览礼仪和展位接待的质量，希望通过良好的展位礼仪和形象塑造，提升品牌影响力。精心策划的展位接待和展览礼仪活动，能够使企业在展览会上脱颖而出，吸引人们更广泛的关注，拓展企业的市场空间。

（一）展位接待要求

1. 突出展位特色

在大型展会中，众多展位竞争吸引观众的注意力。要使展位脱颖而出，必须在设计和展示上展现独特性。参展单位应在展板设计、产品摆放等视觉元素上追求美观与创新的结合，以吸引参观者的注意。

2. 精心策划参展

一旦确定参展并获得展位，企业应在展品选择、展示方式、人员配置与培训、广告宣传等方面投入精力。目标是在成本效益最大化的前提下，通过有效的时间投入实现最佳的参展效果。

3. 展品选择原则

展品应体现企业产品的优势，遵循针对性、代表性和独特性的原则，确保展品能够代表企业的核心价值和竞争力。

4. 创新展示方式

展示方式应多样化，除了基本的产品展示外，还应包括图表、资料、照片、模型、道具等辅助手段。同时，可利用讲解员、模特或真人实物展示，结合装饰、布景、照明和视听设备等，增强展示效果。

5. 提升展示吸引力

展位可以通过邀请模特或礼仪小姐进行表演，增加展位的吸引力，为展位增添亮点，使观众的体验更加生动和难忘。

通过以上策略，企业可以在展览会上有效地展示自己的特色和优势，吸引并留住观众的兴趣，从而提高参展的成功率。

（二）展位接待人员的礼仪要求

参展商的展位能否在展会上取得成功，很大程度上取决于展位接待人员的表现。因此，企业在参展前应注意展位接待人员的挑选，并对展位人员进行专业知识及礼仪等各方面的培训，并在展位接待过程中注意以下礼仪要求。

1. 热情待客

展会是现场营销的重要场所，容易受到多种因素的干扰。因此，展位接待人员应在展会开始前做好准备，以热情的态度迎接每一位观众。使用微笑和友好的问候语，如"您好，欢迎参观"或"请您参观"，主动打招呼并耐心讲解。同时，应善于识别潜在客户，分发宣传材料，并以真诚的告别语，如"谢谢光临"，结束交流。不能对观众的提问置之不理，确保观众带着满意和收获离开。

2. 熟悉展品

展位的接待人员应当进行接待前必要的专业知识培训，如有针对性地让接待人员了解一些公司产品的资料、竞争对手的信息以及重要客户的情况，明确参展的目的和期望，以便胸有成竹地与观众和潜在客户打交道。

3. 善于交流

接待人员的沟通技巧直接影响企业的展会表现。企业应选择具备良好礼仪素质和亲和力的接待人员。他们应熟练使用接待礼仪，擅长与陌生人交谈，了解观众和客户的需求。接待语言应简洁明了，抓住观众心理和展品特点，适时进行交流和服务。如能够巧妙地设计开场白；与观众进行交流；有动听的声音、流利的解说能力；等等。

一般说来，一段好的开场白应该具备以下几个条件。

①准备好开放式的问题。常见的开放式问题有："您怎么会来参观这场展览呢？""您对某某产品熟悉吗？您用过某某品牌的产品吗？"一般不要以回答"是"或"否"的问题来展开交流，例如："您有什么需要吗？""您喜欢这次展会吗？"这样的问题作为开场白效果比较差，因为这种问题容易引导观众回答"是"或"否"，而离开展位，不易深入话题。

②应当让观众谈谈他们自己或他们的工作与爱好。

③应当抓住观众的注意力，吸引观众走进展位。

④应当根据观众的需要介绍一些与行业相关或与产品相关的信息，或者适时地强调展品的特点及优惠政策。如："您是否曾经希望自己可以节省时间、钱、力气等？""哪些方面信息是您希望得到的？""您在某方面最迫切的需要是什么？"

作为开场白，这些问题设计的效果很好，除了开放式的提问，还能指出一种产品或服务的优点，或者指出了一种需求或一个产品的特点，尤其是最后一个问题，可以使展位接待人员和观众一起讨论他们的需求或关注的事物，更易于深入交谈。

4. 学会倾听和解说

展位上的倾听十分重要，接待人员应专注而有意识地倾听，从中发现观众的兴趣和爱好。讲解时，应注意语言流畅，语调柔和，声音清晰。同时，还要善于运用解说技巧，向观众介绍或说明展品时，应当掌握基本的方法和技能。解说技巧可按展会类型的不同而有所侧重。

在宣传型展览会上，解说的重点应当放在推广参展单位的形象上。要善于使解说围绕着参展单位与公众的双向沟通而进行，时时刻刻都应大力宣传本单位的成就和理念，以便观众对参展单位给予认可。

在销售型展览会上，解说的重点则必须放在主要展品的介绍与推销上。按照国外的常规说法，解说时一定要注意"FABE"并重，其中，"F"指展品特征，"A"指展品优点，"B"指客户利益，"E"则指可靠证据。要求接待人员在销售性展览会上向观众进行解说时，应当以客户利益为重，要在提供有利证据的前提下，着重强调自己所介绍、推销的展品的主要特征与主要优点，以争取使观众觉得言之有理，乐于接受。

解说要因人而异，具有针对性。在实事求是的前提下，要注意对其扬长避短，强调"人无我有"之处。在必要时，还可邀请观众亲自动手操作，或由接待人员为其进行现场示范，将观众这种潜在的客户发展为真正的客户，这也是尊重和赢得观众的重要举措。

5. 礼貌欢送

当观众离开时，接待人员应礼貌地与观众道别，并致以"谢谢参观，再见"等礼貌用语，给观众留下一个美好而难忘的印象。

（三）展位接待人员的仪容仪表

展位接待人员的形象代表了整个企业的形象，因此，应对展位接待人员的形象予以高度的重视。

1. 仪容仪表礼仪

展位接待人员应着统一的服装，如深色西装、套裙或公司制服，以展现专业形象。在大型展会中，若安排专人迎送宾客，女士可穿着色彩鲜艳的单色旗袍，并佩戴印有企业或品牌标识的绶带。接待人员还需在左胸佩戴胸卡，注明单位、职务和姓名。遵循常规，接待人员应避免佩戴过多首饰，男士应剃须，女士宜化淡妆。

2. 展位接待服务礼仪

接待人员要注意待人接物的礼貌，意识到热情而竭诚的服务是每一位展位接待人员的天职，并将其落实到自身的行动之中。展览一旦正式开始，接待人员应立即各就各位，站立迎宾。不允许迟到、早退、无故脱岗、东游西逛，更不允许在观众到来时坐、卧不起，怠慢对方。要适时提醒出席者关掉手机、寻呼机，或将其调至静音状态。当观众走近自己的展位时，不管对方是否向自己打了招呼，接待人员都要面带微笑，主动地向对方说："您好！欢迎光临！"随后，还应面向对方，稍许欠身，伸出右手，掌心向上，指尖直指展台，并告知对方："请您参观。"当观众在展位上进行参观时，接待人员可随行其后，以备对方向自己进行咨询；也可以请其自便，不加干扰。如果观众较多，尤其是在接待组团而来的观众时，接待人员亦可在左前方引导对方进行参观。对于观众所提出的问题，接待人员要认真做出回答，不允许置之不理，或以不礼貌的言行对待对方。当观众离开时,工作人员应当真诚地向对方欠身施礼,并道以"谢谢光临",或是"再见"。

在任何情况下,接待人员均不得对观众恶语相加,或讥讽嘲弄。对于极个别不守展览会规则而乱摸乱动、乱拿展品的观众,仍须以礼相劝,必要时可请保安人员协助,但不许对对方进行打骂、扣留或者非法搜身。

(四)展位接待人员的礼仪训练

1. 微笑和眼神的训练

(1)微笑训练

微笑是最富有吸引力、最令人愉悦也是最有价值的表情,是友善、自信的表现。微笑是指不露牙齿、嘴角两端略微提起的笑容。微笑的训练可按以下方式进行:放松面部肌肉,进行"一""子"字的发音嘴形练习。练习时,要使双颊肌肉用力向上抬,发"一""七""子"音,用力抬高口角两端,但要注意下唇不要用力太大,显示微笑的表情。

(2)眼神训练

练习时用一张厚纸遮住眼睛以下部位,对照镜子,发挥想象,调动感情,或回忆美好的过去、经历和情景,使笑容发自内心,而后鼓动双颊,嘴角两端做出微笑的口型。这时,你的眼睛便会露出自然的微笑,然后再放松面肌,嘴唇也恢复原样,目光仍旧含笑脉脉,这就是眼神在笑。学会用眼神与人交流,这样的微笑才会传神、亲切。内心充满温和、善良和关爱时,那眼睛的笑容一定很感人。

此外,还可以在众人面前当众练习,使微笑规范、自然和大方,克服羞怯心理。

2. 接待姿态训练

(1)站姿训练

站姿是接待人员形象的重要组成部分,应展现出端正、自然、亲切和稳重的气质。

训练方法:靠墙站立,确保身体直立,头部正直,目光平视,面带微笑,下巴微收,胸部挺起,腹部收紧,腰部挺直,双肩平行,两臂自然下垂,双腿并拢,肌肉保持轻微的紧张感以保持姿态。

（2）走姿训练

展位接待人员的走姿同样重要，应显得稳健、自然且大方。

训练方法：保持上身稳定，双肩平衡不摇摆，双臂自然摆动，双腿保持直立而不僵硬，步伐适中且均匀，行走时步伐平稳向前。

3. 接待手势训练

展位接待人员的手势应体现出礼貌和优雅，动作不宜过于频繁或幅度过大。

训练方法：五指伸直并拢，掌心斜向上方，腕关节伸直，手与前臂形成直线，以肘关节为轴，弯曲140度左右为宜，手掌与地面基本形成45度角。

当需要介绍某人或为观众指引方向时，掌心向上，四指并拢，大拇指自然张开。同时以肘关节为支点，手臂自然上抬伸直，动作要流畅而不失礼。指示方向时，身体可轻微前倾，面带微笑，目光注视目标方向，确保观众能够理解所指之处。同时注意观察观众的反应，确保他们能够跟随指引，避免使用任何可能带有教训意味的手势，如直接用手指指向他人，以免给观众留下不礼貌的印象。

第二节　常见会展的接待礼仪

一、各类代表会议接待礼仪特点

各级党政机关及人民团体举行的、由法定选举的代表参加的代表会议包括各级党的代表会议、各级人大代表会议、各级政协会议、各级工会代表会议、各级共青团的代表会议、各级妇女代表会议，等等。

这类代表会议的特点是：规格高，场面隆重；政治性、保密性强；与会人数多，代表性广泛；会场适用范围广，持续时间长。

下面以全国性的代表会议为例，说明怎样进行各类、各级代表会议的接待礼仪服务工作。

（一）接受任务和会前准备工作

全国性代表会议，一般在提前半个月或一个月接到任务通知。在接受任务后，需召开专门会议进行研究，制订实施计划，划分各项具体任务，并将具体任务分配落实到各有关单位。成立专门负责联系的办公室，要向有关方面详细了解出席会议的人数、开会时间、会议日程、场地安排等具体要求，并将了解到的情况及时、详细地通报有关单位，着手进行各项准备工作。

会前的准备工作是复杂而繁重的，但它们对确保会议的顺利进行和高质量服务至关重要。尽管准备工作涉及多个方面，但只要我们抓住以下几个关键点，就能够确保准备工作的有序进行。

1. 制订实施方案

筹备大型会议时，首先需要制订一个科学、实际可行的实施方案。在制定方案时，需要注意以下几点：

第一，借鉴以往的成功经验和方法。

第二，及时了解新情况、新要求和变化，对出现的新问题，要制定相应的对策和措施，以利于在工作中争取主动。

第三，全面评估会议所需的人力和物力资源，对短缺的人力和物力要及时增补。

2. 思想动员

各级领导要有组织、分层次进行有力的会前动员。

第一，反复强调做好大会礼仪工作的重要性；重申会议服务工作纪律和要求；具体介绍会议的各种情况，明确交代任务和要求，并组织职工进行充分讨论。

第二，做细致的思想工作，并教育职工正确处理工作与个人的关系。

第三，充分发挥党团组织的作用，保证每个现场工作人员都能充分发挥自己的积极性。

3. 物资准备与人员分工

对会议涉及的物品，如沙发、椅子、桌子、茶几、地毯等物品进行全面检查，坏的要及时修理，缺少的给予补充。统计和检查各种茶具、暖水瓶、毛巾等各种服务用品，按计划用量增添短缺用品，保证有充分的物品满足会议的需要。同时，对现场工作人员进行选拔、组织和分工，实行定岗位、定人员、定任务的"三定"岗位责任制。

4. 进行严格的业务培训

会议前所有现场工作人员都要按分工提前到达工作岗位，进行本岗位业务训练，熟悉岗位环境，了解工作职责和岗位服务规范。结合岗位情况进行着装仪表、举止言谈、服务操作等方面的专门训练。并按一流服务水平的要求，在会前至少进行一次业务演习。

总体而言，从接受任务到会议开幕，必须确保所有准备工作充分、完善，以确保会议的顺利进行和高质量服务。

（二）大会的礼仪服务规程

1. 茶座礼仪服务

茶座，顾名思义，即落座、饮茶，形式不拘，与会者可以随便走动，自由畅谈。场面活泼、轻松自然。做好茶座的接待服务工作要严格按礼仪要求执行下列程序和规范。

（1）环境准备：确保所有区域，包括桌椅、沙发、茶几、地面和洗手间等，都保持清洁。铺设地毯，清洁果皮箱，营造一个整洁雅致的环境。

（2）物资准备：根据需要领取棉织品、茶具、烟具等，并确保所有用品都已准备就绪。

（3）茶具清洁：要坚持用清洁剂洗、消毒、开水烫和净布擦四道工序，严格把关，保证达到卫生标准。

（4）着装和仪表：工作人员须统一着装，佩戴服务胸牌，并在大会开始前一小时上岗。

（5）铺设工作台。工作台一般应设在会场休息厅内，以方便取用为原则。铺设台布时要注意把台布的"十"字折纹取直、对正，周围垂下的桌布长短均匀。摆放茶壶、茶杯时，要使茶壶居桌中，花色图案向着宾客，壶嘴向左，壶把向右；茶杯在茶壶周围依次摆成圆形，杯把朝顺时针方向；壶、杯下均加垫盘，茶杯扣放在盘上。烟碟放在座位的右手和对角处，碟内放火柴。毛巾盘放在茶壶右侧。整个场面摆设整齐划一。茶几上的茶具均放在垫盘上，并放在茶几内侧。杯把向左呈直线，茶壶的花色图案面向座位，壶把手在右边，壶旁放毛巾盘，烟碟分别摆放在茶壶的两边。

（6）迎宾服务：与会者入场时，工作人员应站立在接待桌旁，两手交叉自然放在腹前，面带笑容，一字排开。与会者入座时，主动上前表示欢迎、问候，如"您好""请喝茶"，并给每位与会者斟第一杯茶。对于行动不便的与会者，更要服务热情，照顾周到，必要时送入会场，并与场内工作人员交代清楚。

（7）茶水准备：大会开始前半小时，工作人员应开始准备热水，确保有热茶、温茶和凉开水可供选择。

（8）斟水服务：在大会开始前15分钟，开始为与会者斟水。工作人员应站立在接待桌旁，面带微笑，热情迎接每一位与会者，并主动为其斟上第一杯茶。

（9）续水服务：在与会者交谈时，工作人员应站立在接待桌旁，仔细观察各桌的饮水情况，及时续水。续水时统一使用暖瓶，随手带小毛巾。为了礼貌和不影响与会者的谈话，要在不交谈的两人座位之间，左脚在前，右脚在后，呈丁字形，上身自然前倾，左手将茶壶盖揭开翻放在台布上，再拿起茶壶撤离座位后约20厘米处斟开水，以防开水溅到与会者身上；斟水至八分满为宜，然后轻轻放回原处，用小毛巾沾净壶外的水迹。

（10）离场服务：与会者离开座位时，工作人员应主动帮助拉椅，并迅速检查桌面、桌下有无遗忘的物品。

（11）现场清理：大会开始后，及时清理现场。洗刷、调换用过的茶具、烟具，按要求重新摆放整齐，为会间休息做好准备。

（12）饮水服务：饮水处的温茶、热茶、纯净水等，摆放均匀、整齐，标上字样，备好充足的茶杯。茶杯整齐摆放，杯把向外，便于取用。茶杯随时消毒、烫洗、擦拭干净，保证供应。负责供水的工作人员，要及时检查茶座的用水情况，保证茶水的供应；在运输途中要避让与会者。在人群中穿行时，要先打招呼，如"请让一下""劳驾"，然后方可通行。负责烧水的工作人员，要坚守岗位，保证水源充足。

（13）接待态度：工作人员应以亲切、热情的态度接待每一位与会者，耐心回答他们的问题。

2. 场内礼仪服务

场内礼仪服务是指在礼堂场内为与会者指路引座等服务工作。其工作规程有以下几点。

（1）环境维护：负责整理桌子抽屉，擦拭桌面，清洁椅子、地板，地毯吸尘，搞好场内卫生。保证室内温度适宜和空气新鲜。

（2）指示标识：按要求摆好指路牌和带有各种标识的牌子。

（3）着装与站位：入场前一小时，统一着装，仪表整洁入岗、站位。站位一般在各走道口的一侧，面向与会者。

（4）指路指引：指路时右手抬起，四指并拢，拇指与其余四指自然分开，手心向着客人，示意所指方向时说"请这边走"或"请那边走"。

（5）引座服务：熟悉会场的座号分布，主动引导与会者至座位，确保服务的准确性。对年老体弱者提供额外的关照，如搀扶入座、帮助站立或前往卫生间等。

（6）会议进行中的服务：大会开始后，站到工作位上，站姿端庄、大方、精力集中，认真观察场内动静，如有行动不便的与会者站起，要迅速前往照顾。换班时动作轻微，迅速离开，不影响场内秩序。

（7）会间服务：会间休息或休会时，要及时打开门帘，按规范要求站立到自己的岗位上，照顾与会者出入或退场。

（8）退场后的检查：与会者退场后，要对按分工划分的责任区域认真仔细地进行检查，擦桌面，清理会议桌抽屉，如发现有与会者遗失的东西，要记清座排号码，及时上交和汇报。

（9）会议结束后的收尾：认真搞好会议结束后的收尾工作，妥善收存各种牌号，准备次日大会的工作。

3. 厅室礼仪服务

厅室礼仪服务主要是为与会者在会前或会中休息提供服务。

（1）服务准备：明确本厅活动的人数、主要领导及其生活习惯、招待标准、工作要求。

（2）环境布置：按要求和人数布置沙发、椅子、茶几、衣架，布置形式要美观、大方、协调、实用。

（3）清洁卫生：进行彻底清洁工作，包括擦窗台、椅子、茶几、屏风、陈设品，擦地边，地毯吸尘，搞好厅室清洁卫生，调节室内温度，保持空气新鲜、温度适宜。

（4）用品准备：按人数和计划要求，配齐茶具、餐具、冷饮具，认真烫洗，严格消毒，达到标准。摆好垫盘、烟缸、火柴、毛巾，备好文具，随时提供使用。

（6）茶水准备：入场前一小时蒸上毛巾，打好开水；入场前半小时，茶壶、茶杯放好茶叶，备好茶漏、托盘和续水的茶壶、口布；厕所内放好大小毛巾、梳子、香皂、手纸；放好休息处的壶杯、烟具、暖瓶。

（7）照明准备：适时拉好窗帘，开灯照明。

（8）现场检查：全面检查现场和出入路线，发现问题及时解决。

（9）茶水服务：入场前10分钟，茶杯、茶壶点水，铺好托盘，摆好茶杯。做到人到茶到，茶量适当，浓淡可口，凉热适宜。

（10）会议中的服务：会议进行中间（如分组座谈会），一人坐在门后适当处值班，观察会场情况，掌握续水时间，其余人员退至工作间。续水时要轻拿轻放，保持会场安静。

4. 主席台礼仪服务

（1）卫生清洁：搞好主席台上的卫生。清理擦拭抽屉、桌子、椅子，擦地板，保持主席台的清洁整齐。

（2）明确需求：明确主席台总人数和各排人数、主要领导的座位和生活习惯及招待标准等工作要求。

（3）准备用品：按人数配齐茶具、清洁小毛巾、烟具、名签座、排次牌、文具等。认真烫洗茶具，严格消毒，达到安全、卫生标准。

（4）着装与上岗：穿好工作服，着装统一，仪表整洁。大会入场前一小时上岗，检查桌椅，摆放垫盘、茶杯（加好茶叶）、毛巾盘、名签座、便笺、铅笔、排次牌，要求距离一致，整齐划一。

（5）摆放茶具：垫盘和茶杯的花色图案要对正与会者，茶杯把手向里，略有斜度（一般不大于90度和不小于45度）。

（6）摆放小毛巾：摆放清洁小毛巾。毛巾的叠法一致，摆放整齐。

（7）倒水服务：会前30分钟，从最后一排开始，按顺序排队，统一进入场内，开始向茶杯内倒水。倒水时步态平稳，动作协调，左手小拇指与无名指夹住杯盖，中指与食指卡住杯把，大拇指从上捏紧杯把，将茶杯端至腹前，右手提暖瓶将水徐徐斟入杯中，水量以茶杯的1/3为宜。然后将杯子放到垫盘上，盖上杯盖。

（8）检查茶杯：会前20分钟，统一检查茶杯。检查时用右手指的背面轻轻敲一下杯子，即可知道是否有水，发现空杯、裂杯和渗水的要及时处理。

（9）照顾与会者：会前10分钟，按各自分工各就各位，照顾与会者入场、就座。对行动不便的与会者要帮助其入座。奏国歌时,听指挥统一上台,照顾自己所负责的搀扶对象起立、落座。

(10)续水服务:会议开始后的30分钟续一次水,以后每40分钟续一次水(也可根据各地习惯的不同,适时续水)。对首长和报告人的用水,根据情况及时续水。续水时按顺序排队统一上台。

(11)应急服务:会议进行中,主席台两侧各设一人观察台上情况,处理应急事务。对中途退场或上厕所的与会者,要跟随照顾。

(12)收尾工作:收尾工作按顺序进行,撤杯盖,倒剩茶水,收茶杯,擦收垫盘,收回毛巾、名签座,并做好下次大会的准备工作。

5.主席台座位安排

较为大型的会议通常安排席卡,其颜色、规格、字体应统一。主席台的座位安排一般是尊者坐正中间,其左手为次尊者,右手再其次,以此类推(国际活动时以右为尊)。如果发言人席设在主席台上,一般位于台上最右侧,主持人席在发言人席的左侧;如在主席台外另设发言人席,则主持人席设在主席台的最右侧,有时主持人席也设在主席台的中央。下面主要介绍国内的座次安排。

主席台的座次安排,要注意领导人数的奇偶数。领导为单数时,主要领导居中,2号领导在1号领导左手位置,3号领导在1号领导右手位置。参见下图:

领导为偶数时,1、2号领导同时居中,2号领导依然在1号领导左手位置,3号领导依然在1号领导右手位置。参见下图:

大型会议设主席台：

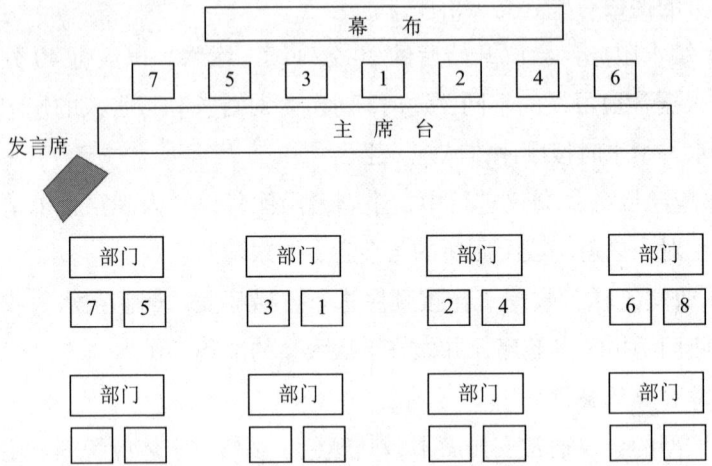

大型会议不设主席台：

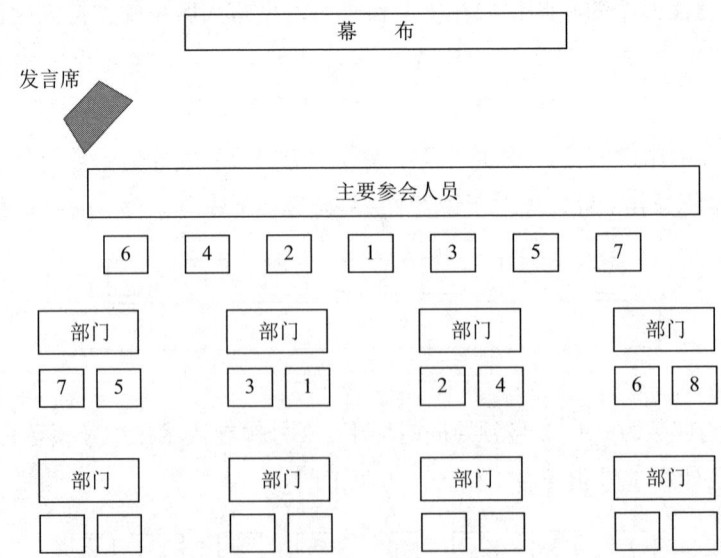

二、大型集会和工作会议的服务礼仪

（一）大型集会的服务礼仪

大型集会是指规模大，人数多的会议。这类会议的形式很多，有庆祝大会、纪念大会、表彰大会、报告会等。这类会议属群众性活动，一般会议日程都比较简单，安排紧凑。

1. 服务礼仪规程

准备工作应提前一小时完成，以迎接参与者的到来。确保为用户提供充足的饮品服务，如茶水，并根据接待标准提供相应的饮品。应随时补充饮品，确保其卫生和安全。会议进行期间，休息区域应保留部分饮水设施，以便参与者随时取用。鉴于此类活动参与人数较多，对洗手间的使用需求较大，应安排专人负责管理和维护，确保其清洁并及时清扫，避免异味。场内、休息厅、主席台的服务可参照全国性代表会议的服务规程进行。

2. 礼仪工作要点

（1）在一些规模较大且规格较高的庆祝活动或表彰仪式中，主办方可能会邀请儿童鼓乐队或儿童参与献花和欢迎仪式。对于这种情况，首先需确保参与者行走路线的安全，包括确保地毯的平整和维护现场秩序；其次，为儿童提供舒适的休息场所和充足的饮水供应至关重要。

（2）在日程安排较为紧密的大型会议上，为了解决与会者的午餐问题，主办方有时会选择在现场分发盒饭。在这种情况下，现场的组织人员需要密切配合，选择一个宽敞的区域进行食品分发，以避免人群拥挤。此外，休息区域周围应放置足够多的大型果皮箱，并确保垃圾能够及时清理，避免堆积。使用后的盒饭应迅速清理并送往垃圾站，并时刻注意防火安全。

（3）在进行报告会时，需要特别注意主席台上的服务工作。服务人员应密切观察报告人的饮水需求，并确保及时提供。每当有新的报告人上台时，应立即更换水杯。在给报告人续水时，动作应轻柔平稳，以避免造成过大声响，影响报告效果，尤其要避免声响通过麦克风传输到整个会场。

（4）有的庆祝会会后演出文艺节目，在这种情况下，现场负责人要事先组织人员，迅速撤下主席台上的桌椅和其他物品。在撤台前，要有明确的分工，操作要有程序和条理，避免工作秩序忙乱，并保证按时演出。

（5）在为群众性集会提供服务时，应注重服务态度和服务质量，确保服务的平等性，为每位参会者提供周到的服务。

（二）工作会议

工作会议，一般指各类领导机关或企事业单位讨论或研究某项工作或任务的会议。这类会议的规模一般不大，与会人员也不是太多。

1. 会场布置要点

（1）会场布置应追求庄重而简约的风格。

（2）根据会议主题，可在会场内适当悬挂横幅，并在入口处张贴欢迎和庆祝标语以营造氛围。

（3）适当摆放绿植和花卉，增添生机。

（4）桌上可放置茶杯或饮料，以供与会者享用。

2. 座席配置策略

座席的配置应与会议的风格和气氛相匹配，并考虑到礼宾次序。以下是几种常见的配置方法。

（1）圆桌形配置

使用圆桌或椭圆形桌子，使所有与会者，包括领导，围坐一桌。这种布局有助于消除等级感，促进平等交流，适合10~20人的小型会议。

（2）口字形配置

使用长方桌围成口字形，适合人数较多的会议。

对于较为严肃和正式的会议，口字形配置可以突出与会者的等级和领导的权威性，通常将领导安排在口字形的一端。

在一些重要会议中，为了体现东道主与来宾之间的平等关系以及对来宾的尊重，口字形配置的中心可能位于两侧，而非一端。

三、会谈和签字仪式的礼仪服务

（一）会谈

会谈，是指在正式访问或专业性访问中，双方或多方就某些重大的政治、经济、文化和军事等共同关心的问题交换意见，或就具体业务进行谈判的活动。

1. 会谈活动的特点

（1）对等性原则：参与会谈的各方领导人在级别和身份上应保持对等，所负责的事务也是对口的，以确保交流的平衡性和尊重。

（2）内容的专业性与保密性：会谈内容通常涉及政治和业务层面，具有较强的专业性和保密性。会谈也可能是非正式的，涉及一般性的议题或交流。

（3）层次性与形式性：会谈具有明显的层次性，根据其重要性和正式程度，会有不同的安排和要求。高规格的会谈，如国事会谈，通常会有更正式的安排，如悬挂双方的国旗，以示尊重和正式性。

根据不同的会谈活动进行安排能够确保各方在平等和尊重的基础上进行深入的交流和讨论，同时也保护了讨论内容的敏感性和保密性。

2. 会谈用品的配置和摆设

在每个座位前桌面的正中摆放一本供记事的便笺，便笺的下端距桌面的边沿约5厘米。紧靠便笺的右侧摆红铅笔和黑铅笔，便笺的右上角摆上一个饮品垫盘，盘内垫小方巾。如需要，则在主要宾客处每人放一个烟缸和烟盘，其他人每两人放一套（摆在两个座位之间处）。便笺、垫盘、烟具等物品的摆放要整齐划一，均匀协调。如是国事会谈，则需在中外双方主要领导人面前的桌子上摆设两国国旗，或在厅内上侧桌前处竖两国国旗。

3. 会谈服务

（1）迎宾准备：按常规，会谈的主方会提前10~30分钟到达会场，工作人员应将其迎至休息厅内就座，用小茶杯上茶。

（2）茶水准备：接到外宾出发通知时，工作人员在工作间准备茶杯，适量放置茶叶，并注入1/3开水以预热。

（3）迎接外宾：当主方到门口迎接外宾时，把茶杯端上，放在每人的茶杯垫盘上，并续水至八分满。

（4）引导入座：宾主到达会谈桌前，工作人员主动上前拉椅让座。待媒体采访和摄影结束后，从两侧递上毛巾，优先服务主要宾客，随后按礼宾程序进行。

（5）毛巾回收：宾客使用毛巾后，工作人员须迅速收回，并放入专用回收箱，以便后续的消毒和清洗。

（6）会谈中的服务：如会谈中需要提供牛奶、咖啡、干果等，应先上桌牙签、小毛巾（叠成长方形）、垫盘、咖啡杯等器具，随后依次上桌糖罐、奶罐（配备勺子）、干果盘。

（7）会谈期间的持续服务：会谈活动一般时间较长，可视宾客用水的情况，及时续水，更换铅笔等。会谈中间休息时，工作人员要及时整理好座椅、桌面用品，续水，增补便笺、铅笔等。在整理时，注意不能弄乱和翻阅桌上的文件、本册等。

（8）会谈结束的收尾工作：会谈结束后，工作人员须协助宾客有序退场，并按照工作程序完成会场的清理和收尾工作。

4.会谈的座次安排

会谈的座次安排一般是：双边会谈通常用长方形、椭圆形或圆形桌子，宾主相对而坐，以正门为基准，主人在背门一侧，客人面向正门。主谈人居中。如会谈桌呈竖一字形排列，以进门的方向为准，客人居右方，主人居左方。译员的座位安排在主持会谈的主宾和主人的右侧，其他人按礼宾次序左右排列。记录员一般在会谈桌的后侧另行安排桌椅就座，如参加会谈的人数较少，也可安排在会谈桌边侧就座。

多边会谈可摆成圆形、方形等。小范围的会谈，一般不用会谈桌，只设沙发；双方座位按会见座次安排。

不同座次安排如下图所示：

长桌会议室座次：A 为客方或上级领导，B 为主方。

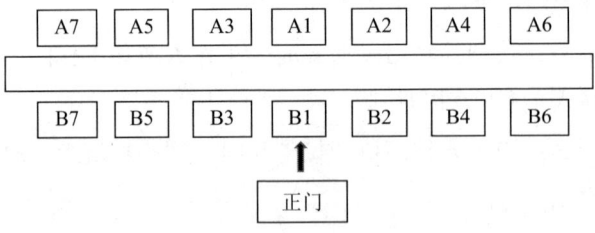

当会议室如下图布局时，主方在进大门的左边，客方在进大门的右边：

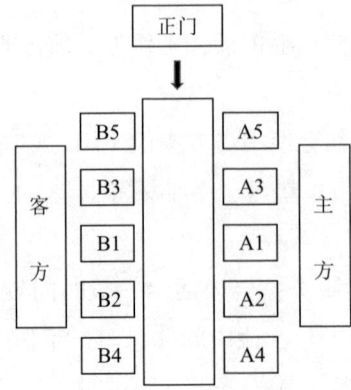

沙发式会客座次：A 为客方或上级领导，B 为主方。

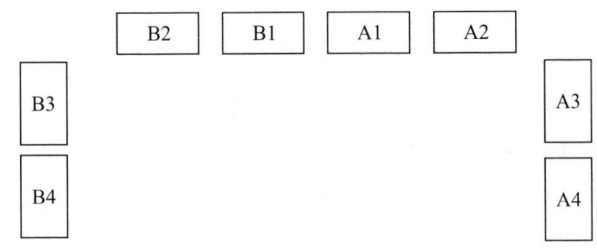

（二）签字仪式的礼仪服务

当不同国家在政治、军事、经济或科技文化等领域达成共识时，会通过签署条约、协定或公约来正式确立双方的合作关系。这一过程通常伴随着一个庄重的签字仪式，其中双方代表会互相交换并签署具有法律效力的文件。

在中国，各省、市、自治区的党政机关或其他机构在达成协议时，也会举行签字仪式，以正式记录和确认双方或多方在某一领域的合作意向。

我国同其他国家签订的议定书，一般使用中外两种文字的文本，一式两份，具有同等效力。签字后由双方各保留一份备查。出席签字的人员一般视文件的性质由缔约各方确定，但双方签字人的身份须大体相当。

1. 礼仪规程

（1）宾客到达时，主办方领导及相关人员应上前迎接并握手，随后引导宾客进入签字大厅。工作人员须为签字人员准备座位。

（2）双方代表站在各自签字人的后方，待签字开始时，前台工作人员在签字桌两侧待命，以便签字后迅速撤走座椅。

（3）若是高规格的签字仪式，后台工作人员需迅速开启香槟，倒入杯中（约六七分满），用托盘端入签字大厅，分别站在签字台两侧约3米处待命，准备适时上酒。

（4）涉外签字仪式中，一般有两种文本，双方签字人员在一种文本上签字完毕后，由助签人员交换文本。文本交换并签字完成后，双方代表正式交换文件并握手，祝贺合作成功，此时工作人员迅速撤走签字椅。

（5）托端香槟酒的工作人员立即跟上，分别将酒端至双方签字人员面前，请其端取，接着从桌后站立者的中间处开始，向两边依次分送。宾主举杯庆祝并干杯后,工作人员需迅速回收酒杯,并协助签字代表有序退场。

2. 礼仪要点

(1) 文本交换过程中,工作人员要及时撤走座椅并上酒。

(2) 所有操作应迅速、准确且灵活,确保不影响宾客,避免任何意外发生。撤椅子要适时、快而稳。把椅子撤放在不影响宾客行动的适当位置。上酒要及时稳妥,不要碰到客人,不要碰洒酒杯、酒液。

3. 签字仪式的安排

我国举行高级别的签字仪式,一般在专门的签字厅内。签字厅内设置有一张长方形的签字桌,桌面铺有深色的台布。桌后设有两把椅子,供双方签字人员使用,遵循主方在左、客方在右的传统礼仪。每方的文本分别摆放在各自签字人员的正前方,上方则配备有签字文具。桌子中央位置设有旗架,悬挂着双方的国旗。签字人员就座后,其他参与人员分宾主各方,根据身份和地位,分别站在各自签字人员的背后,按照一定的顺序排列。其要件有:

(1) 签字桌:长方形,铺有深色台布。

(2) 双方国旗:双方国旗悬挂在桌子中央,代表各自国家。

(3) 客方签字人:代表客方签署文件的人员。

(4) 东道国签字人:代表东道国签署文件的人员。

(5) 客方助签人:协助客方签字人员的工作人员。

(6) 东道国助签人:协助东道国签字人员的工作人员。

(7) 客方参加签字仪式人员:客方的其他参与人员。

(8) 东道国参加签字仪式人员:东道国的其他参与人员。

不同国家在举行签字仪式时,可能会有不同的安排。例如,有些国家可能会设置两张方桌作为签字桌,双方签字人员分别坐在各自的桌旁。每张桌上摆放着各自国家的小国旗,而参与仪式的其他人员则坐在签字桌的对面。

四、其他常见的会展礼仪规范

(一) 典礼

典礼是会展活动的重要组成部分,包括开幕式、闭幕式和颁奖仪式等环节。如开幕式和闭幕式,是会展活动的序幕和尾声,它们不仅标志着活动的正式启动和圆满结束,也通过一系列仪式和庆祝活动,扩大了活动的社会影响力，提升了主办方的社会知名度，并塑造了其良好的社会形象。

典礼通常在活动现场举行，现场布置应体现热烈和隆重的气氛。可以摆放花卉、悬挂彩旗和标语，根据活动内容的需要，播放音乐、表演舞蹈或敲锣打鼓也是常见的做法。对于时间较长或规模较大的典礼，可以设置主席台并安排座位；对于时间较短或规模较小的典礼，则通常以站立形式进行，但需事先规划好场地以维持秩序。主持人、致辞人和主要贵宾应面向观众，确保与会者能够清晰地看到和听到。对于大型活动，应配备扩音设备以确保声音传播。涉外的重要典礼还应悬挂相关国家的国旗，以示尊重和友好。

签到是典礼的重要组成部分，其不仅表达了对来宾的欢迎，也为活动留下了纪念。通常采用簿式签到，笔墨等签到用品应准备齐全。签到处应设有醒目的标志，并有工作人员负责接待和引导。对于庆祝性的开幕式，还应为来宾和领导准备胸带或胸花，以增添节日气氛。

会标是典礼现场最引人瞩目的装饰之一，其大小应与会场大小相匹配，色彩应与活动主题相协调。会标上的文字通常揭示活动的主题，有时也可以反映主办单位和活动的日期，以增强活动的识别性和主题性。

1. 开幕式程序

（1）氛围营造：在大型活动的开幕式前，可以安排乐队演奏、舞蹈表演等节目，以营造欢快和热烈的氛围。

（2）来宾接待：来宾到达后，首先进行签到并留念。工作人员将为来宾佩戴胸花和发放来宾证，随后引导来宾至主席台的贵宾区。对于不熟悉的来宾，工作人员应主动向主办方领导进行介绍。

（3）领导和来宾介绍：司仪介绍出席开幕式的领导人和主要来宾，并宣布仪式的主持人。

（4）仪式开始：主持人正式宣布仪式开始。对于重要的开幕式，通常会演奏国歌；涉外活动则演奏参与国的国歌。

（5）致辞环节：首先由主办单位的领导人发表简短的主题讲话，接着来宾代表致贺词，最后由主办方中身份最高的出席者致开幕词。

（6）剪彩仪式：剪彩时，身份最高的人员居中，其他剪彩人员按照身份高低，从左至右排列；如果是双方联合主办的活动，则遵循主左客右的惯例。剪彩过程中播放音乐，所有参加人员鼓掌祝贺。

（7）丰富活动安排：为了使开幕式内容更加丰富多彩，可以根据实际情况安排参观、植树、文艺或体育表演等活动。

（8）留言或题词：在开幕式的最后，可以邀请领导和来宾进行留言或题词，作为对活动的纪念。

2. 颁奖仪式的程序

（1）签到与留念：来宾到达后首先进行签到，并留下纪念。这一环节不仅记录了参与者的出席，也为活动增添了一份纪念意义。

（2）介绍嘉宾：由司仪正式介绍主要领导人和来宾，并宣布仪式的主持人姓名及其职务，为仪式的正式开始做好铺垫。

（3）仪式开幕：主持人宣布颁奖仪式正式开始，全体起立并奏国歌，以此表达对国家的尊重和对活动的重视。

（4）宣布颁授决定：颁奖组织的代表，通常是该组织的领导人，上台宣布颁授奖项的决定，明确奖项的性质和获奖者的贡献。

（5）授勋或颁奖：颁奖人正式向领受人授勋或颁奖，这是仪式的核心环节，体现了对获奖者的荣誉和认可。

（6）献花环节：在颁奖的同时，可以安排少年儿童或女青年向获奖者献花，表达敬意和祝福。在某些情况下，颁授人也可能亲自献花，以示对获奖者的特别尊重。

（7）致辞环节：颁奖结束后，由出席活动的身份最高的领导人和颁授对象的代表发表致辞。在涉外颁授仪式中，宾主双方将分别致辞，以示平等和尊重。

（8）仪式闭幕：最后，主持人宣布颁奖仪式圆满结束，全体参与者可以有序退场。

3. 闭幕式程序

（1）会议闭幕致辞：在一般会议的闭幕式上，由主办单位的领导人发表闭幕词。闭幕词应全面总结会议或活动的主要内容和成果，提出对会议精神的贯彻实施的具体要求和期望。在致辞的最后，领导人将正式宣布会议或活动圆满结束，为整个活动画上圆满的句号。

（2）党的代表大会闭幕：在党的代表大会的闭幕式上，有一个特别的传统，即全体代表齐唱《国际歌》。这一环节不仅表达了党员的团结和决心，也是对党的理念和精神的一种颂扬。

（3）大型活动的闭幕庆祝：对于节日、展览、纪念月等大型活动，在闭幕式之后，可以安排文艺和体育表演，以此来庆祝活动的成功举办。这些表演不仅为参与者提供了娱乐和放松的机会，也进一步加深了人们对活动主题的理解和感受。

（二）座谈会

座谈会是一种小型会议形式，通常用于交换意见、看法或纪念特殊的日子和事件。这种会议的规模通常不大，参与人数有限，以便与会者能够进行深入的交流。

（1）会前准备：在会前，工作人员需将会议场所布置成一个轻松、适宜交流的环境。对于较为正式或高规格的座谈会，可以在会场悬挂横幅以明确会议主题。座位的布局可以是圆形、椭圆形、回字形或长方形，以促进与会者的互动。根据会议的主题，可以适当布置鲜花、盆景等装饰，以营造氛围。

（2）会前30分钟的准备：在会议开始前30分钟，工作人员应确保茶水、毛巾等供应品准备就绪，并调节空调设备和灯光，以确保会场的舒适度。

（3）会议进行中的服务：在会议进行中，工作人员应勤为与会者添茶水，同时留意会议是否有其他服务需求，确保会议的顺利进行。

（4）会议结束后的清理：会议结束后，工作人员首先应撤下茶水和毛巾，然后对场地进行清扫和整理。最后，关闭电源和门窗，确保会场的安全。

（三）新闻发布会

新闻发布会，亦称记者招待会，是一种重要的信息传播和沟通形式。新闻发布会是由国家或各级政府领导人、部门负责人或官方发言人主持的活动，其目的在于向中外记者及各媒体介绍和解释相关的政策方针、对外关系或其他重要事宜。这种形式的会议是一种有效的沟通手段，旨在主动传播各类相关信息，以促进新闻界对某一社会组织、活动或事件进行客观和公正的报道。

在会展组织活动中，通过新闻媒体发布信息不仅可以节省成本，还能发挥出色的宣传效果，从而提升会展活动在公众心目中的可信度。此外，新闻发布会还能向广大潜在的参会者和参展者提供必要的信息，从而提高会展活动的影响力和参与度。

1. 举行新闻发布会的注意事项

新闻发布会是非常正式地向社会公众介绍、传递有关会展组织活动信息的沟通方式。会展组织者举行新闻发布会时应该注意以下事项。

（1）突出新意

在新闻发布会上，应重点介绍本次会展的创新点或新的办展理念，确保信息具有新闻价值，从而吸引更多的媒体关注。例如，可以强调新增的参展商、新的观众统计方法，或是提供的创新参展和观展服务。

（2）突出宗旨

新闻发布会应明确会展活动对当地乃至国家某一产业的积极影响，强调其在促进地方经济和文化发展方面的宗旨。这有助于新闻媒体理解并传达会展活动的社会价值。

（3）突出服务

强调会展活动为参展商提供的特色服务，这不仅能增强新闻发布会的吸引力，也能提升参展商的满意度和参与度。

（4）突出形象

选择合适的发言人至关重要。发言人应熟悉会展活动，具备得体的举止和良好的沟通能力，以确保信息的准确和清晰传达。

（5）突出便利

向媒体提供专业的新闻稿，这不仅方便新闻工作者参考或直接采用，也有助于实现新闻发布会的目标，确保信息的传播效果。

2. 新闻发布会礼仪规范

（1）会前准备

①确定时间、地点和参加人员

新闻发布会的日期和时间应根据会展组织的具体需求来设定，同时要考虑到新闻工作者的便利性。应避免安排在社会重大活动、工作日的开始和结束（周一和周五），以及公共假期和民俗节日，以免与其他事件冲突。针对不同类型的媒体报道需求，安排相应的时间。例如，针对早报记者的发布会可以安排在中午或下午，而需要晚间播出的则建议安排在上午9：30至10：30。发言时间应控制在1小时以内，确保有足够的时间供记者提问和深入交流。至少提前两周通过书面邀请函的形式通知记者，并附带回执，以便准确统计参与人数。

所有准备工作应在发布会前 15 天完成。

新闻发布会的地点的选择应与发布的新闻性质相匹配，并要考虑到交通便利性、环境舒适度以及设施设备的完备性。常见的新闻发布会地点包括宾馆、礼堂或新闻中心等，这些地点通常能够满足专业媒体的需求。

参加新闻发布会的人员除了新闻记者，参与人员还可能包括广告公司代表、政府官员、客户、行业同行等。根据发布会的目标和主题，制定详尽的邀请名单，并及时发送邀请函或请柬。

②会场布置

会场布置既要符合新闻性质，又要具有时代感、美感，同时还要注意会场的环境布置、气温、灯光、噪声等因素。会场最好在入场处设有来宾（包括记者）签到处。室内空间大小应该要满足电视摄像记者的工作需要，因为电视摄像记者所需要的空间比报刊摄影记者要大。室内空间也不是越大越好，而要考虑到场人数多少，这样既能保证与会者有足够的活动空间，又能避免场地过大显得空旷，影响会议气氛。室内装饰最好不要有过多的镜子等反射背景，以防镜头效果受损。

③选聘主持人、礼仪人员和服务人员

发布会的主持人应具有良好的气质和高超的演讲才能，要熟悉发布会的目的和具体内容，能够根据发布会的类型较好地控制现场的气氛。主持人还应和发言人配合默契。礼仪人员和服务人员应该举止大方，熟悉发布会程序和服务要求。必要时应该对上述各类人员进行专门的培训和彩排，确保发布会的质量。

④礼品准备

发布会的礼品不必十分贵重，但一定要精致而有特色，方便携带。礼品选择还要符合当地社会习俗，避免礼品及其包装犯忌讳。

⑤材料准备

发布会应该事前准备好发言人的发言稿、回答提纲、报道提纲以及其他复制的强化发布会效果的各种视听材料。

⑥其他准备

发布会之前要排好座次、摆好名牌、制好胸卡或工作证件、准备好签到册和"请赐名片盒"等物品。这些细枝末节的工作都要做得细致周到，符合礼仪规范。

（2）新闻发布会程序及礼仪规范

①嘉宾报到

由礼仪人员和工作人员组织嘉宾签到、领取资料，并引导他们就座。确保报到流程高效有序，为与会者提供清晰的指示和帮助。

②会议开始

主持人宣布会议正式开始，并简要介绍会议目的及发布信息的背景。发言人代表主办单位致辞并发布相关信息，语言应精练、恰当，体现尊重和专业性。发言人和主持人作为主办单位的代表，应注重个人仪表和职业形象。女士宜化淡妆，着装得体，避免过多首饰；男士则应着深色西装，搭配白色衬衫和黑色领带，保持端庄、亲切的神态。

③答记者问

发言人根据事先准备的提纲，礼貌地回答记者的提问。在交流过程中，应尊重记者的发言权，避免打断或表现出不满，确保对所有记者公平对待，维护新闻发布会的专业氛围。

④重点采访

根据发布会的需求，发言人接受重点采访，进一步强调发布会的目的和意义，确保信息的准确传达和深入解读。

（3）发布会后续工作和礼仪要求

发布会后对照来宾签到本和邀请名单掌握新闻界人士到会情况，及时了解新闻界的反应，制作会议宣传资料和档案保存资料。如果发布会中有工作失误之处，还应通过电话、拜访等手段来采取弥补措施。如果会后的新闻报道出现了不利报道，还应派工作人员进行跟踪调查，分析原因，澄清事实，尽量弥补损失。

3. 其他礼仪要点

记者入场后，工作人员应热情照顾记者饮水，注意续添桌上的饮料，及时收回空瓶。在招待会开始前10分钟，把茶杯、饮料、毛巾端上摆好，照顾主席台人员入座后，退到厅内两侧。

记者招待会一般时间不长，服务程序也较简单。需要注意的是，当主持人入场时，要协助主办单位人员疏通走道，同时要防止记者抢拍镜头而碰倒厅内陈设和用具。招待会结束后，要立即清理现场，做好收尾工作。

4. 发布会现场

（1）主席台背景布置

主题背景板应包含会议主题、日期，以及召开城市（如适用）等信息，颜色和字体设计应简洁而具有美感，确保背景板在视觉上的吸引力和专业性。

（2）酒店外围布置

根据酒店的规定，可在酒店外围设置横幅、竖幅、飘空气球、拱形门等，以增加活动的可见度和庆祝氛围。布置前需确认酒店的相关规定，避免违规操作。

（3）主席台席位摆放

主席台通常只设主持人位和发言席，也可根据需要，安排答记者问的人员在主席台上就座，以便交流和互动。

（4）会场座位排放

发布会一般采用课桌式摆放，适用于正式场合；非正式或讨论性质的会议可采用圆桌摆放式。座位排放应遵循"职位高者靠前靠中，自己人靠边靠后"的原则，具体安排如下。

一、二排：为贵宾与企业领导预留，地位越高者位于中间和前面。在人员较多时，可设置两排，最边上位置空出，以便进出。设置席卡，注明贵宾与企业领导的姓名、单位和职务。

三排以下：为记者席，电视记者应尽量安排在前排，靠近通道，以便摄像机正对主席台或对会场进行扫描。此外，还包括经销商席位、公司一般人员及旁听席。

预留席位：在会场后面准备一些额外座椅，以备不时之需，确保所有参与者都有座位。

【本章小结】

本章介绍的迎接礼仪、司仪礼仪、演讲礼仪、听众/观众礼仪及展位人员接待礼仪是会展活动现场礼仪的几个重要的构成因素。通过本章的学习，会展从业人员应在会展现场工作中，注重各环节的礼仪规范，在从事会展具体接待工作中得心应手，根据要求改正工作中的不足与错误，为会展活动的顺利开展做好各项现场工作。而在会展接待中，了解不同会展服务的特点，就是给展览开了个好头，等于为成功办展打下了良好的基础，会展接待礼仪的作用也就显得格外重要。

【本章思考题】

1. 在机场和车站迎接会展代表开会时，迎接人员应注重哪些环节的礼仪规范和要求？
2. 会展现场的投诉接待礼仪中，现场接待人员妥善处理投诉的礼仪关键点体现在哪些方面？
3. 简述展览司仪的着装要求。
4. 简述会展活动中的演讲者必须掌握的演讲礼仪要求。
5. 会展活动中听众／观众现场控制技巧有哪些？
6. 简述展位接待过程中展会接待人员的礼仪要求。
7. 简述各类代表会议接待、大型集会和工作会议、会谈和签字仪式、典礼、座谈会和新闻发布会的礼仪服务规范。

【实训项目】

项目一：模拟机场迎接

实训目的：

将机场、车站迎接礼仪的理论知识与实际操作相结合，提高学生的应用能力和实际操作能力。

实训内容：

阅读下列案例，分组讨论，拟定迎接礼仪的方案。

在一次博览会即将举办之际，迎接宾客的接待小组到机场迎接一个一行4人的越南商贸代表团。在接到宾客后，迎接人员引导宾客走下楼梯，当大家拉着行李走了很久，才发现原来有直达电梯到达停车场。更没想到的是迎接车辆不在原来通知的位置上。接待人员急忙打了若干个电话才联系上了司机，引领代表团终于到达了停车处。这时，虽然迎接人员反复道歉，但代表团成员已经怨声载道。

实训要求：

1. 要求学生掌握迎接礼仪方案的拟定程序，熟练掌握迎接程序：①迎接前的准备：了解情况；确定规格；安排住宿和车辆。②迎接仪式的确定。③迎接车辆的座次安排。

2. 正确使用引导手势及表情、迎接问候语言。

项目二：现场演讲

实训目的：

理解并遵守现场演讲的基本礼仪，包括着装规范、仪态表现以及与听众互动的礼节。掌握有效的演讲技巧，如语言表达、非语言沟通、声音控制和情感投入，以提高演讲的吸引力和说服力。增强训练者表达自己观点的自信心，使他们能够在压力下依然能够流畅地进行演讲。

实训内容：

1. 分组讨论朗读中如何处理不同演讲稿的语言、语调、节奏、高潮等问题。

2. 选定主题，学生自己撰写演讲稿，开展班级演讲比赛，练习具体的演讲礼仪和技巧。

实训要求：

演讲中仪表整齐，仪态大方、表情自然，声调、语调设计得当，声音响亮、普通话标准，脱稿，演讲中声调、语调和句调富于变化。

项目三：模拟展位接待

实训目的：

通过案例和操作，让学生掌握展位接待人员的礼仪规范和展位接待的关键要素，培养其在实际商务环境中的专业接待能力。

实训内容：

阅读下列材料，分组讨论。

1. 设想如果你是一个参展商，你的展位接待应注意哪些问题？展位接待应按哪些程序进行？讨论要点包括但不限于：

- 展位布置和环境维护

- 接待人员的着装和仪态
- 接待流程的设计与执行
- 客户沟通和问题处理
- 展品展示和解说技巧

2. 模拟确定一样展品，挖掘展品特色，拟写接待解说词。解说词应包括：
- 展品的基本信息（名称、用途、特点等）
- 展品的市场定位和目标客户
- 展品的创新点和竞争优势
- 展品的使用方法和注意事项

3. 模拟解说：每组选出一名或多名成员进行模拟解说，其他组员扮演客户角色。

4. 相互点评：每组完成模拟解说后，其他组进行点评，指出优点和需要改进的地方。

实训要求：

1. 礼仪规范：学生在模拟接待过程中需严格遵守礼仪规范，包括着装、仪态、语言等。

2. 流程设计：学生需设计合理的接待流程，确保接待过程有序、高效。

3. 解说词撰写：学生撰写的解说词应准确、生动，能够吸引客户的注意力。

4. 互动交流：学生在模拟解说过程中应注重与客户的互动，灵活应对各种问题。

【案例分析】

国际汽车博览会的礼仪挑战

某国际汽车博览会在上海国家会展中心盛大开幕，吸引了来自全球数百家汽车厂商参展，以及数以万计的专业观众和媒体人士。本次展会以"绿色出行，智领未来"为主题，旨在展示最新的汽车科技、绿色能源车型及未来出行趋势。作为国内知名的新能源汽车制造商"绿驰汽车"也携其最新款电动汽车——"智驭E300"亮相展会，并计划在展会期间举行多场新品发布会、技术研讨会及互动体验活动。展会首日，"绿驰汽车"展区入口处，一位接待人员小李因忙于处理突发的设备故障问题,未能及时上前迎接一位重要嘉宾(来自欧洲的知名汽车设计师)。该嘉宾在展区前稍作等待后,自行进入展区,表情略显不悦。在"智驭 E300"新品发布会上,主持人小张在介绍产品时,因准备不充分,对部分技术参数的解读出现错误,且多次打断嘉宾(首席设计师)的发言,这导致现场气氛略显尴尬。互动体验区内,由于客流量远超预期,部分体验环节出现排队时间过长的问题。同时,有顾客反映部分工作人员在解答疑问时态度冷漠,缺乏耐心,影响了客户体验。

案例思考题:

1. 请分析小李在接待过程中的失误之处,并提出改进措施,以确保类似情况下如何更加高效地处理紧急情况,同时不忽视对重要嘉宾的接待礼仪。

2. 请评估小张在发布会上的表现,指出其不足。请设计一套更为完善的发布会流程控制方案,包括主持人准备、与嘉宾互动、技术细节确认等方面,以确保发布会的专业性和流畅性。

3. 请分析互动体验区出现问题的原因,提出具体的改进措施。

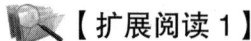

【扩展阅读1】

首届中国文旅博览会闭幕

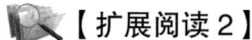

【扩展阅读2】

第十七届海峡旅游博览会和第七届中国(厦门)
国际休闲旅游博览会圆满收官

参考文献

1. 贺政林.酒店服务人员礼仪培训大全［M］.北京：中国纺织出版社，2014.

2. 田莉.旅游礼仪实务（第二版）［M］.北京：中国铁道出版社，2017.

3. 徐兆寿.旅游服务礼仪［M］.北京：北京大学出版社，2013.

4. 杨红颖，王雪梅.旅游服务礼仪［M］.重庆：重庆大学出版社，2016.

5. 陈晓斌，彭文喜.旅游服务礼仪［M］.武汉：华中科技大学出版社，2018.

6. 邢伟，熊国铭.旅游公关礼仪［M］.北京：电子工业出版社出版，2008.

7. 焦艳芬，李燕，赵祺蒙.旅游交际礼仪［M］.北京：中国人民大学出版社，2018.

8. 徐强.饭店服务礼仪［M］.北京：电子工业出版社，2009.

9. 向多佳.职业礼仪（第二版）［M］.成都：四川大学出版社，2015.

10. 王斌.会展礼仪实训教程［M］.重庆：重庆大学出版社，2007.

11. 杨海清.会展礼仪实务［M］.广州：暨南大学出版社，2007.

12. 高源，谢浩萍.会展公关礼仪接待实务［M］.上海：格致出版社，2009.

13. "会展策划与实务"岗位资格考试系列教材编委会.会展接待实务［M］.北京：旅游教育出版社，2006.

14. 李颖慧，黄永强.会展礼仪实务［M］.北京：化学工业出版社，2015.

15. 潘月杰.会展礼仪［M］.北京：北京交通大学出版社，2011.

16. 孙乐中.导游实用礼仪［M］.北京：中国旅游出版社，2005.

17. 张金霞.导游接待礼仪［M］.北京：旅游教育出版社，2007.

18. 刘霞，杨媛媛.导游服务礼仪规范［M］.重庆：重庆大学出版社，

2017.

19. 代玉岩，王晓欢. 导游业务实训教程［M］. 北京：首都经济贸易大学出版社，2020.

20. 全国导游人员资格考试教材编写组. 导游业务（第5版）［M］. 北京：旅游教育出版社，2020.

21. 王丽华. 旅游服务礼仪（第三版）［M］. 北京：中国旅游出版社，2024.

22. 吕艳芝，朱玉华. 饭店服务礼仪标准培训［M］. 北京：中国纺织出版社，2014.

23. 郑莉萍，黄乐艳，蒋艳. 旅游交际礼仪［M］. 北京：航空工业出版社，2018.

24. 温晓婷. 现代酒店知识与管理Ⅱ［M］. 北京：中国商业出版社，2002.